第八回日中学者中国古代史論壇論文集

中国史学の方法論

中国社会科学院歴史研究所
一般財団法人　東方学会
早稲田大学　総合人文科学研究センター

中国史学の方法論／目　次

全体会

第一部会

第二部会

中国史学の方法論

全体会 一

主旨説明——第八回日中学者中国古代史論壇の開催にあたって——

池田 知久

東方学会と中国社会科学院歴史研究所は、協定に基づいて二〇〇九年の第一回より毎年一回「日中学者中国古代史論壇」を開催してきた。本年は、中国社会科学院歴史研究所所長の卜憲群研究員が所用で来日されなかったが、代わりに副所長の王震中研究員が参加され、引き続いて両国の学術交流に尽力してくださっていることに深甚なる感謝の意を表したい。また、昨年、北京の首都師範大学で行われた第七回論壇を成功に導いた、同大学歴史学院院長の郝春文教授が来日されていることにも心から感謝申しあげたい。

二〇一四年の第六回「日中学者中国古代史論壇」では、「中国史の時代区分の現在——歴史学・思想史・文学の連携による——」というテーマを立て、二十世紀の中国史学が目指した時代区分論に対して二十一世紀の立場から再検討を行った。その結果、いくつかの問題が導き出されたが、その中でも特に重要な問題は、中国史学の研究方法を再検討し、新たな方向性を打ち出さなければならない、ということであった。

本年の論壇は、第六回論壇の「中国史の時代区分の現在」というテーマを受けて、「中国史学の方法論」というテーマで行われる。二十一世紀という時点に立って主に中国史学の新しい研究方法を展望するために、これまで研究者たちが、または先輩研究者たちが、中国史学、あるいは文学研究・研究思想に対して行ってきた方法論を再検討していく試みである。

厳密に言えば、このような方法論に関する集団的議論が意味を持つためには、その前提として参加する研究者の基本的な問題関心やそれに基づく対象設定が、ある程度共通または類似していることが必要であろう。とりわけ、日本と中国というように研究者が国境を隔てる場合、単なる表面的な対象設定の一致（中国史）に基づいて方法論の内容や意義を論ずることは、あまり生産的な成果をもたらさないかもしれない。なぜなら、方法論というものは、研究者が学問研究を進めるための方法論であると同時に、それだけでなく彼が世界に生きた人生観・世界観の一部を構成するものでもあるからである。しかし、問題関心や対象設定の共通・類似という前提を過度に求めるならば、方法論の議論は仲間内の門戸を閉ざした議論に終わる恐れもある。本年の論壇では、日中両国の参加者に問題関心の共通・類似を前提とはしないが、参加者同士のより深い相互理解・相互協調が求められる。

日中両国における中国古代史研究は、基本的に、戦後、マルクス主義に基づく唯物史観を方法論として展開されてきた。しかし、一九七〇年代ごろから、日本ではマルクス主義に対する疑義が高まり始め、それに代わるさまざまの方法論が歴史研究に導入されていった。それらは、フランスのアナール学派に代表される理論的著作に基づく中国史の枠組みの参照から、新しく発見・公開された文書・档案資料、新しく出土した簡帛・石刻資料に基づく実証的な研究の推進にまで及んでいる。同じような試みは、中国においても一九九〇年代ごろから新たな方法論の模索が始まっている。以上のような日中の学問上の動きに伴って、白鳥庫吉・津田左右吉、王国維・顧頡剛・陳寅恪などを代表とする、両国の戦前の中国研究のあり方を見直す活動の中から、新たな方法論を模索する営みも開始された。今回の論壇は、このように近年、日本と中国で行われてきた歴史学方法論の再検討の総括を目指す試みであるが、同時にそれは二十一世紀の中国研究の方法論を新たに探求することにも繋がっていると考えられる。

今回の東京論壇では、中国から十一名、日本から七名の報告者が、自らの問題関心・対象設定との関わりの中で、「中国史学の方法論」に関する報告を行う。また、従来、日中両国で開催してきた国際会議ではあるが、昨年、北京で行われた第七回論壇では、韓国の研究者にも参加していただいた。本年も、ソウル大学より金秉駿教授のご参加をいただいている。これは、本論壇がより一層の国際化に向かって進化していくうえで重要な意義を持つものであり、ここに金秉駿教授に厚くお礼申しあげたい。

さらに、今回は、日本で開催する論壇としては、初めて二日間にわたる日程を組むこととなった。第一日の五月二十日（金）の会場は日本教育会館で行われるが、第二日の五月二十一日（土）は会場を早稲田大学に移して、継続して報告を行う予定である。このことを快諾して会場を引き受けてくださった、早稲田大学の関係各位に厚くお礼申しあげる。それと同時に、関心を抱く研究者などが多数、積極的に参加して、実りある議論を十分に展開してくださることを希望してやまない。

全体会　二

第八回日中学者中国古代史論壇挨拶

王　震　中

尊敬する東方学会理事長池田知久先生および来賓各位

みなさま、おはようございます。半年におよぶ準備期間を経て、中国社会科学院歴史研究所と日本東方学会共催による「第八回中日学者中国古代史論壇」が本日、日本教育会館において開かれることとなりました。わたくしは中国社会科学院歴史研究所、および中国から参加しております十一名の学者を代表いたしまして、本論壇の開催に対して、心からの祝賀の意を表します。

今回の論壇のテーマは、「中国史学の方法論」です。これは理論的な研究においても、思想面からの研究においても非常に意義のあるテーマであると思います。歴史学という分野は、実証的かつ思弁的であることが必要であり、客観的な見方と歴史的事実によって構築されている学問であると言えます。そして、つねに方法論に目を向け、その方法論を客観的に考え直すことが必要とされ、その上で新しい理論と方法を打ち出すことが要求されます。つまり歴史学には、理論と方法論の両方が必要なわけですが、それには高いレベルであることや、学術思想を有していること、また鋭い洞察力があること、そして学術に対する自身の考えを明確にし、学術の動向に自らを位置付けることで、自身の研究を把握することなどが必要とされます。そうすることで史学における理論と方法論をさらに発展させていくことができるのだと思います。中日両国の学者の方々は、それぞれに特色のある研究をされていますが、理論的な観点と方法論の中に、それらの特色は現れています。

このたび、私たち両国の学者は、東方学会がご手配くださった日本教育会館と早稲田大学の二つの会場において、交流の場を持つことができますことになりました。「中国史学の方法論」というテーマをもとに議論し、学術交流を深め、各々の研究に進展をもたらす有意義な場となることでしょう。

今回の論壇では、二十名の学者による研究報告があります。それは、史学史の観点から中国史学の方法論についての発表であり、また史料学の観点から、それは主に出土資料から史学の方法論を論じる発表です。さらに、あるテーマや新しい研究から理論を提示する研究発表もあります。このたびの論壇は、古代史・思想史・文学史といった多領域にわたる学術界の先端に置かれている学者たちの学術交流の場であり、また新旧の友人が親睦を深める会でもあります。このような学術交流の場を通して、私たちの友好や連携関係は深まるに違いありません。中日文化交流の栄えある機会であるとも言えるでしょう。

最後になりましたが、本論壇の開催にあたり、ご尽力くださった両国の関係者のみなさま、また特にお世話になりました東方学会の関係者の方々に心より感謝の意を表します。また、本論壇にお力添えをくださった早稲田大学に感謝申し上げます。

「第八回中日学者中国古代史論壇」の成功とみなさまのご健康とご発展を願いまして、私の挨拶とさせていただきます。

全体会　三

中国王権の誕生——夏・商・西周の王権研究における新たな理論的視座——

王　震　中
小祝大輝（訳）

一、上古の中国王権と王朝国家、及び複合制構造の関係について

王権とは何なのか。中国上古社会の王権とは何なのか。このことは一見自明の様でありながら、その実何も明確になっていない。一般的に、王権とは古代王国における国家権力の集中を示す一つの表現の様である。しかし、国家が誕生すれば王権が誕生するのか。先秦時代の王権と、夏・商・西周の王朝国家及び多元一統（また「多元一体」とも称する）の複合制国家の構造は如何なる関係を有するのか。西周期の小国君主の称王者を、王権を有するとみなすことができるのか。これらはみな議論すべき問題である。

中国史の実相において、王権はまず夏・商・西周という王朝国家と結びついており、これは夏王・商王及び周王が支配している王朝国家の持つ最高の支配権を指している。だが、夏・商・西周の王朝国家の形態及び構造は決して単一制的かつ中央集権的な一元構造ではなく、多元一統の複合制構造であり[一]、それは王権と王朝内の王国を結びつける機能を持ち、その支配範囲は王国内に限られない。

夏・商・西周王朝の複合制国家の構造に関しては、商・周の資料は夏のそれに比べ遥かに豊富であり、そのため既に分かっている事柄から未だ分かっていない事柄を推測するという論証的手順から言えば、我々はまず商・周について考察し、その後夏について考察するべきである。また、商と西周の比較によれば、西周の複合制国家の構造は分封制と強く関連しており、そうした中で学界では、分封制に関しては理解が進んでいる。そのため、夏・商・西周三代の複合制国家の構造に関して、商代の複合制王朝国家の構造を述べることもまた問題のネックとなる。

商王朝の多元一統の複合制構造は、二つの面から説明できる。一つは、商王朝の「内外服制」の問題。もう一つは、外服の諸侯邦国が王朝中央において授与される官職の問題である。

商王朝の「内外服制」については、『尚書』酒誥篇が最も明確に述べている。

> 在昔《むかし》商の先哲王……成湯より咸帝乙に至り……越《およ》ぶこと外服に在りては、侯・甸・男・衛・邦伯あり。越ぶこと内服に在りては、百僚・庶尹、亞と、服と、宗工、越び百姓・里居（君）。

上記の「内服」は王国（王邦）の地であり、王の百官の居邑はそこに分布していた。また、「内服」は王が直接支配を行う地であり、後世に

おける王畿の地に相当する。対して、「外服」は王の支配・調遣を受ける諸侯邦国の地であった。全体として商王朝は、「内服」「外服」の二種の要素によって構成されていた。『尚書』酒誥篇に言及される「内服」「外服」のこの様な構造は、青銅器銘文と甲骨文によっても確認できる。例えば『大盂鼎』にある「惟商辺侯甸与商正百辟」とある銘文である。ここに言う「商辺侯甸」とはすなわち『尚書』酒誥篇にある「侯・甸・男・衛・邦伯」等の外服の諸侯である。いわゆる「商正百辟」とは、『尚書』酒誥篇にある「百僚・庶尹」等の内服の百官である。この他に、甲骨文中の記載から、「商」と「四土四方」とが甲骨文の卜辞中で対応して占われていることが看取できる。[二] 甲骨文中の「商」とは、商都をはじめとする商王国内の領域を包含して示しており、それはすなわち商朝の王邦であり、また『尚書』酒誥篇にある内服の地である。甲骨文中に言及される「四土」とは、商に属する侯伯等の諸侯邦国であり、『尚書』酒誥篇にある外服の地である。そのため、『尚書』(成書年代の比較的早い篇)、青銅器銘文、甲骨文の三種の資料の説明は、商王朝の国家構造が「内服」と「外服」によって成り立っている点で一致している。

商王朝の「内服」と「外服」を結びつける紐帯の一つとして、「外服」諸侯邦国の人にして朝廷で官僚となっている者がいる。『尚書』酒誥篇には、王朝の百官は「内服」に集中しているとある。ただ、「内服」における各官職に就く貴族・大臣の相当数は「外服」の侯伯邦国出身者である。たとえば、甲骨文中に「小臣醜」とあり(『合集』三六四一九)、この人物は朝廷で官僚となっており、山東省青州蘇埠屯一帯の侯伯邦国の出身である。山東省青州蘇埠屯一号大墓は四本の墓道を持ち、墓室面積は五六平方メートルに達し、六匹の殉葬された犬、四八人の殉死者を有する非常に大規模な墳墓である。[三] 当該墳墓の規模は、四本の墓道があり、墳墓からの出土文物には「亞醜」族徽銘文を鋳する大銅鉞があり、更には五・六十件の「亞醜」銘文のある伝世銅器から、[四] 墓主の身分は侯伯相当の諸侯で、商王朝の東土支配における重要なよりどころであったことがわかる。墓主の一族あるいはその宗族の族徽は「亞醜」であり、[五] この一族が王朝で小臣の官職に就き、「小臣醜」と称しており、これこそ「外服」諸侯邦国の人として朝廷に官職を得た者の典型例である。この他に、安陽商墟花園荘五四号大墓も、その墓主が「外服」侯伯として朝廷で官職を得たことが分かる上位の貴族墓である。当該墳墓より出土した五七〇余件の副葬品中には、多く青銅製礼器に「亞長」の族徽銘文が鋳されており、[六] これは甲骨文中で武丁期の「長伯」(『合集』六九八七正)、廩辛康丁期の「長子」(『合集』二七六四一)などがあり、および卜甲骨文中の「長友角」、「長友唐」(『合集』六〇五七正、六〇六三反等)などの長族の将領の「長」とは同族の外服諸侯である。[七] また、商墟西区第三墓区のM六九七出土の「丙」族徽銘文の墓主は、[八] 山西省霊石旌介の「丙国」出身者である。[九] 丙族は商王朝でかつて「作冊」職に就いていた。『丙木辛卣銘文』には「丙木父辛冊」とある。[一〇] 羅振玉『三代吉金文存』に収録されている鼎、卣には「丙」形徽銘の鋳されている長文の銘文が二篇あり、[一一] 鼎銘の記載によって作器者が某地点で商王より貝の賞賜を受け、父丁のために鼎を作ったことがわかる。また卣銘の記載によって作器者が廙で商王の賞賜を受けて毓祖丁のために器を作ったことが確認できる。これらはみな、丙国丙族の邦君あるいは貴族が商王の官職や封号を受け、王に奉仕して王の賞賜を受け、その宗族の本家が遠く山西省霊石旌介に在ったことを説明している。そして、宗族中の一支族が朝廷で官職を得たので、安陽の商都に族居・族葬されていたことを説明している。また、商墟劉家庄南に位置するM六三から出土した二件の「息」銘銅器は、これもまた今の河南羅山に位置する息国の人の朝廷で官職を得た者である。[一二] 息国の邦君は甲骨文中で「息伯」(『合集』二〇〇八六)と称されており、これもまた侯伯相当の「外服」諸侯である。安陽梅園荘村墓葬の出土文物に「光」族徽銘文のあるものがあり、甲骨文中では「侯光」(『合集』二〇〇五七)と呼ばれる諸侯である。そのため、商墟に倍葬された「光」族徽銘文の墓主は「光」と称される諸侯国出身者であり、朝廷で官職を得たものであることが分かる。伝世文献においては、『史記』商本紀に商の紂王はかつて西伯昌・九侯(一に鬼侯に作る)・鄂侯を三公としたと記載されており、これもまた「外服」の侯伯の君主が朝廷の要職に就いていた一例である。これら「外服」の諸侯邦国は、王朝の中央で職を得て、王朝の国家事務に参与しながら、中央王国による天下共主を許可し、あわせて複合制王朝構造における王と諸々の邦国を結びつける紐帯となっていた。

　商から西周になると、多元一統の複合制王朝国家の構造は更に発展し、その最も特徴的なものこそが西周の行った分封制である。周王が直接管轄している周邦(王邦つまり王国)と、周王が分封した主権の不十分(独立主権がない)な諸侯封国である。この二者により、西周は王権の支配下で多元一統(多元一体)の王朝国家を構成していた。

　西周の分封(「封建」ともいう)の目的は、一つには分封諸侯による周王室の防衛、二つには宗法支配と一体にすることによって「貴族同士が政権を争うという問題を解決」することであり、[一三] 三つには政治権力において「階級分化」秩序を形成し、ならびに分封された諸侯国で実現された「統治集団と各地域の土着集団間の重層関係」を築くことにあった。[一四] 周王が新たに邦国の封建を行うことによって、商王朝の天下秩序は周王朝の新たな天下秩序へと転換していったのである。このような天下秩序の転換の過程において、主導的な役割を果たしたのはもちろん「一統」たる王権であるが、各諸侯邦国は新王朝の体制を受けた時におけるその許可の度合いとその相互作用もまた非常に重要であり、相互に補完しあう形で形成されている。こうした側面において、新王朝が始まると、周王は当時の社会のイデオロギーにおける「王権神授」を徐々に強化し、旧王朝を打倒することで「替天行道」し、自己の正統性を確立するだけでなく、武王から周公、そして成王に至って、大規模な分封を継続的に行った。これは政体においても、また名分においても、多元一統の複合制王朝の大きな支柱であった。ここに言う名分とは、分封された諸侯邦国の国君の身分や地位を指す。これは新王朝の秩序と新たな礼制を表す一方、そこには相応の責任と義務が含まれた。封建された諸侯邦国の国君は周王から相応な身分と地位を獲得した時、周王に対する忠誠と周王に対し封土を守る義務が発生した。そのため、分封された諸侯邦国の名分と義務は相互に補完しあっており、更にそれは複合制構造の必要とするものでもあった。分封された諸侯が周王室を守ることに関しては、『春秋左氏伝』定公四年に述べられている。

> 昔武王　商に克ち、成王　之を定むるに、明徳を選び建て、以て周に藩屏たらしむ。故に周公　王室を相けて以て天下を尹け、周に于いて睦を為す。魯公を分するに大路・大旂を以てして……商奄の民に因り、命ずるに伯禽を以て少皞の虚に封ず。康叔を分するに……命ずるに康誥を以てして殷虚に封ず。唐叔を分するに……命ずるに唐誥を以てして夏虚に封ず。

とあり、また『春秋左氏伝』僖公二十四年にも、

> 昔周公　二叔の咸からざるを弔《いた》み、故に親戚を封建し、以て周に藩屏たらしむ。管・蔡・郕・霍・魯・衛・毛・聃・郜・雍・

曹・滕・畢・原・酆・郇は、文の昭なり。邘・晋・応・韓は、武の穆なり。凡・蒋・邢・茅・胙・祭は、周公の胤なり。

とある。この様な分封は、既に「以藩屏周」の言葉の通り、周王室を守るという目的を実現し、また王位を嫡長子一人が継承し、その他の兄弟を分封して諸侯として分封制と宗法制を緊密に結合させていた。

しかし、周王朝の分封は王室の兄弟・親戚間に限らず、広い範囲で行われていた。『荀子』儒效篇には、

（周公）天下を兼制し、七十一国を立て、姫姓の独居するは五十三人あり。

とある。また、『史記』周本紀には、

武王　先聖王を追思し、乃ち神農の後を焦に、黄帝の後を祝に、帝堯の後を薊に、帝舜の後を陳に、大禹の後を杞に褒封す。是に於いて功臣・謀士を封じ、而して師尚父は首封為り。尚父を營丘に封じ、齊と曰う。弟周公旦を曲阜に封じ、魯と曰う。召公奭を燕に封ず。弟叔鮮を管に、弟叔度を蔡に封ず。餘は各の次を以て封を受く。

とあり、さらに『呂氏春秋』先識篇には、

周の封ずる所は四百余、服する国は八百余あり。

とある。これらの記述より、周の分封が「天下」全体に及んでいることがわかる。周に分封されたこれらの諸侯邦国には、新たに封建された邦国と、元々あった旧邦を追認する形で改めて新王朝の体系の中に組み込んだだけ邦国がある。分封制は政体であり、また一種の国家構造でもある。これは分封制の持つ二つの側面である。

西周の複合制国家の構造に関しては、内服と外服の点から概括できる。これもまた周が商の制度を継承していることを示している。[一五] これに関しては、上に引用した『尚書』酒誥篇と『大盂鼎』を除いても、以下の資料によって補足できる。

惟れ三月哉生魄、周公初めて基し、新大邑を東国の洛に作さんとす。四方の民　大いに和会し、侯・甸・男・邦・采・衛、百工・播民、和して周に士見す。（『尚書』康誥篇）

七日甲子に越《およ》び、周公　乃ち朝して書を用て庶《もろも》ろの殷に命ず。侯・甸・田・邦伯。（『尚書』召誥篇）

三事の令を舍《お》き、衆卿事寮と、衆里君と、百工、衆諸侯とにす。侯、甸、男とに、四方の令を舍く。（『矢令方彝』銘文）

これらの史料の中で、『尚書』康誥篇の「侯・甸・男・邦・衛」、『尚書』召誥篇の「侯・甸・田・邦伯」、『矢令方彝』の「侯・甸・男」は、『尚書』酒誥篇における「侯・甸・男・衛・邦伯」のような外服諸侯の系統と一致している。伝世文献と金文中の、「邦」「邦伯」「邦君」は、諸侯以外の邦国の邦君もしくは方国の首領であり、彼らは周王に従属しており、すべて外服諸侯系統である。また『矢令方彝』にある「卿事寮、里君、百工」と『尚書』酒誥篇にある「百僚、庶尹、惟亜、惟服、宗工、百姓里君」はすべて王朝の官僚であり、内服の王朝官僚の系統である。

西周王朝の複合制構造に関し、『周礼』は、「王国」と「邦国」概念を使用し、王朝国家は「王国」と多くの「邦国」の二種類によって構成されている。『周礼』地官篇・大司徒には、

乃ち王国を建つるや、其の畿方千里を制して之に封樹す。凡そ邦国を建つるに、土圭を以て其の地を土して其の域を制す。

とある。[一六]

「王国」という単語は、『周礼』のほかに、その他先秦文献と青銅器銘文中に頻繁に用いられている。例えば、『詩経』大雅・文王には、

思《ここ》に皇なる多士、此の王国に生まる。王国克く生まれ、維れ周の

楨。

とあり、『詩経』江漢には、

> 四方既に平らかにして、王国庶《こいねがわ》くは定まらんことを。……王召虎に命ず、式《もつ》て四方を辟き、我が疆土を徹《おさ》めよ。疚《くる》しむるに匪《あら》ず棘《せま》るに匪ず、王国に来り極せしめよ。于《ここ》に疆し于《ここ》に理め、南海に至る。

とある。金文にはまた、「保辥王国」（晋公盆、『集成』一〇三四二、春秋中期）とある。

上記の伝世文献と金文中の「王国」について、最も一般的な解釈とされるのは、「王国」は王都を指し、また国都を指すものである。ただ意味を拡大して、于省吾氏はこの「王国」と『尚書』中の「四国」、「周邦」、「有周」が同一であり、単に国都を指すのではなく、四方を含めない京畿の範囲がすなわち王畿の地である、としている[一七]。たしかに、『詩経』江漢にある「王国」、「四方」の二つに基づけば、この「王国」はあくまで「周邦」つまり周国を指し、また周王が直接統治している地区、つまり後世のいわゆる「王畿」と考えられる。商代と比較して、商の内服の地は、商の王畿の地であり、また甲骨文中の「四土」と対して占われる「商」は、『尚書』召誥篇にある、「大邦殷」の商邦、或いは戦国時代に呉起が述べた「殷紂の国[一八]」たる商国に相当し、これらの証拠から商の王邦或いは商王国とみなすことができる。

王国及びその内服の王朝官僚の系統と、邦国及びその外服の諸侯系統、この二者の空間を合わせてが王権が支配する「天下」を意味するのである。王権の立場から、あるいは王自身の立場から説明すれば、王朝国家の国土は「天下」に等しい。これこそが、『詩経』小雅・北山の「溥天の下、王土に非ざるは莫し。率土の濱、王臣に非ざるは莫し」なのである。これに対し、『春秋左氏伝』昭公九年には、

> 我 夏の后稷を以てより、魏・駘・芮・岐・畢は、吾が西土なり。武王の商に克つに及び、蒲姑・商奄は、吾が東土なり。巴・濮・楚・鄧は、吾が南土なり。肅慎・燕・亳は、吾が北土なり。

と別の表現で言及されている。こうしたことから、夏・商・西周三代の王は「天下共主」でもあったのである。

商・周王朝の王国と諸侯邦国とが互いに結びついた複合制国家構造を比較すると、夏王朝もまた同様であったと思われる。夏王朝における複合制構造中で、王国（王邦）と考えられる「夏后氏」があり、また「以国為氏」の「有扈氏・有男氏・斟尋氏・彤城氏・褒氏・費氏・杞氏・繒氏・辛氏・冥氏・斟戈氏[一九]」などの同姓服属国がある。また、「韋」、「顧」、「昆吾」（『詩経』商頌・長發）、「薛」（『春秋左氏伝』定公元年）、「商侯」（『今本竹書紀年』）などの異性服属邦国もある。また、夏王朝時にもすでに商周期の様な一部の邦国の国君あるいは貴族の王朝内で官職に就くという状況（つまり在朝為官者）が表れている。その中には、今本『竹書紀年』で商族の祖先とされる「商侯冥」が、夏王朝の水の治水を担当したことがあり、『国語』周語上には「冥勤其官而水死」とある。ここには彼が治水によって殉職したとある。『春秋左氏伝』定公元年には、

> 薛の皇祖奚仲は、薛に居るに、以て夏の車正と為る。

とあり、薛国は車の高い製造技術を有していたことから国君の奚仲が夏王朝において車の製造を担当する官職に任命されていた。『墨子』耕柱篇には、秦の祖先である蜚廉は夏王朝で采鉱・冶金を担当していたとある[二〇]。最近出版された『清華大学藏戦国竹簡（五）』に、咎繇（皋陶）が夏啓の卿事に就いていたとあり[二一]、これは東夷の夏王朝における任官者である。こうした事例により、服属する諸侯邦国出身者が

朝廷で官職を得ることで、王と諸邦の紐帯を構成していた。

　夏・商・西周三代の王朝はひとしく複合制国家構造を有していた。ただ、当該構造の発展程度は、商代は夏代より進展しており、また周代は商代よりも進展していた。三代の王朝において、夏王・商王・周王の有していた「天下共主」の地位と「支配天下」の王権は、すべて複合制大国家構造の中で定着し継承されるものであった。王権と王朝国家内の王国との間の関係に限って言っても、王国は王朝国家全体では決してなく、王朝国家の主要な構成要素であり、そのため王朝の王権は、強大な力を持つ王国によって根本的に支えられてはいるが、それは王国の君権とは異なる。よって、王国と諸侯邦国の関係から考察するに、複合制国家構造こそが夏・商・周三代の王朝の王権を生み出したと言える。夏・商・周三代の王権と複合制国家構造は相互に支え合う弁証的関係にある。強大な王権は複合制国家構造の「多元」によって「一統」を可能とする。しかし、正統的な王権も諸侯邦国の高度な承認が必要となる。この二者の弁証的統一が華夏の礼制における王朝政治の階級秩序を構成している。反対に言えば、時代の推移に従って王国の国力が衰微することによる王朝の王権衰退、複合制国家構造の形骸化、そして「礼崩楽坏」といわれる情勢は、三位一体の関係にある。

　それでは、複合制国家構造を考えるに当たり、夏・商・西周期の王権と王国及び王朝国家の関係は、どの様にして正確に表現できるのか。筆者は、中国先秦期において、王権はまず王国の最高統治権であり、ただそれはまた王国に限定されないとしている。また、王国（王邦）を支配するだけでなく、王に服属するその他の諸侯邦国を支配しており、王権は「天下」の支配権であり、また複合制王朝国家の最高統治権であるとも言うことができる。

　王朝の王権の外に、中国古代における諸侯邦国の国君（邦君）の君権もまた、諸侯邦国の権力集中を表すものである。ただし、夏・商・西周期の諸侯国は王朝国家の構成要素であり、その主権は独立しておらず、よって諸侯の有していた君権は独立した国家権ではない。それらの諸侯に属していない邦国に至っては、二種類に分けられる。一つは独立的、ないしは王朝に対し敵対的な邦国。もう一つは王と王朝に服属している邦国である。（二二）前者の君権は独立した国家権を有しており、後者の邦君は王朝の統治構造に組み込まれ、その君権は完全には独立した国家権を有していない。複合制国家構造からみると、複合関数は一様で、関数の中の変域も関数であり、そのため筆者は諸侯国と王に服属しているその他の邦国を王朝国家内の「国中の国」とし、王国（王邦）を王朝国家内の「国上の国」とし、複合制の中で、二者の地位は異なっている。このように、王権と国家権の性質からいえば、上古期は、国家の最高権力として、王権と非王権の君権という二つの類型がある。「非王権の君権」においては、独立国家の邦国君権と王朝の統治構造に組み入れられた邦国君権は、独立主権の諸侯国あるいは邦国君権のような区別はされていない。もし、王朝の外に独立した邦国と王朝国家を発展の程度（もしくは発達の程度）の異なる二種類の国家形態と見れば、前者は原始的で素朴な国家形態を代表し、後者はより発展した複雑な国家形態を代表している。（二三）よって、ああした国家があれば王権があるという視点や、ある人は王権は国家の最も原始的で最高の権力であるという見解を説いているが、筆者はこうした見解が上古期中国史の実相と合致しておらず、再検討するべきと考えている。

　ある学者、特に世界史における古代史を研究している学者は、古代国家の君権をことごとく王権と称しており、その中に筆者の述べる邦国、王朝及びその内の王国、果ては帝国を含むきらいがある。また小国寡民的な邦国の国君や、王朝国家の最高統治者、ないしは帝国の最高統治者、これらの権力がすべて王権と称することができると考えている。これはつまり君権は王権である、ということである。しかし筆者の考察によれば、王朝誕生前の素朴な邦国、複合制の王朝国家および大一統の帝国という三種の異なる国家形態が存在することに対し、研究者がもしその最高権力の呼称を区別できれば、これは当時の社会の特徴や時代の特徴を理解する際に有益である。その内、帝国の最高統治者について言えば、たとえば秦漢期以後の帝制社会の皇帝のごときは、その権力を「皇権」とし、夏・商・西周の「王権」とは区別するべきである。同様の理由から、王権を王朝の最高権力とだけ結びつけ、その他の邦国あるいは諸侯国の君権についてはそれを用いなければ、中国古代の歴史の更なる実相に迫れるであろう。

二、王権と称王の関係

夏・商・西周時代の王権と王の呼称とは、完全な相関関係にあるわけではない。王権と王の呼称が関係性を有することについて、文字記載のある商代と西周から見てみると、王朝国家の最高統治者はすべて王と称していた。甲骨文中の王はすべて商王を指している。たとえば「王曰」、「王占曰」、「王……」とは、すべて商王を指している。この点は『史記』商本紀などの文献に記載されている商王に関係している呼称と完全に一致している。西周期の状況もまた同様である。張政烺氏はかつて、「周の金文中において直接王とあるものはすべて周王を指しており、つまり姫姓が天下の大宗である[一四]」ことを指摘している。張氏の見解は妥当である。西周の青銅器銘文と周代文献においては、周王朝の最高統治者を王といい、これはすでに姫姓が乃ち天下の大宗であることを表し、さらに王朝礼制の規範である。そのうえ、周代においては、天の至高の地位と天に対する尊崇が上昇したことから、周王は天子を称した。周王が天子と尊称することは、周王が決して一般的な意味での王ではなく、唯一無二の最高統治者であることを示しており、これは西周王朝の国家礼制が商代に比してより強化されていることを反映している。

しかし、西周の青銅器銘文中には、邦国の邦君が王を称している例が散見される。例を挙げれば、陝西省宝鶏市賈村塬上官村で出土した夨王簋蓋などの青銅器銘文中に、「夨王」という呼称がある[一五]。この夨王は周王のいずれかの王ではなく、西周中期の「汧水上流の隴県南坡と下流の宝鶏市賈村[一六]」一帯の古夨国の邦君を示している。これ以外にも、青銅器銘文中の釐王、幾王などの呼称、および邵王鼎・呂王鬲・呂王壺などの王は、すべて邦君が王を称している事例である。釐王の呼称は録伯簋蓋の中にあらわれ、銘文に、「用作（朕）皇考釐王宝尊簋[一七]」とある。幾王の呼称は乖伯簋の中にあらわれ、銘文に、「用作朕皇考武乖幾王尊簋」（『集成』〇四三三一、西周中期後段）とある。伝世文献においては、『史記』呉太伯世家に「呉王」とある[一八]。張政烺氏の考証によれば、邵王鼎は楚昭王の母の祭器である。夨王は姜姓で、夨国は王を称していた。呂為は姜姓の国で、四岳の後裔である。録伯簋の釐王、乖伯簋の幾王もまたいずれも周代異姓国であり、録伯の国は陝西にあった可能性があり、乖伯の国は甘粛省霊台県にあった可能性がある[一九]。

周代異姓国の称王者について、王国維はかつて『古諸侯称王説』で、「思うに、古くは尊卑の区分がはっきりとせず、諸侯はその国において、自ら王と称する習俗があった。そのため徐楚呉楚（越）の称王者もまた周初は古い習俗に従っていたのであり、すべてを僭称とすることはできない。もしこのごとくであれば、文王が受命して王を称して商に服侍したことも道理である」と述べた。[三〇] これに対し、張政烺氏は疑義を呈した。

周時代の称王者はみな異姓の国であり、遠くの地にあってその国と周の関係は不即不離であり、時には親しんで時には反し、周室が封建した諸侯ではない。文王が受命して王を称し、その子孫は天下に分封され、王を称した事はない。周の同姓にして王を称した者は呉王ただ一人である。呉の開国の歴史はあまり分かっておらず、泰伯、仲雍……各文献の記載ではいずれも二人のことを「文身断發」と強調している・これはつまりすでに徹底的な「蛮化」を遂げているということである。蛮夷の間に在って、地位が尊くなければ権威は軽くなり、百越の鎮圧はできず、自らの安全をも保てない。称王は客観的な需要によるものであり、「天澤」或いは「僭窃」の問題とは関係なく、決して「周初の旧俗に従ったもの」などではない。古代の同姓不婚は、呉ではそうでなかった。……韓愈『原道』に、「孔子之作『春秋』也、諸侯用夷礼則夷之」とあり、呉は間違いなくこうした好例の一つであり、常理でこれを論じるべきではない。

張先生の主張は以下のごとくである。周時、いくつかの王を称した邦国は、多くが遠隔地の蛮夷戎狄の国に居り、王を称することは、旧俗であり、「地位を継ぐことによって王を称しているのであって、王号を僭したのではなく、また周王の錫（賜）命によるのではない」[三一]、周王の称王は、「乃ち姫姓は天下の大宗」と表現されており、明らかに張政烺の主張は王国維と比較してより当時の歴史の実相に合致している。王朝礼制と宗法について言うと、周王は王または天子を称し、周王に分封された諸侯は王を称することはできない。夨王の類の呼称は、邦国邦君からの旧称である。夨国は初め華夏体系に属しておらず、華夏礼制と周人宗法の縛りを受けなかった。そのため、夨国の青銅器中には「夨王」が表れるが、これはただ以前の呼称を踏襲したに過ぎない。その他の称王者、たとえば盧王、幾王、邵王、呂王などは、すべてこれと同様である。彼らはもとより華夏系統に属さず、後に周王朝に吸収された。ただ習慣上彼らは自己の鋳造した青銅器中では以前の旧称を用いている。この種の称王は決して天下を支配する王権を意味していない。商・周王朝の最高統治者は王を称し、これは夏・商・西周期の華夏礼制によって規範とされ、またこれは華夏の正統性を表している。

夏・商・西周王朝の王権と華夏礼制の関係は互いに関連し合っており、そのため春秋期の「礼崩楽壊」は周王権の衰退と相互関係にある。春秋期においては、王権の衰退と時を同じくして、華夏諸国の独立性も次第に強まっていったが、これらの諸侯国の国君権は王権と呼ぶことはできない。つまり、これらの諸侯邦国内部では、その国君の君権は当然のごとく最高権力である。しかし、そもそも西周王朝に関して言えば、春秋期の華夏諸国に関して言えば、王権に属してはいなかった。

王の呼称について、春秋期の華夏諸侯国は覇権を争っていたが王と称することはなく、華夏礼制の最低ラインを保っていた。ただ華夏諸国でない楚、越、呉、徐などの国は王を称していた。呉国に関しては、筆者は張政烺氏の分析と論述に賛同しているので、改めて説明はしない。楚、越、徐などの国は、華夏国の王を称する理由はなく、彼らが華夏礼制を守らない理由が、やはり中原と対等にふるまうことにもあることは明らかであろう。楚国を例とすると、周人と華夏民族は一貫して楚国の国君を「楚子」と称している。たとえば、周原出土の甲骨文中ではそのように楚国の国君を称している。[三二]『春秋』中では、楚国の国君は「楚子」と称されている。孔子は『春秋』に対して修正を行い、『春秋』に華夏礼制を体現しあるいはその通りに記した。ただ楚国は自分自身で王を称し[三三]、楚の荘王の時に周王に代わろうとして鼎の軽重を問うた故事がある。[三四]楚国の国君みずから楚王を称して、華夏礼制を打ち破ろうとし、これにより中原の華夏民族に楚を蛮夷と認識させた。たとえば、『春秋左氏伝』襄公二十六年には「楚失華夏」とあり、これは「楚」と「華夏」の対立関係を表している。

春秋史から夏・商・西周史を逆から見てみると、夏・商・西周の複合制大国家の構造が中央王国の強さと王権の強さとは不可分であることを深く感じさせられる。王権は、中央王国と周辺の諸侯邦国の服属しているものを包括した多元一体の王朝国家の最高統治権であり、ただ中央王国はその中でも最も重要であり、よりどころであった。春秋期に至ると、王朝の王権を根底から支えていた周王国は、直接統括する地域が縮小し、政治・経済・軍事などの総合的な実力が一つの強大な諸侯国にも及ばなくなり、それゆえに王権は大いに衰退し、複合制大国家の構造もまたその王権と同様に、有名無実となった。これとは相反し、元来西周期に複合制国家の構造の「国中の国」と見なされていた諸侯国は、その国家主権は逆に次第に独立性を強めていった。ただ華夏礼制に基づき、華夏体系に組み込まれていた諸侯国は依然として王を称さなかった。しかし、非華夏諸国の国君は華夏礼制の束縛を受けず、王を称すると同時に中原と対等に振る舞うようになった。

三、「王」の呼称の起源

前述したように、西周期には一部の辺境地区の小邦の邦君にもまた王を称するという習俗があった。

また学者の中には商代に王を称する小国があるとする者もいるが、利用できる資料が断片的なものであり、説得力がない。そのため筆者は宋鎮豪・劉源両教授の説に同じく、これに対し安易に同調することはできない。[三五]商代では王を称する小国があるかどうかはとりあえず措いておくとして、西周のみについて言えば、王朝の最高統治者は王を称し、このような「王」が体現するものが王朝の王権である。各個の辺境の小国もまた自ら王を称するが、この場合の「王」が体現しているのは小国の邦君君権である。もしある学者がおしなべて称王者の君権がすべて「王権」と見なすという問題を考えた時、王と王権は性質の異なる二つの類型に分類できる。一つは王の原始形態であり、称王者が掌握している国家権力が王権に当たらないのであれば、この様な王権は当該国の君権であるにすぎず、この様な君権によって立つ国家は単一構造の、原始形態的な国家である。もう一つは多元一統の複合制構造の王朝国家の王権を打ち立てる王であり、これは天下を支配する王権であり、中国史学の伝統においては、この様な王こそが王であり、この様な王権こそが王権であった。

先秦期においては、二種の異なる類型を持つ国家と「王」が存在していた。それでは、なぜ「王」の呼称がこの二種の異なる形態の国家において併存することができたのか。その要因は、一つには「王」という呼称自体が、軍権の象徴として見なされた斧鉞に由来していることにある。もう一つには、たとえ原始国家の邦国の君権であろうが、王朝国家の王権であろうが、その権力の淵源と構成はすべて軍権・神権・族権の三者によるものであり、その中でも軍権、つまり武力の掌握を権力基盤とする。この様に、邦君の呼称として「王」が出たり、天子が王と称したのは、いずれにせよ王の原始的な意義が武力の掌握者であったためと考えられる。

軍権の象徴として見なされる斧鉞に由来しているとされる「王」字については、一九三〇年代に、呉其昌氏が「王字本義、斧也」と述べ、また甲骨文・金文・文物・文献など八方面から字形が斧の象形であることを証明した。[三六] 六〇年代には、林澐氏が『説王』においてこの説を発展させ、あわせて学界に多大な影響を与えた。彼はそこから論証を進め、「王」字が斧鉞の形を象った理由として、斧鉞が古代において「主に軍を指揮することに用いられており、斧鉞はただ武器としてだけでなく、また斬首のための刑具としても用いられていたためである」とし、斧鉞がかつて長期間にわたって軍事統帥権の象徴物であったとした。そして軍事統帥権の象徴として斧鉞が「王」字を構成するとした上で、「中国古代の世襲で最高行政権力を握っている王については、その前身は軍事的首長でもあった」と述べた。[三七] 八〇年代・九〇年代に至ると、林澐氏、[三八] 羅琨氏[三九]らは相次いで「王」字が斧鉞の象形である証拠を示した。七〇年代に至ってようやく発表されたカナダ・オンタリオ博物館所蔵の甲骨文の拓本中に、「成崇王」の語があり、王の字を王△に作っており（『合集』三二四四四）、柄のついた斧鉞の象形である。字形から見ると、甲骨文・青銅器銘文中の王字は、新石器時代以来の武器や儀礼的な武器ないしは軍事統帥権を象徴する鉞は継承関係を持つと考えられる。実際に、『成王尊』銘文には「成王尊」の三字があり、其（王）字形と出土した新石器時代から青銅時代に至るまでの時期の鉞（とくに装飾された鉞）の形は一致している。

中国上古社会権力の進展の軌跡については、概して三段階に区分できよう。先史社会の最高酋長の権力期―初期国家の邦国君権（邦国国君の権）―夏・商・西周王朝国家の王権である。[四〇] この三種の権力には関連もあれば区別もある。区別は以下のとおりである。最高酋長の権力は強制力を有してはいなかった。初期国家の邦国国君の権力は強制力を有していて、それは全社会の上部に君臨し強制力を有する公共権力であったが、その権力の支配する空間はわずか本邦本国に限られていた。夏・商・西周王朝国家の王権は、支配範囲は本邦のみならず（王邦とはすなわち王国である）、王朝体系内のそのほかの諸侯邦国にも及び、王朝国家社会に君臨する強制的な公共権力であり、古人の目にそれは天下を支配する正統的な権力であると映っていた。この三種の権力の関連と共通点は以下のとおりである。三種の権力は各々すべて軍権を含んでおり、軍権と神権を集中し、これはいわゆる「国の大事は、祀と戎に在り」（『春秋左氏伝』成公十三年）にある様な社会の特徴を十分に示していよう。

これより、先史社会の最高酋長を例として、「王」字および「王」の呼称と鉞の継承関係を説明する。中国における何十年という期間の発掘の中で、先史社会における中心聚落の遺跡に関係する資料が非常に多い。これらの中心聚落は人類学における酋邦（chiefdom、酋長制社会）[四一] に相当する。例を挙げると、安徽省含山凌家灘遺跡は、今から五三〇〇年前の先史期の中心聚落である。遺跡の墓地中には、副葬品が最も豊富な墓葬（八七M四・〇七M二三）が二つあり、墓主は生前最高酋長であったと思われる。一九八七年に発掘された八七M四号墓葬からは、玉器一〇三件、石器三〇件、陶器一二件、合計一四五件が出土した。玉器の中で最も有名なものには一件の玉亀があり、[四二]さらに玉亀の背と腹の間に挟まれた一枚の「天円地方」、「四極八方」の宇宙観を刻した図像の玉版がある。[四三]この他には、玉鉞八件、石鉞一八件も注目される。[四四]八七M四号墓に副葬されている玉亀と「天円地方」、「四維八方」と刻される玉版から見るに、墓主は占卜をつかさどり、祭祀において重要な役割を果たした人物の一人であったと思われる。墓中より出土したいわゆる「玉簪」は、その形状と構造は〇七M二三から出土した玉亀及び玉亀状扁円形器の中にあった玉籤のそれと一致しており、それ故これもまた玉亀とセットで占卜に用いられた。墓中に副葬された玉製斧鉞は八件、石鉞は一八件あり、彼はまた軍事方面の任務もつかさどったことを示している。墓中からは更に精致な作りの石錛が六件、石鑿が五件出土している。これから墓主は手工業を重視し、いまだ一定の生産労働から完全に脱していなかったことを示していよう。墓中の玉璜は一九件に達し、更に副葬品は玉鐲が四件、玉璧が三件、玉勺が一件、人頭冠形飾が一件、三角形飾一件がある。これらはすべて社会的地位の高さを示していよう。そのため、副葬品が一四五件に達する八七M四号墓主の身分としては、まず宗教・占卜・祭祀をつかさどり、更に軍事権をも有し、あわせて手工業生産を相当程度重視し、酋邦の生産組織の管理を掌握していたことを確認できる。二〇〇七年に発掘された〇七M二三号墓からは、三三〇件の副葬品が出土した。[四五]その内、玉亀一件と玉亀状扁円形器二件及びその器内にある玉籤があり、これらはみな占卜用の道具類であり、当該墓主と八七M四号墓の墓主が同じく宗教的リーダーの一例であったことを示している。墓中より出土した玉鉞二件と石鉞五三件は墓主が軍事権を掌握していたことを示している。墓中からは更に副葬品として玉錛一件、玉斧一〇件、石錛三〇件、石鑿九件などが出ており、これもまた生産への重視を明示している。副葬品の玉環は八四件、墓主の頭部の位置には二〇件あまりの玉環が密集して安置されており、大環が小環を覆っている。これらは墓主が身につけていたものであろう。また、墓中からは玉玦三四件、玉鐲三八件が出土した。その内墓主の両腕の場所に位置するものは、玉鐲一〇件を一組として左右対称に配置され、両手にブレスレットをつけていた。この副葬状況は、九八M二九号墓出土の玉人三件の手部分に刻されたブレスレットの形状と同様であり、これらの副葬品より、墓主に明確に宗教的リーダー像を見いだせるであろう。

安徽省含山凌家灘墓地墓の資料からは、先史社会において、最高酋長の権力が三要素から成り立っていることが確認できる。神権、軍事統帥権、そして生産の組織的管理という意味での民事権である。遼河流域の紅山文化中の女神廟、大型祭壇と積み石塚の考古資料および人類学的な酋邦社会に関する資料を関連づけた上で確認できるのは、神権、軍事統帥権と民事権の三者の中で、最も主要な要素とされるのは神権ということである。神権を重要視するというのは、中心聚落社会（つまり酋長制社会）における最高酋長の有する権力の特徴の一つであり、これは先史社会における最高酋長の権力が強制力を有していないことを示している（酋長制社会と国家の根本的な区別はこの点にある。国家権力は全社会の上に位置する強制的を有した公共権力である）。ただ、先史時代の中心聚落の形態から初期国家の都邑邦国への転換の過程において、全社会の上に位置する強制的を有する公共権力の重要な支柱が、主に武力行使を特徴とする軍権となった。またそして鉞はすでに一種の武器であり、またそれは軍権及び軍事力の象徴である。それ故、自ら王を称した者は実際に自分が政治体の中で最高の軍事力を掌握していることを示しており、「王」の字形と呼称の起源はここにあるのである。

四、夏代の王権は万国時代の族邦連盟の盟主権に起源を持つ

夏王朝は決して中国最初の国家ではない。夏王朝の前には、歴史上では「万国」「万邦」と称され[四六]、これは邦国が林立して互いに連盟を結んでいた時代である。先秦文献においては、「邦」は一般的な意義においては国家を指すが[四七]、ただ「万邦」とは決して実際に一万の数の国家があったことを形容しているわけではなく、こうした小国寡民の邦国が非常に多い状況を表しているに過ぎない。古人の眼には、夏代以前・以降の政治体はすべて「邦」または「国」と称している。実際、これらの「邦」「国」には、当然早期国家に属している政治体や、またなお氏族、部落、酋長制社会（つまり一般的に言われている「酋邦」あるいは「中心聚落形態」を表している）などに分類される政治体にされるものもあり、当時の初期国家を含めて多層的かつ多形態の政治体が共存していた。実際、この様に多くの等級、多くの類型の政治体が共存する状況は、夏・商・周にも見られた。夏代までの「万邦」の構成は、「万邦」という一つの単語によって当時存在した氏族部落のすべてが変化発展して国家になったとは解釈することはできず、当時の国家とは決して一つの政治体ではなくその集合体であり、こうした邦国が林立して存在していたことを暗に示しているのである。こうした状況は、甲骨文中に見える「邑」と同様であり、居住地点を指し、その中に「大邑商」「商邑」などの王都の邑や、唐国の都邑であれば「唐邑」、丙国の都邑であれば「丙邑」といった侯伯邦国の都城の「邑」もあり、また「鄙二十邑」のような辺境の小邑を指すものもある。こうしたことから、自然と「邑」の中に村落の小邑を指すものがあることから、邑が王と侯伯邦国の都邑をも表すのは厳然たる事実である。

伝世文献上の堯・舜・禹万邦期は、考古学においておよそ竜山時代の中晩期に相当する[四八]。当該時期の中国の黄河、長江双方の流域では何十もの城址が発見され、伝世文献上の邦国が林立している「万邦」、「万国」に対応している。これらの城址のいくつかは初期国家――邦国の都城に属している。例を挙げると、山西省襄汾陶寺遺跡は、城内面積は二八〇万平方メートルに達し、大規模な城壁、宮殿と宮殿区、倉儲区、天文関連の建築と祭祀区があり、これらから強制力を有した権力下での人力・物力の集中、行政支配と組織による管理があったことを確認できる。陶寺の経済生産は農業と牧畜の発達が確認できるだけでなく、陶器、玉器、冶金などの手工業も農業から分離し始めていた。生産の専門化は生産物をかつてないほどに豊富にし、一方では絶えず増加した社会財産は増加するにつれて却って少数人数のもとに集中し、陶寺墓地のピラミッド式の墓葬に確認できる差等は、社会に階級と階級分化があったことを示している。陶寺の二つの朱書文字はすでに城邑で文字が出現し用いられたことを示している。それゆえ、陶寺城邑は臨汾盆地陶寺文化聚落群の都城であると判断でき、陶寺文明は当時における多くの邦国文明において優位であった。陶寺の外にも、河南省新密古城寨、山東省章丘城子崖、浙江省余杭莫角山、陝西省神木石峁などの城邑遺跡があり、城邑の規模、城内の宮殿、出土した各種の現象から見るに、すべて竜山時代の都邑国家（都邑邦国）の都城であり[四九]、そして陶寺はこうした初期国家都城の代表例である。

伝世文献から見ると、邦国の林立と族邦連盟は堯舜禹期の中原地区

における大きな政治的局面であった。『尚書』堯典などの文献の述べる堯・舜・禹の禅譲伝説は、族邦連盟の盟主の責務・地位が同盟の中で変化・継承されている状況を生き生きと描写している。この他、古本『竹書紀年』（五〇）、『韓非子』説疑篇（五一）などの文献にも「舜逼堯、禹逼舜」といった記述がある。堯・舜・禹が互いに抗争したとされる伝説は、黄河中・下流地区の各邦国間の勢力の消長を一つの側面から反映している。この二つの明らかに相反する上古史の伝説は、このように考えられるのではないか。当時の族邦連盟における指導権は、多くが平和的な推挙の形式で行われ、これが堯・舜・禹の禅譲伝説の起源となっていたであろう。また時には、盟主は政治的実力・軍事力を依拠することもあり、これが先の「舜逼堯、禹逼舜」の伝説を生み出した。

　堯・舜・禹期の連盟については、以前の史学界においてはモーガンの『古代社会』における「部落連盟」によって説明されてきた。「部落連盟」は原始社会に属しており、堯・舜・禹期のいわゆる「万邦」は多岐にわたる以上、多種の政治体が共存しているので、その中で最高の政治体は邦国であり、また矛盾の性質は主要矛盾の主要方面より規定されるということが分かる。それにより堯・舜同盟を「族邦連盟」あるいは「邦国連盟」と名付け、ただ「部落連盟」とは名づけなかった。当然、筆者もまた『尚書』堯典・皋陶謨、『史記』五帝本紀などの書のように、堯・舜・禹同盟を一つの朝廷と見ることに賛成しない。こうした伝統的史学は、すべて夏・商・周三代の王朝の情況を比較した上で堯・舜・禹・皋陶・四岳・契・共工・夔などの伝説上の人物間の関係性について議論している。これらの伝説上の人物はすべて一つの朝廷内で同時期の異なる官職に配置し、ただその最高「統治」の地位は禅譲を通して交替してきたのである。『尚書』堯典・皋陶謨等の伝世文献に関する姿勢として、筆者はこれら諸文献がもちろん相当多くの夏・商以前の太古の社会に関する資料を残してはいるとできる一方、ただその成書年代が戦国期であり、戦国時代の人が著述する際、王朝の政体と制度の影響を受けること、そのため堯・舜・禹族邦連盟は一つの朝廷と見なし、これは後代に典籍が成書する際の弊害であると考えている。これは筆者がかつて指摘したものであるが、古史伝説には「実」「虚」ないまぜであり、歴史と神話は互いに混交している（五二）。春秋戦国ないしは秦漢時代の学者には近代人類学の知識と「同盟」といった概念は全くないため、当該時代の学者に求める必要はない。

　邦国が林立する中で結成された族邦連盟のような社会において、堯・舜・禹は二重の身分を有していた。一つは本邦の国君であり、もう一つは連盟の盟主を担っていたことである。これにより、いわゆる唐堯が虞舜に対して禅譲したことは、昔話における連盟の盟主の位の話であり、これは唐国の君主の位のことをいうのでは無い。堯・舜・禹の二種の身分において、前者は「部族国家」（五三）権力の最高所有として現れ、後者はいわゆる連盟の盟主つまり覇者であり、黄河中・下流地区で覇者体制が現れた。ただ、族邦連盟は各邦国、酋邦、部落などの政治体の連合であって一つの国家ではなく、そのため盟主の有していた権力をこの時点で王朝国家の王権と見なすことはできない。

　族邦連盟の盟主権は王朝国家の王権ではないが、歴史変遷の論理から見ると、このような盟主は夏・商・周三代の王による「天下共主」の前身とみなせる。また、夏・商・周三代の王の「天下共主」の地位は、堯・舜・禹期の族邦連盟の「盟主」あるいは「覇者」が転化したものであるとも言えるであろう。

　一般的には、連盟のメンバーの地位は平等のはずである。ただ、堯・舜・禹族邦連盟の盟主は、また覇者とも称しており、このことの整合性は以下のことに拠っている。堯・舜・禹禅譲伝説が、当時の族邦連盟の統率権の形成過程において平和的推挙による譲位形式が生まれる段階があったことを反映していたとしても、早期国家の階級社会に入ると、族邦連盟の（主に邦国間の連盟）盟主が連盟の統率権を得ると、統率権は覇権へと容易に転化していった。更に時には連盟の統率権獲得は、政治的実力や軍事力によって成されたのである。

　堯・舜・禹族邦連盟の盟主つまり覇者の特徴の一つは、ほかならぬ彼らが号令、命令しあるいは自ら連盟の諸部族を率いて敵や部族に対して征伐を行うことができる点である。例えば、帝堯の時には、「堯　驩兜を伐つ」伝説があり（『荀子』議兵篇・『戦国策』秦策）また、「堯　乃ち羿をして鑿歯を疇華の野に誅せしめ、九嬰を凶水の上に殺さしめ、大風を青丘の澤に繳せしめ、上りては十日を射しめて下りては猰貐を殺さしめ、修蛇を洞庭に断たしめ、封豨を桑林に禽にせしむ」という伝説（『淮南子』本経訓）がある。この中の「猰貐・鑿歯・九嬰・大風・封豨・修蛇」はいずれも部落の首領である。鑿歯とはすなわち鑿歯の民であり、(五四)抜歯習俗が広まっていた部族である。(五五)大風は風夷を指すと考えられる。修蛇は三苗である。封豨は有仍氏であり、あるいは封豕に作り、すなわち野猪ある。(五六)猰貐・九嬰もまた野生動物をトーテムとした部落である。(五七)また、帝舜の時には、『孟子』万章章句上に、

　舜　共工を幽州に流し、驩兜を崇山に放し、三苗を三危に殺し、鯀を羽山に殛し、四罪して天下咸服するは、不仁を誅すればなり。

とあり、禹の代になって、『墨子』非攻下篇に、禹は自ら元帥となって、それとあわせて玄宮で天の瑞令などを受ける宗教的儀式を執り行った記述がされている。また、当時鳥をトーテムとして「人面鳥身」とし、珪瑾を奉って侍した。この様な神の加護の下で戦争において大きな勝利を得るのである。(五八)

　堯・舜・禹は連盟内外の対立勢力あるいは敵対する部族に対する征伐戦争によって、自身の覇者としての地位を確立した。上述したように、「王」という呼称は武力を象徴する鉞に由来している。王権は軍権、神権と族権の三者で構成されている。(五九)堯・舜・禹は族邦連盟を率いて対外戦争を行うと、彼らの有する軍権は、本邦本国の軍権を超越することができる。このようにして、軍権は容易に王朝国家王権における軍権へと変化していくのである。

　堯・舜・禹族邦連盟の盟主の覇権が夏王朝の王権へと変化していく過程において、禹は最も重要な過渡的性質をもつ。これについて、『春秋左氏伝』と『国語』に二つの史料があり、この問題について明確に説明している。『春秋左氏伝』哀公七年には、「禹　諸侯を塗山に合し、玉帛を執る者は萬國」とある。禹は塗山で諸侯と会合し、会合に参加する諸邦は「玉帛を執」って会見した。これは一種の礼制を反映したものである。この種の礼制において、尊卑と等級の不平等性が明確に見て取れる。会盟参加者が「万国」（酋長制の酋邦と部落を含む）の多きに達しているとされるのは、この時禹はすでに天下に対して号令する権力を有していたことを示している。『国語』魯語下に、「仲尼曰く、丘　之を聞く、昔禹　群神を會稽之山に致すに、防風氏後れて至り、禹殺して之を戮す」とある。孔子の言及によれば、禹は会稽山で諸邦と会見した時、防風氏が一人遅れてきたので禹に処断された、と。この時禹は連盟内の諸邦諸部に対してすでに生殺与奪権を有していたと見ることができよう。今説明した通りであるならば、王権と邦国君権の区別は以下の通りになる。邦国国君の所有している強制的な公共権力は、本邦の支配統治に限られる。一方で王権は、王朝国家全体の最高統治権であり、それは本邦（王邦）を統治するのみなら

ず、その他の邦国をも支配するのである。禹が防風氏を殺したことによって表現されたその他の邦国或いは部族に対する生殺与奪権の所有は、まさに王権の原型である。よって、筆者は禹代の後期に、邦国連盟の盟主権から王権に向かう歩みは完成を見、そして「家天下」という王朝王権の世襲制も禹から啓へと至る過程で完成に向かったと考えている。

《注》

(一) 王震中「夏代「複合型」国家形態簡論」(『文史哲』二〇一〇年第一期。「論商代複合制国家結構」『中国史研究』二〇一二年第三期)。同『中国古代国家的起源与王権的形成』(中国社会科学出版社、二〇一三年、四三六―四四〇、四七一―五〇二頁)を参照。

(二) 例えば、『甲骨文合集』三六九七五号卜辞には、「己巳王卜、貞、[今]歳商受年。王占曰、吉。東土受年。南土受年、吉。西土受年、吉。北土受年、吉。」とあり、『小屯南地甲骨』一一二六号卜辞に、「南方、西方、北方、東方、商。」(郭沫若主編、胡厚宣総編輯『甲骨文合集』中華書局、一九七九―一九八二年、以下『合集』)。中国社会科学院考古研究所編『小屯南地甲骨』(中華書局、一九八〇年)とある。

(三) 山東省博物館「山東益都蘇埠屯第一号奴隷殉葬墓」(『文物』一九七二年第八期。山東省文物考古研究所・青州市博物館「青州市蘇埠屯商代墓地発掘報告」『海岱考古』第一輯、一九八九年)。

(四) 殷之彝「山東益都蘇埠屯墓地和「亚醜」銅器」(『考古学報』一九七七年第二期)。

(五) 「亞醜」族徽銘文は「亞」形徽記と「醜」形徽記が結合する複合型の族徽銘文となっている。この「亞」は『尚書』酒誥篇に、「越在内服、百僚庶尹惟亞惟服」とある亞であり、元来は内服の官職における武官である。古代は官職を徽号としており、それは『春秋左氏伝』隠公八年に多く見られ、たとえば「賜姓」、「命氏」、「因以為族。官有世功、則有官族、邑亦如之。」とある。そのため、「亞」と「醜」は互いに結合して「亞」という符号を帯びた族氏の徽号となり、官に代々功績があることによって官族を形成しのちにその族氏の徽号が銅器に鋳される。それにより自己の一族の代々の繁栄を誇示するのである。このような例は、商・周の青銅器銘文にとても多く見られ、下文に述べる商墟花園庄五四号墓の「亞長」族徽銘文もまたこれである。「亞醜」族徽銘文からは、亞醜は当初商王が東土に派遣し、蘇埠屯に住んだ武官であり、時間の推移につれて、後に発展して外部の諸侯となり、ただ同時期に王朝で小臣の職を兼任していたので、「小臣醜」と称した可能性がある。

(六) 中国社会科学院考古研究所安陽工作隊「河南安陽花園荘五四号商代墓葬」(『考古』二〇〇四年第一期)。

(七) 「長伯」の封地に関しては、長がどの地にあったのかという問題がある。故林歓博士は「長」族は元来現在の山西省長子県に居住しており、河南省鹿邑県太清宮の長子口墓の墓主は、商滅亡後に南遷した「長氏」族の族長であったとしている。(林歓「試論太清宮長子口墓与商周「長」族」『華夏考古』二〇〇三年第二期)その他、長子口墓に関しては、それは周初に宋地に封建された微子啓の墓葬と考える説がある。(王恩田「鹿邑太清宮西周大墓与微子封宋」『中原文物』二〇〇〇年第四期。松丸道雄「河南鹿邑県長子口墓をめぐる諸問題――古文献と考古学との邂逅」『中国考古学』第四号、二〇〇四年一一月)。

(八) 中国社会科学院考古研究所安陽工作隊「一九六九―一九七七年商墟西区墓葬発掘報告」(『考古学報』一九七九年第一期)。

(九) 山西省霊石旌介商墓の出土文物の中には、鋳造された族氏徽記銘文を有する銅器四二件の内、「丙」形徽銘が三四件もある。そのため、「丙」というのは一つの国族の本家つまり宗族が山西省霊石旌介に居住していたことが分かる(李伯謙「从霊石旌介商墓的発現看晋陝高原青銅文化的帰属」『北京大学学報』一九八八年第二期。商琿璋・曹淑琴「霊石商墓与丙国銅器」『考古』一九九〇年第七期)。

(一〇) 中国社会科学院考古研究所編『殷周金文集成釈文』(香港中文大学中国文化研究所、二〇〇一年、第四巻、八四頁、五一六六)。

(一一) 羅振玉『三代吉金文存』(上冊) 巻四・一〇・図二、三九一頁、同『三代吉金文存』(中冊) 巻一三・三八図六、一四〇〇頁 (中華書局、一九八三年)。

(一二) 息族息国の銅器は集中して河南省羅山縣蟒張郷天湖村の晩商期墓地で発見されている。前後三回で発掘された二〇もの晩商期墓葬中において、出土した銅器銘文の銅器は全部で四〇件で、その内「息」字の銘文は二六件、銘文銅器全体の六五%を占めている。「息」銘文の銅器の出土した墓は九基あり、商代墓全体の四一%を占めており、一〇基の中型墓の中で八基で「息」銘銅器が出土し、八〇%を占めている (河南省信陽地区文管会・河南省羅山県文化館「羅山天湖商周墓地」『考古学報』一九八六年第二期)。そのため、李伯謙氏らは羅山県天湖墓地は息族の墓地であるかどうかについては、疑問の余地がないとしている (李伯謙・鄭傑祥:「後李商代墓葬族属試析」『中原文物』一九八一年第四期)。

(一三) 王玉哲『中華遠古史』(上海人民出版社、二〇〇〇年、五七七頁)。

(一四) 許倬雲『西周史』(増訂版、三聯書店、一九四四年、一四四、一四六頁)。

(一五) たとえば、劉源氏はかつて正確に「商周王朝の政体はいずれも内外服制であり、諸侯は外服系統に属している」と述べた (劉源「「五等爵制」与商周貴族政治体系」『歴史研究』二〇一四年第一期)。

(一六) 『周礼』は戦国時代に成書したが、それは西周・春秋及び戦国時代の概念と制度を混合されている。ただ「王国」と「邦国」の区分に関しては、金文と『尚書』における周初の諸誥の記載が一致しているので、このような区分と分類は商周の多元一統の複合制王朝国家の構造によって説明できる。

(一七) 于省吾『双剣誃尚書新証』(北平直隷書局、一九三四年)。

(一八) 『戦国策』魏策において呉起が、「商紂之國、左孟門而右漳、釜、前帯河、後被山。有此險也、然為政不善、而武王伐之」と説いている。これは、戦国期の人の呉起が持ち出している商の直轄地区つまり商の王国 (王邦) であり、殷商王朝国家全体を指しているのではない。漳水、滏水は殷の北にあり、商墟の近くに在る。もし北辺の漳滏二水を右の事とすれば、左の孟門に位置し、もしその南部にあれば、太行山の東に位置し、つまり今の河南省輝県の西で、それは商墟の西南に位置することになる。「前帯河」の河は安陽殷都の東側の南から北へ流れる古の黄河である。「後被山」の山は安陽西部の太行山を指している。『戦国策』中の呉起の言及や、司馬遷の『史記』呉起列伝でも、「殷紂之国、左孟門、右太行、常山在其北、大河經其南」とある。(『史記』巻六十五呉起列伝。ここでは、司馬遷は『戦国策』魏策中の「後被山」つまり太行山を置きかえて「常山在其北」とし、結果「大河」はその南を経ることとなる。ここの常山とは恒山で、ただ今の山西省中にある恒山ではなく、主峰は今の河北省保定西境曲陽県の西北にある恒山を指す。孫星衍『尚書今古文注疏』水経・禹貢・山水澤地所在には、「恒山為北岳、在常山上曲陽県西北」とある (孫星衍『尚書今古文注疏』上冊)。

(一九) 『史記』巻二夏本紀、八九頁。

(二〇) 『墨子』耕柱篇に、「昔者夏后開使蜚廉折金於山川、而陶鑄之於昆吾。」とある。

(二一) 『清華大学藏戦国竹簡 (五)』(中西書局、二〇一五年)。咎繇 (皋陶) は一つの人名を踏襲している。堯・舜・禹期の皋陶のみでなく、夏啓時にも皋陶がいる。

(二二) 邦国と王朝は「時服時叛」の関係性にあるものがある。「叛」時には、王朝と対立し、王朝の統治構造から離脱する。これは独立国家である。「服」時には、王朝の体系に組み込まれ、独立国家ではなくなる。そのため、「時服時叛」は分類の基準にはならない。

(二三) 邦国は単一制で、夏・商・西周王朝国家は複合制であり、また多元一体 (多元一統) である。小国寡民の単一制と比較すると、多元一体の複合制王朝国家は当然より複雑である。また、出現時期から見ると、堯・舜期における単一制の邦国が生まれたのは前で、夏・商・西周王朝国家が生まれたのはその後である。そのため、時間の前後関係や、政体と国家構造に関しても、二者は継起的発展関係にある。

（二四）張政烺「夨王簋蓋跋――評王国維「古諸侯称王説」」（『古文字研究』第一三輯、一九八六年）。

（二五）盧連成・尹盛平「古夨国遺跡墓地調査記」（『文物』一九八二年第二期）、王光永「寶雞縣賈村塬發現夨王簋蓋等青銅器」（『文物』一九八四年第四期）。

（二六）盧連成・尹盛平「古夨国遺跡墓地調査記」（『文物』一九八二年第二期）。

（二七）中国社会科学院考古研究所編『商周金文集成』（以下、『集成』）〇四三〇二、（中華書局、一九八七年）。

（二八）張政烺「昭王之諻鼎及簋銘考証」（『歴史語言研究所輯刊』第八本第五分、商務印書館、一九三九年）。

（二九）張政烺「夨王簋蓋跋――評王国維「古諸侯称王説」」（『古文字研究』第一三輯、一九八六年）。

（三〇）王国維『観堂集林』第四冊（中華書局、一九五九年、一一五三頁）。

（三一）張政烺「夨王簋蓋跋――評王国維「古諸侯称王説」」（『古文字研究』第一三輯、一九八六年）。

（三二）陝西省岐山鳳雛村齣出土甲骨に「楚子来告」とある（H一一：八三）。王宇信『西周甲骨探論』（中国社会科学出版社、一九八四年、二九六頁）を参照。

（三三）楚国の称王について、『史記』巻四十楚世家には、「當周夷王之時、王室微、諸侯或不朝、相伐。熊渠甚得江漢閒民和、乃興兵伐庸、楊粤、至于鄂。（楚国君）熊渠曰、「我蠻夷也、不與中國之號謚。」乃立其長子康為句亶王、中子紅為鄂王、少子執疵為越章王、皆在江上楚蠻之地。及周厲王之時、暴虐、熊渠畏其伐楚、亦去其王。」とある。これは楚が西周後期の周夷王の時周王室の衰退に便乗し、自ら進んで王を称し、後に周厲王の時に周王の討伐を恐れて王号を取り消したことを示している。春秋初年にいたると、『史記』巻四十楚世家（中華書局、一九五八年、一六九四頁）には、「蚡冒十七年、卒。蚡冒弟熊通弑蚡冒子而代立、是為楚武王」とある。これにより、楚国は完全に自ら王を称し、そこから春秋期が始まった。春秋戦国期、楚国が王を称したことを示す青銅器として『楚王鐘』銘文等がある。（『集成』〇〇〇七二、〇〇〇八五、一一三八一を参照）。李峰「論「五等爵」称的起源」に、ある「表一に、金文中にある春秋から戦国早期の諸侯の呼称」も参照。『古文字与古代史』第三輯、「中研院」歴史語言研究所、二〇一二年）。

（三四）『春秋左氏伝』宣公三年、『史記』巻四周本紀、巻四十楚世家を参照。

（三五）商代の小国が王を称したと主張する学者は、以下のとおりである。斉文心「関于商代称王的封国君長的探討」（『歴史研究』一九八五年第二期）、高明「商代卜辞中所見的王与帝」、葛英会「商墟卜辞所見的王族及相関問題」（北京大学考古系編『紀念北京大学考古専業三十周年論文集』（文物出版社、一九九〇年）。これらの見解に対し、宋鎮豪氏・劉源氏は、「卜辞中に王が多く存在したのであるという確実な証拠があるかどうかは、慎重に検討しなければならない。斉・高・葛三氏が挙げている事例の中には、あるものは断片的で、わずかな資料でしかなく、解釈も一致しておらず、目下の関係資料も乏しく、更には商墟卜辞中の方国の首領は多く「白（伯）」と称している。かりに本当に卜辞中における商王以外の称王者を示す証拠が多いとしても、それを商王国内の普遍的な現象と見なすことはできない」と述べている（宋鎮豪・劉源『甲骨学殷商史研究』福建人民出版社、二〇〇六年、二六二頁）。筆者は劉源の分析及び解釈に賛同する。

（三六）呉其昌「金文名家疏証」（一）、（『武大文史哲季刊』一九三六年第三期）。また、周法高主編『金文詁林』第一冊（巻一）、（香港中文大学出版社、一九七四年、二一〇―二一九頁）を参照。

（三七）林澐「説王」（『考古』一九六五年第六期）。

（三八）林澐「甲骨文中的商代方国聯盟」（『古文字研究』第六輯、中華書局、一九八一年）。

（三九）李学勤主篇、王震中・羅琨・王宇信・楊升南・宋鎮豪『中国古代文明与国家形成研究』（雲南人民出版社、一九九七年、二四二頁）。

（四〇）王震中『中国古代国家的起源与王権的形成』、二八七―二九二頁。

（四一）安徽省文物考古研究所『凌家灘――田野考古発掘報告之一』（文物出版社、二〇〇六年）。

（四二）安徽省文物考古研究所『凌家灘――田野考古発掘報告之一』、彩板二一。

（四三）安徽省文物考古研究所『凌家灘——田野考古発掘報告之一』、彩板二〇。

（四四）安徽省文物考古研究所『凌家灘——田野考古発掘報告之一』、彩板二七、三八—四二。

（四五）安徽省文物考古研究所「安徽含山凌家灘遺跡第五次発掘的新発現」（『考古』二〇〇八年第三期）。

（四六）例えば、『尚書』堯典篇には、帝堯が「協和万邦」したとしている。『漢書』地理志に、堯・舜期を「協和万国」としており、周初期に至っては一千八百国の邦国があったとされる。『春秋左氏伝』哀公七年に、「禹合諸侯于塗山、執玉帛者万国」とある。『戦国策』斉第四に、顔斶が、「大禹之時、諸侯萬國遻遻及湯之時、諸侯三千。当今之世、南面称寡者、乃二十四」と述べており、『荀子』富国篇にも、「古有万国、今有十数焉」とある。「万邦」の概念は、青銅器銘文と『尚書』中の周初期に成書された篇章及び『詩経』等の早期文献においても比較的広範に確認できる。例えば『墻盘』銘文に、「曰古文王……匍有上下、迨受万邦」とある。「匍」字は、楊樹達が言うには、「撫」と読むべきで、「迨」は会字であり、「迨受万邦」の意味は、文王が万邦に推戴される様子を表している。『尚書』洛誥に、「曰其字時中乂、万邦咸休、惟王有成績」とある。文中の「時」、是であり、「乂」は、治である。これは周公が述べていて、大意は周王がもし天下の中心である洛邑で天下を治めることができたら、それこそが「万邦咸休」であり、大功が成就するという意味である。『詩経』小雅・六月に、「文武吉甫、万邦為憲」とある。これは西周末期の詩であり、尹吉甫を称えて万邦の模範としていたのである。

（四七）王震中「先秦文献中的「邦」「国」「邦国」及「王国」——兼論最初的国家為「都邑」国家」（陳祖武主編『「従考古到史学研究」之路——尹達先生百年誕辰紀念文集』雲南人民出版社、二〇〇七年、三二五—三三三頁）。

（四八）いわゆる「竜山時代」とは、広義と狭義の概念に分けられる。広義の竜山時代は前三〇〇〇—前二〇〇〇年を指す。中原地区で、廟底溝二期文化期を含み、廟底溝二期は竜山時代の早期である。狭義の竜山時代は、山東竜山文化（または「海岱竜山文化」と呼ぶ）の出現を以て始まった時代としていて、前二六〇〇—前二〇〇〇年を指す。ここでの竜山時代は、広義の概念を用いる。

（四九）王震中『中国古代国家的起源与王権的形成』、二九三—三五七頁参照。

（五〇）古本『竹書紀年』に、「舜囚堯于平陽、取之帝位」とある。『孟子』万章上篇に、「（舜）居堯之宮、逼堯之子、是簒也、非天与也」とある。

（五一）『韓非子』説疑篇には、「舜逼堯、禹逼舜、湯放桀、武王伐紂、此四王者、人臣弑其君者也」とある。

（五二）王震中「古史伝説中的「虚」与「実」」（『趙光賢先生百年誕辰紀念文集』、中国社会科学出版社、二〇一〇年）、王震中「三皇五帝伝説与中国上古史研究」（『中国社会科学院歴史所学刊』第七集、商務印書館、二〇一一年）。

（五三）王震中『中国古代国家的起源与王権的形成』、三五八—三八八頁。

（五四）『淮南子』墜形訓には、「鑿歯民」とあり、『山海経』大荒南経には、「有人曰鑿歯、羿殺之」とある。

（五五）厳文明「大汶口文化居民的抜牙風俗和族属問題」（『大汶口文化討論文集』、斉魯書社、一九七九年、二六〇頁）。

（五六）田昌五『古代社会形態研究』（天津人民出版社、一九八〇年、一五二頁）。

（五七）厳文明「大汶口文化居民的抜牙風俗和族属問題」（『大汶口文化討論文集』、斉魯書社、一九七九年、二五四頁）。

（五八）『墨子』非攻下篇には、「昔者三苗大亂、天命殛之、日妖宵出、雨血三朝、龍生於廟、犬哭乎市、夏冰、地坼及泉、五穀變化、民乃大振（震）。高陽乃命（禹于）玄宮。禹親把天之瑞令、以征有苗。四電誘祗。有神人面鳥身、若瑾以侍。搤矢有苗之祥（将）、苗師大乱、后乃遂几。禹既已克有三苗、焉磨（歴）為山川、別物上下、卿制大極（郷制四極）、而神民不違、天下乃静」とある。

（五九）王震中『中国文明起源的比較研究』（陝西人民出版社、一九九四年、三六六—三七二頁）。

全体会　四

『史記』と出土資料の方法論

藤田　勝久

はじめに

漢代に司馬遷が著した『史記』は、歴史書であると同時に、文学や思想書、百科全書としての性格をもっている。その価値について内藤湖南は、「この史記が出来てから以後、支那では殆どそれ以上の歴史は出来なかった。諸子百家並びに雑家の如きものが一変して最初に出来たものが、支那の最上の歴史となった訳であって、史記を評論することは、殆ど支那の歴史全体を評論すると同じ位の価値がある」と述べている。(一)

歴史学では、『史記』をはじめとする文献研究が基本であり、二十世紀後半まで考古資料の利用は少なかった。(二) しかし中国では一九七〇年代以降から簡牘《かんとく》（竹簡・木簡）・帛書《はくしょ》（絹布）に書かれた出土資料が増加し、戦国秦漢史では出土資料を使った研究が普及している。本稿では、『史記』を例として、文献史料と出土資料を使った歴史学の方法論を考えてみたい。

一は、日本に残された古鈔本や版本の「書き入れ」（付記）を使った書誌学の方法を整理する。これは『史記』テキストの校訂だけではなく、付記に注目した外的な方法として貴重である。しかしこの段階は、『史記』が成立した後の文献研究であり、『史記』が成立する前後の歴史研究ではない。

二は、『史記』が成立する同時代の史料研究である。ここでは戦国秦漢時代の出土資料に『史記』の素材と共通する内容をふくむことから、司馬遷が『史記』を編集した方法を推測する。また『史記』には利用されていない出土書籍や法制資料との関係を考える。これは文献の補助となる出土資料を使った『史記』の外的な史料批判である。

三は、中国出土資料の大半が、『史記』の素材とは異なる文書と記録であることから、文献の補助となる性格をこえた簡牘独自の研究方法を考える。この視点によって、『史記』と出土資料を使った全体的な方法論を考える。

一、日本の『史記』文献研究――成立以後

書写材料の歴史でみれば、『史記』（《太史公書》）が成立した当初は、おそらく竹簡に書かれており、のちに簡牘・帛書から紙写本になったとおもわれる。(三) しかし『史記』の紙写本は、敦煌文書や日本の古鈔本に一部が残っているだけである。(四)『史記』一三〇巻のテキストは、北宋から南宋時代にかけて三家注の合刻本が刊行され、南宋中期に刊

行された『史記』黄善夫本が最も古い善本といわれ、正史を集めた百衲本に収録されている。（五）この版本は、『史記』成立（前八九ころ）から一二〇〇年以上が経過している。これが『史記』を使った歴史・文学研究などの基礎となるが、こうした『史記』の文献研究には、いくつかの注目すべき視点と方法がある。これを日本に伝わる古鈔本と『史記』南化本でみておこう。

日本に伝来した漢籍は、平安時代の藤原佐世が編纂した『日本国見在書目録』（六）（元慶八年、八八四～寛平年間八八九―八九七）で知ることができる。ここには『史記八〇巻』という裴駰の集解本や、唐の司馬貞『史記索隠三〇巻』単注本、『史記』の音義などの注釈がある。この時点では、唐の張守節『史記』正義は伝わっていない。

平安末期の『史記』古鈔本では、つぎの一連の写本が知られている。（七）

1、呂后本紀第九（毛利家蔵）
2、孝文本紀第十（東北大学図書館蔵）
3、孝景本紀第十一（大東急記念文庫蔵）

このうち呂后本紀の巻末には、つぎのような識語がある。

延五正廿四辰書了。　同年同月廿九日點合了。
延五四一受訓了。學生大江家國
康和三年正月廿七日以秘本見合了。家行之本也。
同年同月廿九日讀了。
建久七年十二月十八日黄昏讀移了。　拾遺〔花押〕

那波利貞氏の解説（一九三六年）によると、これは延久五年（一〇七三）正月に学生の大江家国が書写したもので、孝文本紀と孝景本紀にも同年に大江家国の名があり、一連の写本とみなされている。（八）呂后本紀は、康和三年（一一〇一）正月二十七日に秘本と照合して読み合わせ、孝文本紀は同年二月三日、孝景本紀は二月二十日に照合を終えている。建久七年（一一九六）十二月には、十八日の黄昏に呂后本紀を読了し、十九日の黄昏に孝文本紀を読了、十九日の燈下に孝景本紀を読了したという識語と、大江時通の花押がある。したがってこの『史記』古鈔本は、奥付によって書写の年代を知ることができ、版本となる以前の『史記』の書式を伝えている。

この『史記』古鈔本には、簡牘の重複記号「＝」にあたる「〻」を用い、「號令一出太〻后〻稱制」のように記す。数字は簡牘・帛書と同じように「廿」「卅」と記している。これによって紙写本の表記は、簡牘や帛書に書かれた用法と同じであることを示している。また日本の訓点と送りがなをほどこしており、当時の読法がわかる。

古鈔本につづいて、著名な版本は『史記』南化本である。（九）このテキストは、南宋の建安黄善夫本の『史記』九〇冊であり、室町時代には伝来して、幻雲が入手したあと、大量の書き入れを行なうために改装した。そのあと南化玄興（一五三八～一六〇四）の手に渡ったため「南化本」とも呼ばれる。その後、天正十九年（一五八六）以降に直江兼続（一五六〇～一六一九）に譲られ、さらに旧米沢藩主・上杉氏が所蔵し藩校に置いた。現在は、国立歴史民俗博物館に所蔵されている。（一〇）

『史記』南化本は、本文に朱句点・朱引があり、墨書で返点と送り仮名・振り仮名などが書かれている。この宋代の版本では、簡牘・帛書、紙写本で重複記号としていた文字を、一つの文字にしている。たとえば呂后本紀の例では「號令一出太后、太后稱制」とある。また簡牘・紙写本の「廿」を「二十」、「卅」を「三十」と表記している。これによって『史記』では、竹簡や紙写本と、版本の文字数が違ってくる。また文章の段落では、「某公立」のあとに空白をあけて次行の上から書いており、これは簡牘・帛書のように連続して書写する形式とは相違している。この南化本には、欄外に書かれた幻雲の『史記幻雲抄』、藤原英房の『英房史記抄』などの注釈や、三家注には組み込まれなかった『正義』単注本の佚文（正義佚文）をふくむことが注目される[11]。このように『史記』南化本は、黄善夫本の版本であるだけでなく、日本に伝えられた注釈・正義佚文が欄外の「書き入れ」に残されている点で、重要な価値をもっている。

こうした日本の古鈔本と『史記』南化本の欄外に書かれた付記を利用したのが、瀧川亀太郎『史記会注考証』（一九三二～三四年）である。『史記会注考証』は、池田四郎次郎『史記補注』（一九七二、七五年）と同じように、『史記』の最良のテキストを作成し、日中の注釈を網羅しようとしたもので、清朝の学者や江戸時代の中井履軒『史記雕題』などを集成している。そのなかに古鈔本と『史記』南化本による考証がある[12]。たとえば『史記』呂后本紀では、「帝命謁者」に「南化本、三條本命作令」とあり、孝文本紀の「即位二十八年」は「延久鈔本作廿」とあり、集解注「徐廣曰、年四十七」では「愚案、集解四十、延久鈔本作卌」とある。これは先にみた古鈔本による注釈である。なお中国では、標点本『史記』（一九五九年第一版）が標準テキストとなっており、『史記』修訂本（中華書局）では古鈔本の校訂を追加しているが、ここでは各段落ごとに注釈をまとめている。呂后本紀では、「號令一出太后」[13]のあとに注釈を付け、「太后稱制」は別の段落としている。したがって標点本『史記』は、句読と段落をして読みやすくなっているが、簡牘や紙写本の原形とは違っている。

水沢利忠『史記会注考証校補』（一九五七～七〇年）は、さらに諸本の補訂を加え、水沢利忠編『史記正義の研究』[14]（一九九四年）は、『史記』南化本の正義佚文を集成したものである。このように『史記』のテキストでは、本文だけではなく、古鈔本の表記と、『史記』南化本の欄外「書き入れ」に注目し、考証を進めた点が日本の『史記』研究の特徴の一つである。

このように『史記』には、日本の古鈔本と宋代以降の版本研究があり、そのテキストを基礎とした歴史や文学・思想の研究が進められている。しかし『史記』の版本は、漢代の著作から二一〇〇年以上が経過しており、歴史の基本史料とするためには、さらに《太史公書》が成立する同時代の考察が必要である。

二、『史記』の素材と編集――成立前後

『史記』の成立をめぐる問題では、一に、司馬遷が引用した書物の考証や、取材の内容と編集を考察する研究があり、二に、出土資料を使った『史記』の考証がある[15]。

一に、『史記』の素材を探る考証は、歴代の注釈にはじまる。『史記』の注釈では、「集解」「索隠」「正義」の三家注や諸家の注釈に、諸本と対照した字句の考証がある。これは『史記』を読むための考証であるが、同時に他の文献との比較になっており、文章の類似という点からみれば、司馬遷が利用した素材との関係を示唆している。また『史記』に引用された書物は、金徳建『司馬遷所見書考』（一九六三年）や、原富男『補史記芸文志』（一九八〇年）が整理している[16]。

清の梁玉縄『史記志疑』では、たとえば『史記』趙世家の晋出公十一年の知伯の事件について、「左伝末篇無其事、史公或別有拠、故説苑亦載之也」とあり、『左伝』と異なる『説苑』の素材を推測している。『史記会注考証』は、趙世家について『左伝』『戦国策』をふくむ詳細な注釈を加え、重耳が晋文公となる説話は「重耳以下、本僖

(公)二十三年左伝」「本僖二十四年左伝」「本僖二十八年、昭(公)十三年左伝」と対応させている。これらは歴代の注釈をさらに進めて、各篇の構成と先行資料との関係を指摘している。しかしこの段階では、伝来の書物の成立や、前漢末に劉向が編纂した『戦国策』や『新序』『説苑』との関係が不明であり、まだ『史記』の素材と編集について十分には説明していない。

これに対して宮崎市定氏は、「身振りと文学」(一九六五年)で、語り物の利用や、列伝の主要部が起承転結のリズムによって展開してゆく特色を指摘し、「史記李斯列伝を読む」[一七](一九七七年)では、その構成材料の来源を考察している。これらは『史記』が複数の資料から成る編集を示唆している。しかし宮崎氏は、紀年資料の利用をふくめて、記事資料との関係を全体的には論じていない。こうした素材と編集の関係を解決する手がかりが、古墓に収められた出土書籍である。

二に、出土資料を使った『史記』の考証には、王国維「殷卜辞中所見先公先王考」、「同続考」(一九一七年)がある。[一八]ここでは甲骨文字の王の系譜(王名)が『史記』殷本紀にみえることを考証した。その後も王国維は、新出資料が新しい学問領域を開くことを指摘し、『古史新証』(一九三五年)では、紙上の材料(文献)と地下の新材料(考古資料)を用いる二重証拠法を提唱している。[一九]地下の新材料は、今日の甲骨学を生み出し、漢晋木簡の発見は簡牘学の発達をもたらした。この視点は、『史記』をそのまま信じる「信古」と、その史実を疑う「疑古」の立場に対して、あらたに出土資料をふまえた「釈古」の方法を示した意義をもっている。

考古資料の利用では、陳直『史記新証』(一九七九年)、『漢書新証』(一九五九年)が、敦煌漢簡や居延漢簡と、青銅器、漆器、封泥、漢印、貨幣、石刻の出土文物によって新たな注釈を試みている。[二〇]ただしこの時点では、短い文字や名称の考証が多く、『史記』各篇の素材と編集を論じてはいない。

以上のように、歴代の注釈や従来の研究では、『史記』の出典との関係を指摘しているが、まだ各篇の編集を十分に考察する段階ではなかった。また二十世紀には、甲骨文字や器物銘文などの出土資料によって、『史記』の記述を補足する研究があらわれている。しかしこれまでは出土文字資料の内容が限られており、長文の書籍や文書は少なかった。この状況で、戦国秦漢時代の古墓に副葬された資料によって、司馬遷が『史記』を著述した武帝期より以前の書籍の形態が具体的にわかるようになった。この簡牘・帛書の資料は、『史記』の素材と編集をめぐる新たな情報を提供している。[二一]

『史記』が引用した典拠となる書物は、その成立した時期が不明なものもあり、司馬遷が見た書物と同じ写本か異本かという問題がある。経書や諸子百家では、その成立が問題となっている。とくに前漢末に劉向が編纂した『戦国策』『説苑』『新序』は、『史記』の成立より後の資料であり、その素材との関係が問題となる。これについては、馬王堆漢墓帛書の発見が大きな影響を及ぼしている。

帛書『戦国縦横家書』が出土した馬王堆三号漢墓は、「十二年二月乙巳朔戊辰」と記した遣策を副葬しており、墓主は文帝十二年(前一六八)に亡くなった長沙国丞相・利蒼の息子とみなされている。[二二]とすれば帛書が書かれた時代は、司馬遷が太史令となった元封三年(前一〇八)より六〇年以上も早いことになる。『戦国縦横家書』には、未知の戦国故事十六篇のほかに、『史記』と共通する八篇、『戦国策』と共通する一〇篇があり、一篇は『韓非子』十過篇と類似している。したがって文帝期の墓主は、司馬遷の創作を入手して所有することは不可能であり、武帝期の司馬遷が帛書と共通する故事を利用したことを明らかに示している。また『戦国策』の編纂では、すべてが前漢末の戦国故事ではなく、その一部は先行する戦国故事を収録したことが証明できる。同じように劉向が編纂した『説苑』『新序』も、文帝期の阜陽双古堆漢簡などの資料があり、司馬遷が『史記』を著述するときに先行する説話を組み込む可能性がある。(二三) こうした出土資料と『史記』『戦国策』などの関係を図示すれば、つぎのようになる。

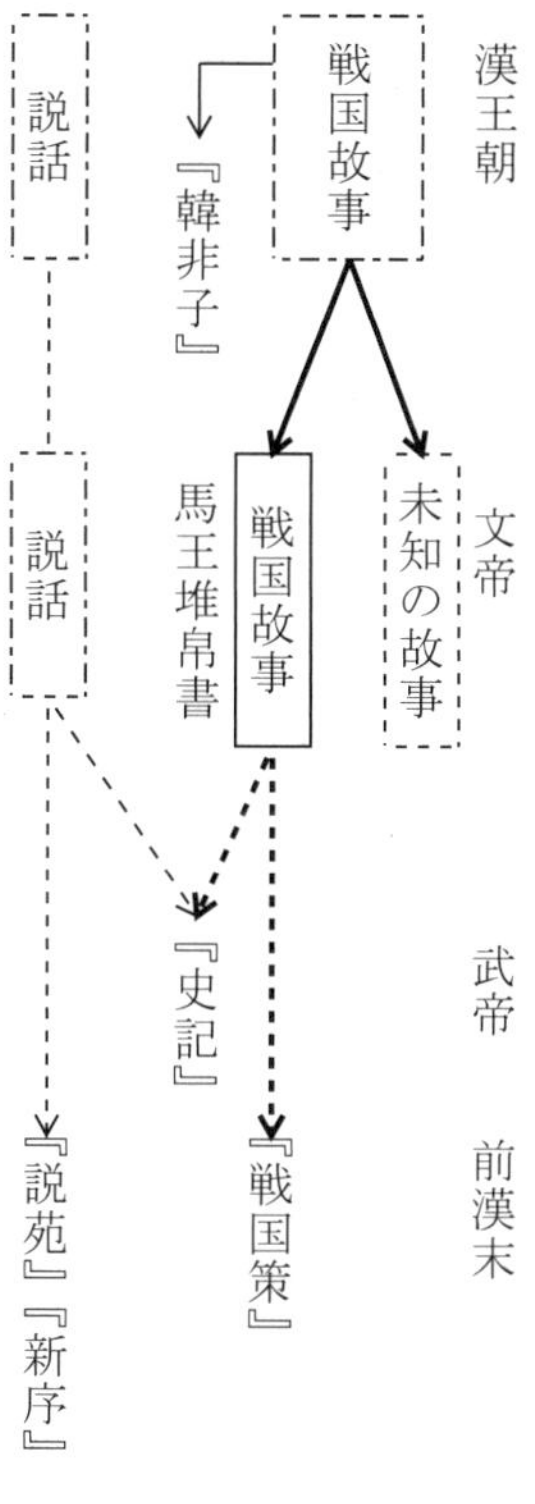

それでは『史記』の素材と編集は、どのように理解できるのだろうか。これについては、『史記』穰侯列伝がもっとも典型的な例となる。(二四) 穰侯は、戦国秦の王族であるが、列伝の冒頭は簡単な系譜があり、その後は、歴史の基準となる紀年資料と、戦国故事を組み合わせて編集している。紀年資料は、戦国秦の紀年にもとづき、それは睡虎地秦簡『編年記』の戦役・大事と共通している。(二五) この秦紀年の間に、『戦国縦横家書』や『戦国策』と共通する三つの記事を編年して列伝を構成している。その戦国故事は、穰侯の登場を示す内容と、代表的な事績であり、そのあと失脚の叙述となっている。そこで『史記』穰侯列伝を読むと、あたかも司馬遷が執筆した一篇の伝記のようにみえる。しかし列伝の素材と構成を分析してみると、それは系譜と、先行する紀年資料、戦国故事を組み合わせて編集したことがわかる。ここには秦紀年と記事資料を接続する表現をのぞいて、司馬遷が創作したとおもわれる文章はみられない。

系譜＋秦の紀年＋ 戦国故事① 〔『戦国策』趙策三と共通〕登場
系譜＋秦の紀年＋ 戦国故事② 〔帛書一五章、『戦国策』魏策三と共通〕全盛
系譜＋秦の紀年＋ 戦国故事③ 〔『戦国策』秦策三と共通〕全盛
秦の紀年＋ 失脚して亡くなるまでの結末

このように古墓に納められた出土書籍には、『史記』の素材と編集に関連する内容がみえている。(二六) これを『漢書』芸文志の書籍と比べてみれば、つぎのようになる。

『漢書』芸文志・六芸略・春秋家	関連出土資料
春秋古経十二篇、経十一巻。	(『竹書紀年』)
左氏伝（『春秋左氏伝』）三十巻。	清華簡「繋年」
国語二十一篇。左丘明著。新国語五十四篇。	帛書『春秋事語』
世本十五篇。古史官記黄帝以來訖春秋時諸侯大夫。	清華簡「楚居」
	阜陽漢簡「年表」
戦国策二十三篇。記春秋後。	帛書『戦国縦横家書』
奏事二十篇。秦時大臣奏事、及刻石名山文也。	秦の刻石
太史公百三十篇（『史記』）。十篇有録無書。	
太古以來年紀二篇。	阜陽漢簡「年表」
	秦簡『編年記』

前漢末に漢王朝の図書目録が作成されたとき、司馬遷の『史記』

（太史公百三十篇）は完成していたが、まだ「史」の項目がなく、六芸略の春秋家に分類された。『漢書』芸文志では、『史記』の素材となった『春秋左氏伝』（『左伝』）や『国語』、紀年、系譜、戦国故事、秦代の奏言と刻石に関する書籍は、すべて春秋家に分類され、もっとも総合的な書物が『史記』である。そして『史記』では、さらに諸子略、詩賦略、兵書略、数術略、方技略に分類された書物も利用している。その一つは、武帝期の初めといわれる山東省銀雀山漢墓竹簡の『孫子』説話である[二七]。ここには『史記』孫子列伝の孫武に関する説話が、やや詳しくみえている。『史記』本紀、世家、列伝では、このように「記事資料だけ」「系譜、紀年資料＋記事資料」の構成が、基本的な編集パターンとなっている。

　ただし古墓の出土書籍は、こうした『史記』の素材と共通する系統は限られており、むしろ異なる系統の書籍のほうが多い。それは経書や諸子百家に関連する書物（異本）や、説話の異聞などであり、思想史や書誌学で注目され、豊富な研究成果がある[二八]。その一つは、春秋時代に呉王闔廬に仕えた伍子胥の説話である[二九]。伍子胥の記事・説話は、戦国時代の郭店楚簡「窮達以時」や、慈利県の石板村三六号墓の戦国楚簡、漢代の睡虎地七七号漢墓の竹簡にみえており、張家山漢簡『蓋廬』は呉王闔廬と伍子胥の対話である。これらの記事は、『韓詩外伝』『説苑』『国語』『呂氏春秋』『越絶書』と関連しており、『史記』の素材だけではないものである。また出土書籍ではないが、北京大学蔵竹簡「趙正書」には、『史記』とは違う始皇帝と二世皇帝の故事を伝えている[三〇]。

　これを総括すると、『史記』に引用された文章は、漢代の出土資料に近いという特徴がある。たとえば『史記』と共通する帛書『戦国縦横家書』の故事や、銀雀山竹簡『孫子』の説話は、漢代に書写された書籍に属している。しかし『史記』と共通しない異聞・異本は、伍子胥に関する伝承のように、戦国時代から漢代にかけての資料である。したがって司馬遷が利用したのは、漢代までに一定の編集をへて伝えられた書物であり、反対に戦国時代の出土書籍は『史記』との共通点が少なく、また漢代にも異聞がみられるのである。

　これらの出土書籍は、書誌学（出土文献学）や思想史、古文字学などを除いて、あまり歴史研究の史料にならないと言われてきた[三一]。かえって歴史学で注目されたのは、古墓の律令と法制資料である。これらの法制資料は、厳密には書籍ではないが、主に竹簡に書かれた保存資料にあたるとおもわれる[三二]。この保存資料には『日書』もふくまれる。

　睡虎地秦簡『秦律十八種』『效律』『秦律雑抄』『法律答問』『封診式』

　龍崗秦簡の法律、張家山漢簡『二年律令』『奏讞書』

　嶽麓書院蔵秦簡の法制資料（「為獄等状四種」、秦律令）

　このように古墓から出土した資料には、書籍や保存資料がみられるが、これらの資料と『史記』との関係はどのように考えたらよいのだろうか。それは『三国志』と裴松之注との関係が、よく似ているとおもう。

　晋の陳寿『三国志』には、南朝宋の裴松之の注がある。裴松之の注は、『三国志』の本文と同じ系統の史料や、異なる系統の異伝を収録して考証している。そこには魏や呉に関する別の情報がある。『史記』と竹簡・帛書の出土書籍や異聞は、この両者の関係と対応している。つまり司馬遷は、『史記』と共通する漢代の書籍を採用して編集したものであり、それが紀年資料や記事資料の素材としてみえている。しかし『史記』にみえない出土書籍や保存資料は、司馬遷が未見か、あるいは選択しなかった史料ということになる。これによれば漢代には、すでに取捨選択できる多くの書籍や文書が存在していたのである。

司馬遷は、『史記』太史公自序で、漢王朝になって百年の間、天下の遺文・古事がすべて太史公に集まったと総括し、編集に当たっては「天下の放失せる旧聞を罔羅」したと述べている。そこで司馬遷は、基本的に漢王朝に収集された書籍などを利用して編集したことになり、それは出土資料によって裏づけられる。したがって出土書籍は、それが『史記』の記述と共通するとか、矛盾を正すことができるという指摘では不十分である。それは戦国秦漢時代に存在した第一次資料として、『史記』の素材と共通する系統と異聞（異本）をあわせて、『史記』を補う準テキストとすることができる。出土書籍と保存資料は、こうした『史記』の素材と編集、異聞のあり方を反映しており、『史記』修訂本（中華書局）は出土資料による校訂を追加している。(三三)

ただし出土書籍は、歴史史料として史実の考証が必要である。系譜や紀年資料は、本紀と列伝などで相互の矛盾や違いがあるが、伝承の過程では大きく変わっていないとおもわれる。しかし『史記』の記事資料や説話には、時代によって変遷があり、いくつかの異聞を伝えることに注意すべきである。また『史記』にみえる物語のようなエピソードは、個別には虚構であるとしても、その社会背景には同時代の制度や史実を反映している場合がある。(三四)したがって司馬遷は、漢王朝の図書を基本的に利用しながら、自分の歴史観に応じて虚実をふまえた編集をしており、『史記』の素材と編集の考察は、史実を復元するためにも必要である。

三、『史記』と出土資料――歴史学の方法論

これまで戦国秦漢時代の古墓から出土した書籍や保存資料は、『史記』の素材の系統や異聞、法制資料であることをみてきた。これらの出土書籍などは、まだ一万点に満たない分量で、そのうち『史記』の素材と関連する資料は、さらに十分の一以下にすぎない。現在では、出土資料の大半は、秦漢時代に遺跡や井戸から出土した行政文書と記録である。これらの簡牘資料は、文献や出土書籍とは性格が違っている。つぎにこうした出土資料をふくめた『史記』の研究方法を考えてみよう。(三五)

二十世紀の初めに発見された簡牘は、西域の敦煌漢簡や、エチナ河流域の居延漢簡である。その後、居延新簡の発見や、敦煌懸泉置の懸泉漢簡など遺跡の資料が増えている。しかし西北の漢簡は、武帝期に西方のシルクロードが開通したあと、後漢時代までの資料であり、『史記』の成立より遅れている。そのため直接的に『史記』の素材や補助資料とすることはできない。こうした状況で、二〇〇二年に湖南省龍山県で里耶秦簡が発見された意義は大きい。(三六)

秦代では、天下を統一したあと、中央から官僚を派遣する郡県制という地方行政制度を全国に施行した。この郡県制は、漢王朝にも継承されている。この地方行政を運営するためには、中央からの命令を伝達し、地方の情報を上申する文書行政が必要である。里耶秦簡は、秦代の洞庭郡に所属する遷陵県の官府（里耶古城）のなかで、廃棄された井戸と城壕から出土した。それは木簡と木牘が大半で、文字がある簡牘の約一七〇〇〇点のうち、これまで代表的なサンプル資料と、『里耶秦簡〔壹〕』の約二六〇〇点などが公表されている。(三七)その性格は、古墓の書籍や保存資料とは違って、漢簡と共通する行政文書や記録に属している。年代は、始皇帝と二世皇帝の時代であり、『史記』秦始皇本紀と同時代の資料である。ただし『史記』の素材と共通する

内容はみえない。ここから秦簡牘と漢簡をふくむ新しい研究方法がみえてくる。

その例を、里耶秦簡の木牘16–5、16–6で説明してみよう。[三八] 16–5、16–6正面は、始皇帝二十七年（前二二〇）二月庚寅（十五日）に、洞庭守の礼が、県嗇夫と卒史、仮卒史、属に告げた命令文書である。

廿七年二月丙子朔庚寅、洞庭守禮謂縣嗇夫・卒史嘉・假卒史穀・屬尉。令曰、傳送委輸、必先悉行城旦舂・隷臣妾・居貲贖債。急事不可留、乃興繇。今洞庭兵輸内史及巴・南郡・蒼梧、輸甲兵當傳者多。即傳之、必先悉行乘城卒・隷臣妾・城旦舂・鬼薪白粲・居貲贖債・司寇・隠官・踐更縣者。田時也、不欲興黔首。……嘉・穀・尉在所縣上書。嘉・穀・尉令人日夜端行。它如律令。

16–5正

この内容は、洞庭郡が輸送労働に関する上級の令を引用して、内史と巴郡、南郡、蒼梧郡への物資輸送には、県内の労働力（乗城卒、隷臣妾・城旦舂・鬼薪白粲・居貲贖債、司寇・隠官、践更県者）を使用し、できるだけ黔首（民）を使役しないように通達している。ここでは同じ内容の木牘が二枚あり、少なくとも郡から二通が下部の県に届いている。

この木牘正面の本文は、命令文だけで完結しており、竹簡に書かれた睡虎地秦簡「語書」と同じ形式である。[三九]「語書」は、秦王政二十年（前二二七）に南郡の守である騰が、県と道の嗇夫に、邪悪な習俗をやめて秦の法令を遵守するように通達している。これは実際に送られてきた文書を複写した副本とおもわれる。このような行政文書の本文や、文書の副本、あるいは簿籍などは、文献史料と同じように、準テキストとして扱うことができる。しかし16–5、16–6背面の記載は、準テキストとすることはできない。

16–5、16–6の背面には、左側に受信の記録（月日、時刻、配送者、受信者）があり、右側には、発信の控え（月日、文書の内容、文責者、発信月日、時刻、配送者）がある。この木牘では、労働力がある下部組織に対して、つぎのように伝達を指示している。遷陵県の内部では、県廷から尉に伝達し、尉から、司空—倉と、都郷—啓陵郷・貳春郷に伝達している。県尉は、軍事と労役編成を担当しており、ここで県卒（乗城卒）と県に践更する者（定期労役者）や司寇・隠官を統率するのであろう。司空には、徒隷の城旦舂・鬼薪白粲と居貲贖債（債務労役者）が所属し、倉には徒隷の隷臣妾が所属している。また都郷と啓陵郷、貳春郷は、黔首（民）が居住している。これは『史記』では知ることができない文書伝達の情報である。

そのほか里耶秦簡では、遷陵県の県廷と外部の文書のやり取りや、県と下部組織や郷との文書の往来を示す木牘が多くみられる。これは漢簡で出土した冊書が少なく、また紐が切れた木簡を冊書に復元することが困難であるのに対して、木牘の表裏によって文書伝達の過程がわかるという利点がある。

漢代の文書行政では、大庭脩氏が復元した居延漢簡「元康五年詔書冊」がよく知られている。[四〇] この冊書は、皇帝の詔書を中央で作成して、御史大夫から丞相をへて、張掖郡、肩水都尉、肩水候官に到達したあと、その下部の候長に伝達する控えで終わっている。

上行文書では、居延漢簡の冊書「永元器物簿」や、永田英正氏が指摘した簿籍の送付がある。[四一] たとえば、居延新簡の冊書EJT37・1537～1558簡では、下部にある莫当燧の備品リスト（簿籍簡牘）は、橐他候官の「橐他莫当燧始建国二年五月守御器簿」というタイトル簡（標題簡）で挟むことによって帳簿となる。しかしさらに、候官が作成した「始建国二年五月丙寅朔丙寅、橐他守候義敢言之。謹移莫当燧守御器簿一編、敢言之」の送り状（簿籍送達文書簡）を付けることによって、肩水都尉に送られる上申文書になるという。これによって帳簿は、ただ物品リストとしてではなく、上級官庁に送られる古文書（報告書）として理解できる。このほか文書伝達には、籾山明氏が指摘するように、廷尉の裁判に関する系統もある。[四二] これも文献では知ることができない文書伝達の実態である。

ところが、さらに木牘16-5、16-6で注目されるのは、背面に書かれた情報処理の付記である。[四三] 先にみたように、背面の左側には受信の記録を付記していた。また右側には、発信した文書の内容と発信記録を付記している。こうした付記に加えて、背面の左下には「某手」とあり、これは正面の文章を書写した人の名とおもわれる。漢簡では、同じように冊書の第一簡の背面下段に「掾某」「令史某」などの名がみえている。このような情報処理の方法は、冊書の本文や、木牘正面の本文では知ることができない情報である。つまり文書処理では、文書を複写し、受信や発信・転送をするときに控えの抄本を作成する手順がある。このような手順は、文献や冊書などの本文では共に知ることができず、簡牘の形態や、表裏の付記によって初めてわかる情報である。したがって簡牘によって、このような情報処理をふくむ官府の運営を考察するためには、簡牘の実物に即した形態にもとづく独自の分析方法が必要である。

このように木簡・木牘の形態と付記から、情報処理を復元する方法は、古鈔本の奥付や付記に注目し、『史記』南化本の欄外「書き入れ」から伝来の情報を得る方法と共通している。また簡牘の機能による分析は、従来までに蓄積がある漢簡の簡牘学による書式や内容、形態の成果を継承したものである。

簡牘の形態では、紐で結んだ冊書のほかに、単独で使用する簡牘がある。その一つに、籾山明氏が指摘した刻歯簡の用途がある。[四四] 籾山氏は、刻みをもつ簡牘に注目して、（一）符、刻券、（二）出入銭穀衣物簡、（三）契約文書簡に分類し、さらに里耶秦簡の刻歯簡と『数』の関係を明らかにしている。また籾山氏は、簡牘の製作・使用・移動・保管・再利用・廃棄を一連のサイクルとして把握する視点を提唱している。[四五]

このほか文書伝達では、文書の送付にともなう検・封検（宛先を書いた木簡）や、文書を箱などで整理をするときに付ける楬《けつ》（付札）などの付属品がある。[四六] 里耶秦簡や井戸・遺跡から出土した簡牘は、こうした情報処理を示す抄本と記録、付属品が多く、それを保管し廃棄した資料とみなしている。これらは『史記』の素材となる出土書籍や、冊書の本文や副本とは異なっており、準テキストとして扱うことができない性質をもっている。

以上のような出土資料の特徴は、つぎのように区分できる。[四七]

A竹簡・帛書の書籍・文書：『史記』の素材と共通する資料、異聞など（一万点未満）

B簡牘（竹簡・木簡）の文書本文：『史記』の補助資料となる準テキスト（里耶秦簡など）

C簡牘の文書抄本・記録：文献・冊書の本文では知ることができない独自の情報。表裏・側面の形態や付記によって、実務の運営を知ることができる

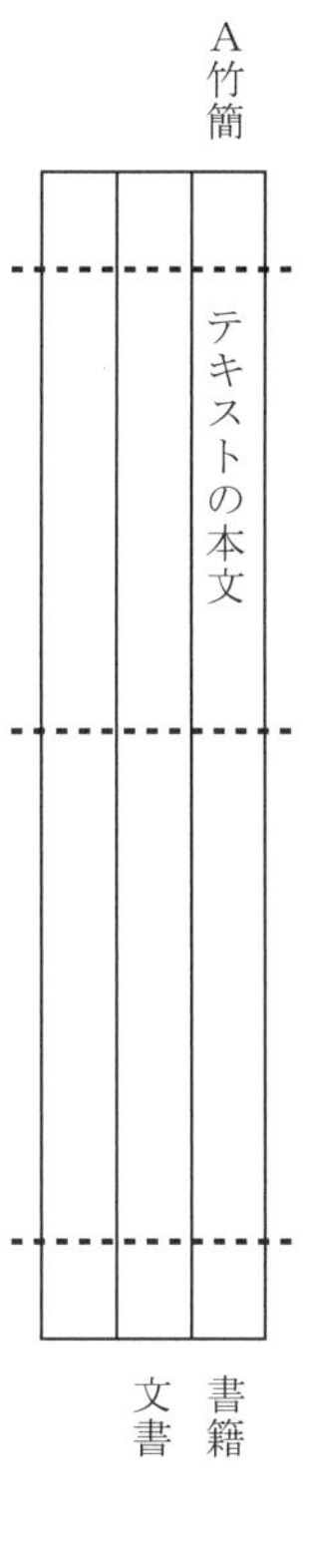

B木牘	文書の本文（原本、副本）	正面
	抄本	
C木牘	発信記録（月日、内容、文責、発信月日、時刻、配送者） 受信記録（月日、時刻、配送者、受信者）　某手	背面

A竹簡・帛書の書籍・文書は、『史記』研究の第二段階でみてきた素材と異聞と、法制資料である。これらは文献を補う出土資料であり、思想史や歴史学の研究成果が多い。

B簡牘（竹簡・木簡）の文書本文は、冊書や木牘に書かれた正面の原文・副本にあたり、保存資料では睡虎地秦簡「語書」も同じ系統の資料である。これは本文だけをみれば、『史記』を補う準テキストとして扱うことができる。しかしC簡牘の文書抄本・記録は、『史記』の補助資料として文献と同じように扱うことはできない。これはBの本文とCの付記をあわせて読む抄本であり、簡牘の形態や付記によって、目にみえない官府の運営を理解することができる。また単独簡は、それ自体が独立した機能をもっている。これは、いわばデータベース（資料庫）である。したがって『史記』と出土資料を使った研究は、文献研究とは違う性格をふまえる必要がある。その数量は、里耶秦簡が約一万七〇〇〇点であり、秦漢時代の簡牘や三国呉簡の総数は二〇万点をこえている。こうした簡牘は、出土状況の理解や、実物に即した独自の分析方法が必要である。

それでは『史記』の素材と異聞に対して、共通しない出土資料はどのような性格をもつのだろうか。それは中央の文書や書籍に対して、多くは地方官府の行政文書と記録というだけでは説明できない。その一つは、すでにみたように『史記』の素材と異聞は、書籍と保存資料であるのに対して、『史記』にみえない出土資料の大半は、遺跡や井戸から出土した文書と記録という性格の違いがある。これらは簡牘の実物によって情報処理をする性質の資料である。

しかしもう一つの性格は、司馬遷が利用した漢王朝の太常を中心とする系統と、他系統の官府の資料という違いによるとおもわれる。これは『史記』秦漢史の素材と編集をみると、司馬遷が利用した資料の特徴がよくわかる。[四八]たとえば『史記』秦始皇本紀では、系譜・紀年資料のほかに、中央の議論や祭祀儀礼の記事、予言や人物評価に関する記事を多く利用している。これは漢王朝の中央官制でいえば、太常に属する系統の資料と共通している。秦王朝を継承した漢の奉常（景帝以降に太常）は、宗廟や祭祀儀礼を司り、皇帝の諸陵も管轄している。その属官には、太史（暦、天文、紀年）、太祝（祭祀）、太卜（占い）、太医、博士の官がいる。博士の官には、経書や諸子の書物を所蔵している。したがって『史記』秦始皇本紀の素材は、太常の属官に関する系譜、紀年資料と、祭祀儀礼や陵墓に関する情報を得ることができ、司馬遷が利用した資料は、太常と儀礼に関する系統が多いということができる。

これに対して、『史記』秦始皇本紀に収録していないのは、秦の律令や、里耶秦簡のような行政文書、財務の資料と、嶽麓書院蔵秦簡の「為獄等状四種」や律令雑抄のように、行政と司法系統の資料である。これは漢王朝でいえば、丞相と御史大夫や、治粟内史（のち大司農）、廷尉で扱う史料に属している。たとえば丞相は、天子を補佐し、行政の統括をする。御史大夫は丞相を補佐し、あわせて詔令や法律、行政文書を担当している。治粟内史は、賦税などの財物を管轄する。廷尉は、裁判・司法を司り、獄訟の管理をする役割がある。これらの官府

に関する資料は、すでに出土資料の文書や記録にみえている。(四九)

したがって司馬遷が利用した資料（暦、紀年資料、系譜、祭祀儀礼、石刻など）は、太常の職務に関連している。『史記』に収録していない資料は、秦漢時代の律令や、中央と地方の行政文書、財務の資料、裁判の案件などである。このように『史記』の素材や異聞と、遺跡や井戸から出土した資料との違いは、司馬遷が主に利用した系統との相違であると考えている。これは『史記』の全体を通じても共通した傾向となっている。

ここから『史記』の歴史研究は、（一）長い蓄積がある文献研究の基礎のうえに、（二）竹簡・帛書の出土書籍や保存資料・文書の本文を補助資料として利用する段階から、（三）実物に即した簡牘の形態と機能による独自の分析方法を加えることで、その社会と人物を深く理解することができる。このとき『史記』の文献研究と、簡牘の機能をふまえた出土資料の分析方法は、王国維が提唱した二重証拠法の応用といえるであろう。

なお『史記』と出土資料の研究では、フィールド調査をふまえた歴史叙述も大切である。(五〇)フィールド調査では、現在までに『史記』の舞台が直接的に残っているわけではない。しかし現地の歴史地理では、中国古代の交通ルートを理解し、考古遺跡をふまえた都城と城郭、集落と古墓などの立地を知ることができる。また必要に応じて、戦国秦漢時代の簡牘を実見することができれば、当時の情報技術を深く知ることができる。こうしたフィールド調査と考古学の情報を補足することによって、より豊かな『史記』と出土資料の研究を進展させることができよう。

おわりに

本稿は、日中の『史記』と出土資料を使った歴史学の方法論を考えてきた。その要点は、三つの段階に分けることができる。

一に、日本に残された古鈔本や版本の書き入れ（付記）を使った書誌学の方法は、『史記』のテキストを定めるだけではなく、出土資料を使った『史記』研究にも示唆を与えている。その成果は、瀧川亀太郎『史記会注考証』や水沢利忠『史記会注考証校補』、『史記』修訂本（中華書局）などに反映されている。歴史学や文学、思想史では、これらの『史記』テキストによる文献研究を基礎としている。

二に、司馬遷が『史記』を編集した当初の手法は、伝来の文献と、戦国秦漢時代の出土書籍によって知ることができる。ここには『史記』の素材と共通する内容と、異聞となる書籍がある。この『史記』と出土書籍との関係は、『三国志』の裴松之注のように、本文と共通する素材や、異伝となる書籍との関係によく似ている。これによって司馬遷は、漢代に伝えられた書籍・保存資料を取捨選択して、他の説話や伝聞をふくめて編集した手法がわかる。また古墓から出土した資料には、法律や法制史料がある。これらは『史記』などの文献を補助する歴史学の準テキストとなる。これは思想史や歴史学で研究が多い分野である。

しかし三に、井戸や遺跡から出土した行政文書・記録の大半は、『史記』の素材や異聞、準テキストとなる保存資料とは異なる特徴をもっている。それは中央の資料に対して、地方の資料という差異ではなく、別の要因がある。1は、書籍や保存資料に対して、実際に伝達された行政文書と実務の記録という性格の違いであり、２は、司馬遷が所属した太常の資料と、別系統の官府の資料という違いによる。ここから出土資料の利用は、『史記』など文献の補助史料となる書籍・文書の本文だけではなく、出土状況や、簡牘の抄本・記録をふまえた特質を理解し、実物による独自の研究方法が必要である。これには漢簡の研究方法を応用することができる。

　このように中国古代史の研究では、一に、書誌学による『史記』の文献研究にくわえ、二に、文献の補助として出土書籍や保存資料を準テキストのように用いる段階から、三に、文献と簡牘独自の機能をふまえた総合的な研究段階に入っているといえよう。これに現地の歴史地理や、資料が出土した考古遺跡・文物などのフィールド調査を加えることによって、さらに豊かな『史記』の歴史像を復元することができよう。

　本稿では、『史記』と出土資料を使った方法論を述べた。これと同じ視点によれば、前一世紀から三世紀の簡牘・帛書・残紙が出土する『漢書』や『後漢書』『三国志』を扱う共通の方法論とすることができる。また出土資料を簡牘・帛書だけではなく、後世の石刻や古文書のような史料に置き換えれば、文献と第一次資料をあわせた歴史学に通じる方法論ともなろう。こうした方法論は、これまでの先人の史料学に対する視点と方法を受け継いだものであり、中国史学史の一つとなる。

《注》

（一）内藤湖南『支那史学史』（一九四九年、『内藤湖南全集』第十一巻、筑摩書房、一九六九年）一〇三頁。同『支那史学史』（平凡社東洋文庫、一九九二年復刊）。

（二）研究史は、張新科・兪樟華『史記研究史略』（三秦出版社、一九九〇年）、池田四郎次郎・池田英雄『史記研究書目解題稿本』（明徳出版社、一九七八年）、池田英雄『史記学50年—日・中「史記」研究の動向』（明徳出版社、一九九五年）など参照。

（三）『漢書』芸文志や『戦国策』の劉向序文によれば、前漢末の漢王朝の図書は、多くが竹簡に書かれていたようである。また『隋書』経籍志一の総序に「董卓之亂、獻帝西遷、圖書縑帛、軍人皆取為帷嚢」とある。興膳宏・川合康三『隋書経籍志詳攷』（汲古書院、一九九五年）参照。

（四）敦煌文書の書籍については、尾崎康「史籍」（講座敦煌５『敦煌漢文文献』、大東出版社、一九九二年）参照。

（五）尾崎康『正史宋元版の研究』（汲古書院、一九八九年）、同「黄善夫本史記について」（『国宝　史記』十二、汲古書院、一九九八年）など。

（六）矢島玄亮『日本国見在書目録—集証と研究』（汲古書院、一九八四年）など。中国の『隋書』経籍志と『旧唐書』経籍志では、『史記』よりも『漢書』の諸本が多く、日本の諸本も同じ傾向である。

（七）水沢利忠『史記会注考証校補』巻八「史記之文献学的研究」第一章「史記古鈔本」（史記会注考証校補刊行会、一九六一年）など。

（八）那波利貞「旧鈔本孝景本紀第十一解説（上・下）」（『支那学』八—三、四、一九三六年）。

（九）『史記』南化本については、水沢利忠『史記会注考証校補』九「史記之文献学的研究」第五章「合刻本」、水沢利忠・尾崎康・小沢賢二解題『国立歴史民俗博物館所蔵黄善夫本・国宝史記』全12巻（古典研究会叢書・漢籍之部二五、汲古書院、一九九六〜九八年）がある。

（一〇）小沢賢二「南化本史記解説」（前掲『国宝史記』）。

（一一）水沢利忠「史記之文献学的研究」、小沢賢二「南化本史記解説」によれば、南化本の書き入れには、さまざまな注釈の系統がうかがえる。たとえば幻雲（一四六〇〜一五三三）は、桃源瑞仙の『漢書』の講義につねに出席したといい、この注釈は桃源の『史記』『漢書』の学説を受けて成立したものといわれる。『史記桃源抄』は、日本最初の国字解というだけでなく、従来の諸説を合わせて独自の考証をした点においても注目されている。亀井孝・水沢利忠『史記桃源抄の研究』本文編1～5（日本学術振興会、一九六五、一九六七、一九七〇～七三年）の解題。

（一二）瀧川亀太郎『史記会注考証』（東方文化学院東京研究所、一九三二～三四年）、瀧川資言考証、楊梅崢整理『史記会注考証』（上海古籍出版社、二〇一五年）、池田四郎次郎著・池田英雄増補校訂『史記補注』上（本紀・世家）、下（列伝）（明徳出版社、一九七二、一九七五年）。

（一三）標点本『史記』（中華書局、一九五九年第一版）、『史記』点校本二十四史修訂本（中華書局、二〇一三年）。

（一四）水沢利忠『史記会注考証校補』（史記会注考証校補刊行会、一九五七～七〇年）、水沢利忠編『史記正義の研究』（汲古書院、一九九四年）。

（一五）藤田勝久『史記戦国史料の研究』序章（東京大学出版会、一九九七年）、同『史記戦国史料研究』（上海古籍出版社、二〇〇八年）、同『史記秦漢史の研究』序章（汲古書院、二〇一五年）。

（一六）金徳建『司馬遷所見書考』（上海人民出版社、一九六三年）、原富男『補史記芸文志』（春秋社、一九八〇年）。

（一七）宮崎市定「身振りと文学―史記成立の一試論」（一九六五年）、「史記李斯列伝を読む」（一九七七年）。以上は『宮崎市定全集』五巻、史記（岩波書店、一九九一年）に収録。また佐藤武敏『司馬遷の研究』（汲古書院、一九九七年）は、司馬談著作や、司馬遷の編纂過程、『史記』の特色を考察している。

（一八）王国維「殷卜辞中所見先公先王考」、同「殷卜辞中所見先公先王続考」（『観堂集林』巻九）。佐藤武敏『王国維の生涯と学問』第四章（風間書房、二〇〇三年）は、歴史学の特徴を考察している。

（一九）王国維「最近二三十年中中国新発見之学問」（『王国維遺書』第五冊、上海古籍書店、一九八三年）、同『古史新証』（一九三五年、清華大学出版社、一九九四年）。

（二〇）陳直『史記新証』（天津人民出版社、一九七九年）、同『漢書新証』（一九五九年、第二版、天津人民出版社、一九七九年）。陳家寧『史記商周史事新証図補（壹）―殷・周・秦《本紀》新証図補』（天津人民出版社、二〇一一年）。

（二一）藤田勝久『史記戦国史料の研究』序章、藤田勝久「戦国、秦代出土史料与『史記』」（中国社会科学院歴史研究所・日本東方学会・大東文化大学編『第一届中日学者中国古代史論壇文集』中国社会科学出版社、二〇一〇年、藤田勝久『史記戦国列伝の研究』序章、汲古書院、二〇一一年）。

（二二）『馬王堆漢墓帛書〔参〕』（文物出版社、一九八三年）、佐藤武敏監修『馬王堆帛書・戦国縦横家書』朋友書店、一九九三年）、大西克也・大櫛敦弘『馬王堆出土文献訳注叢書・戦国縦横家書』（東方書店、二〇一五年）。

（二三）藤田勝久『史記戦国列伝の研究』序章。

（二四）藤田勝久「『史記』穰侯列伝に関する一考察―馬王堆帛書『戦国縦横家書』を手がかりとして」（『東方学』七一輯、一九八六年、前掲『史記戦国列伝の研究』第二章）。

（二五）睡虎地秦墓竹簡整理小組編『睡虎地秦墓竹簡』（文物出版社、一九九〇年）、武漢大学簡帛研究中心・湖北省博物館・湖北省文物考古研究所編、陳偉主編『秦簡牘合集〔壹〕』（武漢大学出版社、二〇一四年）。

（二六）藤田勝久『史記秦漢史の研究』序章。

（二七）藤田勝久『史記戦国列伝の研究』第一章「『史記』諸子列伝の素材と人物像」。

（二八）中国出土文献を使った思想史などの研究は多く、浅野裕一「諸子百家と新出土資料」（浅野裕一・湯浅邦弘編『諸子百家〈再発見〉―掘り起こされる古代中国思想』（岩波書店、二〇〇四年）、池田知久「日本の中国簡帛研究の課題と展望」、谷中信一「新時代の疑古と釈古」（以上、中国社会科学院歴史研究所・東方学会、渡邉義浩編『中国新出資料学の展開』第四回日中学者中国古代史論壇論文集、汲古書院、二〇一三年）、湯浅邦弘『竹簡学―中国古代思想の探究』（大阪大学出版会、二〇一四年）などの展望がある。裘錫圭「出土文献与古典学重建」（李学勤主編『出土文献』第四輯、中西書局、二〇一三年）は、古典の真偽や、年代の問題、古書の源流を明らかにして、古典学の再建を進める意義を述べている。しかしそれは古典学の再建だけではなく、『史記』のように先行する書物や文書を総合する著作も、その取材と編集が再検討できる。

（二九）藤田勝久「『史記』諸子列伝の素材と人物像」。

（三〇）北京大学出土文献研究所編『北京大学蔵西漢竹書〔参〕』（上海古籍出版社、二〇一五年）。

（三一）大庭脩『木簡学入門』（講談社、一九八四年）、永田英正『居延漢簡の研究』序章（同朋舎出版、一九八九年）など。それ以降も、出土書籍に対する評価は変わっていない。

（三二）前掲『睡虎地秦墓竹簡』、張家山二四七号漢墓竹簡整理小組『張家山漢墓竹簡〔二四七号墓〕』（文物出版社、二〇〇一年）、同『張家山漢墓竹簡〔二四七号墓〕』釈文修訂本（文物出版社、二〇〇六年）、彭浩・陳偉・工藤元男主編『二年律令與奏讞書』（上海古籍出版社、二〇〇七年）。朱漢民・陳松長主編『嶽麓書院藏秦簡〔参〕』（上海辞書出版社、二〇一三年）、同『嶽麓書院藏秦簡〔肆〕』（上海辞書出版社、二〇一三年）。

（三三）『史記』修訂本の主要参考文献には、古鈔本、版本のほかに、馬王堆漢墓帛書、睡虎地秦簡、居延新簡、上海博物館蔵楚簡、清華大学蔵戦国竹簡などを追加している。

（三四）藤田勝久「『史記』秦漢史像の復元」（前掲『史記秦漢史の研究』第五章）では、陳渉、劉邦、項羽のエピソードが、漢代の制度や史実を反映することを指摘した。

（三五）文書の形式は、李均明『秦漢簡牘文書分類輯解』（文物出版社、二〇〇九年）に示されている。

（三六）湖南省文物考古研究所など「湖南龍山里耶戦国―秦代古城一号井発掘簡報」（『文物』二〇〇三年第一期）、湖南省文物考古研究所編『里耶発掘報告』（岳麓書社、二〇〇七年）。

（三七）湖南省文物考古研究所編『里耶秦簡〔壹〕』（文物出版社、二〇一二年）、陳偉主編『里耶秦簡牘校釈（第一巻）』（武漢大学出版社、二〇一二年）、鄭曙斌・張春龍・宋少華・黄樸華編『湖南出土簡牘選編』（岳麓書社、二〇一三年）。

（三八）藤田勝久『中国古代国家と社会システム―長江流域出土資料の研究』序章（汲古書院、二〇〇九年）、藤田勝久「里耶秦簡と出土資料学」（前掲『中国新出資料学の展開』、藤田勝久『中国古代国家と情報伝達』第一章、汲古書院、二〇一六年）。

（三九）前掲『睡虎地秦墓竹簡』一三～一六頁。

（四〇）大庭脩『秦漢法制史の研究』第三編第二章「居延出土の詔書冊」（創文社、一九八二年）。

（四一）永田英正『居延漢簡の研究』第Ⅰ部第三章「簿籍簡牘の諸様式の分析」（同朋舎出版、一九八九年）、同「文書行政」（編集委員会『殷周秦漢時代史の基本問題』汲古書院、二〇〇一年）。

（四二）籾山明「中国の文書行政」（平川南・沖森卓也・栄原永遠男・山中章編『文字と古代日本』二、吉川弘文館、二〇〇五年）。

（四三）簡牘の付記は、これまでの研究で注目されているが、藤田勝久「里耶秦簡と出土資料学」では、情報処理のパターンを説明している。

（四四）籾山明「刻歯簡牘初探」（一九九五年、『秦漢出土文字史料の研究』創文社、二〇一五年）。大川俊隆、籾山明、張春龍「里耶秦簡中の刻歯簡と『数』中の未解読簡」（『大阪産業大学論集』人文・社会科学編一八、二〇一三年）では、金銭・物品の授受に際して作成された刻歯の意義や、その機能を明らかにした。また張俊民「懸泉置出土刻歯簡牘概説」（『簡帛』第七輯、上海古籍出版社、二〇一二年）は、物品数量の表示、田畝関係、馬匹数量、郵書逓伝の時刻、契約文書の刻歯、参辨券などに分類している。

（四五）籾山明「序論―出土簡牘史料の生態的研究にむけて」（籾山明・佐藤信編『文献と遺物の境界』東京外国語大学アジア・アフリカ言語文化研究所、二〇一一年）。

（四六）籾山明「魏晋楼蘭簡の形態―封検を中心として」（二〇〇一年、前掲『秦漢出土文字史料の研究』）、籾山明・佐藤信編『文献と遺物の境界Ⅱ』東京外国語大学アジア・アフリカ言語文化研究所、二〇一四年）、鷹取祐司『秦漢官文書の基礎的研究』第二部第六章「文書の宛名簡」など。

(四七) 藤田勝久「秦漢時代的信息技術与社会」（中国社会科学院歴史研究所・日本東方学会・首都師範大学歴史学院編『第七届中日学者中国古代史論壇文集』中国社会科学出版社、二〇一六年）。

(四八) 藤田勝久『史記戦国列伝の研究』序章「戦国、秦代出土史料と『史記』」、藤田勝久「『史記』と里耶秦簡」（二〇〇八年、『史記秦漢史の研究』）。また鶴間和幸『秦帝国の形成と地域』第二編第三章「司馬遷の時代と始皇帝」（汲古書院、二〇一三年）は、『史記』秦始皇本紀の編纂を考察している。

(四九) 漢代では、地方の郡・国から中央への上計があり、紙屋正和『漢時代における郡県制の展開』第八章「尹湾漢墓簡牘と上計・考課制度」（朋友書店、二〇〇九年）では、戸口・墾田、銭穀、盗賊の件数、裁判の状況などの内容を考証している。

(五〇) 藤田勝久『司馬遷の旅』（中央公論新社、二〇〇三年）、藤田勝久『史記秦漢史の研究』第二章附篇一「『史記』陳渉世家のフィールド調査」では、現地考察と『史記』史料との関係を考察している。また李開元『復活的歴史—秦帝国的崩潰』（中華書局、二〇〇七年）、同『秦始皇的秘密』（中華書局、二〇〇九年）、同『秦崩—従秦始皇到劉邦』（生活・読書・新知三聯書店、二〇一五年）、同『楚亡—従項羽到韓信』（生活・読書・新知三聯書店、二〇一五年）は、フィールド調査による『史記』の考証と叙述を試みている。

全体会　五

清華簡「繫年」の批判的検討——秦の起源と関連させて——

金　秉　駿
植田喜兵成智（訳）

はじめに

秦が歴史に本格的に登場したのは非常に遅い。周の封建を基準にしてみると、晋、魯、斉、鄭など中原の諸国はもちろん、楚、呉、越などに比べても遅い。文化的水準も中原の諸国にくらべて大きく異なり、そのうえ遅れていたと認識されてきたため、夷狄視されることもあった。それにもかかわらず、秦がこれら諸国を服属させ巨大な帝国をつくり、漢がこれを継承したことから、司馬遷は秦を夏商周に続く伝統王朝として本紀に位置づけたのであった。秦は夏商周につづいて本紀に記録されたものの、中原の諸国と異なり文化的にも血縁的にも異質な点が多かったため、その起源に対する関心が起こり、かくしていわゆる秦人の「東来説」、「西来説」論争が始まった。王国維のごとく『史記』のような伝来の文献記録を根拠にして「西来説」を主張する者に対して、他の研究者は秦をあくまでも「中国」の範疇で理解しようとして秦の起源を東方に求めようとした(一)。はやくに徐旭生が秦の祖先を東夷集団と主張して以来、一九三〇年代には顧頡剛が、そして続いて銭穆、林剣鳴など多くの研究者がこの意見に従った。その根拠としては商と秦がともに玄鳥伝説を持ち、少皞を祀っており、「周が三監の乱を鎮圧したのち、これらを淮河と陝西地域に移住させた」という『逸周書』の記録をあげている(二)。しかし『史記』秦本紀には「東来説」に同意しえない内容が伝えられていることから、蒙文通など多くの研究者は依然として『史記』を根拠に「西来説」を堅持しており、議論はあくなき攻防を繰り返すだけであった。八〇年代からは考古学の発掘資料を積極的に使用しつつこの問題を解決しようとする傾向が現れている(三)。しかし決定的な資料が発見されず、研究者たちが互いに自身の主張を繰り返すだけの議論は、膠着状態に陥ってしまった。

ところが最近、清華簡「繫年」（以下「繫年」と略す）が発表されると再び議論が加熱してきた。李学勤は「繫年」第三章の内容を紹介し、これに基づいて長年の「東来説」と「西来説」の膠着状態が「繫年」によってすべて解決されたと主張した(四)。「繫年」によると、蜚廉(五)が三監の反乱に参加した後、東の商奄に逃亡すると、周の成王が彼を殺し商奄の民を朱圉に移し、彼らが秦の先人になったと明記されており、朱圉は現在の甘粛省甘谷毛家坪の遺址に該当することから(六)、秦の「東来説」が正しいということである。出土文字資料には秦の先人が商奄之民とあり、考古学の発掘によれば秦の故地で中原文化が確認されたという理由から、李学勤の主張は国内外の相当多くの研究者の支持を得ている。

たしかに「繫年」は、これまでの先秦時期の歴史と関連して非常に重要な情報を豊富に有している貴重な資料である。しかし一次資料という出土文字資料だとしても、これに対する慎重な史料批判が必要である。考古学資料の場合にもその判断の基準となる文献資料に対する正確な理解が根底になければ、飛躍した結論に至りやすい。特に種族と関連した問題となれば、より注意しなければならない。最近の研究では出土資料に対する過度な信頼と無分別に考古学資料と付会する傾向が目立っていることはひとり筆者のみの考えではないだろう。さりとて既存の伝来文献もそれほど緻密なテキスト分析が行われているとは言いがたい。これまであまりにも多くの研究が伝来文献を根拠にして進められてきたが、自身に必要な資料だけを部分的に選択して利用するだけであり、テキストを通底する大きな論旨の流れに対してはそれほど関心が持たれてこなかった。

本稿は秦の起源と関連して、学界において重要なイシューとなった「繫年」第三章の記録を批判的に検討するために執筆した。そこでまず一章では秦の故地として知られている隴西地域の地理的環境と考古学文化について注目してみようと思う。隴西地域と関中地域を繫ぐ交通路に対する理解は、秦考古学資料の特徴を理解するために避けることのできない部分だからである。二章では秦の起源と関連してもっとも基本的な資料である『史記』秦本紀の記録を再検討する。特に「秦本紀」の最初の部分の記録を通底する司馬遷の叙事意図を把握することに主眼を置く。この検討を通じてこれまで選択的な資料利用による誤解を解決できるだろうと考えているからである。最後に三章では「繫年」の記録を批判的に検討しようと思う。「繫年」の記録をどこまで信頼できるのか確認するため、「秦本紀」とそのほかの文献記録との比較、用語使用の特殊性、文章の区切りかたの観点からこの記録を分析する。

一、秦地の地理環境と文化

（一）隴西と関中の交通路

中国地図を開いて関中の地形をみてみると、南に秦嶺山脈が関中の間にあり、北には黄土高原が位置している。一方、西に六盤山と隴山が南北に連なっており、隴西地域へつづく道をさえぎっている。『史記』貨殖列伝で関中を「汧河と雍から東のかた黄河と華山まで」と定義し、隴西・天水・北地地域と区別するのも隴山が二つの地域を大きく分けているからである。さりとて関中を貫く渭河は、東には黄河とまじわり中原へ流れてゆき、西には甘粛省東部の天水の上流地域へつながる。したがって、地図上では渭河の水路を利用すれば、山西省宝鶏と甘粛省天水を最速で、なおかつ容易に行き来できると思われる。しかしここを直接踏査してみると、ここを往来することがけっして容易なことではないという事実がわかる。この二つの地域の間を流れる渭河は、他の上流や下流よりもきわめて急に折れ曲がっており、川の両側にそってまがりくねった、とても狭い道があるものの、（七）それはここに居住する民間人の小道として用いられているだけである。そのため史書にはこの道を通って往来したという事例を見出すことが難しい。三国時代のような戦乱期において緊急に軍事活動を行うさい、わずかに記録として現れるが、（八）それも敵が予測できないように奇襲をしかけるためであった。

史書にもっとも多く登場する交通路は、渭河に沿って行くものではなく、隴山を越えていく道であった。漢代に古隴山を横断する道は、次のような記録から確認できる。

(a) 後漢の建武八年(A.D. 三二年)春、來歙と征虜将軍祭遵が略陽を急襲した。祭遵は途中で病に罹ったためもどり、精兵を送って來歙に従うようにさせた。全二千名が山の木を伐り、道を開いた。番須と回中から略陽に至り、隗囂の将帥金梁を斬りその城を占有した(九)。番須

(b) 後漢の建武八年(A.D. 三二年)春、來歙が山道にそって略陽城(現在の張家川)を襲撃して占領した。隗囂が恐れおののき、王元にa隴坻を守らせ、自身はb番須口を守り、王孟はc鶏頭道を守り、牛邯はd瓦亭に駐軍させるようにした後、來歙を包囲した(一〇)。

この二つの記事は、来歙が隴山の東側に位置した番須と回中から山道を開いて隴山を越えて、西にある略陽城を占有すると、すぐさま隗囂が隴山を東に越えていく道をすべて塞ぐ戦略を展開したという内容を含んでいる。特に(b)には南からaは隴坻道、bは番須道、cは鶏頭道、dは瓦亭道と呼ばれる交通路が提示されている(図一参照)。(a)によれば、このとき番須道がはじめて開削され、残りの三つの道は以前から使用されていた。このうち鶏頭道はすでに『史記』に書かれた始皇帝の最初の巡幸記録に見られる。

【(下記)図一　隴山交通路および秦地域】

二十七年、始皇が隴西と北地を巡幸した。鶏頭山を出て回中を過ぎた(一一)。

【図一】

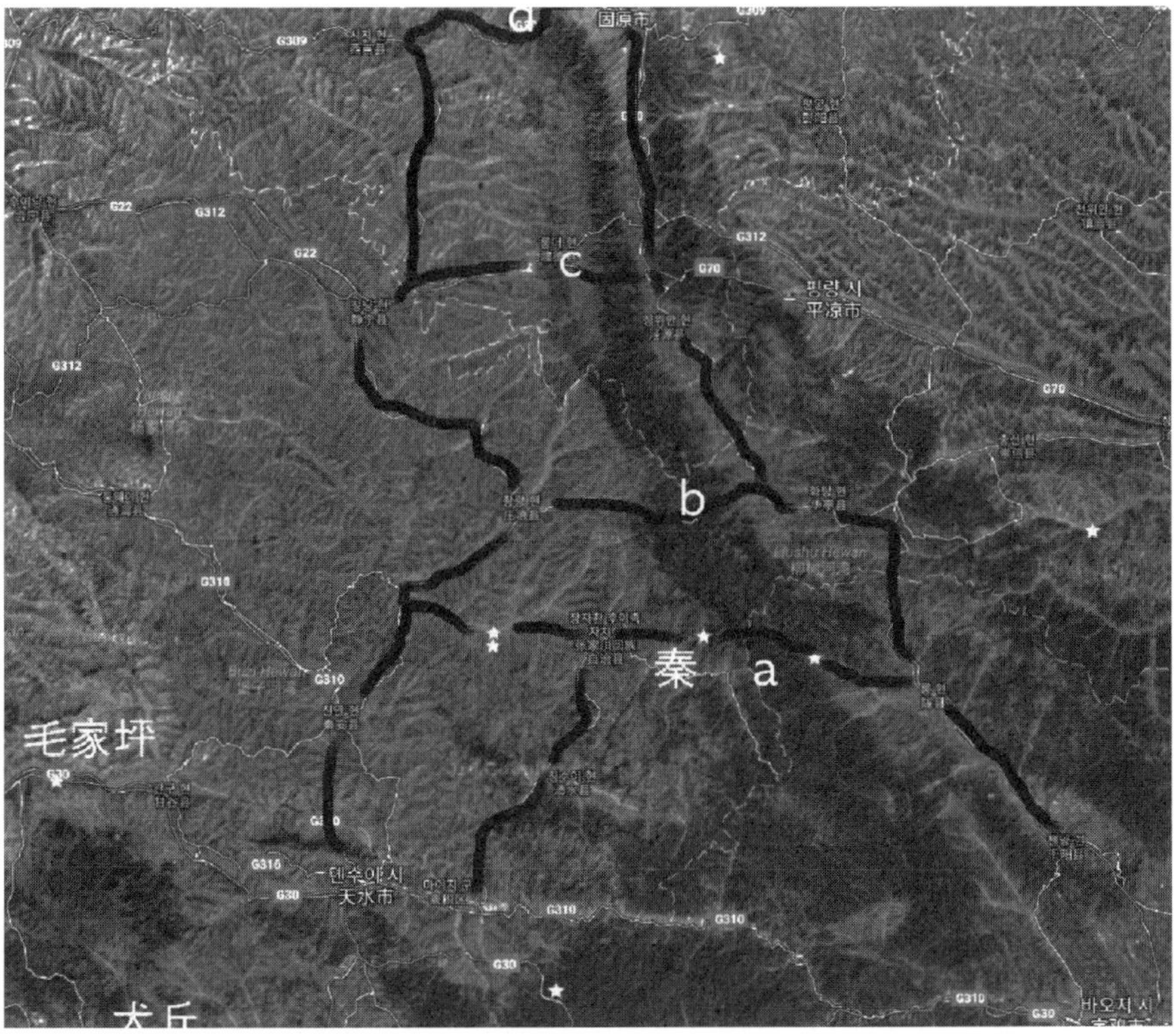

李開元は回中を現在の隴山の東一帯である汧水上流の地名とみなし、鶏頭山を酈道元の説によって大隴山の別名と理解した。[一二]そしてこの記録を秦始皇が長安から西県（現在の甘粛省礼県）へ行く路程を記録したものと把握した。しかし上記（a）の記録で番須と回中の二つの地名が並列されていることから、回中は番須道のすぐ東側にあるとみなければならず、（b）の記録によれば、鶏頭山は回中より北側に位置していると判断される。したがって、各地名の位置を勘案すると、この記録は秦始皇が隴西と北地へ巡幸に行く際の路程ではなく、巡幸を終えて鶏頭道を越えて長安に戻る際の路程を表現したとみるべきである。

瓦亭道がいつから使用されていたのかは知る手立てがないものの、諸交通路のうち最も利用されていたのは、隴坻道である。[一三]この道は汧河が渭河とまじわる「汧渭之会」から北に上がり、隴山の隴関（大震関。現在の固関鎮）を経て、隴山の西側にある弓門寨（現在の恭門）と隴県（現在の張家川鎮）に至る。ここから秦安県の隴城を通り天水に行く道と、すぐ南に下がり、清水県を経て天水に行く道に分かれる。この路線に沿って『史記』秦本紀にあらわれる秦の初期地名が確認される。周の孝王が非子を呼び、馬の飼育を担当させ、最終的に非子に土地を分け与え、邑をつくり居住させたところが秦邑であり、『漢書』地理志ではここを隴山の西側にある張家川県と清水県付近にある漢代の秦亭秦谷、つまり隴坻道の交差路に比定した。[一四]また、春秋時代初期、秦が西垂から東に勢力を拡張していく過程もこうした道にそって展開された。文公は「汧渭之会」に至り、ここにふたたび邑を築いており、[一五]寧公と武公がその周辺である平陽に都し、[一六]徳公が汧河をさかのぼって雍城に都邑を置いた。[一七]前に述べた秦始皇の最初の巡幸も隴西に抜けて西県に行くときにはこの道を選んだと考えられる。

このように関中地域と隴西地域のあいだを険峻な隴山が塞いでおり、渭河を通って往来するのが難しいほどであり、この隴山を越えていく交通路を利用してようやく通交することができた。[一八]かくして隴西地域が中原と地理的に隔絶され、同時に両者を連結する交通路に沿って秦の初期地名と移動路線が一致する事実は、ここを中心に地域的特色の強い秦文化が発展し、それがつまり秦文化であった可能性の高いことを示唆しており、以下でこのことをより詳細に論じてみよう。

（二）隴西地域の考古学資料

このように関中と隴西が地理的に隔絶していたとすると、それだけ地域的に文化的差異が発生していた可能性が高い。新石器後期以後、地域間の文化的交流が徐々に拡大しながら、こうした文化的差異も小さくなっていったが、隔絶した地理環境によって、そのような交流の速度と規模は大きく制約されたことであろう。新石器時代以来、関中地域では仰韶文化と龍山文化が形成されていたが、隴西地域ではこれらと文化類型が異なる大地湾文化、馬家窯文化、斉家文化が続いた。西周時期になっても隴西地域では新店文化が発展しており、その文化の性格は関中地域の周文化と区別されていた。このように基本的に両文化の間の考古学文化は、別個の文化類型に分類されてきた。ところが、秦文化を研究する学者を中心に隴西地域から関中地域の西周文化的要素を探し出そうという試みが始められた。その代表的遺址が甘粛省の毛家坪遺址である。[一九]その議論の当否を検討してみよう。

西周時期の毛家坪遺址は、居住地の大部分が破壊され、灰坑も小さいため、その性格が明確ではない。墓葬は長方形の竪穴土坑墓が主であり、ほとんどが西を向き、副葬品はすべて日常用土器、葬法は屈肢葬である。ところで、居住地と墓から出土した土器から関中地域の西周文化と類似点がみつかっている。毛家坪遺址から出土した連襠鬲、縄文付腹盆、折肩甑、肩部帯鳥頭形鋬の縄文罐などが澧鎬地区にある西周時期の遺址から発見されたこととよく似ており、これらは関中地区の西周文化のなかでも代表的で典型的な器物である。また毛家坪遺址から発見された石斧、石刀、紡輪など、農業生産工具は、その形態が関中地区の西周文化遺址から発見されたものと同一である。埋葬習俗の面からも毛家坪遺址は同時期の西周文化と一定の類似性を持っているといい、すべて長方形の土坑竪穴墓という事実、熟土、あるいは生土の二層台があり、炊事器と盛食器、盛水器を基本の組み合わせとする土器を副葬していた。こうした類似点に注目した研究者は、西周時期の甘谷毛家坪遺址の西周時期の遺跡を西周文化の地方類型とみている（一〇）。

しかし、西周時期の毛家坪遺址は、西周文化との類似点と同じくらい差異も大きい（一一）。かりに土器の種類の組み合わせが同一だとしても、器物の形態は大きく異なっている。西周墓葬からは連襠鬲、分襠鬲、倣銅鬲などがみられるが、毛家坪の秦墓ではただ連襠鬲のみがみられる。豆の場合にも西周墓葬ではほとんどが折盤、細棱把だが、毛家坪の豆把は短く粗雑で棱がない。西周の墓葬から出た陶罐は、おおかた弦紋折肩罐、あるいは園肩罐などだが、毛家坪遺址のものは大口罐である。もっとも大きな文化的差異は、墓葬習俗に現れている。関中地域の西周墓葬は、商文化の影響を受けて、墓底に腰坑を彫り、坑のなかに殉狗を置くが、毛家坪遺址からはただ一か所でのみ腰坑が発見されているだけであり、その坑のなかからは犠牲も見当たらない。さらに大きな差異は、葬法において顕著である。西周文化の墓葬の絶対多数は、直肢葬であり、毛家坪遺址の墓葬の絶対多数は関中地域の西周文化にみられない屈肢葬である（一二）。屈肢葬は、埋葬時ではなく人が死んだらすぐに死体をかたくしばってこそ可能であるという点から、死後の世界観と連関した葬礼習俗全般と関連がある。したがって、こうした特徴は単純な文化的な交流だけでは説明しえないこの地域のみの独特な文化的指標というべきである。

このように西周文化と類似しているとみられるものは、土器の種類、そしてその組み合わせ、農業生産工具の存在、墓葬の基本的形式に過ぎず、これを敢えて人の移動による文化的変動とみるのは難しい。他方、その器物の形態をはじめとして、埋葬習俗の具体的な姿は大きく異なる。したがって、西周時期の毛家坪遺址を西周文化の地方類型とするのは困難である。実際、遺址の規模が大きくない毛家坪遺址が西周時期の隴西地域の全体を代表するものとはいえない。また毛家坪遺址と極近接した場所にそれとは文化的性格が大きく異なる董家坪遺址も発見されている。

一方、甘粛省礼県でも西周時期末期から春秋時代にかけての居住地跡と城址、墓葬が発見されている。主要遺跡は、西周封建以後、西周文化の影響を大きく受けた秦国公室の特徴を反映しているが、この当時の秦国支配層と被支配層の多様な構成を類推しうるという点において重要である。この秦墓を分析した結果によれば、墓主をすべて三つの部類に分けられるという。そのうちA類は再度二群に分けられ、第1群の墓主は副葬された青銅礼器が規則的に現れることからみて、用鼎制度を重視している者、つまり西周から分封されその宗法制度を中核としていた公室と貴族集団と判断できる。第2群のうち第1組の墓葬では、たしかに青銅礼器を副葬しているが、用鼎制度が重視されていない反面、北方系直刃匕首式短剣とそのほかの青銅兵器が出土している。したがって、その墓主は北方遊牧民系統とある程度関連性を持っており、軍事活動に参加しつつ同時に青銅礼器を使用しうる権力を持った者と考えられる。第2群の第2組墓葬には青銅兵器がない代わりに、青銅礼器が副葬されていることから、軍事活動に従事していない貴族と推定される。この墓葬の葬法は、墓主が直肢葬であり、殉人は屈肢葬で埋葬されている。墓葬の規模が比較的大きく、殉人と車馬坑があり、墓葬に青銅礼器が副葬されていることからみて、第2群第1組よりは第1群に近い。

B類は、春秋中期の中小型の墓葬が多いが、倣銅陶礼器の副葬が伴い始めているという特徴を示している。その種類は、同じ時期の青銅礼器と同一であり、これと同時に日用土器を副葬している特徴を持っている。葬法は屈肢葬であり、青銅兵器が発見されていないことからみて、軍事活動とは関係ない者と考えられる。C類は、すべて屈肢葬の葬法を持っている。また北方系短剣とそのほかの青銅兵器が発見されている一方、喇叭口三足罐のように周文化の要素がある土器、そして陶釜のように巴蜀文化の要素がある土器が発見されてもいる。一般の平民の身分として北方系、西周系、巴蜀系など、多様な出身で構成されており、部分的には軍事活動と関連があったとも理解できる[一三]。

礼県遺址は、支配層のなかに西周から分封を受けて権力を把握している支配層と北方系遊牧民の影響を推定できる軍事貴族の区分があるという点、一般民のなかでは西周文化から巴蜀、そして北方系文化の影響を確認できる、いくつかの多様な構成員たちが存在していたという点から、西周時期のこの地域の文化を類推させてくれる。すなわち、隴西地域の秦国は、ある特定の種族ではなく多様な種族が構成しており、特に殉人を始めとした被支配層の相当数は、屈肢葬という特殊な葬法を有していた。

またこの地域をはじめとした隴西地域には関中地域とは異なる牧畜、あるいは遊牧の習俗が大きく発展していたという点に注目する必要がある。甘粛省西部地域に分布した辛店文化の場合、大量の動物の骨が出土しており、これより先立つ斉家文化時期の住民と比較すると、辛店文化時期の人々がより多くの動物を飼育していたという点を確認できる。そのなかでも羊が普遍的であり、豚を代替とすることもあり、馴化が比較的遅かった牛と馬もこの時には、人々の生計において重要な位置を占めることになった。これは、この地域に遊牧経済が重要な生産形態になったということを教えてくれる。一方、家屋の数は明らかに減少しており、彼らが製作した土器も大きさが非常に小さかった。辛店文化の人々がそれ以前の人よりも移住を多く行ったために、家屋の構造も簡単で有り、地中に残っていることも少なく、土器の大きさも小さく数量も少なかった。石製農器具も依然として発見されているが、これは一方では穀物類を植えて、もう一方では馬、牛、羊など、草食動物を飼育して、自然資源の利用を拡大したということを意味する[一四]。前に述べた毛家坪遺址から発見された農器具もこうした脈絡で理解すれば、毛家坪遺址を西周文化の影響を受けた農耕文化の遺址と断定することは難しい。

このように隴西地域は地理的隔絶性に基づくと、関中地域とは異なる独立した文化類型を維持していた。紀元前一五〇〇年頃から気候が寒く乾燥化するにつれ、牧畜への変化が著しく、馬と羊の牧畜が占めている比重が高くなり、屈肢葬という独特な埋葬習俗を持っていた。黄土高原の山地地形であったため、彼らの生産規模は大きくなく、不安定な分裂的構造を持っていた。あわせて北方系遊牧民や南側の巴蜀文化からの文化的要素が混在している現象も確認される。以上のような隴西地域の考古学文化は、中原文化と区別され、中原から一群の人々が移住してきて形成した文化ではなく、むしろここで馬を育てるにおいて特化していた秦の祖先、そして戎狄の文化が主に発展していたという事実を伝えてくれる。

二、『史記』「秦本紀」記録の叙事法の検討

（一）中原との関係

本章では『史記』秦本紀のうち、秦人の起源と関連する初期記録、すなわち秦が周から分封されるまでの状況をどのように記録したのかに注目しようと思う。特に叙事の全体的流れがいかなるものか見出すことによって司馬遷がこの部分をどのような意図で記述したのかを探ってみよう。

①

秦之先、帝顓頊之苗裔孫曰女脩。女脩織、玄鳥隕卵、女脩呑之、生子大業。大業取少典之子、曰女華。女華生大費、與禹平水土。已成、帝錫玄圭。禹受曰、「非予能成、亦大費為輔。」帝舜曰、「咨爾費、贊禹功、其賜爾皁游。爾後嗣將大出。」乃妻之姚姓之玉女。大費拜受、佐舜調馴鳥獸、鳥獸多馴服、是為柏翳。舜賜姓嬴氏。

司馬遷は諸国がそれぞれ信じている伝承を事実の当否に関係なく、最大限記録する立場をとっている。秦本紀も秦人の伝承を収めた史書である『秦紀』を基にして記録したのであろう。ところが、秦本紀は、他の始祖説話とは大きく異なる。秦の始祖をただちに黄帝やその後裔と結びつけていない(一五)。秦の始祖を帝顓頊の後裔ではなく、彼の苗裔孫である女脩という女人とした。後代の注釈家たちも注目したように(一六)、女人を始祖とみなしたという点が特殊である。そのうえその女脩が玄鳥の卵を飲み込み、大業を生み、こんどは大業は少典の子である女華を妻として迎え、大費を生んだ。ここでもいまひとつ興味深い変形が起きている。始祖である女脩が大業を生んだが、彼がさらに黄帝の系譜に属する少典の娘を妻として迎える点が特記されているという点である。始祖とその嫁がともに黄帝の系譜に属する点が強調されている。つまり秦の場合、黄帝系譜とは、父系ではなく、母系によってつながっている点において、中原諸国の始祖説話とは異なる系統ということができる。しかし逆に言えば、そのように異なる系統であるにもかかわらず、中原諸国の系譜とかく結びつきうるということを表していると言える。

大費からは系譜とともに別途の記録が付け加えられる(一七)。大費は禹とともに水土を治めたことで、舜から姚姓の女人を妻として迎え、舜を助けて鳥獣を飼い馴らし、嬴氏という姓を賜与されたという。舜と禹を輔翼した功績、そして舜から嬴姓を与えられたという政治的関係が集中的に強調されている。舜と夏を含めた中原との関係が主要な論点として浮き上がっているのである。

②

大費生子二人、一曰大廉、實鳥俗氏。二曰若木、實費氏。其玄孫曰費昌、子孫或在中國、或在夷狄。費昌當夏桀之時、去夏歸商、為湯御、以敗桀於鳴條。大廉玄孫曰孟戲・中衍、鳥身人言。帝太戊聞而卜之使御、吉、遂致使御而妻之。自太戊以下、中衍之後、遂世有功、以佐殷國、故嬴姓多顯、遂為諸侯。

大費の子孫は、二つの支派に分かれており、一つは鳥俗氏大廉であり、他の一つは費氏若木である。ともに嬴姓であるものの、すでに氏が二つに分かれていた。費氏若木の後裔である費昌は、夏末に夏を離

れ商の側につき（去夏帰商）、もう一つの鳥俗氏大廉も商の太戊のために馬車を御し、ゆえに婚姻関係を結んで以来、商を扶助し諸侯となったという。この部分では二つの支派と商との友好的な関係が強調されている。系譜のほかに追加された部分もやはり中原王朝との関係に集中している。

③

其玄孫曰中潏、在西戎、保西垂。生蜚廉。蜚廉生惡來。惡來有力、蜚廉善走、父子俱以材力事殷紂。周武王之伐紂、并殺惡來。是時蜚廉為紂石北方、還、無所報、為壇霍太山而報、得石棺、銘曰「帝令處父不與殷亂、賜爾石棺以華氏」。死、遂葬於霍太山。蜚廉復有子曰季勝。季勝生孟增。孟增幸於周成王、是為宅皋狼。皋狼生衡父、衡父生造父。造父以善御幸於周繆王、得驥・温驪・驊騮・騄耳之駟、西巡狩、樂而忘歸。徐偃王作亂、造父為繆王御、長驅歸周、一日千里以救亂。繆王以趙城封造父、造父族由此為趙氏。自蜚廉生季勝已下五世至造父、別居趙。趙衰其後也。惡來革者、蜚廉子也、蚤死。有子曰女防。女防生旁皋、旁皋生太几、太几生大駱、大駱生非子。以造父之寵、皆蒙趙城、姓趙氏。

この部分は秦の起源と関連してもっとも論難されている部分である。具体的な分析は、後で詳述するとして、ここでは全般的な論旨の流れを見てみよう。前段部分で記録された二つの支派のうち、鳥俗氏大廉をつぐ系譜が記録されている。その子孫である蜚廉と悪来父子は、彼らの祖先と同様に、力を尽くして商の紂王に仕えた。周は商を討伐して悪来を殺し、蜚廉は霍太山へ姿を消してしまった。その後、蜚廉が生んだ子孫が周の成王に寵愛を受け、さらにその子孫である造父も周の繆王に寵愛を受けたのみならず、彼を扶翼して徐偃王の反乱を制圧したことをもって、周から趙城を分封され趙氏になったと記されている。一方、蜚廉の別子孫の支派を紹介しつつひとまず彼らも造父のおかげで周と友好関係を維持したという。この段落は蜚廉は蜚廉と子孫が商末周初に再び二つの支派に分化して行ったという系譜を根幹においているが、彼らに対する説明はすべて秦の祖先がどのように中原との関係を結んでいるのかに集中している。つまり商との友好関係を維持してきた秦の祖先が周に鎮圧されたということ、そののち蜚廉の後裔のうち、造夫支派は周に仕えたことによって、分封を受けることになり、また別の大駱支派も友好関係を維持したという内容である。一言でいえば、秦と中原王朝との関係は親商から親周に変わったということである。

④

非子居犬丘、好馬及畜、善養息之。犬丘人言之周孝王、孝王召使主馬于汧渭之閒、馬大蕃息。孝王欲以為大駱適嗣。申侯之女為大駱妻、生子成為適。申侯乃言孝王曰、「昔我先酈山之女、為戎胥軒妻、生中潏、以親故歸周、保西垂、西垂以其故和睦。今我復與大駱妻、生適子成。申駱重婚、西戎皆服、所以為王。王其圖之。」於是孝王曰、「昔伯翳為舜主畜、畜多息、故有土、賜姓嬴。今其後世亦為朕息馬、朕其分土為附庸。」邑之秦、使復續嬴氏祀、號曰秦嬴。亦不廢申侯之女子為駱適者、以和西戎。

ここでは前述した蜚廉の子孫のうち悪来から続く系譜が記録されている。位置についてはいくらか議論があるが、まず大きな論旨の流れを把握してみよう。その内容は、彼らが造父支派とは異なり、趙城から遠く離れた犬丘で牧畜をしていたところ、周の孝王代に、馬の飼うことに長じていることを聞いた孝王が彼らを呼び寄せて馬の飼育を担当させ、最終的に孝王は周のために馬を繁殖させた大なる功績を称賛して彼らに土地を分け与え、周の附庸としたというものである。一方、申侯の馬を通じて、大駱の後裔が二つに分かれ、そのうち申侯の外孫に該当する成が犬丘において嫡子として居住し、非子は秦に邑を築いて居住させた。申と西戎の関係が複雑に絡み合っているが、核となる部分は成の支派も周の藩屏となり、周と西戎が和睦することができたというところにある。

以上、煩雑なほど原文を引用しながら「秦本紀」の内容を検討してきたが、そのわけはこの記録に通底する司馬遷の叙事意図を探るためであった。司馬遷は秦の始祖を含めた伝承を参照して、その系譜を叙述したものの、そのほかに追加される内容はすべて中原との関係に集中している。各支派別、あるいは各時期別にいくつかの伝承と資料があったのだろうが、司馬遷はひたすら秦の祖先が中原といかなる関係を有していたのかに関心を持って叙述していた。要するに、司馬遷が「秦本紀」の秦分封以前の記録を通じて記述しようとしたところを簡単に整理すると、秦の祖先が舜禹を輔翼して嬴姓を与えられ、その後夏代末期に商につき、さらに周初以後、こんどは周と友好的な関係になり、その結果周の分封を受けることになったということである。

（二）系譜と居住地

次に司馬遷の系譜の叙述と関連した叙事方式について検討してみよう。『史記』あるいは『帝系』のような文献では始祖から始まり、一段階づつ時間の経過につれてその後裔を記す様式で系譜を記述する。ところで一つの始祖からいくつかの支派に分かれる状況を記録することになると、自然と叙述が乱れてくる。しかし『史記』の系譜叙述をいますこし詳しく見てみると、こうした混乱から脱出しうる叙事の原則が見いだせる。司馬遷は、たしかに始祖から系譜を記録しているが、始祖から分化したいくつかの支派の氏族をすべて包括してその姓氏の拡散を記述しようとしたのではなく、その反対に最後に記されたその氏族を基準にしてその氏族の祖先を遡って行き、始祖に至るまでの直系系譜を記述しようとしたのである。ただし、始祖に続く途中の所々で異なる支派を簡単に記述するのは、何らかのその支派と関わる話が直系系譜と関連すると判断したためである。

秦本紀でもこの点は明確に表れている。①では女脩―大業―大費まで単一の系譜が続いており、叙述の核心部分は大費が嬴姓を与えられたところにあるため、女脩以後、他の支派については記録していない。②では大費以後、二つの支派に分かれることを記述している。一つが大廉支派であり、いま一つが若木支派である。このうち最後の非子まで続く直系系譜は、大廉支派である。ここで興味深い叙述の様式が見られ、「一曰大廉」、「二曰若木」といい、兄弟二人のうち大廉が年上にあたるかのようにみえるが、実際は若木とその後裔を先に叙述し、その次に大廉を記述するという意味である。直系系譜に属していない若木支派の叙述を先にし、直系系譜に属する大廉支派を後に叙述するという意図が確認できる。このようにすることで、その次に登場する中潏が若木ではなく、大廉に続いているということを明確にできるからである。若木の傍系支派を別途記述したわけは、1節で説明したとおり、秦の祖先と中原との関係を説明するためであった。すなわち、若木の玄孫である費昌が夏を離れて商に帰附したという点を付記する必要があったからである。大廉の支派も後に商をたすけ諸侯となったが、その時期が帝太戊以後に該当することから、①の帝禹と帝太戊の間の時期にあたる夏末商初の部分を説明するため、若木支派を記録したと判断できる。③では中潏—蜚廉以後、ふたたび二つの支派に分かれている。やはり悪来が年上にあたり、季勝は年下であるが、②と同じく直系系譜に属さない季勝—孟増—衡父—造父の支派を先に叙述している。そして直系系譜に属する悪来—女防—旁皋—太几—太駱—非子の支派を後に記述している。その後に登場する非子を直系系譜と繋げている。また直系系譜に属してない季勝—孟増—衡父—造父の支派を記述したわけもやはり中原王朝との関係を補充するためであった。悪来—女防—旁皋—太几—太駱—非子の支派が西周と本格的な友好関係を持つことになるのは孝王以後であることから、西周初期から孝王までの時期に西周との関係を説明しうる季勝—孟増—衡父—造父の支派が必要だったのである。さらに造父が周から趙城に分封されたという事実は後に非子が秦に分封されたことと同じくらい重要であり、また造父の分封によってたしかに悪来は周によって殺されたものの、その後裔である女防—旁皋—太几—太駱—非子まで周と適切な友好関係を維持しえたということも説明できた。④では大駱の二人の子息である非子と成の支派が紹介される。秦に分封された非子が本系譜に属し、成の支派は大駱のまた別の嫡子として直系系譜に属していない。しかしこれらは、申侯と二度通婚して周の側につくこととなった者として（以親故帰周）やはり中原との関係を補充する部分である。さらに続いて非子の子孫である秦仲と荘公が西戎を攻伐して、ここを占有し西垂大夫となったという内容の背景にもなっている。

このように司馬遷の意図は、系譜叙述の出発点を秦に分封された非子に置き[一八]、その系譜を確認するために逆に始祖まで遡っていくものであった。ただし、これを記述する際、始祖から時間の流れにそって続けて下っていくようにしただけである。また分化したすべての支派を記録せず、直系系譜の流れに従ってはいるものの、直系系譜だけでは中原との関係が十分に説明できなくなる場合、別の支派と関連した部分を追加して記録したのである。非子が秦に分封された時点からは直系子孫を記録するだけであり、これ以上支派を記録していなかったのも叙述の主要目的が非子の直系系譜を確認するところにあったことを示している。このようにみると「秦本紀」の系譜は表一のように簡単に整理できる。

【（下記）表一】秦本紀に記録された秦の直系

かかる原則を理解できていなければ、一つの始祖から発して、また別の姓を持っているせいで、基本的にこれらが一つの族属に属して同一の文化的特徴を持っていたかのように誤解することもありうる[一九]。同一の系譜に属していたとしても彼らの居住地、生産経済の形態、周辺政治勢力との関係が雑然と現れているためである。「秦本紀」の場合も例外ではない。共通して嬴姓という姓を持った秦の祖先は時が経つにつれ中原にいることもあり、夷狄とともに居住することもあり、また支派によっては中原王朝との関係が友好的であったり、敵対的で

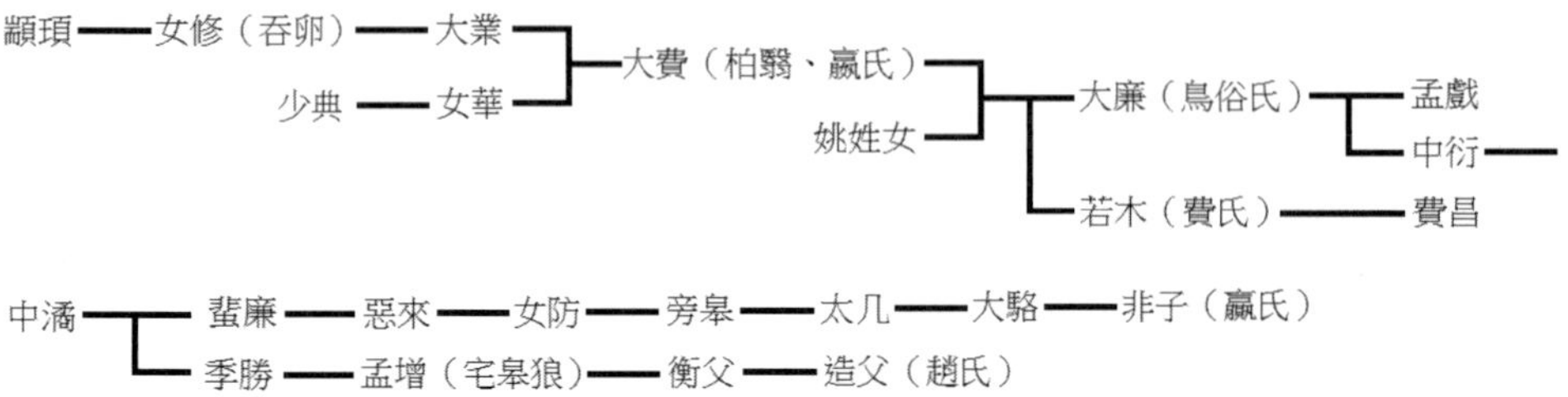

郵便はがき

料金受取人払郵便

麹町局承認

1433

差出有効期間
平成29年８月
31日まで
（切手不要）

1028790

202

東京都千代田区
飯田橋二―五―四

汲古書院

行

通信欄

購入者カード

このたびは本書をお買い求め下さりありがとうございました。今後の出版の資料と、刊行ご案内のためおそれ入りますが、下記ご記入の上、折り返しお送り下さるようお願いいたします。

書　名
ご芳名
ご住所 TEL　　　　　　　　〒
ご勤務先
ご購入方法　①　直接　②　　　　書店経由
本書についてのご意見をお寄せ下さい
今後どんなものをご希望ですか

あったり、遊牧的性格を帯びているようにも、典型的な農耕民であるようにも見える。しかし「秦本紀」の系譜の目的は、非子の系譜を記録するところにあり、たとえ一つの嬴姓に属するからといってその分派がすべて同一の習俗、居住地、政治的経済的形態を持つということを説明しようとするものではない。むしろ司馬遷は、同一の嬴姓に属するが、その支派の間に相当な差異があるということを明らかにしている。「秦本紀」の末尾にある「太史公曰」には他篇とは完全に相異なる内容が書かれている。

秦之先為嬴姓。其後分封、以國為姓、有徐氏・郯氏・莒氏・終黎氏・運奄氏・菟裘氏・将梁氏・黄氏・江氏・脩魚氏・白冥氏・蜚廉氏・秦氏。然秦以其先造父封趙城、為趙氏。

司馬遷は、秦の祖先が嬴姓ではあるが、その後いくつかの支派が分封され各々その国を姓氏とすることになり、嬴姓の後裔はいくつかの氏に分かれたという事実と、秦氏はそのうちの一つであるという事実を明らかにしている。すなわち、これらの氏のうち、徐氏・郯氏・莒氏・終黎氏・運奄氏はその国名から推して、明らかに山東および淮河地域に位置する。一方、菟裘氏は北方に、江氏・脩魚氏は南方に近い地域にいたと推定される。つまり、それぞれ異なる地域に所在していたのであり、その居住環境によって経済的形態や政治的関係も変動しうるものであったことを示唆する。

さらに明白な証拠は嬴姓の系譜を書く際、途中に「そのうち一部は中国に居住し、また別の一部は夷狄に居住している」とした記録である（或在中国、或在夷狄）。①で秦の祖先として記録された女脩—大業—大費は禹を助け水土を治めて、舜を助け鳥獣を飼い馴らしたとすることから、たしかにその居住地は記述されていないものの、中原地域に居住したとみられる。また②でその後裔である若木の玄孫費昌や大廉の子孫は、すべて商王のために馬車を御す者もあり、商の諸侯となったことから、やはり中原に居住したとみるのが妥当である。③の蜚廉と悪来もやはり商の紂王に力を尽くして仕えたとなっている以上、彼らが活動したところも中原でなければ理解できない。このように「秦本紀」に秦の祖先が絶えず中原で活動した事実が羅列されていることから、研究者の多くは秦の起源を東方に求めようとしたのである。しかしこれは前述したように秦の祖先が中原といかなる関係にあったかを記すために、仕方なく「中国」に居住したかのように見えるだけである。

司馬遷自身がこうした誤解を避けるために「或在中国、或在夷狄」を付記したのである。つまり②大費の玄孫である費昌は中原にいたが、同じ支派に属する子孫たちは必ずしも中国にいたのではないということである。一方、③の中潏の居住地もこのように理解できる。中潏の先祖は大廉であり、その大廉の後裔は商を助け中原に居住していた。そして中潏の子孫である蜚廉と悪来も中原に居住したとされている。ところが、中潏の部分にだけ「西戎に居住して西垂を守っていた（在西戎、保西垂）」と書かれている。別の故事が書かれたわけでもなく、ただそこが中原ではないという点を書いたのであり、これは前の「或在中国、或在夷狄」といったことと同じ意味と解釈できる。[三〇]

こうした叙事様式は、もう一度登場する。③で蜚廉の子息である季勝とその子孫が周王の寵愛を受けて趙城に分封されたという話が冗長に叙述された後、④でこんどはまた別の子息である非子とその子孫を説明しており、その最初の句節が「犬丘に居住し馬と家畜を好み、巧みに繁殖させた（居犬丘、好馬及畜、善養息之）」である。やはり「或在中国、或在夷狄」の別の表現である。ところが、非子が犬丘に居住したという記録は、それ以上のことを説明する。つまり非子以前の祖先が時に中国に居住することもあり、時に夷狄に居住することもあったが、周から分封を受けた非子がその直前に居住したところは中国ではなく西戎の土地、犬丘という点を明らかに強調しているということである。非子が周の孝王から分封されたときに非子の父である大駱も犬丘に居住していた。馬と家畜を飼育するのに長けているという噂を聞き呼び寄せて、牧草が大きく広がった「汧渭之間」で馬を育てさせた結果、大いに繁殖に成功しという話も、彼らの主要生産経済形態が牧畜であったという事実を伝えてくれるものであり、犬丘はこれに適した場所であった。

要するに「秦本紀」には系譜とともに秦の祖先が中原といかなる関係にあったのかを主に記述するために、まるで彼らの起源が「中国」にあるかのように見えることもある。しかし司馬遷は、意図的に嬴姓に属する多くの支派はいくらか中国に居住している者もいるが、夷狄に居住する者もいるということを明らかにしようとしており、「秦本紀」の最も核心的部分は秦が周から分封される以前、大駱と非子は犬丘を中心地として西戎とともに居住していたという点を明らかに記していた。

三、「繫年」の記録の検討

本章では秦の起源に関して決定的な資料と称される「繫年」第三章の記録を検討してみようと思う。問題となる「繫年」第三章の内容を既存の読法に従えば次のとおりとなる。

周の武王が殷を滅亡させた後、三監を設置した。武王が死んだ後、商邑が反乱を起こすと三監を殺し祿子耿を立てた。成王はただちに商邑を征伐し祿子耿を殺したので、飛廉は東のかた商奄氏に逃亡した。成王は商奄を征伐して飛廉を殺し、商奄之民を朱圉に西遷させ奴虘之戎を制御しようとした。これが秦の先人であり、代々周の根幹となった。周室が衰退して、平王が東遷し成周に留まると、秦仲が東のかた周地に居住し周の墳墓を守った。これによって秦が拡大を始めた。

周武王既克殷、乃設三監于殷。武王陟、商邑興反、殺三監而立祿子耿。成王屎（繼？）伐商邑、殺[宀录]子耿、飛廉東逃于商奄氏、成王伐商奄、殺飛廉、西遷商奄之民于朱圉、以御奴虘之戎、是秦先人、世作周𡰥（幹？）。周室既卑、平王東遷、止于成周、秦仲焉東居周地、以守周之墳墓、秦以始大。

ここには三監や、祿子耿、蜚廉と秦仲など、既存の史書に登場する人名がいくつか見えるものの、多くの研究者の注目を集めた語句は「商奄之民を西遷させ、これらが秦の先人である」という部分である。既存の資料では見えない新しい内容であると同時に、秦の起源と関連し長年の論争となってきた「東来説」問題を解決しうる決定的な資料と考えられたからである。とにかく出土資料という事実が既存の文献より高い信頼を持つということが理由になる。また23章で構成されている「繫年」全体を検討すると、体系的にその内容が「左伝」をはじめとした伝来文献と相当類似しつつも、いくつかの箇所でより正確で詳細な内容が追加されていると指摘する。さらに「秦本紀」に蜚廉とその子悪来が商の紂王に仕えたことになっている点と「繫年」で周の成王が蜚廉を最後まで追跡して殺害したとあることは文脈から理解でき、また『孟子』にも周王が蜚廉を海のはてまで追いかけて殺害したという記録があるという点から、「繫年」の記録は充分な蓋然性を持っていると推定した。ここに既存の史書に見出すことのできない新しい事実が確認されるという点において「繫年」第3章は、「秦本紀」の内容を補完するのみならず、「秦本紀」の錯誤を校訂するもののごとく受け入れられてきた。しかし何よりも必要なのは第3章自体の内容検討である。

（二）史記との比較

まず「繫年」の記録が「秦本紀」と根本的に異なるという事実を指摘しよう。蜚廉という人名が出ており、また彼が周と敵対的関係にあったという点までは類似しているように見えるが、実のところ二つの史料は全く異なる内容を伝えている。第一に「繫年」では蜚廉が三監の乱に参加し、後に商奄氏のもとへ逃亡したが、周王はそこまで追い詰め、彼を殺害したという。一方「秦本紀」の③では周王が蜚廉と悪来のうち、悪来だけを殺したとなっている。その当時の蜚廉は、紂王のために北方へ行っており、帰還したときにはすでに商が滅亡してしまっていたため、霍太山に祭壇を築き紂王に報告したところ石棺を得ることになり、その石棺の銘文に「殷とともに乱を起こしてはならず、君の氏を繁栄させるようにせよ」と書かれていたため、蜚廉はそこで暮らし続け霍太山で死んだ。その結果、彼らの子孫は、石棺の銘文どおり、周王の寵愛を受けて繁栄し、結局趙城に分封されたという。つまり、「秦本紀」によると、蜚廉は叛亂を起こさず、また商奄氏のもとへ逃げたわけでもなく、周王に殺されることもなかった。蜚廉は、霍太山という山の中で死に、その子孫は周王の寵愛を受けることになったのである。

第二に、「繫年」によると、蜚廉が商奄氏のもとで殺害された後、商奄之民を秦地に該当する朱圉へ遷徙し奴虘之戎を制御させたという。一方「秦本紀」には蜚廉とその子孫が中原にそのまま留まり、趙城に分封されたとする反面、悪来の子孫は再び隴西の犬丘に戻り、馬と家畜を巧みに育てていたとなっている。[二一] 秦の故地に戻ったのは、商奄之民ではなく、秦の系譜中の人物である悪来の子孫ということである。また彼らが奴虘之戎を制したのではなく、申が戎胥軒および大駱と通婚をしたことによって、西戎が服属することになり、周の孝王は申侯の要求を受け入れ、申侯女の子である成を大駱の別の後継者として、西戎と和睦をすすめたとなっている。「繫年」は商奄之民が西戎を制御したと書いている一方、「秦本紀」では申の役割を積極的に強調している。

このように「秦本紀」と「繫年」の内容は根本的に異なる。一方では蜚廉が反乱に参加し周王に殺害されたとなっており、もう一方では蜚廉が反乱に参加せず周王に殺害されなかったとなっていることから、この二つの史料は結局同一の歴史的事実を伝えているとはいえない。同一の資料を前にしてそのうちどの部分をより強調したり抜粋したりするか、あるいは語彙や表現方法を変えるかなどして起きた差異ではない。こうした差異は、根本的に全く異なる資料を選択したからこそ起こりうる。[二二] したがって、「秦本紀」と「繫年」の内容のうち、一部を適当に折衷して組み合わせようとする試み[二三]は、歴史的事実を復元するどころか、むしろより遠くなっているだけである。

このように異なる史料を選択したわけは、もちろん司馬遷と「繫年」の著者が各自使用した史料のほかに見ることができなかったからとも考えられるが、『史記』と「繫年」はすべて『左伝』、『竹書紀年』をはじめとした多様な史料と類似した記録を採録していることから見てその可能性は低い。それよりはいくつかの種類の史料を収拾して、それを相互に対照した後、自身の叙事意図に合う史料を取捨選択した可能性がむしろ高い。3章で述べたように、「秦本紀」のうち分封以前の時期を記述した際、司馬遷の叙事意図は秦の系譜とともに秦の祖先が中原といかなる関係にあったかを歴史的に遡上して紹介するところにあった。「繫年」も明らかな叙事意図を持っている。「繫年」はすでに何人かの学者が指摘したように、楚の立場から書かれた紀事本末体の記録である。[三四] 楚の紀年が使用されていたという点、楚が強大な勢力に成長することになった理由と過程、そしてこれを裏付けるために楚と競争関係にあった秦と晋の故事を引いたのである。[三五] 楚の貴族たちに現在の楚と周辺国家の状況がだいたいどのように形成されたのかを簡潔にして明快に教育するという目的の下、歴史的事実を編集したものとみられる。[三六] 本稿で注目する「繫年」の第3章もその叙事目的が明白である。それは最後の句節に圧縮されているように、春秋時代になり突然秦が強大になったわけを伝えようというものであった。そのため西周初期だけでも首長が殺害されるなど、その勢力が微々たるものであった点が特に強調されており、それ以降、西周との関係が好転した事例を引き出し、対比させて叙述したのである。

　このように「秦本紀」と「繫年」は、それぞれの叙事目的を持ち、それに合った史料を取捨選択したものであるが、現在の私たちはただちにそのうちのどれが正しく、どれが誤っているのかを判断する根拠を持っていない。これまでの「繫年」に関する研究を一覧すると、「繫年」の記録のうちで既存の文献資料と異なる部分を見いだし、その史料的価値を重視する傾向が強い。もちろんそれが以前には全く知ることのできなかった新しい内容であるならば、その価値を重んじる必要がある。「繫年」第3章の一番最初の部分に登場する「三監」の場合、『史記』と他の文献では「三監」を周公の兄弟である管叔鮮と蔡叔度、そして武庚であると把握していたが、「繫年」では三監のうちに武庚（祿子耿）を含んでいない。商邑が乱を起こして三監を殺して祿子耿を立てたとしているからである。それゆえ、何人かの学者は「繫年」を根拠として、三監を管叔、蔡叔、そして霍叔としている。[三七] また既存の文献では三監が武庚（祿子耿）と連盟したとなっているが、「繫年」では三監を殺し武庚を立てたとなっている点にも注目する必要がある。[三八]

　しかしそこまで信憑性を認めることができない部分もある。たとえば、周の東遷を助けた秦公が誰であるのかをみると、[三九]『史記』をはじめ秦鎛と秦簋の銘文、そして大多数の文献が平王の東遷を助け周の故地に依ることとなった者を秦の襄公とする。ところが「繫年」では襄公の代わりに襄公の祖父に該当する秦仲がその主人公として書かれている。秦仲は西戎に殺された者であり、その子の荘公に至って西戎に奪われた大駱の犬丘を回復し、襄公七年に周の幽王が殺害されると、襄公が平王を護衛した。少なくともこの問題については「繫年」の記録を信頼することはできない。結局、現段階ではいずれかの史料が歴史的真実を含んでいるという前提から離れ、いかなる叙事意図をもってどのような資料を選択してどのように叙述したのかを正確に理解することが必要である。以下、「繫年」第3章でもっとも多く議論されている「商奄之民」と「秦之先」部分の意味を検討してみよう。

（二）蜚廉と商奄之民

　「繫年」では蜚廉が商邑において祿子耿とともに周に叛亂を起こしたが、周の成王が商邑を攻撃して祿子耿を殺すと、蜚廉は商奄氏にもとに逃亡し、さらに成王が商奄を攻撃して蜚廉を殺したとある。これまでの多くの研究者は、商奄之民と蜚廉を結びつけようとするいくつかの努力をしてきた。しかし、蜚廉が商邑で反乱を起こし商奄氏のもとに逃亡したとすれば、彼が本来居住した場所は商奄氏ではない。この奄は商が殷に遷都する前、早くから都邑としたところであり、周公が三監の乱を鎮圧した後、伯禽を封じて魯国を建てた場所として知られている。ここは、蜚廉が居住しておらず本拠地としては見ることができない。それゆえ「繫年」で言うところの商奄之民は蜚廉の宗族ではない。一部の研究者も蜚廉の秦を商奄氏と同一視できないことから、索隠注を引用し秦の嬴姓が東方の少皋であるため、蜚廉の秦人と商奄之民が同じ嬴姓出身の同族と付会した。(四〇) だが、そうだとするなら、商奄之民を遷徙したとするのではなく、そもそも秦之民を遷徙したとしたり、嬴姓之民を遷徙したとしたりすれば良かったであろう。「繫年」を冷静に読むと、蜚廉と商奄は、蜚廉が商の遺民とともに三監の乱に参加し、その商の故地に逃亡したことから、はじめて形成された関係であるという事実だけは誰もが容易に理解できる。

一方、「繫年」の信憑性を強調する学者は、その内容が『孟子』滕文公下篇に「周公が武王をたすけ紂を誅滅し、奄を征伐すること三年にしてその君を殺し、蜚廉を海のはてまで追いかけ殺した（周公相武王誅紂、伐奄三年討其君、驅蜚廉於海隅而戮之、滅國者五十、驅虎豹犀象而遠之、天下大悦）」となっていることと類似する点に注目する。『史記』「秦本紀」とは異なり、『孟子』と「繫年」にはすべて蜚廉が東方で殺害されたとなっていることである。しかし「繫年」と『孟子』の記録を正確に比較してみると、両者は蜚廉を殺害したという点にだけ共通するのみであり、その場所については記録が異なっている。『孟子』には奄で奄君を殺害すると、蜚廉は逃亡し、そして海の際にまで追い詰めて殺したとなっており、「繫年」は商奄で殺したとなっている。『孟子』によるかぎり、蜚廉が商奄で死んでいることから、商奄之民が蜚廉の種族であるという論理は到底成立しえない。

すると、周の成王は蜚廉を殺したのち、蜚廉の種族を遷徙させたのではなく、蜚廉が逃がれた商奄氏の民を西遷したということになる。彼らを朱圉に遷徙させ戎を制御させようとしたのであり、朱圉がたとえ隴西の秦の地域だとしても、はたして蜚廉の種族ではない商奄之民を秦地に遷徙させたところで、彼らを秦の祖先といえるだろうか。仮に彼らが秦の主要構成員になったとしても、これらを秦の祖先といえるだろうか。

周知のごとく周は商とその連盟勢力を滅亡させたのち、その遺民を別のところに遷徙させたり、別の諸侯に分賜したりする方式を採った。たとえば扶風県荘白1号坑出土の青銅器墻盤銘によれば、微氏の家族が本来微国に居住していることになるが、周の武王の滅商以後、岐周付近に移され、代々周王室の史官を任された。一方、北京瑠璃河M一一九三墓場から出土した銅罍の銘文によると、周王が匽侯を封じて微氏の宗族を匽侯に分賜している。微国の遺民が微国のほかに岐周と燕に遷徙されたということを述べる。(四一) このように該当地域の勢力を弱化させることと同時に、周室に属する他の地域を補強する役割を果たした。したがって、周が蜚廉に代表される反周勢力が逃げて行った商奄を征伐したのち、その商奄之民を別の場所に遷徙することも至極当然のことである。

しかし、「繫年」で商奄之民が朱圉に遷徙された時、いまだ秦が封建されていないときである。商奄之民が遷徙されたのは周の成王の時であり、非子が分封されたのは周の孝王の時である。それゆえ彼らが遷徙されたとすれば、後の秦の領域ではなく、岐周と同じ西周王室の管轄領域であるか、あるいは少なくとも異なる諸侯に分封された地域でなければならない。したがって、こうした理由から筆者は、商奄之民が遷徙された朱圉を甘谷県毛家坪と比定する李学勤の見解には賛同しがたい。ここが秦と呼ばれた証拠もないうえ、さらに奴虘之戎から西周を防御する位置にもなりがたい。すれば、商奄之民が遷徙した場所は、西周王室が位置する関中地域を隴西の奴虘之戎から守ることのできるもっとも適切な場所、すなわち隴山を越えていく交通路である。

非子が周の孝王から分封された秦の位置も隴山を越えていく交通路に位置する。『漢書』地理志は隴坻道を越えたところに位置する張家川県、あるいは清水県の付近に秦亭秦谷を比定している。「秦本紀」によれば、周の孝王は、大駱の子である非子を分封しなければならないという点と、別の子である成を尊重して欲しいという申侯の要求を同時に受け入れ、非子を秦に分封すると同時に成を大駱の後裔として認定した。大駱の二人の子を同時に認定したということが可能ならば、成が後継者となった犬丘と非子の分封地である秦が異なるものとしなければならない。周の孝王は犬丘に居住する非子を汧渭之間に召し、そこに位置した秦に分封したということも犬丘と秦の位置が同一ではないことを意味する。

ただ、秦という名称は分封するとき、はじめて名付けられたものではなく、分封される以前からすでに存在した地名であった。魯、斉、晋、燕、呉、越が周によって諸侯として封建されるとき、その該当の名称を使ったのと同様である。非子の分封以前に秦という名称が金文でも確認されている。詢簋と師酉簋の銘文には「秦夷」あるいは「秦人」と称されている。この二つの礼器はすべて共王と懿王の時期のものと判定されていることから、非子が秦に封じられる孝王以前に作られたものと考えられる。非子が秦に分封される前に、ここに住んでいた者たちを「秦夷」あるいは「秦人」と呼んでいたのである。[四二] したがって、「繫年」の商奄之民もこうした「秦夷」あるいは「秦人」と呼ばれていた可能性がある。

ところで西周時期、諸侯を封建する際、その封地の人々を賜与した。『左伝』定公四年条で周の成王が伯禽を魯に封じるときに、その地域の商奄之民を賜与した事例や、「宣侯夨簋」で魯侯夨を宜に移して、彼には宣王人と宜庶人を賜与している事例が参考となる。したがって、非子に秦を分封するときにもこの地域にいた「秦人」を賜与したことであろう。すると、以前にここ「秦」に遷徙された商奄之民を再度非子に賜与した可能性が高い。

（三）秦先人[四三]

【図二 「先人」の合字】

ところで問題の核心は、分封地の該当地域の人を賜与したからといって、その人々をその封国の先人と呼ばないという点である。たしかに魯の伯禽に商奄之民を賜与したとはいえ、商奄之民を魯の先人と呼ぶことはなく、宣侯夨に宣王人と宣庶人を賜与したとはいえ、彼らが宣の先人と呼ばれることはない。「魯の先人」は魯の諸侯である伯禽の祖先において見出さねばならず、「宣の先人」は宣の諸侯である宣侯矢の祖先に見出せなければならない。「秦本紀」において「秦之先」を非子の祖先である顓頊の苗裔孫女脩として、「秦始皇本紀」では「秦之先」を伯翳としたこともこうした原則のためであった。[四四]

また、他の諸侯国の事例をみると、秦を封建するときにも秦には商奄之民だけではなく、別のいくつかの部族が賜与されたことから、敢えて商奄之民だけが周を守った主人公のように理解するのは不自然である。またもし秦が周をよく守ったことを強調しようとするなら、当然、秦の諸侯の祖先、あるいは貴族を指すほうが自然である。一章で述べたように、礼県西山遺址の墓場から秦を構成する多様な種族と文化を確認できるのみならず、青銅兵器を副葬した墓主を秦の軍事貴族と推定した研究によれば、これらは東方の商奄之民ではなく、むしろ北方系遊牧民の特徴を備えている者たちであった。

商奄之民が秦先人、すなわち秦諸侯の祖先でなければ、「繫年」の記録を区切り直して読む可能性が生じる。すなわち「西遷商奄之民于朱圉、以御奴虘之戎。／是秦先人世作周𡰥（幹?）」とあらためて標点を付すものである。商奄之民を朱圉に遷徙させて、戎狄を制したという事実と秦の祖先が代々周を守ったという事実を分けて読もうということである。

このように読むと「繫年」第三章全体の前半部分は秦の祖先と周の関係が非常に悪かったという内容であり、後半部分は後にこうした秦の祖先が代々周を助けたという内容である。こうして理解してこそ全体の内容は、前と後が対句をなし、劇的な変化過程が表され、最後に「秦が強大となった」理由がより明確になる。

しかし、こうした読法は「繫年」全体に見える「是」の用法と符合しないという決定的な問題がある。[四五]「繫年」に出現する「是」のほとんど大部分は「これが～である」という意味の指示代名詞として書かれている。したがって、既存の研究のように「商奄之民が（是）秦の先人である」と読むほかない。それならば、商奄之民は秦諸侯の祖先と関係なく、ただ商奄氏を征伐したのち、他の場所に遷徙した者たちであるとすれば、「繫年」で彼らを「秦先人」としたのはどのように理解すればよいのだろうか。結局、この「繫年」第三章の内容は「先人」を当時の一般的用法と合致しない方式によって使用しており、本来、秦の先人として知られている飛廉とは何ら関係がない商奄之民だけを秦の先人に想定し、さらに秦を構成するいくつかの部族の存在を捨象したものである。そうして商奄之民が西戎を防いだという点だけを強調し、これを秦が強大になった原因として説明した。

以上で筆者が理解した「繫年」第三章の内容を再度整理すると次のようになる。本来秦の祖先蜚廉は、商と協力関係にあった。商が滅亡したのち、商邑が反乱を起こして三監を殺して彔子耿を立てると、周の成王は商邑を征伐して彔子耿を殺して、商奄氏に逃亡した蜚廉を追い商奄氏を征伐し、結局蜚廉を殺害した。蜚廉の殺害以後、商奄氏の勢力弱体化の目的で商奄之民を秦という名を持つ場所に西遷させ、関中地域の王畿を隴山の向こうにいる西戎から防禦させた。これらが秦の祖先であり周初以来、周に敵対的だった秦が分封されて以降、秦の諸侯の直系祖先が代々周を守り、特に州が衰亡して平王が東遷する際に秦が周を大いに助けた。かくして春秋時代に秦が強大となったわけである。しかし「繫年」第三章はそれ自体がいくつかの矛盾をはらんでいる。第一に、最初の飛廉を秦の祖先として設定しつつも、彼が逃亡した地域の人々であるに過ぎない商奄之民を秦の先人として設定しなおしている点、第二に、周とは敵対的であった商奄之民が西戎を防いだという理由だけで周を代々助けてきたと評価する点である。このように説明するために、当時「先人」を一般的用法と符合させない方法で規定し、また秦を構成した多様な部族の存在もすべて捨象してしまったのである。要するに「繫年」第三章の内容は春秋時代以後、秦が強大になった理由を自分なりに判断したのち、ここに過去のいくつかの事実を思いのままにあれこれつじつまを合わせたものである。したがって、その内容を歴史的事実としてそのまま受け止めることは難しい。

むすびに

本稿は秦の起源と関連して最近の重要な資料として浮かび上がってきた「繫年」第三章の記録をいくつかの角度から検討することによって、秦の「東来説」に論駁しようとした。あわせて出土資料という理由だけで信頼する最近の風潮を批判し、もっとも古典的にして重要な『史記』の記録を読み直そうという意図から出発した。そして、その記録の性格、あるいは叙事意図を考慮しないまま、むやみに二つの記録をあわせて折衷することにも慎重でなければならない。考古学資料を選択的に利用する点についても反省が必要である。

秦の「東来説」は、第一に早くも西周時期に隴西地域に中原文化の影響があるということを指摘することで考古学的根拠を用意し、第二に『史記』「秦本紀」で秦の祖先が「中国」で活動しており、また同一の嬴姓に属する多くの氏族が東方に位置していることを強調し、第三に「繫年」に現れる商奄之民を「秦の先人」と読むことでこれらが秦の起源と理解してきた。

これに対して、まず考古学資料を検討してみた。秦の故地である隴西地域の地理環境をみると、隴山によって中原と地理的に隔絶されており、これは考古学的にも容易に確認できる。考古学資料によると、隴西地域の物質文化はこの地域だけの独特な特色を備えて発展した。中原に居住する多数の人が移動したとみなしうる中原文化の影響は見出すことができない。

その次に既存の伝来文献である『史記』「秦本紀」を再度検討してみた結果、秦の分封以前の記録を通底する司馬遷の主な叙事意図は、秦の系譜とともに秦が分封されるまで秦の祖先が中原といかなる関係を結んでいたのかを記述しようとすることであったとわかる。基本的には周から分封された秦の諸侯を基準にしてその直系祖先がどのように遡っていくのかという関心から記述してあるものの、系譜にしたがって現れる中間の傍系の祖先のうち「中国」との関係が確認されると、これらを追加記載したのである。まさしくこうした理由から「秦本紀」の内容はまるで秦の祖先が「中国」で活動したかのように見えたのである。司馬遷はかかる誤解を避けるため、たとえ同一の嬴姓に属するとしても、そのいくつかの支派は中国に居住することもあれば、夷狄に居住することもあったと記録しており、特に秦の分封直前に該当する大駱と非子は、隴西の研究を中心地として西戎とともに居住していたという点を明確にしている。

最後に「繫年」第三章の記録自体を再度検討してみた。第一に『史記』「秦本紀」と「繫年」は根本的に内容が異なっている。その差異は根本からして完全に異なる資料を選択したためであり、両者の内容の一部を適当に折衷してはならない。「秦本紀」が秦の祖先および中原との関係を充分に記録しようとしたこととは異なり、「繫年」は秦が強大になった理由がなんであるかを簡潔にして明確に伝えようという目的の下で書かれている。第二に、現時点ではどれか一つが必ずしも正しいとは言えないが、「繫年」にはいくつかの既存の文献の記録と明確に異なる内容が確認されることから、「繫年」をそのまま信頼することは難しい。第三に、「繫年」の商奄之民は蜚廉の宗族とはいえない。ただ周が商奄氏を滅亡させた後、宗族分散政策によって、その地の人々を周の別の地域に遷徙しただけである。遷徙した場所は、西戎から西周を防ぐことができる場所、すなわち隴山を越えていく交通路の入口付近の秦だったのである。第四に、当時の「先人」の一般的用法は、封建とともに賜与した者たち、あるいはそこに居住する者たちを指すものではなく、秦諸侯公室の直系祖先を意味する。「繫年」ではこうした用法を無視し、また秦を構成する異なる部族を捨象して、商奄之民だけを「秦先人」と連結させている。つまり、春秋時代以後、秦が強大になった理由を商奄之民が西戎を防いだということに起因するという自分なりの判断がなされた後、ここに過去のいくつかの事実を思うままにまとめなおしたものである。「繫年」は過去の歴史的事実を記録する際、あるがままにというよりは、書写目的のため史料を取捨選択した傾向が強かったのである。

《注》

（一）東来説と西来説と関連した王国維、蒙文通、衛聚賢、林剣鳴らの文章はすべて礼県秦西垂文化研究会・礼県博物館（二〇〇五）『秦西垂文化論集』、北京、文物出版社に収録されている。

（二）黄留珠（一九九五）「秦文化二源説」『西北大學學報』一九九五-三、二八-三四頁。

（三）趙化成（一九八九）、「甘肅東部秦和羌戎文化的考古學探索」『考古類型学的理論与実践』北京、文物出版社、一四五-一七六頁。

（四）李学勤（二〇一一）「清華簡《繫年》及有関古史問題」『文物』二〇一一-三、七〇-七四頁。

（五）『史記』巻五「秦本紀」の蜚廉と同一人物である。以下、混同を避けるため蜚廉に統一する。

（六）李学勤（二〇一一）「談秦人初居〝邾吾〟的地理位置」『出土文獻』二、一-五頁。

（七）張国藩（二〇一三）「隴山古道遺址」『檔案』二〇一三-六、二九頁。

（八）『三国志』魏書 巻九 夏侯淵伝「使張郃督騎五千在前、從陳倉狹道入、淵自督糧在後。郃至渭水上、超將羌數千逆郃。未戰、超走、郃進軍收超軍器械。淵到、諸縣皆已降。」、二七一頁。

（九）『後漢書』巻一五 來歙伝「八年春、歙與征虜將軍祭遵襲略陽、遵道病還、分遣精兵隨歙、合二千餘人、伐山開道、從番須回中徑至略陽、斬囂守將金梁、因保其城。」、五八七頁。

（一〇）『後漢書』巻一三 隗囂伝「八年春、來歙從山道襲得略陽城。囂出不意、懼更有大兵、乃使王元拒隴坻、行巡守番須口、王孟塞雞頭道、牛邯軍瓦亭、囂自悉其大衆圍來歙。」、五二八頁。

（一一）『史記』巻六 秦始皇本紀「二十七年、始皇이巡隴西・北地、出鷄頭山、過回中。」、二四一頁。

（一二）李開元（二〇一六）「秦始皇第一次巡游到西縣告廟祭祖説」『人文論叢（ソウル大）』七三-三を参照。

（一三）劉滿（二〇〇五）「秦漢隴山道考述」『敦煌學輯刊』二〇〇五-二、二六五頁。

（一四）『漢書』巻二八下 地理志「孝王曰、「昔伯益知禽獸、子孫不絶。」乃封為附庸、邑之於秦、今隴西秦亭秦谷是也。」、一六四一頁。

（一五）『史記』巻五 秦本紀「文公元年、居西垂宮。三年、文公以兵七百人東獵。四年、至汧渭之會。曰、「昔周邑我先秦嬴於此、後卒獲為諸侯。」乃卜居之、占曰吉、即營邑之。」、一七九頁。

（一六）『史記』巻五 秦本紀「寧公二年、公徙居平陽。」一八一頁。「武公元年、伐彭戲氏、至于華山下、居平陽封宮。」、一八二頁。

(一七)『史記』巻五 秦本紀「徳公元年、初居雍城大鄭宮。」、一八四頁。

(一八)敦煌懸泉置漢簡には長安から河西四郡に至る路線が記録されており、そのうちの一つが長安から涇陽を経て高平を過ぎる北側路線であり、もう一つが長安から宝鶏を経て河に沿ってさかのぼり隴山を越えて張家川-天水に行く南側路線である。張俊民(二〇〇七)「簡牘文書所見〝長安〟資料輯考」『簡帛網』(武漢大)二〇〇七.一二.〇八. http://www.bsm.org.cn/show_article.phpid=七五七。胡平生・張徳芳(二〇〇一)『敦煌懸泉漢簡釋粹』上海古籍出版社、「□至鬱夷卌五里、至池陽卌里、池陽至□安五十五里 …□□至略陽卌五里、略陽至街泉五十五里」ⅡT〇三一五①:三五。

(一九)甘肅省文物工作隊・北京大學考古學系(一九八七)「甘肅甘谷毛家坪遺址發掘報告」『考古學報』一九八七-三、三五九-三九六頁。

(二〇)牛世山(一九九六)「秦文化淵源與秦人起源探索」『考古』一九九六-三、四一-五〇頁。

(二一)滕銘予(二〇〇二)『秦文化——從封國到帝國的考古學觀察』学苑出版社、五二-五三頁。

(二二)韓偉(一九八〇)「試論戰國秦的屈肢葬儀淵源及其意義」『中國考古學會第一次年會論文集』文物出版社、二〇四-二一一頁。王子今(一九八七)「秦人屈肢葬仿像〝窟臥〟説」『考古』一九八七-一二、一一〇五-一一〇六頁。戴春陽(一九九二)「秦墓屈肢葬管窺」『考古』一九九二-八、七五一-七五六頁。

(二三)滕銘予(二〇〇二)、七一-七四頁。

(二四)王明珂『華夏辺縁』台北、允晨文化、一九九七。

(二五)遊牧生活をして全く異なる風習を持っているのみならず、漢とは絶え間なく戦争をくりかえし敵対的な関係にあった匈奴でさえもその始祖を夏后氏の後裔に直接連結させたこととまったく異なる方式である。金秉駿(二〇一六)「『史記』匈奴列伝의〝匈奴前史〟記録 検討」『中央アジア研究』二一-一、ソウル、七-一〇頁。

(二六)ところが索隠注は『史記』の記録を信頼せず『左伝』で秦が少皞の後孫であるとした記録を受けて大業を皐陶とみる。

(二七)藤田勝久(一九九七)「『史記』秦本紀の史料的考察」、同氏著、『史記戰國史料研究』、東京:東京大學出版會、二三五-二四六頁。秦本紀の戦国以前の部分は古伝説、紀年資料、記事資料に区分されて、そのうち記事史料は若干の説話資料と「秦誓」に関する資料が挿入されているとしながら、説話が挿入されたのは興亡の原因を示唆する効果を出すためだと指摘する。しかし筆者は、秦本紀の主な論旨が単純に秦の興亡を叙述しようとすることではなく、中原との関係を明らかにすることに焦点が合わせられていると考える。

(二八)「秦本紀」で秦という名称を初めて使用したのは非子が周の孝王から秦に分封された時点より後であり、その前にはただ人名だけを記録している。これも「秦本紀」系譜の出発点が非子の秦にあることを伝えている。

(二九)筆者は秦の起源に関して論争が終わらない根本的な原因がここにあると考えている。たとえ、王学利(二〇〇八)「東西兩犬丘與秦人入隴」『秦漢考古文選』西安、三秦出版社、八-一〇頁において趙城に分封された者たちの後孫が遠く西県に向かったはずがなく、さらに彼らがその地に合った牧畜をできたのかという疑問はすべてここから始まる。

(三〇)蜚廉と悪来が中原で活躍し、その後裔である非子が突然犬丘に居住したということを理解できない多くの研究者は、犬丘を隴山の東側に位置させ、非子の父である大駱の犬丘と異なる地名であると主張する。王国維「秦都邑考」『観堂集林』巻一二。

(三一)「秦本紀」はこの部分を次のとおり叙述している。悪来がはやく死に、その子である女防が旁皐を生み、旁皐は太几を生み、太几は大駱を生み、大駱は非子を生んだ。このようにその系譜を記述し、続けてこれらがまた別の支派である造父のおかげで趙城の恩恵を受け(蒙趙城)、趙氏の姓を持つことになったという。この句節のためにまるで悪来の子孫も趙城に留まり続けたかのように見える。そこで集解注は非子が居住したという犬丘も隴西ではなく、趙城に近い扶風槐里県に比定する。しかし扶風の地域を趙城とみることは難しいうえに、非子が犬丘に居住し「馬と家畜」をたくみに飼育したということや、また「西戎」が大駱の犬丘を滅亡させたという記録をみると、この犬丘が隴西地域にあるとみるほうが無難である。したがって、筆者も甘粛省礼県とみる多数の学説に従う。

(三二) 呂廟君(二〇一五)「清華簡〈擊年〉與趙盾史事新識—兼談〈擊年〉版本源流問題」『新史料與新史學 ——武漢大學第二屆珞珈史學博士論壇會議論文集』は「繫年」の第九章と第一〇章の内容を『左伝』と比較検討して、二つの記録の内容が互いに異なる系統に属する点を指摘した。

(三三) 陳昭容(二〇一三)「從文獻與出土文物看早期秦國融入華夏的歷程」、李宗焜編『第四屆國際漢學會議論文集——出土材料與新視野』臺北、中央研究院。張天恩(二〇一四)「清華簡〈繫年(三)〉與秦初史事略析」『考古與文物』二〇一四-二。

(三四) 廖名春(二〇一二)「清華簡『繫年』管窺」『深川大學學報(人文社會科學版)』二〇一二-五。許兆昌・齊旦旦(二〇一二)「試論清華簡〈繫年〉的編纂特點」『古代文明』二〇一二-四。

(三五) Yuri Pines、"Zhou Hisotory and Historiography"、T'oung Pao 一〇〇-四-五、二九〇-二九八頁。陳民鎮(二〇一二)「《繫年》"故志"説 —— 清華簡《繫年》性質及撰作背景芻議」『邯鄲學院學報』二〇一二-二、四九-五七頁。

(三六) 淺野裕一(二〇一二)「史書としての清華簡〈繫年〉の性格」、淺野裕一・小澤賢二『出土文獻から見た古史と儒家經典』東京、汲古書院、五九-一〇四頁。

(三七) 邢文(二〇一三)「清華簡《金騰》與三監」『深圳大學學報(人文社會科學版)』二〇一三-一、六八-七一頁。

(三八) 路懿菡(二〇一三)「從清華簡《繫年》看周初的"三監"『遼寧師範大學學報(社會科學版)』二〇一三-六、九二四-二八頁。

(三九) Yuri Pines(二〇一四)、三〇二-三〇三頁。

(四〇) 李學勤(二〇一三)「清華簡關於秦人始源的重要發現」『初識清華簡』上海、中西書局、一四二-一四三頁。陳昭容(二〇一三)、二七七頁。

(四一) 金秉駿(一九九七)『中国古代地域文化와郡県支配』ソウル、一潮閣、一七九頁。

(四二) 李峰(二〇〇七)『西周的滅亡——中國早期國家的地理和政治危機』上海、上海古籍出版社、三〇三頁。

(四三) 本来の文字は図2の通りである。清華大学出土文献研究与保護中心編『清華大学蔵戦国竹簡(弐)』(中西書局、二〇一一)ではこの文字を「先人」の合字に釈読している。一方、子居「清華簡『繫年』一~四章解析」(http://www˙confucius2000˙com/admin/list˙aspid=5182)およびYuri Pines(二〇一四)、二九九頁などはこれを「之先」の合字に釈読している。本稿では清華大の釈読である「秦先人」が最初に公表されたことからこれを引用したが、「秦先人」や「秦之先」の両方とも「祖先」という意味においては同一である。したがって、どれを選択するにしても本稿の論旨と関係がない。むしろ「秦之先」の合字として読むならば「秦本紀」の「秦之先」と同一の表現であることから、「秦本紀」と同じく「秦公室の祖先」として解釈する当為性が高く、本稿の結論により符合することになる。

(四四) 『史記』巻四〇 楚世家「楚之先祖出自帝顓項高陽。」、『史記』巻四三 趙世家「趙氏之先、與秦共祖。」、『史記』巻四四 魏世家「魏之先、畢公高之後也。」、『史記』巻四五 韓世家「韓之先與周同姓、姓姫氏。」、『風俗通義』六國「楚之先出自帝顓項、……韓之先與周同姓、……魏之先、畢公高之後也、……趙之先與秦同祖」とあるのをはじめとして、ほとんどすべての文献では某国の先人をその「王室の祖先」という意味と用いている。

(四五) 本稿の底本を検討した韓国・檀国大学校沈乗勛教授からこれと関連した重要な教示を頂いた。ゆえに感謝の意を伝えたい。

第一部会 一

社会史から思想史へ——侯外廬による思想史研究の視座と特色——

王 啓發
和久 希（訳）

序

現在、二十世紀の中国思想史研究における中国人学者の成果を振り返ってみると、まずは、侯外廬による一連の著述、そして研究協力者たちとの共著に注目すべきである。彼の思想史研究は、学術界に広範な影響をもたらすものであった。

侯外廬は中国思想史研究について、彼自身の要約によれば「社会史研究を前提として、さらには哲学・論理思想・社会思想にも焦点を当てる」とし、また同時に「政治・経済・道徳・法律などの諸思想」をも含むとした。また、侯外廬は「哲学史は思想史に代わることができない」としつつ、「思想史もまた政治思想・経済思想・哲学の単純な総和ではない」と述べ、「あらゆる社会意識の歴史的特徴およびその変化の法則性をめぐる研究が必要」との見解を提出した。それは、一方では「あらゆる思想学説の「横通——横のつながり」」すなわち具体的な思想学説と「社会歴史時代との連携」に注意することであり、また一方では、あらゆる思想学説の「縦通——縦のつながり」すなわち具体的思想の源流とその変遷に着目することであった。[一] これにより、分節化された思想史概念、そしてそれに対応する思想史研究とが、侯外廬の研究において、とりわけ注目を集めた。

侯外廬による最初期の著作である二冊の史学書は、『中国古代社会史論』と『中国古代思想学説史』であり、これらにより、彼は二十世紀の中国史学界において独自の旗印を掲げ、社会史から思想史へと展開する研究の道筋と方法とを開拓した。またこれらの著作は、彼がその後数十年にわたって堅持し推進する中国思想史研究の趣旨・視座や特色ともなっている。

本論文は、侯外廬による『中国古代社会史論』と『中国古代思想学説史』の基本的内容を中心に取り上げることを手始めとし、その淵源を追究することで、そこに見えている社会史と思想史とが相互に結合する学術研究の発端とその影響について検討する。

一、侯外廬による初期の中国古代社会史研究

中国古代社会史の展開をめぐる研究を開始した理由について、侯外廬は、初期に郭沫若による関連分野の研究の影響を受けたことを認めている。『韌的追求』における回想のなかで、侯外廬はそのことを説明しており、そこには、彼が北京で教職に就いていた一九三二年には、つとに郭沫若『中国古代社会研究』を読了し、その古代史研究の「画期的な貢献」について大いに感銘を受けていたとある。また当時、侯外廬はマルクス『資本論』を翻訳していたために「中国古代史に関連

して、中国史における各々の経済発展段階と政治思想・学術思想との関係を究明したいという願望があらわれてきた」という。そのうえ、侯外廬は当時「マルクス主義の観点と方法は中国史学研究に応用できると考え、これこそがきわめて重要な課題」であるとみなしており、そこで『資本論』の翻訳を継続するとともに、「さらに力を注いで、マルクス主義の観点と方法にもとづいて中国の社会史と思想史とを解釈することに従事した」というのであった。(二)

一九三四年、侯外廬は『中国古代社会と老子』（国際学社出版）をまとめて出版した。その序文には、該書は彼の中国経済思想史に関する研究の一部であるとの紹介がある。当時、彼は各地で教職に携わって、中国経済思想史の講義をおこなっており、多年にわたる原稿の蓄積があったので、もともとはこれらを整理してひとつの参考に値するような中国思想史についての著書を出版しようとしていた。しかし病気や彼の職務が思い通りにならなかったなどの事情もあり、まずはこの部分のみを単独で上梓することとなったのである。侯外廬が強調して述べることには、該書が採用した方法は、叙述ではなく研究にあり、そしてまた研究上利用した知見も時代遅れではなく近代的であって、それゆえに読者は該書に「一句たりとも古人の方法の踏襲も、また新しいものを好んだ牽強付会な解釈も見えない」というのである。侯外廬がまた自信をもって言うことには、彼個人の「老学」研究は、おのずと独自に開拓したものであり、いかなる学者の認識の仕方とも異なる。しかしそれはまた、やみくもに異論を立てたり、時代に迎合したりするものではなかった。それらは、彼個人の数年に及ぶ「老学」によるいささかの収穫にもとづくものであった。該書は緒論、老子の経済思想体系、老子の国家論、老子のイデオロギー理論、老子思想の出発点を含む全七章からなり、人間観、老子の自然秩序観、老子の方法論といった内容を含んでいる。

注目すべきは、この年に出版された該書の最後部、奥付のうしろには、侯外廬・王慎明共訳『資本論』の第一巻第一冊・第二冊と侯外廬『経済学の成立とその発展』の出版情報が付されており、また後者には「経済思想史を学ぶ者に適した専門的参考書」と示されていたことである。これによれば侯外廬は、まずはじめに経済思想に着手することで、中国社会と思想とが相互に連関する歴史研究を展開するようになったことがうかがえる。

さらにわれわれは『中国古代社会と老子』がのちの『中国思想通史』第一巻第八章「老子研究」の先行研究となっていることを知っている。この「老子研究」一章中の七つの節の標題から、両書の関係と、「老子研究」が『中国古代社会と老子』をさらに掘り下げたものであることがわかるのである。その内容は、老子思想の成立年代と社会的要因、老子の自然哲学、老子の知識論、老子の経済思想、老子の国家論、老子の人間観と社会思想、ヘーゲルの老子評価を含むものであった。

以下、われわれは『中国古代社会史論』を中心的に取り上げる。該書は侯外廬が一九四〇年代、とくに一九四〇年から一九四五年のあいだに執筆した史学論文集であり、全十四章、二十六万字に編纂され、『中国古代社会史』という書名で出版されて（生活・読書・新知書店聯合発行、一九四八年八月初版、三二開、三三七頁）(三)、一九四九年から以降には三版を重ねた。その後、侯外廬はこの書名が該書の内容にふさわしくないとみて『中国古代社会史論』（侯外廬「自序」一九四六年）と改題し、またいくつかの章節の標題についても若干の改変をおこなった。該書はその後もまた版を重ねており、最新のバージョンは、河北教育出版社による二〇〇三年の第二版である。該書は二十世紀における中国史学の名著のひとつとみなされ、人々が中国古代社会史を学習・研究する際の必読書となっている。彼自身の言によれば「本書は中国古代社会の起源と発展の究明に焦点を当てるもの」であるが、「ただこれは中国古代史の素描であって、まだ完成されたものではない」（「自序」一九四六年）ということになる。

（一）『中国古代社会史論』の研究範囲と基本的方法

『中国古代社会史論』で言及される古代社会とは、時間軸に沿って言えば、実際には中国古代社会の発展過程におけるひとつの特定の歴史的段階を指し示している。すなわち現在のわれわれが常々言及する、中国古代王朝である殷末周初から、春秋戦国時代を経て、秦漢の際に至る一定期間は、それ以後の「中古社会」とは異なるものである。社会形態について言えば、これらは原始氏族社会における奴隷社会的な性質、マルクス・エンゲルスの著作中に説かれた古代――「厳密には奴隷社会を指す」という古典的根拠を有していた――とは区別される。このような古代観の確定は、侯外廬の該書を執筆した当初の歴史認識が決定するところであり、学術の時代性を鮮明に映し出している。該書初版の「自序」において、侯外廬は彼の別の著作である『中国古代思想学説史』にも記載されている「中国古代思想の三段階」すなわち西周・春秋・戦国の歴史的三段階に言及した。これにより、侯外廬が『中国古代社会史論』で言及する中国古代社会の時間的範囲を説明することができるだろう。

『中国古代社会史論』は一九三〇から四〇年代にかけて執筆された。当時の国際的学問状況は、マルクスの「アジア的生産様式」理論と東洋・西洋の文明交渉問題を焦点とする論争を展開しており、国内での中国古代社会の性質と社会史的展開をめぐる議論もまた、このように壮大な学術的背景のもとにおこなわれていた。該書の初版「自序」で明言されているのは、『中国古代社会史論』は侯外廬による中国古代史研究の成果であり、重要なのは以下の三方向の内容を含むということである。第一は「アジア的生産様式」の意義を確定したことである。侯外廬は長期にわたる研究の中で、この古代史理論の秘密に対してひとつの基礎的な結論を得て、これにより学界に議論を提供した。第二は、中国古典文献の考証と解釈についてである。侯外廬は郭沫若や王国維による関連する研究を吸収・参照した基盤の上で、主要文献資料に対して、いくつかの解釈上の手がかりを与えた。第三は、理論的解釈と資料的説明を結合させ、革新的精神によりひとつの貫通可能な体系を創出したことである。すなわち、エンゲルス『家族・私有財産・国家の起源』などの古典的著作における理論と中国古代史におけるさまざまな資料の結合を試みたのである。侯外廬は該書におけるこの三方向の内容を概括して、自身にとっての中国古代社会研究の三原則とみなした。すなわち、まずは「アジア的生産様式」の理論を明確化して、それについての自身の回答を提出し、その次には、厳密な考証による研究方法を堅持し、そして第三には、散在する中国古代に関する資料とマルクス主義的歴史学における古代の発展についての法則性との統一的研究をおこなうのであった。該書の特徴は、まさにこのような内容と原則とが実現されたことにある。各章節の内容はつねによく互いに関連づけられ、相互に補完しあい、さらに深く掘り下げられている。もしいくつかの分類に言及するならば、該書の研究はまた、以下に示す三つの部門に分けることができるだろう。

（二）「アジア的生産様式」理論と古代社会における発展の法則性

をめぐる研究

『中国古代社会史論』第一章・第二章の主要な議論は「アジア的生産様式」理論をめぐる問題であり、中国古代社会とアジア的生産様式との関係を研究するものである。このふたつの章は、該書の基本構造をなす議論への前提となっている。

「アジア的生産様式」の語は、「生産様式」の前に「アジア的」をくわえ、限定的にして特定の術語としたものであり、マルクスがつとに提起し、東洋の古代社会の形態の理論性を概括するために用いた術語である。第一章において、侯外廬はマルクス・エンゲルスの著作にもとづきつつ「アジア的（古代）とはすなわち「東方的古代」である」と指摘した。これは「古典的古代」すなわちギリシャ的な西洋古代文明と対照させた、古代の東洋文明を言うものである。一方で侯外廬は、歴史研究においては生産様式を重視すべきであるとの見解を明確に打ち出した。すなわち「歴史研究は、まずはじめに生産様式を知る必要がある。特定の生産様式を根拠として、ある社会の経済構成（あるいは経済形態とも称する）の区別をおこなうのは、生産様式が社会の性質を決定するためである。生産様式と人類史上における社会発展の法則性との関係は、種差と生物における発展の法則性との関係とは異なるものの、類比的である」と言うのである。また一方で、アジア的生産様式の問題とはなにか、つとに侯外廬は一九三一年より以前から、このことに直面していた。当時、ソ連などの学者（マジャール、コキン、パパヤン、ゴーデス、ボキャノフ、ライハルトなど）や日本人学者（早川二郎）などの国際的研究者は、すでに異なった見解を有しており、複数の議論や論争がなされていた。侯外廬は十年余りの探究を経て、マルクス・エンゲルスの『前資本主義生産形態』、『資本論』、『経済学批判』序言、『家族・私有財産・国家の起源』、『反デューリング論』、『自然弁証法』などの古典的著作中に見えている「アジア」的「古代」およびその「生産様式」に関する記述について、その語源や標準的解釈を見出した。これらを理論的根拠として引用することで、侯外廬は、東西の文明社会への進出や、あるいは国家的生産の様態が同じ過程を辿らないことについての検討をおこなった。侯外廬は自身の研究と判断とに立脚しつつ「アジア的生産様式とは、実際には「古代」のひとつの道筋」であり、「アジア的生産様式が支配する古代東洋の社会構造は、「古典的古代」よりすでに数世紀を経ていた」と述べている。彼はさらに明確に「アジア的生産様式とは、土地氏族の国が有する生産手段と家族奴隷の労働力との二者の結合関係であり、この関係は東洋の古代社会の構造を支配している。これと「古典的古代」とは同一の歴史的段階であるものの、両者の展開については異なる」との見解を示した。こうした見解にしたがいつつ、侯外廬は東洋文明と西洋文明における起源の差異性という問題について、より具体的な論述を展開した。

第二章では、侯外廬は生産様式をめぐる問題について簡単に論述をおこなったほかには、中国殷代の社会的特徴や周代の生産様式における労働力や生産資源の特徴について集中的に取り上げ、また西周期の土地国有制（生産資源の氏族貴族による専有）や春秋時代における生産資源の所有の変化、郡県制の生産とその前途、商鞅の変法による歴史変革など、中国古代社会とアジア的生産様式との関係をめぐる問題についての論述をおこなった。それらは理論と考証との両者があいまって、詳細かつ具体的な論述であった。

（三）中国古代文明と古代国家政治研究

『中国古代社会史論』の第三章において、侯外廬は中国古代文明の起源をめぐる具体的展開を主対象として、初期の都市と農村の分裂や、農業の分業と土地所有制の形態等の問題に焦点を当てた研究をおこなった。侯外廬が関心を有し、深く啓発を受けたマルクス『経済学批判』には次のような行論がある。「「古典的古代」の展開は、唯一のものではない。古典世界の典型は、厳密にいえば、ギリシャのみがそれに該当する。そのため、発育不良の子供や早熟な子供があらわれる。古代氏族のうち、この範疇に含まれる者はまことに多い。ただギリシャ人のみが正常な子供として発達した」と。これは、侯外廬が提起した中国古代文明を「早熟」とする理論の古典的根拠である。侯外廬の言によれば、古代ギリシャとの比較において「殷末周初の文明史について、私は早熟な歴史であると考える」というのである。王国維『殷周制度論』の論述と結びつけつつ、侯外廬は土地所有の形態、新たな労働力の構成、文献中の「民」「徳」二字の有無などの考察を通じて、殷周の制度が同じではないことを論証し、また、中国古代文明の起源についての具体的展開の経路を説明した。

第四章では、侯外廬は殷代の卜辞、周代の金文や『尚書』『詩経』などの文献を利用して、「人」の観点から古代文明の出現した年代問題について考察した。これにより、古典文献の「人」字を用いてはじめて文明人を表現したことに焦点を当てた。たとえば氏族の先王・王者や氏族貴族の君子・官職といった呼称の状況、「民」字や「君子」といった呼称の出現、そして両者の区別と、それらが代表する殷周時代の被統治階級と統治階級とのあいだの等級といった社会構造の問題が論究された。

第五章では、侯外廬は中国古代の「都市国家」の起源とその発展をめぐる論述を展開し、古代における「封建」の語の原義について説き及び、これにより中古的な封建制度との区別を画定した。侯外廬は「周代の同姓諸侯における「封建」は、間違いなくローマ帝国の植民地制度と類似しているものの、しかしただみずから盟主の地位についていただけに過ぎなかった」ことを考証した。さらに侯外廬は、殷末周初の作邑・作邦と都市国家の成立、西周の国家運営（営国）、築城と「都市国家」の発展などの問題について論証した。

第六章において、侯外廬はさらに周代の「都市国家」とそのアジア的特性をめぐる論証をすすめた。その内容は、周代にあっては「国」と「城」とが同義であること、それから国家の歴史性をめぐる問題、周代の都市部と農村部すなわち国野・都鄙の関係とその歴史的悲劇、さらには春秋国家とその「耦国」制度に及んだ。侯外廬は「周代の封国やその他の氏族部落が建設した国は、みな氏族トーテムの残存する段階である部族のうえに国家を営んでいた。これらの変遷は、氏族部落が国家の起源に至るまでの歴史には必然的な発展過程である」と指摘した。またマルクスの理論に依拠しつつ、侯外廬は「中国古代社会のアジア性」は「都市と農村との不可分なる統一」の内にあるとした。すなわち諸侯の農村への統治は「主として時代遅れではあるが厳密な氏族組織を保存したことで、典型的な都市国家の発展を妨げた」とみなしたのであった。土地を国有形態とするのみならず、生産者もまた国有の形態であり、上位にある氏族貴族は都市を掌握し、下位にある氏族奴隷は農村に居住して、これら双方の氏族が一種の緊密な関係を形成することで、都市と農村との特殊な統一的関係が形成されるというのである。侯外廬はまた、国の移転が中国古代社会の一種の特別な現象であるとみて、これら複数の氏族が強固に結合して、土地には私有がなくなることで、国の移転が起こりやすいことを指摘している。

周代の国家とは城であり、国の移転とは城を移すことであった。このほか、西周は国家成立の「維新」の段階にあるとはいっても、まだ氏族組織を国家運営の基盤に据えていた。しかしながらその規模は、すでに文明社会としての条件をそなえるものであった。周代における国家運営は、間違いなく歴史上はじめて都市と農村が分裂するものである。春秋時代の各国の築城運動は、すでに西周の建国とは異なっており、経済的基盤について述べるならば、氏族内部における階級の分化が、郡県制の過渡的な形態として現れてきたといえる。

第七章では、侯外廬は中国古代の氏族貴族の専政と統治階級の起源という問題に取り組んだ。具体的には、中国古代文明の変遷や先王の起源、そして中国古代の統治者における権利と義務の起源について論究したのであった。侯外廬は「先王」問題について、中国古代史における最も特殊な問題であり、ギリシャやローマとは異なることを指摘した。文明の過程をめぐる論述と結びつけつつ、侯外廬は、殷代帝王の氏族連盟のリーダーたちは、軍事における族長としての身分的特徴を有していることを論じ、また周初の王も同様であるとみなした。しかし、殷周二代の王を称することと王を尊ぶこともまた、顕著な境界をなしていた。殷代における帝王の宗教観は、もともと先王と帝とを同一視して祖先崇拝をおこなっていたが、周の人々は殷の習俗を継承して、「人惟求旧（人は惟れ旧を求む）」とし、ゆえに先王の宗教についてはは殷代のものを継承した。また一方では「器惟求新（器は惟れ新を求む）」として、すなわち名器が新たな改変を必要とするようにして、そのためそこで新たに上帝の宗教観を創造して、殷代の制度を改変した。周にあっては先王と上帝とが分離されたが、しかしまた神秘的宗教観においては、両者は結合されたままであり、これにより形成された氏族国家では「民を受け疆土を受く（受民受疆土）」的な封建制度をなすために、宗法を重要視することが周代政治の特質となった。侯外廬はまた、鼎・彝・尊・爵などの礼器においても、中国古代社会の統治者と被統治者との道徳関係や階級意識のイデオロギーが潜在していることを論証した。礼とは中国古代の文明社会における政治制度であり、器とはこの制度を保護し潜在する神聖なる事物である。統治者の権利と義務の観念もまたここから出現するのであった。

第八章において、侯外廬は中国古代政治の変遷についての検討をおこない、周代の政治と氏族組織、春秋時代と戦国時代における政治家の比較、そして貴族の官学から平民の民主に至るまで、いくつかの方面についての議論を展開した。

まず侯外廬は、エンゲルス『家族・私有財産・国家の起源』に述べられたような、ギリシャ・ローマの氏族的血縁政治の束縛が土地私有制によって突破されたところ、また財産貴族と国家機構が旧来の経済・政治の血縁的制度に取って代わった状況などの紹介を通じて、中国古代の制度とは異なるということを論証した。そして侯外廬は、殷代末期から社会国家がゆるやかに形成されてきた過程について、周代にあっては、国家の形態は一定の規模と特色をそなえており、それはすでに土地制度の「国有」という形態にあったことを指摘した。西周氏族の宗統は、それゆえ祖宗を敬慕するという慣習的方法（宗法）により維持され、周代政治における等級制度は「邦」と「家」との分裂と特殊な統一とにもとづいている。西周の貴族が専制をおこなう理由は明らかである。周代の宗教的統治は、現在では「宗廟社稷」の四字で表され、氏族的伝統の中で堅持されてきた。その次に、侯外廬は春秋戦国時代における政治家の比較を通じて、中国古代における政治の変遷を説明した。春秋時代の管仲・子産や戦国時代の呉起・商鞅・李斯などの政治家のそれぞれの活動にもとづいて、春秋と戦国期の歴史的変動が同じではないということを区別したのである。最後に侯外廬は、西周から春秋戦国時代に至る、貴族の官学から平民の民主に至るまでの歴史的変遷に言及した。侯外廬は、一方では西周の政治が氏族貴族による専制であり、それゆえ文化もまた朝廷の専有物であることを指摘した。朝廷の公報（『尚書』中の『周書』）、貴族の儀式（金文）、そしてホメロスに類似する歴史詩（『詩経』中の「周頌」「大雅・文王之什」など）を除けば、民間文学は存在せず、西周の金文に見えていたような思想は、すべて貴族の倫理思想であった。また一方では、彼は春秋と戦国における思想文化の差異性を強調している。戦国時代の私学・散文を除いて、ほかに各国の政治における相対的民主制度の出現や、戦国諸子の現実批判といったすぐれた伝統が存在していた。侯外廬は戦国時代の礼賢という風潮における士の気風と、戦国諸子思想の多様性について区別しつつ論述した。

第九章では、侯外廬は周代における商人と自由民の問題について論究した。

はじめに、周代における商業資本の発展についての考察をおこなった。侯外廬はここで、商人の地位が西周から春秋期に変化したことを論証している。すなわち西周には専門的商人というものが成立していなかったのである。商業活動はただ諸侯・君子の狭い範囲に限られていたため、商業活動に言及するのは困難であるが、主要な公益活動はただ氏族の間に限定されていたのであった。侯外廬の指摘によれば、春秋時代に至って「財産の「下位に向けての集中」という歴史的変化の中では、当然商業の発展が起こった」けれども、「しかし商業はまだ土地の国有制による制限を受けており、氏族貴族の特権的立場（「工商食官（工商は官に食す）」）において開始された」という。西周から春秋初期に至るまで、商人の地位はきわめて低かった。戦国時代、とくに戦国末期に至ると、商業はようやく専門性をもって確立した。商業資本もまた一定の効果を生み出し、さまざまな貨幣が歴史に登場して、商人の地位もまた変化した。戦国時代の縦横家は、当時の商人階級を代表する存在であった。

周代の自由民、すなわち国人の身分についての考察が、本章のもう一つの主題である。侯外廬は周代における士人の身分から説き起こし、士人の地位が互いに近く、貴賤の序列をもたない国人であったことに論及した。彼は、国はすでに都市としての性質をそなえており、そうである以上、国人とは市民、すなわち自由民であったと認めている。そして「国人の批判的言説は、周代にあってはギリシャ・ローマにおける自由民の政治議論のように、相対的に古代社会の民主主義を表象している」という。またさらに彼は「自由民なくして、ギリシャ悲劇のような芸術は成立しない。同様に、国人なくして、西周末から春秋初期にかけての中国古代における悲歌（変風変雅）は成立しない。その（誕生の）原因は相対的民主ということにあるのだ」ということを明確に述べた。続けて、侯外廬はまた春秋時代の国人が国政という大事に参与したことについて論述した。戦国時代に「国人皆曰可殺、然後殺之（国人皆殺すべしと曰いて、然る後に之を殺す）」というような国人の地位には、さらに重要な歴史的変化がくわわった。しかし戦国時代になると、国人の大部分は文学の士や食客、策士となった。なぜなら彼らは貴族の宗統に属していなかったために、また「士无定主（士に定主无し）」という立場にあったからである、と侯外廬はいう。

第十一章では、侯外廬は「中国古代の国民の遅れてきた出現と賢人をめぐる考察——特殊な自由民の道筋」を主題として、古代文献中に「聖」「賢」の二字がいかにして生み出されたのかを考察し、また遅れて出現した「賢」字が、古代文献においていつ頃から重要な地位を占めるようになったのかを論証した。また中国古代における賢者観念がいかにして生成されたのか、その発展とギリシャの哲人との異同の問題についての比較研究をおこない、賢者とはどのような人であって、そして彼らと諸子百家との共鳴にはいかなる関係があったのか、などの問題について論及した。

第十三章では、侯外廬は秦の文明の起源について考察したが、これは実際には、古代史の発展過程における秦の位置に視線を注ぐものであった。侯外廬は「秦がとりわけ強国であった理由は、周王の封ずるところであったためではなく、それぞれの嬴《えい》姓の盟主であったことによる。しかし秦は周族の姫姓諸国とはまったく異なっており、最初から異なった素因を孕んでいた。秦は時代遅れの氏族制度による束縛に耐えてきたが、しかしこうした束縛を振り切る可能性もまた、他の諸国と比較して容易であった。このようにして、中国古代の変法の歴史は、最終的に秦国を選抜した」との見解を明確に打ち出した。本章において、侯外廬は秦の文明についての資料、秦における文明の起源をめぐる正確な年代、秦と周との文明の比較、秦の文明の起源とその発展といった問題について集中的に論じた。

（四）古代道徳の起源、先王思想、変法運動の研究

『中国古代社会史論』第十章の内容は比較的短く、主に古典文献中にあらわれた道徳の起源という問題について論じている。侯外廬は殷代と周代とは異なり、殷代の卜辞の中には道徳に関連する字句がなく、祖先の帝王への祭祀を除けば、道徳規範が一切なかったことを明確に指摘した。侯外廬は王国維の「周の制度は、まことにすべて道徳のために設立された」との言い方を借りて、「周の道徳は、まことにすべて制度に依拠して生じた」として、周公がこの方面において大きな役割を果たしていたことを指摘した。侯外廬は、殷代帝王の家系や称号は、イデオロギー方面においてもっとも特徴的な符号をそなえており、そこに殷人のイデオロギーの形成が見て取れるとした。侯外廬は『史記』三代世表と王国維・郭沫若の卜辞研究とを結合させ、殷王の甲乙丙丁などの十干を用いて名前とする制度により時間を説明したことが、人類で最初に発生した観念であるとした。それは当時、自然環境の変化の把握についての人々の意識を反映するものであった。

第十二章と第七章の内容は、関連を有するところがある。侯外廬は中国古代の氏族貴族の専制理論――国家と法権に関する学説を主題とする――への修正と否定をもとに、氏族貴族の専制理論が春秋戦国時代の修正と否定という問題に関連することを論じ、古代の学者や思想家の国家と法権についての学説史をめぐる研究を形成した。その中で侯外廬は、再度古代先王観の問題に関心を払い、宗教的先王から孔子・墨子の学説中の理想的先王への展開、戦国諸子の先王観をめぐる論争における思想系統、戦国末期の先王に対する還元と否定など、いくつかの問題について考察と検証をまとめた。

第十四章において、侯外廬は中国古代の変法運動をめぐって、やはり西周から戦国に至るまでの社会性質についての結論から説き起こした。すなわち「これは一種の東方的古代であり、早熟な文明の子供であり」、「中国古代社会の文明は「維新」的である」こと、そして「少しも封建的である可能性をもたない」とするのである。続けて侯外廬は、一方では古代世界における変法の過程とその一般的意義について論述し、また一方では古代中国の変法における経済的要因を検証して、西周から春秋期の経済発展の変遷が古代の変法（晋国の鋳刑鼎や鄭・子産著『刑書』）の合理性を招いたことを指摘し、「古代中国

のこうした変古易常的な変法運動は、革命的なプロセスを経るものではなく、戦国時代の氏族における伝統的力量がもつ束縛の強さを基礎として進行した、継続的に改良された「進取」であった」との判断を下した。続けて戦国時代における晋（三晋の魏・李悝、韓・申不害）斉（稷下の参政）楚（呉起）秦（商鞅）の変法運動の発生について論じ、法家の階級闘争の思想（主に『韓非子』にあらわれた法家思想）にも論及し、そして最後に「古代の変法運動とは、古代的民主運動であり、この運動の進歩性と法家の進化論の観点とは分けることができない」との結論に至った。また「われわれはこの進化論と変法思想との関係を分析しなくてはならないが、それは法家的思想体系に回収されずに史的唯物論の階級的観点から取りかからなくてはならない」と述べた。

以上、侯外廬『中国古代社会史論』のおおよその内容を紹介してきた。ここで張豈之・劉宝才両氏の該書新版の前言にある一節を、今日の読者が該書を読む際のひとつの視角として借用する。

「侯外廬先生のこの著作は、初版から現在までにすでに半世紀を経たけれど、依然としてその学術的価値を失うことがない。この半世紀のあいだに、中国の社会は根本的に変化し、社会主義制度が起こり、改革開放が実行され、中国の特徴的な社会主義を構築している。このことと同時に、中国史の研究もまた長足の進展を遂げ、大量の考古学上の新発見を基礎とした研究成果が出現し、すでに人々を中国古代社会の認識という点で新たな水準へと高めた。『中国古代社会史論』のもたらした学術的見解には、いささかの論争点が残存しており、さらに明確に修正すべき点があることは、確かに理解できるところである。しかしさらに明らかなことは、この著作が提出した中国古代社会における改良の過程や、貴族統治の形成・発展・衰退過程に関する研究成果が、ますます多くの研究者により受け入れられてきたということである。本書が強調した歴史発展の普遍法則と中国史の特殊な法則性とを結合させる研究方法は、すでに学者間の共通認識となっている。これだけでも本書は、今日においてその価値を失わないというだけでなく、さらにある意味では、以前よりも一層その価値があらわれてきた、と説明できる。これがわれわれの再び本書を読者諸氏に紹介する理由である。」（河北教育出版社、二〇〇〇年）

二、侯外廬による初期の中国古代思想史研究

侯外廬が著した『中国古代思想学説史』は、一九四四年（民国三三年）六月の文風書局初版の自序（一九四二年一一月二五日、重慶郊外）によると、一方では、当時おこなわれた中国思想史古代篇の講義の大要を詳細にわたって拡充させたものであり、そのうえ研究に焦点を当てて、講義とは一線を画したものである。またもう一方では、前述した『中国古典社会史論』の姉妹編とすることができるという。すなわち「歴史と思想史とが相互に一貫した体系をなすこと」と、資料の処理上「相互補完しつつ、重複を避ける」というのである。ここで侯外廬はまた「中国思想史を研究するには、中国社会史を基礎とすることが必要」であり、したがってこの両書を併読することが「実際に必要」であるとした。

なお、該書の自序において、侯外廬はこれ以前の中国思想史の研究状況を述べ、自身の有している批判的見解を提出した。彼は「これまでの中国思想史の研究者には、多くの欠点があった。たとえば一学派や一個人のみを愛好してそれ以外を批判したり、古典の名詞・術語に対していたずらに現代科学的意味を附会して得意になったり、思考様

式の近似性をもってやみくもにヨーロッパの学説に擬えたりするなど、中国文化を誇張しようとする者があった。また歴史発展への社会的要因をもって、古人の画いた輪郭を軽視する者があった。研究の重点が異なることにより、その一片だけを取り上げて思想史的展開の脈絡の全体を概説する者があった。自身の主観的見解を古典に託して言をなす者もあった。およそこれらはみな、科学研究の態度を失っている」と述べた。また侯外廬は「われわれには中国文化における古代の良質な伝統を批判的に継承することが必要であったが、それができなかった」ことを強調し、さらに「本書にはそのような慣習がないことに自信を持つ」と述べた。

上述した諸々の研究態度に対して、侯外廬はまた「科学的研究に影響を与えるに足るほどであるが、しかしそれなくとも必ずしも不明瞭な点を明らかにできるとはいえない。重要なのはなお科学の是非を検討することにある」ことを提起した。ここにおいて、侯外廬は一連の疑問を提示して、彼の思想史研究上の核心的な問題意識を構成した。のみならず、彼は具体的な研究課題を以下のように設定した。

> 社会史の変遷と社会思想史の展開とは、どのような関係にあるのか。人類の新旧の範疇と思想上の具体的な変革とは、どのように結合するのか。人類の思想自体の展開と一時代における学説の個別的形成とは、どのように連関するのか。学派への同調と批判は相互に反対したり相互に生成したりするが、そのあいだの吸収や排斥に関しては、どのような脈絡があるのか。学説の理想と思想の術語は、表面上はつねに内容を覆い隠しているが、その間の主観・客観の合離はどのようにして定まるのか。方法論は物差しやハサミのようであり、世界観は灯台のようである。現実の切り貼りと将来への思慕とはいつでも互いに矛盾し合うが、そのうちの何が従属し何が主導するのかをどうやって断定できるのか。

侯外廬からすると、これらの諸条は「とりわけ研究者の把握すべきところであり、学問に厳格な者はこれを誤解することを恐れる」ものであるという。さらに四十年後の『侯外廬史学論文選集』の自序（一九八二年春、北京。一九八六年冬改訂）では、侯外廬はふたたび、当時の上掲の思想史研究方法に関する提言を掲げ、さらに「上述の思想史方法論の問題」は、彼の「研究過程におけるこれらの問題への解答」を含むものであると述べた[四]。

注目すべきは、該書の古い修正版（国際文化服務社）の再版序言（一九四六年八月二四日、南京）において、侯外廬は、彼が該書を出版してから四、五年間に中国で出版された中国思想史の著作は十種を下らないほど多数であったが、「この学問は相当な水準に達したということができる」とみなせることを指摘した。そして「ただ古代方面について言えば」、郭沫若『十批判書』、杜国庠『先秦諸子思想』、紀玄氷（趙紀彬）『論語研究』（部分的発表）、楊国栄『論孔孟』などの書があった。一方では、侯外廬は「諸書の見解は一致していないとはいっても、みな独創的研究であり、相互に補完しあう」とみなしつつ、一方で侯外廬はまた「学者間でとくに問題となったことには、主にふたつの分岐点があった」ことに注意を払っている。第一は「古代社会の段階についての説明に不一致があり、その結果古代思想への観点について大きな相違が発生した」ことであり、第二は「孔子・墨子両派の学説をめぐる古代社会の評価について論争が起こった」ことである。しかし、このとき侯外廬がもっとも強調したことは、以下の通りである。

しかし、中国人学者はすでに、僅かにヨーロッパ言語の模倣に限られる段階を超出し、彼ら自身の言語を活用して、自身の歴史と思想とを理解することができるようになった。これまで彼らは問題を講じ、また執筆する際には、いつも先に欧米や日本の足跡を追尾してからおこなってきたが、現在はもはやそのようではない。彼らは自分自身の土壌の上で、気兼ねなく自身で新たな方法を用い、自身の民俗文化の伝統を発掘した。

　上述の再版序言において、侯外廬はさらに強調して「これまでは依然として十九世紀以前の足並みに囚われて、言語形式を記述内容より重要視してきたが、現在では記述内容のほうがさらに言語形式よりも重要視されるようになった」と述べ、また明確に「だからわれわれは、絶対に梁啓超派の今文家による論じ方である、言語によって人の耳目を動かすことを重視してはならず、歴史上の難問を解決するためには特別な関心を払わなくてはならない」ことを指摘した。該書の論述に対して、侯外廬は自ら「本書に関しては、執筆の当時、紙幅の配分のもとづく方法は、古人の下働きでもなく、また欧米先進国の下働きでもない」と述べ、また「私自身の言語で語ることを試みた」という。同業の友人に対する公開やあるいは面と向かった批評を除けば、侯外廬は謝辞のほかにも、また「分かりにくいとの言葉で拙著を論断するものに対しては、笑うばかりである」と述べる。それから彼はまた強調して「私は、自分自身が梁啓超派のように人を動かす言語を用いないように警戒しており、そのためにあるいは矯正が過ぎ、私自身の評言に文学的価値がなくなってしまったが、実はそれはそれで良いのである」とした。さらには、自嘲したように「しかし拙著が難解で読むに値しないと言うのなら、不当な扱いだと叫ばないわけにはいかない」と述べた。以上からは、侯外廬自身が認識する中国思想史研究の進行に際しての基本的な態度と風格とがうかがえる。

　さらに、該書初版の最後部「校后簡記」において、侯外廬は以下の二点に注意する必要があることに言及した。第一は、該書は執筆の二年後にようやく校正と出版に至った。この二年という時間で、彼はさらに『中国近代思想学説史』を執筆し終えて、これも出版された」のであった。このことから、当時の侯外廬は、中国思想史の足取りや連続性の研究を推進していたことがわかる。第二に彼は、該書が『中国古典社会史論』の執筆を継承するものであり、「当時採用した「古典」[五]の語は望んだものではなく、私を批判する人がいないとしても、しかし実際に科学的に言うならば、この用語は実に不適切である」と述べた。それゆえに侯外廬は『中国古史疏証』において修正を施している。彼は「簡明に述べるならば、「古典的古代」と「東方的古代」とは、ひとつの段階に対するふたつの特殊な過程であり、東洋のアジア社会では「古典」の二字を採用すべきではない。それゆえ本書にあるものは偶然に「古典」の二字を用いただけだ」と述べ、読者には「ただそれを歴史上のひとつの特殊な段階であるとみなす」ことを望んでいる。実際には、この語と侯外廬が用いる「古代」とが限定する歴史上の時間は、殷周から春秋戦国時代に至る範囲であると確定できる。

（一）『中国古代思想学説史』の構造と時間的範囲

『中国古代思想学説史』は原本全十三章であるが、のちの再版は十二章に変更された。もともとの第十三章「附論 屈原思想」が付録の一となり、追記された「哲学生成の理論的研究」が付録の二となった[六]。

『中国古代思想学説史』の第一章とそこに属する三節の標題により、該書の言及する中心的な時代範囲を知ることができる。すなわち「中国古代思想の三段階」と「第一節 西周官学時代とその官学」「第二節 官学から私学への変化」「第三節 子学の思弁的時代とその前途」である。さて、該書の第二章は、古代思想の時間的遡及とみなすことができる。すなわち章題の「殷代の主要な思想の誕生」と「第一節 殷代暦法思想の起源」「第二節 殷代「卜」の思想誕生」である。

その後、該書の第三章と第四章は、主に周人の思想をめぐって論説を展開する。すなわち「第三章 周人「国有思想」とその前途」「第一節 周人「国有思想」の原因」「第二節 周人の「天人合一」思想」と「第四章 周人思想のはじめての変遷」「第一節 最初の思想変遷の歴史的要因」「第二節 周代における悲劇思想の先駆者」である。

該書の第五章では、春秋戦国時代における私学の出現、子学の学派形成と発展的な思想史の論述をめぐる考察が開始された。はじめは孔子・墨子の思想学説を中心とするものであり、「第五章 孔子・墨子学団の思想傾向 上（方法論の異同）」「第一節 春秋の思想文物の文化とその学団批判」「第二節 孔子の知識論の特徴」「第三節 墨子の知識論の特徴」と「第六章 孔子・墨子学団の思想傾向 下（学説体系の異同）」「第一節 孔子・墨子学団のすぐれた伝統」「第二節 孔子の学説体系」「第三節 墨子の学説体系」により構成される。

続いては、老子・荘子の思想学説に関する論述である。すなわち「第七章 老荘学派と「学団」ではない知識人の学説」「第一節 老荘学派の歴史的経路」「第二節 老子の学説体系」「第三節 荘子の概念遊戯」である。

その次は、子思・孟子学派とその思想をめぐる論説である。すなわち「第八章 儒家の子思・孟子学派と拡大化された儒学」「第一節 子思・孟子の学派研究」「第二節 中庸思想の形而上学」「第三節 孟子の社会人類観」「第四節 孟子の政治思想」「第五節 孟子の天論と性善説」である。

この後は、後期墨家の思想学説に関する論述である。すなわち「第九章 後期墨家とその一般化した墨学」「第一節 弁者による墨学の学派性」「第二節 弁者の墨学による墨子学説の修正」「第三節 弁者の墨学による墨子道徳学説の発展」「第四節 後期墨学の科学論」「第五節 後期墨学の認識論と論理学」である。

さらに次は、通常「名家」を代表するとされる人物たちの思想学説に関する論述である。すなわち「第十章 詭弁学者の論理学」「第一節 詭弁学者の学派性」「第二節 恵施とその論理学」「第三節 公孫龍とその論理学」である。

続いては、比較的紙幅を占めつつ、荀子の思想学説について論及した。すなわち「第十一章 中国古代思想の綜合者・荀子」「第一節 荀子の時代と荀学」「第二節 荀子の古代学説における批判と発展」「第三節 荀子唯物論の要素とその無神論」「第四節 荀子の認識論と論理学」「第五節 荀子の「性悪」論におけるふたつの闘争戦線」「第六節 荀子学説の限界と批判」「第七節 荀子の伝統的儒家への簡明な修正」である。

最後に、伝統的儒・墨・道・名の諸家の順序ののちに登場したのが、法家の人物による思想に関する論説である。すなわち「第十二章 法家の悲劇の歴史と韓非子」「第一節 法家の歴史とその目覚め」「第二節 韓非子の歴史的・思想的伝統」「第三節 韓非子学説概論」「第四節 韓非子の理想と歴史的現実」である。

該書の最終篇にしてもっとも大きな特色を有している部分は、文学者の屈原に対して特別に一篇を設けて論説を加えたことにある。すなわち「第十三章 附論 屈原思想」であり、それは「屈原思想の秘密」「屈原思想の評価」を含むものであった。

上掲したところにより、われわれは一目で明確に『中国古代思想学説史』の構造、内容の範囲と歴史的期間を理解することができる。

（二）『中国古代思想学説史』におけるいくつかの学問的結節点

（1）中国古代思想の三段階について

はじめに、『中国古代思想学説史』においてもっとも際立っているのは、初期の思想史的発展に三段階の具体的な区別を設けている点である。これはいわゆる「中国古代思想」すなわち「先秦時代の思想」について、西周・春秋・戦国の三段階に区分したものである。侯外廬によれば、これは単に『中国古代社会史論』において論述した歴史の発展説に対応させただけではない。すなわち「殷代における卜辞の開始」から、「学は官府にある」という「西周の『詩』『書』」に至り、春秋時代の「『詩』『書』伝授の学」に至るまで。そして批判的に展開してきた儒墨の学説、さらには私人が著作をなすに至り、百家争鳴の諸子学が形成されるまで。これらは『荘子』天下篇に整理された学術史の脈絡とぴったり符合するものであった。したがって『荘子』天下篇は「古代における一篇の最良の思想史序説」とみなせる。その三段階目は「聖王君子より」はじまり「鄒魯縉紳先生」に至るまで、そして「鄒魯縉紳先生」から「諸子百家」に至るまでである。その中には引用が不足しているが、郭沫若『周官質疑』「金文叢考」は、一方では「『周官』が偽作である」ことを証明し、また一方では「学が世官にあるとの説は変更できない」とみなした。章学誠『校讎通義』の「官はその書を守る」「官は学業を守る」「皆一に出づるが故に、私的な著述文字はない」を引用しつつ、胡適「諸子不出于王官論」の論法を指弾して「信中に偽有り」とし、また「謂古代官学与子学没有逓嬗蛻化之史事」を評して、「偽中に信有り」として、『漢書』芸文志「諸子は王官に出づ」説の「偽」と同様に「亦た偽」であるとした。さらに「古代官学の制については、馮友蘭氏がきわめて重要な情報を見出した」として、その『中国哲学史』第一篇中の「古代はもともと貴族政治であり、政権を有する者は財産を有する者であった。つまり知識人は、政治・経済上の統治階級すなわち知識階級にあった。いわゆる官・私の区別ができないのはこのことによる」との論断を引用して、「これはすでに正統派における主要な観点であるが、正統派的ではない」との見解を示した。

その次に、侯外廬は、西周の官府の学が結局何であるのかについて、明確な見解を提起した。彼によれば「まさに中国数千年来の論争で未だに決着のつかない「経学」」である。先に言及した「『周官』が偽作である」という理解に加えて、侯外廬はまたとくに『易』の時代性という問題について分析した。侯外廬は郭沫若『金文叢考・金文所无考』の「『易』の八卦は、金文に見えていない」という考証や、彼の提出した「天地対立の観念と後世」といった視点に賛同しただけでなく、銭穆の「孔子は五十歳で『易』を学ばなかった」という判断を肯定した。また『論語』子路篇に「善夫、不恒其徳、或承之羞（善きかな、其の徳を恒にせざれば、或いは之に羞を承《すす》めん）」（『周易』恒卦の爻辞）とあり、『論語』憲問篇に「曾子曰、君子思不出其位（曾子曰く、君子は思うこと其の位を出ず）」（『周易』艮卦の象伝は「君子以思不出其位」に作る）とあり、これらは『易』と関連する字句であることから、侯外廬は「清人の顧炎武はこれを疑った。崔述以後，銭玄同と顧頡剛の両氏の議論は非常に妥当であるとして、むしろ『易』が『論語』を踏襲したというべきである」とした。さらには『荘子』天下篇の「易以道陰陽，春秋以道名分（『易』は以て陰陽を道《い》い、『春秋』は以て名分を道う）」二句に対して、侯外廬はすでに『荘子』天下篇の作者が『荘子』後序をなしたことは、後世にあってはすでに定説である」と述べ、また「先に『詩』『書』『礼』『楽』を言い、のちにまた『易』と『春秋』をくわえた」ことは「的外れである」と指摘した。さらには馬叙倫が「易以道陰陽（『易』は以て陰陽を道う）」以下二句に対する注釈の誤刻を「まことに正しい」としたことを肯定した。ここに表出された侯外廬の疑古的精神は、これからも一部分を見ることができる。顧頡剛の「古史をめぐる誤謬の意見に対して、独創的見解があったと言うことができる[七]」という評価に対して、侯外廬もまた同様の認識を示した。その後、侯外廬はさらに西周文献の『詩』『書』の弁別に意を注ぎ、銭穆『国学概論』中の「『詩』『書』を別類とする説」に同意して、以下のように引述した。

> 詩・書とは、古人による書籍の二種である。詩・書と言わずに礼・楽と言う。詩・書はその本体を述べ、礼・楽はその作用を述べる。書は礼であり、詩は楽である。……礼には先例の礼があり、成文の礼がある。先例の礼は歴史にもとづく。……成文の礼は制度にもとづく。礼とは令である。……思うに昔は古を尊び旧を写すので、法制を遵守し、世に変革することがなかった。これが礼である。礼を差し置いてその外に法令はなく、礼を差し置いてその外に歴史はない。史・礼・法の三者については、古人は同一視していた。……ゆえに古人が学に言及する際には、みな詩書礼楽を指す。これは『論語』により実証することができる[八]。

さらに、官学から私学への変化をめぐる論述については、侯外廬はとくに『老子』の年代問題に着目している。彼は明確に「もしも『老子』一書が、孔子が礼を問いかけた老聃その人の著作であるならば、ここに中国における私学は老子に始まるということが規定でき、孔子は一歩後退することになる」と述べた。また「もしそのようであれば、われわれは社会史的発展に依存しているが、実際には多くの解決不可能な矛盾問題を老子思想中に抱えている」と述べた。さらには、侯外廬は、清代の汪中・崔述から梁啓超・馮友蘭・銭穆に至るまでの各人が提出したそれぞれの疑念を列挙して、「それぞれの疑うところは、相互に補完しあう」と述べた。郭沫若が『先秦天道観の進展』において、老子を孔子の前に位置づけたことに対しては、侯外廬は「すこぶる問題がある」とした。また郭沫若の「老子による最大の功績は、殷周以来の人格神的な天の絶対的権威を抹消し、そして時空を超絶した形而上学的本体論を構築したことにある」との言に対して、侯外廬は「この種の思想は、私は社会史との比較研究をおこなう必要があるとする」との見解を提出し、さらに明確に「ただ「礼堕而修耕戦」的な戦国思想こそ「尽地力之教」方面にあり、地下の原理を探究して、戦国諸子の自然的天道観（汎神論に類似している）を生み出した」と述べ、また「ただ類似した貴族社会の出現があってこそ、はじめて土地は私有に転化され、西周から春秋に至るまでの土地の国有（氏族貴族による公有）制度は否定された。そうしてこそ、はじめて人格神的な天道を否定することが可能となった[九]」と述べた。ここからわれわれは、侯外廬が社会史から研究を出発させた思想史研究の基本的特色の実現を見ることができる。

最後に、「子学の思弁的時代とその前途」一節の論述に関連して、侯外廬は戦国時代の社会変革の道程をめぐって、彼の『中国古典社会史論』において説明された社会と思想との関係を結合させた。ここでまた、胡適・梁啓超・馮友蘭の中国古代社会と思想との相関関係をめぐる弁論に対して、「きわめて詳細に真理を追究する情熱」があることを認め、さらに「すでに神話と理性との研究の境界を描出した」としたが、また「しかしこの問題に関しては、彼らは限界を有しており、答案は誤ったものである」と述べた。侯外廬はまた「逆に、われわれはまた諸子に対して表面をなぞるだけの唯物論研究者には反対する。なぜなら思考過程の歴史にはそれ自体の具体的で複雑な関係があるため、単に地主や労働者・農民を代表するような一般的な裁断は明らかに軽々しく、きわめて有害で軽率な研究である」（一〇）と述べた。ここに侯外廬による思想史の研究方法論の意義と判断、主張が一目で了解できる。

（2）古代思想を殷周時代から説き起こすことに関連する問題

『中国古代思想学説史』の第二章「殷代の主要な思想の誕生」、第三章「周人「国有思想」とその前途」と第四章「周人思想のはじめての変遷」の標題から、われわれは侯外廬の中国古代思想史が殷周時代から説き起こされ、その関連する問題もまた非常に重要であるとの見解をはっきりと見ることができる。この一点こそが、侯外廬による思想史研究の特徴であるといえる。

さて、胡適は一九一九年二月に出版した『中国哲学史大綱』巻上『古代哲学史』において、一方では「哲学史を講説するのに必要なのは、哲学の発生した時代の時勢やその時勢の生み出した諸々の思潮に対する研究を優先しないわけにはいかない」と述べ、また「中国哲学は老子・孔子の時代になって、はじめて「哲学」の二字にふさわしいものとなった」と述べていた。その一方で彼はまた「しかし老子・孔子以前の二、三〇〇年は、中国哲学の胚胎の時代であるとすべきだ」とした。その時代とは、紀元前八〇〇年から紀元前五〇〇年の範囲内である。また彼は「紀元前八世紀から紀元前七世紀、この二〇〇年の思潮は、『詩経』を除けば、特に考察すべきものはない。われわれはこれを詩人時代と呼ぶ」（一一）とした。その後、紀元前八〇〇年頃の西周末期は「中国哲学の胚胎時代」であり、胡適の述べる古代哲学史の時間的上限である。さらに胡適は『詩経』中の諸々の詩篇に依拠しつつ、その時代の思想を数派に分別した。すなわち憂時派・厭世派・楽天安命派・縦欲自恣派と憤世派（激烈派）などである。彼は概括して「この数派はおおよそ紀元前七、八世紀の思潮を代表するものであるとみなせる。……この時代の思想界にはすでに革命的な種子が蒔かれていた。この革命的種子が育まれて出現したのが、老子・孔子の時代なのである」（一二）とした。

さらに、梁啓超が一九二三年に出版した『先秦政治思想史』（一名『中国聖哲の人生観とその政治哲学』、商務印書館）の前論部分である第一章冒頭で、彼は「我が国の政治思想は孔・老・墨の三聖以後より、はじめて明確に体系的な主張を示し、一家言をなした。これ以前は断片的なものにすぎない。しかし後世の学説は、必ずもとづくところがあってそののちに輝きを放つため、その思想の淵源を知ろうとすれば、これらの三聖より以前に遡及しなければならない」と述べた。さらに、これに続く第一章では、唐虞から春秋の中葉までを三期に分節する。すなわち唐虞から殷末までの約千年余の部落期、西周約三百年の封建期、周の東遷以後、孔子出生までの約二百年の覇政期である。

また彼は「われわれはこの三期の政治思想を研究しようとして、どのような資料にもとづけばいいのか」と述べた。時代背景、時代意識や政治思想に関連する資料の検討においては、梁啓超は『詩経』『尚書』『国語』『左伝』を主とする姿勢を明確にした。これにより、梁啓超が上古に言及して種々の政治観念の思想と命題についての考証をおこなったことがわかるのである。

また参考にすべきは、武内義雄『中国哲学思想史』(汪馥泉訳、商務印書館、一九三九年)における「中国における体系的思想の生産は、孔子がもっとも早いものであった。そこで、中国思想史は孔子から書き起こすべきである」との説である。ただ彼はまた「ただし孔子の思想は、さらに古い中国の民俗信仰にもとづいて生み出されており、それゆえ、孔子の学説を叙述する前に、まず先に中国古代の民俗信仰について言及する」という。さらに彼は「中国古代の民俗信仰の説明にはどのような物事が求められるのか、現代に伝わる文献が非常に少ないので、きわめて困難である」という。そこで彼は「「人はみな天に由来して生じた」とする思想が、中国古代の民俗信仰の核心である」とみなし、これについては『孟子』万章中の殷代の名臣・伊尹による「天之生此民也、使先知覚後知(天の此民を生ずるや、先知をして後知を覚らしむ)」との発言や、『詩経』大雅「烝民」にうたわれた「天生烝民(天は烝民を生ず)」に依拠しつつ、「彼らは人の祖先を天であるとみていた」と述べた。当然ながらこの論証には、周代の銅器銘文や『尚書』呂刑、康誥などが、彼の引用して論述した資料の出所となっている。

このほか、陶希聖『中国政治思想史』(一九三六年、上海新生命書局/一九四二年修訂版、重慶南方書局)は「第一篇 人類の自然状態」「第一章 自然状態の推測」において「政治思想は日常的に人類の原始社会の状態を推測して、それを学説の出発点とするものである」と述べ、その後「自然状態をめぐる二説」「自然状態は結局どのようなものか」として、いくつかの理論と学説を紹介した。「第二章 原始社会の思想」では自然主義、超自然主義と天人合一観念などを簡単に概説し、思想史の端緒となした。「第二篇 氏族時代」では、甲骨文や『尚書』『詩経』などの資料に依拠しながら、さらに詳細に商族と周族の社会制度と思想形態との説明を開始した。とくに商人の「僧侶貴族の発生」「神権思想の勢力」と周代の「僧侶の失墜」「武士と平民の等級」について論及し、「明徳」(合族・成軍・為政・明徳と明心)や「明刑」(刑徳の並称、氏族内部の制裁、征服と報復)、「天と人」(祖を以て天に配す、神と徳・民)といった観念等々に及んだ。陶希聖によるこれらの思想史に関する著作には、原始社会を来源とし、商周社会をそれに連接するものとして、政治思想史が展開したという見通しが示されていることがうかがえる。

上述したいくつかの著作と比較して、侯外廬『中国古代思想学説史』は、すでに述べたように「殷代の主要な思想の誕生」を起点とした考察と論述をおこない、そして「殷代暦法思想の起源」と「殷代「卜」の思想誕生」という両方向の問題へと論証を進めていくものであった。

一方では、侯外廬は殷墟の卜辞に「時間概念の成立」していることを指摘した。すなわち殷代の暦法の創造、とくに「時を祀る暦法」があり、「これは古代観念形態のもっとも重要な発明」であるとした。また「それは天体運動への神話的な想像をともなってはいるものの、最初期の科学的な発明であった。ゆえにわれわれは中国思想史を研究するにあたり、まず最初にこの思想の起源を提示した」ことを強調した。侯外廬はまた、この思想の起源について「氏族制度を通過して、宗教的意味を帯びた天文学を形成した」と規定した。

また一方で、侯外廬は殷人の「卜」の宗教思想を強調して「これは国家の形成過程に先行して発展し、少なくとも国家起源の成立にして体系的産出であると言うことができる」と述べた。そこで殷人の「社会内部にすでに残存していた氏族全体の遺制であり、観念的世界においてもまた当然、氏族全体の上帝が全能であるとの思想を反映していた。一切はただ神にあり、一切は卜にある」という。侯外廬はさらに「祖先崇拝が宗教の原初的形態である」と指摘し、「殷人は当時の進歩的な氏族であり、トーテム信仰をさまざまに利用した時期において、殷人は原始宗教の祖先であった」とする。殷人が同族全体で出征しては、いつも呂方、土方、馬方などの周辺部落に勝利してきた理由は、「思想意識においてもまた原因がある」のである。それはつまり「祖先や神を祀る際に、明らかに動植物のトーテムに擬えることは、まことに有力な観念的武器であった」[一三]ということである。

以上のことから、当時の殷墟卜辞を利用した研究はすでにかなりの成果をそなえており[一四]、侯外廬は慎重に中国思想史研究の起点を卜辞の記載するところに確定し、それを体現し表現する思想観念と意識との各方面に定めた。このことと彼が『中国古代社会史論』において殷代の卜辞を用いておこなった中国古代文明の出現の年代問題への考察とは、その構想において一致するものであった。

(3) 春秋戦国と諸子時代を中心とすること、そして思孟学派に関する認識

また注目すべきは、すでに見たように、侯外廬のこのような思想史に関する著作が、春秋戦国と諸子時代の展開とその周辺に集中して論及していることである。これは当時『中国古代思想学説史』に前後して出版されたいくつかの思想史に関する著作と同様であるといえる。これにより、それらが関心を向けた、その方向性を看取することができる。

たとえば、梁啓超『先秦政治思想史』は言うまでもなく、その本論の第三章にはじまり第十六章に至るまでの全十四章の内容が、五章は儒家思想、二章は道家思想、三章は墨家思想、四章は法家思想を論ずるものであった。胡適『中国哲学史大綱』巻上『古代哲学史』の論述の順序は、老子から孔子、孔門の弟子、墨子、楊朱、各墨家(以下、恵施・公孫龍などの論理学者)、荘子、荀子以前の儒家(以下、『大学』と『中庸』、孟子)、そして荀子(以下、いわゆる法家)が古代哲学の終焉として最後の篇に置かれた。これにより、先秦諸子を中心とする論述形式が一目でわかるようになっている。郭沫若『十批判書』において、その八篇が先秦思想史、とくに思想家と学派への批判をなしている。すなわち「孔墨の批判」「儒家八派の批判」「稷下黄老学派の批判」「荘子の批判」「荀子の批判」「論理思潮の批判」「前期法家の批判」「韓非子の批判」の八点である。陶希聖『中国政治思想史』第三篇「王権時代」の第一期「氏族から国家への過渡期」では「社会構造の変化」と「士人の興起」を概述したのちに、孔子、楊朱と墨翟、老荘と騶衍、孟軻と荀卿、管仲から韓非へ、そして重農思想の発生などを主題として論述を展開した。馮友蘭『中国哲学史』(一九三三年、商務印書館)第一篇「子学時代」は、第三章から第十三章まで、それぞれ「孔子以前とその同時期の宗教哲学思想」「孔子と儒家の発端」「墨子と前期墨家」「孟子と儒家における孟学」「戦国時代の「百家の学」(楊朱と道家の発端、陳仲子、許行、陳相、告子とその他の人性論者、尹文、宋銒、彭蒙、田駢、慎到、騶衍とその他の陰

陽五行家の言説）」「老子と道家における老学」「恵施・公孫龍とその他の論理学者」「荘子と道家における荘学」「『墨経』と後期墨家」「荀子と儒家における荀学」「韓非とその他の法家」について言及した。

注目すべきは、上述したこれらの思想史・哲学史の著作における思孟学派に対する位置づけや関心の有無に対して、侯外廬『中国古代思想学説史』は顕著な特徴を有していることである。梁啓超『先秦政治思想史』は儒家思想に対して分析的な筆致であるが、子思や思孟学派への説明を設けていない。陶希聖『中国政治思想史』は「曾子は子思に伝え、「子思唱之、孟軻和之（子思之を唱え、孟軻之に和す）」」という儒学の伝統について、ただ一筆のみ記しただけであり、直接孟子と荀子の政治思想を検討するものであった。胡適『中国哲学史大綱』は戦国時代を代表する儒家哲学に論及するが、ただ『礼記』中の『大学』『中庸』と『孟子』を用いて、『大学』『中庸』を「孟子・荀子以前の儒書」とする。ただし子思あるいは思孟学派の関係についての言及はない。「ただ儒家学説の趨勢を詳細に見るならば、孟子・荀子の前に必ずやいくつか同様の書があってこそ、ようやく学説の変遷を辿ることのできる端緒が得られるのである」[一五]というのである。対照的に、馮友蘭『中国哲学史』は、直接『大学』『中庸』『礼運』が孟・荀の後にあるとして、「秦漢の際の儒家」の標題のもとに議論をおこなった。さらには『大学』を荀学となし、『中庸』を「秦漢の孟子学派の儒者による著作」とした。また郭沫若は『儒家八派の批判』において、一方では「私の見解では『大学』は孟学であり、さらには楽正氏による儒家的典籍である」と述べ、さらに検討をくわえて、馮友蘭の荀学による著作とする視点とは認識を異にしている。また一方では、分析にもとづきつつ「馮友蘭氏の論は、実は子思が創作したことを否定するには足りない。ただし『中庸』が後人の潤色改竄を経ていることには、何ら問題がない」と述べた。これにより、郭沫若が子思の地位を確信しており、さらに思孟学派の存在を肯定していることがわかる。

郭沫若の思孟学派についての論述と同様の特徴として、侯外廬『中国古代思想学説史』は第八章に「儒家の子思・孟子学派と拡大化された儒学」を標題として、思孟学派の存在と地位を明確にした。そして『荀子』非十二子における孔子以後の儒家、すなわち子思・孟軻という一連の学派への説明から着手して、ひとつひとつの関連する事項にも検討をくわえ、以下のように論じた。

（A）荀子の批評する「材劇志大（材劇にして志は大）」とは「まことに子思・孟軻の模写」であること。

（B）「聞見雑博」も「また孟子の特徴」であること。

（C）「孟子の性に関する言説」と『中庸』に言う「国家将興、必有禎祥。国家将亡、必有妖孽（国家将に興らんとすれば、必ず禎祥有り。国家将に亡ばんとすれば、必ず妖孽有り）」とは、みな「まさに「僻違而無類（僻違にして類無き）」もの」であること。

（D）「子思・孟軻の影響が甚大であり、その師承は孔子学派の権威」であるがゆえに、荀子は、世俗の儒者が「受而伝之（受けて之を伝え）」た、としたこと。

（E）「五行」の説については、金木水火土の五行をめぐる『尚書』洪範に言及して、少なくとも思孟学派は「受而伝之者（受けて之を伝うる者）」とすることができる、と評価したこと。

（F）『易伝』の「探頤索隠、鈎深致遠（頤を探り隠を索め、深を鈎りて遠を致す）」という方法は「荀子の精神とは合致せず、反対に子思・孟軻を評する方法と近似している」こと。

（G）子思・孟軻の著作をめぐっては、『中庸』は、戦国末期の学派が累加した一部の箇所を除いては、おおむね子思に近く、その中にある思想もまた孟子と師承関係がある」ので、そのため「『中庸』の『孟子』と比べてさらに拡大したところは、後の儒者が潤色したもの」であること。

（H）子思・孟軻の学派性については、もし「著作にもとづいて論ずれば」、まず先に『洪範』を研究すべき」であり、その次に「『中庸』『孟子』を研究対象とする」ことになる。『易伝』は「五行以外は陰陽を言う」ものであり、「秦漢の際に思孟学派の思想をさらに拡張したもの」であること。

（I）荀子の言う「法貳後王、謂之不雅（法は後王に貳《たが》う、之を不雅と謂う）」とは、子思・孟軻に対する言説であること。

（J）「思孟学派の著作中には五行説が見えておらず、「按往旧造説（往旧を按じて説を造《な》す）」点が非常に多い」のであり、『大学』『中庸』は「ほとんど満篇が『詩』『書』であり、さらには「孟子は古代制度の構図を有する」ものであること。

（K）『中庸』は、上古のことを考察して新説をなすところが非常に多い」として、侯外廬は多くの証拠を挙げて分析している。

（L）『孟子』に見えている「堯舜の事跡への思慕」や「周室における爵禄に関する一連の制度」「井田制の構造への回答」などは、また孟子の「上古の『詩』『書』に対して、多く恣意をもって新説をなした」ところであること。

以上は、侯外廬が荀子の批評と思孟学派のいくつかの学説の特徴とについて、多方面にわたり検証したものである。これにより侯外廬は、思孟学派による儒学を「拡大化された儒学」であると称したのであった。

結語

本論文は、侯外廬によるふたつの初期著作『中国古代社会史論』と『中国古代思想学説史』を取り上げ、侯外廬の思想史研究と社会史研究に関連する基礎作業の結びつきについて紹介してきた。これはまた、侯外廬がのちに執筆する中国封建社会史に関する研究論文にもなるところである。一部分は『中国思想通史』に組み入れられ、最終的には編纂を経て『中国封建社会史論』（一九七二年、人民出版社）として、前述した『中古代社会史論』の姉妹編となった。篇目によると「中国封建社会土地所有制の形式的問題――中国封建社会の発展法則商兌の一」（『歴史研究』一九五四年第一期）、「マルクス・レーニン主義の封建制と全東方的封建主義論」、「秦漢社会の研究」、「魏晋南北朝社会経済の構成」（『中国思想通史』第三巻第一章、人民出版社、一九五七年）、「中国封建社会の発展とその前期から後期への転換の特徴」（『中国思想通史』第四巻上第一章、人民出版社、一九五九年）、「十六、七世紀の中国封建制社会の初期の変化」、「十八世紀の中国社会の変化とその限界性」、「中国封建社会前後期の農民戦争とそのテーゼ、スローガンの発展」（『歴史研究』一九五九年第四期）を含むものである。それらから、侯外廬が関心を向けた中国封建社会の土地問題、経済問題、前後期と近世以来の社会変革の問題、農民戦争問題など複数の方向について理解できるのである。言及すべきはこれらの論題について、基本的には新中国時期の歴史学界における一九三〇年代の「中国社会史論戦」研究の延長である「五朶金花」における中国古代史の区分問題、中国封建土地所有制の形式的問題、中国封建社会の農民戦争問題、中国資本主義の萌芽問題、漢民族の形成問題などの多方面[一六]を包括して述べたことである。

思想史方面については、古代思想のみならず、侯外廬の論著『中国近世思想学説史』（上巻一九四四年初版、下巻一九四五年初版、重慶三友書店）での論題は、時間的には十七世紀、十八世紀からそのまま十九世紀にまで及び、思想家については十七世紀の王夫之（船山）、黄宗羲（梨周）、顧炎武（亭林）から、顔李学派、傅山（青主）、李顒（二曲）、朱之瑜（舜水）、唐甄（鋳万）にまで及び、十八世紀の戴震（東原）、章学誠、汪中、焦循、阮元、方東樹に至り、さらに十九世紀の魏源、龔自珍、康有為、譚嗣同、章太炎、王国維にまで及んだ。ここに侯外廬による思想史研究の古代から近世に至るまでの視座が見て取れる。

そして思想史研究と社会史研究を結合させたことは、侯外廬が長期にわたり従事した歴史研究における主要な特徴である。

《注》

（一）『侯外廬史学論文選集（上）』自序、人民出版社、一九八七年版、一一頁。

（二）侯外廬著『韌的追求』、生活・読書・新知三聯書店、一九八五年版、六六-六七頁。

（三）指摘すべきは、侯外廬は一九四三年（中華民国三二年一月）に、五十年代出版社から『中国古典社会史論』という五章からなる小著を出版していた。その序言は一九四二年八月に執筆された。該書の目録によると、その五章の標題が、改変されてのちに出版されることになる『中国古代社会史論』のものをすでに含んでいた。すなわち第一章「中国古典都市国家の成立と発展」（のちに『中国古代社会史論』では第五章になるものである。章中に含まれる四節の標題も基本的に一致しているが、わずかに異なるところがある）、第二章「周代都市国家とそのアジア性」（のちに『中国古代社会史論』では第六章になるものである。章中に含まれる三節の標題は基本的に一致しているが、わずかに異なるところがある）、第三章「中国古典社会の生産方法とそのアジア性」（のちに『中国古代社会史論』では第二章になるものであり、章題に変更がある。章中に含まれる四節の標題は基本的に一致しているが、三段の標題に変更した）、第四章「周代の商人と自由民」（のちに『中国古代社会史論』では第九章になるものであり、章題と章中の二節の標題は一致している）、第五章「中国古典政治と思想概説」（のちに『中国古代社会史論』では第八章となって一節を欠く。その他の構成と三節の標題はおおむね一致する）である。

（四）『侯外廬史学論文選集（上）』、人民出版社、一九八七年版、一三頁。

（五）ここでの引用符号は筆者がくわえたものである。以下同じ。

（六）『中国古代思想学説史（修正版）』、国際文化服務社、一九五〇年版。現在の岳麓書社、『民国学術文化名著』、二〇一〇年版は、十三章に作り、附論の二を欠く。

（七）『中国古代思想学説史』、岳麓書社、『民国学術文化名著』、二〇一〇年版、七頁。

（八）同上、九頁。

（九）同上、九頁。

（一〇）同上、一七頁。

（一一）北京大学叢書『中国哲学史大綱』巻上、商務印書館、一九一九年版、三五-三六、四二頁。

（一二）同上、四六頁

（一三）『中国古代思想学説史』、二八頁。

（一四）侯外廬は、郭沫若『釈干支』、董作賓『卜辞中に見える殷暦』、羅振玉『殷虚書契考釈』などを挙げる。

（一五）『中国哲学史大綱』巻上、二八〇頁。

（一六）孟祥才「厳密なマルクス主義の中国封建社会史体系――侯外廬『中国封建社会史論』評」、『山東大学学報（哲学社会科学版）』、一九八九年第二期、および田昌五「歴史学大家の得失――『中国封建社会史論』について」、『中国史研究』、一九九四年第二期を参照。

第一部会　二

白鳥庫吉の東洋史学――史学史的考察として――

吉澤　誠一郎

一、はじめに

白鳥庫吉（一八六五～一九四二）は、東京帝国大学教授として、日本の東洋史学の出発点を築いた人物である。明治末年から昭和初年まで活躍し、学界に大きな影響力を有した。よく知られているように、東洋史学という学問が大学のなかに明確に位置づけられたのは、一九〇七年である。この年、京都帝国大学に内藤湖南が赴任し東洋史学の研究・教育が始まった。また、東京帝国大学では、一九一〇年に東洋史学の専修学科が設置された（一）。

白鳥をはじめとする東洋史学者は、戦後になると厳しい批判にさらされるに至った。概して、戦前・戦中の東洋史学は、アジア人民の民族解放運動に無関心であったと指弾された。論者によっては、日本のアジア侵略の責任を、白鳥などの東洋史学者に負わせようとした（二）。

このような戦前の東洋史学に対する指弾は、真摯に歴史研究を深めようとする意図に由来していたと理解できるが、それだけに、冷戦時期の日本が置かれた政治的環境に即した発言という性格を免れず、またアジア各国の民族主義を無批判に称賛する傾向があった。

また、オリエンタリズム理論を適用することによって東洋史学を批判的にとらえようとする立場からも、白鳥は主要な対象として取り上げられた。そして、日本の優越を前提とした権力と東洋史学という学問との密接な関係が焦点化されたと言えよう（三）。ただし、このオリエンタリズム論は、どのようにして歴史研究を進めるべきかという緊張感よりも、外在的に近代日本の学知を批判するという視点が勝っていると見るのが妥当であろう。

以上の二つの方向からの論評は、どちらも戦前の東洋史学に内在するとされたイデオロギーに対する批判を意図し、あわせて日本人のアジア観を問題としていた。しかし、本稿は、それらと同じ次元において白鳥の功罪について論じようとするものではない。むしろ、ある状況のもとに置かれた歴史学者が、その状況に制約されつつ、いかなる問題意識から自己の学問的営みを行なったのかという関心から、白鳥を取り上げたい。白鳥を批判するとしても、彼の問題関心に即して論じることが不可欠と考えるからである。

白鳥庫吉は、上総国長柄《ながら》郡長谷村（現在の千葉県茂原《もばら》市）の農家に生まれた（四）。その後、県立千葉中学校を経て、帝国大学文科大学の史学科第一期生となった。彼が史学科で学んだときの教師は、プロイセン出身のルートヴィヒ・リース（Ludwig Riess）であった。リースは主に英語で西洋の歴史を講義した。

白鳥は、一八九〇年に卒業して学習院教授となり、一つの科目として「東洋諸国の歴史」を担当することになった。これは彼がこれまで学ぶ機会のなかった領域であるだけでなく、依拠できる先人の研究にも乏しかったので、自ら新たに考究することで授業の責務を果たそうとした。こうして、白鳥の東洋史研究が始まったことになる。

その後、白鳥はヨーロッパ留学を経て、一九〇四年から東京帝国大学教授を兼任することになり、一九一一年には東京帝国大学教授を本務とするに至った。また、東宮御学問所で皇太子の教育を担当していたこともある。

彼の研究領域は広く、朝鮮史・満洲史や内陸アジアの歴史のほか、古代日本についても論じている。これらをすべて扱うことはできないので、いくつか注目すべき研究領域に即して、白鳥の学問的関心について考えてみよう。本稿では、『白鳥庫吉全集』(岩波書店、一九六九〜一九七一年)を単に全集と呼んで参照する。また、日本語の仮名づかいは、現代のものに改めた。句読点も調整した。

二、伝説・神話の考察

民俗学の創始者として知られる柳田国男は、一九〇九年から一九一〇年にかけて、知人の研究者と書簡のやりとりをした。シャクジと呼ばれる神について情報と意見とを交換するためで、その際の書簡を整理して公刊したものが『石神《しゃくじん》問答』(一九一〇年)である。そのなかに、柳田から白鳥にあてた書簡も四通含まれている。

柳田の回想によれば、このころ白鳥は柳田の近所に住んでいて、家がポストより近かったので、自分で手紙を持参して丁寧な批判を受けたという。[五] 柳田が書いた書簡から判断すれば、この二人の主な話題は、中国大陸から伝来した信仰(五行説や道教など)が日本でどのように展開したかという点にあったと考えられる。それは、民間の信仰や伝承について考察しようとする柳田の関心を示しているが、実は白鳥にとっても伝説や神話は重要な研究対象だった。

日本・韓国・中国のいずれでも、最も古い時代について述べた文献には、伝説や神話というべき物語が多く含まれている。これをどのように読むべきなのだろうか。一九〇九年に白鳥が発表した「支那古伝説の研究」(全集第八巻)は、古代の理想的な君主とみなされてきた堯・舜・禹は実在の人物ではないことを指摘し、むしろ天・地・人をめぐる理想を人格化した表象なのだと結論づけている。たとえば、禹は治水の功績を挙げた人物とされているが、その説話のように全土が洪水になることはありえないし、また禹がいかに努力したとしても、一人で治水を行なって、かくも短期間で成功するのはおかしいと指摘する。むしろ天地人のうち「地」の象徴として禹をとらえるのが良いというのが、白鳥の主張だった。

これに対し、たとえば林《はやし》泰輔《たいすけ》は「堯舜禹抹殺論」として批判した。[六] しかし、白鳥の意図は、決して古伝説が無意味であるというところにあったわけではない。むしろ白鳥は、伝説を歴史学の対象としようと試みた。

> 国民あれば必ず之に伴う所の理想あり。而して其の国民の理想とする所のものは、主として此の古伝説の中に包含せらる。故に一国民の歴史を研究して、其の精神に論及せんと欲せば、必ずや其の国民に固有なる伝説を討究して、之に妥当の解釈を与えざるを得ず。国民伝説の歴史的研究、決して等閑に附し去るべからざるなり(全集第八巻、三八二頁)。

つまり、伝説は、たしかに史実とは考え難い内容を含むとはいえ、それが成立した時代の「国民の理想」を知る材料となるという意味で、やはり歴史研究の重要な対象なのだというのである。

これより早く一八九四年、白鳥は朝鮮の開祖とされる檀君について考察を加え、一見それは荒唐無稽に見えるけれども、「当時の思想を彰表する歴史上恰好の紀念物」と考えることができると指摘している（全集第三巻、一四頁）。伝説を分析する視角は、すでにこの時点で形作られていたことがわかる。

それでは、日本の『古事記』『日本書紀』のうち神が活躍する部分の記述に対して、白鳥はどのようにとらえたのだろうか。皇太子裕《ひろ》仁《ひと》親王（のちの昭和天皇）のために著した教科書『国史』（一九一七年刊）は、イザナギ・イザナミによる国生みやアマテラス・スサノオの衝突、天孫降臨などについて簡潔に記している。そして、その記述の前に「我が国には上代よりいい伝え来たりし神代の物語あり。建国の由来、皇室の本源、及び国民精神の真髄みな之に具われり」という説明を附している。[七] ここには、はっきりと「物語」とする認識が示され、また「国民精神」の理念と結びつける発想も見られる。

また、一九二〇年には、『日本書紀』について評価を述べる中で、「漢文で書かれ、支那の知識をも多く利用してはありますが、其の精神は我が国家、我が国民思想の特質を闡明するところにある」（全集第九巻、二〇七頁）と解説している。

これらの言い方からすれば、白鳥は、『古事記』『日本書紀』の記述に対しても、中国・朝鮮の古伝説と同様の姿勢で読み解こうとしていたとみるのが妥当であろう。白鳥自身が、明瞭に自分の立場を説明した文章としては、津田左右吉『神代史の新しい研究』に与えた序文（一九一三年）が、注目される。

> 神話を神話として研究するのは、人文発達の径路を原《たず》ねる上から、甚だ興味の深いことであるが、一国民の神話を解釈して、之に反映している国民本来の思想を闡明するのは、歴史の研究の立場から、面白くもあり、又た等閑に附しておけない主要なる題目である。自分はこういう見地から、東洋諸民族の神話や伝説について、できるだけの解釈を施し、随って我が神代史を構成している神話に対しても、同じ試みを行った。[八]

白鳥によれば、津田と日本神話について折に触れて議論してきたが、「神代史が我が皇室の由来を説明する為めに作られた政治的の意義を含んだものであるということは、当初から一致していた意見であった」。しかし、なかでも「神話の全体を貫通する我が国体に関する精神の観察」については、意見は津田と大きく隔たっていたという。[九]

以上、神話についての考察方法についてみてきたが、ここで再び、堯・舜・禹が実在しないという白鳥の主張に話をもどそう。この論点について強い批判の態度を示したのが、中国の大学者章炳麟だった。章炳麟は、羅振玉にあてた書簡のなかで、「白鳥庫吉は、自分では歴史を知っていると言う。堯・舜・禹は天・地・人を表現したものだと称するなど、特にでたらめで、お話にもならない」と罵倒している。[一〇] 中国の古典籍について懐疑を示す白鳥の態度への反撥だろう。

章炳麟は、清代考証学の伝統を踏まえた古文献の読み直しに努めていた。それは、中国の民族主義を作り上げていくための学問的な営為としての「国学」に取り組むことを意味していた。なかでも、儒教の経書を如何に読むかということが大きな課題だった。章炳麟は、経書を一種の歴史文献と見なし、古代の史実を伝えていることに意義があると考えていた。[一一]

しかし、古代の文献のなかに超自然的な記述があったらどうするのか。一九二二年、章炳麟は上海で「国学」について公開講演を行なったとき、この問題に答えている。確かに古代の文献には神話が含まれているが、経書や正史のなかには、神秘的な記述はごくわずかしかなく、そのわずかな事例も合理的に解釈できるというのである。その一例として、次の説明がなされている。

> 『尚書』禹貢篇には、偉大なる禹が治水を行ない、八年で完成したとあります。日本のある博士は、「後世にごく小さい運河を掘るのにも、数十年または数百年を経てようやく完成したのに、禹はかくも大規模な洪水を治めるのに、どうしてそれほど速やかにできたのか」と言いました。それゆえ、彼もまた禹貢篇の記述は一種の奇跡譚だと疑っているのです。でも私の考えでは、禹の治水とは、工事を監督しただけなので、それぞれの部分で分業したのです。もし自分で出かけていかなければならないとしたら、〔広大な領域を〕一巡りするのも不可能で、ましてや工事など無理でしょう。[一二]

ここには、禹の治水についての経書の記述を、なるべく合理的に解釈して、生かそうとする姿勢が見られる。

実は、ここで批判されている日本の博士とは、白鳥庫吉に他ならないだろう。[一三]章炳麟が、このように執拗に批判しているのは、中国古代の文献の信憑性を疑った白鳥の姿勢が許し難かったからと思われる。ここには、古代の文献のなかに民族の根拠を見出そうとした章炳麟の立場が示唆されている。[一四]しかし、繰り返しになるが、白鳥の真意は堯・舜・禹を「抹殺」するところにあったのではなく、古代人のもっていた理念をその説話のなかから積極的に読み取ろうとすることにあった。章炳麟は白鳥の方法論を強く否定しようとしていたのである。

章炳麟が示した不満を白鳥が知っていたかどうかは、確認できない。章炳麟は可能な限り経書の記述を文字通りに理解しようとする志向をもっており、たとえば日本の本居宣長の『古事記』理解のような「国学」的発想と一脈通じるところがあるとも言えるだろう。[一五]

とすれば、もし白鳥が中国の古伝説だけでなく日本の記紀について批判的分析を進めるならば、日本国内の「国学」的思考と厳しく対立し、広範な物議をかもす恐れがある。白鳥は、はっきりと神話と史実とは異なるという立場に立ちながら、日本の記紀については発言の場や媒体について慎重な態度をとっているように見えるのは、そのような配慮からかもしれない。

如上の事情もあって、白鳥が記紀神話にも批判的分析を加えようとしたことがあまり知られていないためか、中国の学界においては、白鳥は中国文化を否定しようとする意図をもって堯・舜・禹が実在しないと論じたとする解釈がなされてきたようである。歴史学者の楊寛による説明によれば、白鳥は満鉄の満鮮歴史地理調査部を主宰することで日本の侵略政策に対応した活動を進めたこともあり、「このため、中国の歴史学界の多くの人々は、堯舜禹抹殺論についても、純粋な学術研究ではなく、中国古代の伝統文化を抹殺する意図を帯びたものであると見なしていた」[一六]。これに対して、楊寛は、白鳥による『尚書』研究は先見の明があると評価している。[一七]

しかし、もし学術的に白鳥の方法を批判するとすれば、何より、神話・伝説のなかに「国民の理想」を読み取ろうとした彼の観点をこそ俎上にのせるべきではないだろうか。古文献のなかに「国民の理想」を見出そうとする前提こそが、白鳥の分析の出発点だったからである。

三、卑弥呼とシャーマニズム

邪馬台国をめぐる論争の歴史のなかで、白鳥庫吉は大きな役割を果たしている。実は、なぜ邪馬台国が熱い論点を提供したのかを考えてみれば、戦前・戦中時期の東洋史学が持っていた関心の所在を理解することにつながるのである。(一八)

よく知られているように、邪馬台国や卑弥呼についての説明は、『三国志』魏書東夷伝のなかの「倭人」に関する記事（「魏志倭人伝」）にある。この記事のなかには邪馬台国に行くときの方角と距離が説明されているが、それを忠実に読もうとしても、邪馬台国の位置を日本列島に適切に位置づけられない。この疑問に対しては、すでに江戸時代の新井白石や本居宣長も自分なりに回答しようと試みていた。

その後も、何人もの学者が邪馬台国や卑弥呼について自説を展開していった。一九一〇年、白鳥庫吉が「倭女王卑弥呼考」という論文を発表し、またほぼ同時に内藤湖南も「卑弥呼考」を連載していった。これが大きな画期となる。白鳥は邪馬台国が九州（熊本県）にあったとし、内藤は大和にあったと論じた。その後も、多くの学者がこの問題に取り組み、論争していったことは、よく知られている。

白鳥や内藤が邪馬台国と卑弥呼に関心を持ったのは、西暦三世紀の日本に関する文献史料として、「魏志倭人伝」を重視したからに他ならない。そして、これは日本という国家の起源を、中国大陸や朝鮮半島を含む東アジア史に如何に位置づけるのかという課題と不可分の関係にあったのである。

たとえば、邪馬台国は後の大和朝廷につながるのか否かというのは、ずっと論争の焦点となってきている。白鳥の「倭女王卑弥呼考」（全集第一巻）は、卑弥呼の時代、九州は北の女王国と南の狗那国（くまそ）の二大国に分裂して争っていたと説明する。女王国は、楽浪郡や帯方郡と結んで勢力を維持していた。しかし、その後、この二郡が滅亡すると、狗那国との戦いもあって女王国は衰退し、九州北部は大和王権の支配下に入ったというのである。

これとは異なり、もし卑弥呼が本拠としたのが今日の奈良県近辺だとすれば、以上の白鳥説は全く成り立たなくなる。内藤湖南は、卑弥呼を『日本書紀』にみえる特定の人物（倭姫《やまとひめ》）に比定した。これは、皇室の起源と関連づけて卑弥呼を説明しようとする試みである。こうなると、大和の王権は三世紀初頭から大陸と一定の交渉をもっていたことになる。ここで、内藤が注目した倭姫は、アマテラスに奉仕する巫女のような存在であった。ここでは、「鬼道に事《つか》え、能く衆を惑わす」卑弥呼という「魏志倭人伝」の記述が重要な手がかりとなっている。

しかし実は、白鳥もシャーマニズムに注目していた。一九〇九年、柳田との間で何かしらシャーマニズムを話題にしていたことが、『石上問答』からわかる。(一九)そして、白鳥の「倭女王卑弥呼考」はシャーマニズムという言葉を用いないものの、実質的にそれにあたる観点を打ち出した。卑弥呼が女王に推戴されたのは、英明とか勇武といった美質によるのではなく、「神祇に奉侍し其意を伝達するに適したる性質」（全集第一巻、三二三頁）を持っていたためだと説明している。さらに、白鳥は、アマテラスと卑弥呼とが類似していることを指摘した。魏志倭人伝によれば、卑弥呼が狗那国と戦って死ぬと国が混乱したものの、その後、新しい女王を立てると秩序が回復したと記されているが、これは天の岩戸の説話と比較できるという。アマテラスが岩戸に隠れると暗黒・無秩序の世となったので、神々は合議して方策を練りアマテラスに出てきてもらったという神話である。白鳥もまた倭姫に注目していたし、『日本書紀』の注釈において卑弥呼とみなされていた神功皇后も同様の特徴をもつと指摘していた。

ただし白鳥は、「凡て神話伝説は国民の理想を述べたるものにて、当時の社会の精神風俗等は、悉く其の中に包含せらるるもの」（全集第一巻、三四頁）という立場から以上の見方をとっているである。白鳥の問題意識の中には、なぜアマテラスは女性神なのかという問いがあり、それを卑弥呼の記事を参照することで理解しようとしている。今日ふうに言えば、魏志倭人伝や記紀を人類学的・民族学的な視点で読むということになるだろう。

しかし、このような分析手法には一定の政治的な危険性がある。一九九二年、久米邦武が「神道ハ祭天ノ古俗」と題する論文が原因で帝国大学教授を辞めさせられた事件のことを、白鳥はよく知っていただろう。（一〇）

祭天とシャーマニズムは同一ではないかもしれないが、一定の関係がある。白鳥も、「支那古伝説の研究」のなかで、「所謂シャマン教（Shamanism）に属する天崇拝の根本思想をなせるものは、即ち此の三才［天地人——引用者注］の思想である」（全集第八巻、三九一頁）と論じている。その後、白鳥は陰陽五行説にも注目したらしく、先に挙げたように柳田の白鳥あて書簡には、白鳥の講演を聴いた感想として「出土古鏡等の御研究により　唐土の五行説が夙《つと》に **Shamanism** と結合したること明白となり候わば　延《ひ》いては我国に於ける古民俗の説明に一道の光明を与うべきことは疑を容《い》るるの余地なく候」（一一）とある。一九一〇年、白鳥は「かの陰陽思想は延いてわが国に及び、神代史の構成に影響すること大なりき」（全集第八巻、三九八頁）とまで、指摘しているのである。

白鳥が明言できたのは、このあたりが限界であった。しかし、彼は自分の見解に従って研究を進めてはいた。講演原稿をもとにして彼の死後出版された『神代史の新研究』は、なんと日本の開闢神は「悉く漢土の陰陽五行思想を根柢とする道家の神をかりて来たものであるから、我が国の固有の神とは見做されない」（全集第一巻、五四一～五四二頁）とまで述べているのである。とはいえ、戦前・戦中においてこれをそのまま発表することは困難だったに違いない。（一二）

白鳥にとって、記紀神話に対する批判的考察は、「我が国の固有の神」を明らかにするために必要な作業であった。卑弥呼に関する考察も、同様の問題関心に由来していたと考えるのが妥当であろう。

四、民族の起源への探究

津田左右吉は、一九〇〇年一一月二日の日記に、次のように記している。

> 学校の帰り路、白鳥ぬしを訪ずる。「匈奴及び東胡語に関する研究」という独乙文にて書かれたる一本を贈られぬ。トルコ語は突厥に至りてはじめてあらわれたるにあらずして、鉄勒もそれなるべく、丁零もそれなるべく、いま少しく溯りて考うれば「狄」の字実にトルコの音訳なりしならんとおもうなど語られぬ。（一三）

ここに言及されたドイツ語論文は、一八九九年にローマで開催された国際東洋学者会議に提出するために執筆したものであろう。白鳥はこの学会に出席しなかったが、論文を参加者の坪井久馬三《つぼいくめぞう》に託したのである。また、同論文はロシアのアカデミーの雑誌に掲載されたとのことなので、（一四）津田が贈られたのは、その雑誌抜き刷りかもしれない。

ここで注目されるのは、ヨーロッパの学界を意識して研究をしていたこと、そして内陸アジアの民族史を探究するにあたって、「狄」はトルコという言葉を漢字表記したものかもしれないと考えてみるように、語源に強い関心を示していたことである。

翌一九〇一年、白鳥は初めてヨーロッパを訪問する機会を得た。彼はまずベルリンで留学生活を始めたが、しばらくの後、ハンガリーに移った。学習院同僚の市村瓚次郎《いちむらさんじろう》にあてた書簡（一九〇二年年五月二八日）からは、意欲的に研究を進めている様子がわかる。

> 私は昨年の冬伯林《ベルリン》大学と東洋学校へ入学して、トルコ語と東亜の地理を修める積《つもり》でしたが、気候がよろしくありませんでしたから、今年の一月の末にドレスデン・プラーグ・ヴィンを経て当ブダペストに落ちつき、只今は此処《ここ》の大学と東洋学校で語学の方はトルコ語、史学の方は専ら西洋史に関係ある東洋民族の歴史を研究致して居ります。御承知の如く匈民は東洋から只今の地に舞い込んだのですから、当国の学者は自国の本源を探ろうという考で、種種の方面から自国に関係ある東洋民族の研究を致して居ります（全集第一〇巻、四頁）。

なぜ白鳥がトルコ語に強い関心を示したのかという理由は、たとえば渡欧前の論文「匈奴はいかなる種族に属するか」（一八九七年）の分析手法によく示されている。彼は、『漢書』などから「匈奴語」と思われる言葉を探しだし、それがトルコ語に相当することを考証している。ただし、白鳥は後に自説を改めて、匈奴は「蒙古種を骨子とし之に Tunguse 種を加味した雑種」とするようになった（全集第四巻、四七五頁）。

白鳥は、中国の史書を読んだり研究したりするとき、「何人《なんぴと》も困難と遺憾とを感ずるのは、筋も素性も分らない民族があまた現れて居るという事であろう」という。例えば烏孫については、西洋の学者によって、「印度日耳曼種《インド・ゲルマンしゅ》」であるという説が唱えられたので、「秦漢時代に欧洲人の祖先或いはその同胞者が亜細亜の中心に住んで居たということは、西洋人にとって非常に興味ある事実に相違ないから、烏孫の名が彼の国の学者間にも名高くなったのは怪しむに足らない」（全集第六巻、一頁）。しかし、白鳥は、この考え方に検討の余地があるとして、自分なりの分析を進めていったのである。

このように「民族の種類」（同前、二頁）に特別の関心を寄せる発想は、白鳥の東洋史研究を通じて見出せるものであるが、それは白鳥独自の問題意識というわけではなく、すでにヨーロッパの学者が研究を進めるときに念頭にあった考え方と言えるだろう。だからこそ、白鳥は、欧洲の学界に対抗して自説を立てるという立場をとることになったのである。実は、漢文で表記された中央アジアの原語を見出すということも、ヨーロッパの学者がすでに行なっている作業であったので、まさに白鳥はそのような国際的学術競争の最先端の場で研究を進めていたことになる。

そして、これら西域に対する白鳥の研究姿勢は、当時の日本の東洋史学において共有されているものだった。たとえば漢の武帝が征討しようとした大宛国の都のあった城の位置については、ヨーロッパの学者だけでなく、日本の代表的な東洋史学者であった那珂通世・藤田豊八《ふじたとよはち》・桑原隲蔵・白鳥庫吉が考察を加えている（全集第六巻、二二九頁）。

第二次世界大戦後になって、このような西域に関する研究は、歴史家松本善海《まつもとよしみ》から次のように批判された。

> 東洋史では殊に塞外の研究が重視せられ、有能な研究者がこの方面にその努力を集中したのも、東西文化の交流という重要な課題に答えるためであったことは疑いないが、ここには中国側の史料と西方側の史料とが存在し、その間にさまざまの出入が

> あるので、この二つを対決させて問題を解いていく過程に、まさに推理小説的な興味があり、かつ技術の良し悪しが一番ハッキリと目につく点で、われと思わん者を引きつけた結果でもある（一五）。

この指摘は、白鳥らの研究は単にパズルを解くような考証にとどまっているのではないかという不満を表明したものであろう。確かに、私にとって、地名の考証や言語の比定をめぐる白鳥の論文は無味乾燥と感じられ、読むのに非常な苦痛がともなうとすら言える。さらに、彼が多様な言語の知識を駆使して考察をすすめるにしても、言語の歴史的変遷を精密に踏まえたものではない以上、単なる思いつきによって漢字をトルコ語などに当てはめているのではないかという疑問が残る。

しかし、ここで注目したいのは、白鳥が歴史を舞台にたとえ、「この舞台に現るる民族は役者である」と述べている発言である。そこには、多様な民族が興亡し交渉する過程として歴史をとらえようとする発想があり、だからこそ「役者たる民族の素性」を解明することが不可欠だという立場が出てくることになる（全集第六巻、一頁）。白鳥が、日本語の起源について、朝鮮語やアイヌ語との関係を論じている（一六）のも、そのような「民族の素性」についての関心に由来していたと考えて良いだろう。

このように白鳥の探究の前提にあるのは、民族という集団が歴史のなかで果たした役割の重要性である。そして、それはさらに同時代的な観察にも敷衍されることになる。

第一次世界大戦中にあたる一九一五年の講演記録「世界における日独の地位」を見てみよう。これには、アジアの歴史は、北方の諸民族と南方の諸民族との抗争によって、大きく枠づけられているという。すなわち、武力一辺倒の北方の民族が南方の文化の高い民族を従えていったのだと述べる。しかし、日本はその例外であり、北のアイヌとの戦いに勝利したことを白鳥は強調している。「アイヌの事を考えなければ日本の歴史を正当に解することは出来ぬと思う」というのである（全集第一〇巻、二二二頁）。

ここには、民族を歴史における一つの単位ないし実体とみなし、その興亡に注目していく姿勢がみられる。白鳥の民族考証は必ずしもパズルを解くような知的遊戯をめざすものではなく、歴史を構成する基本的要素を把握しようとする意図に基づいていたと考えるのが妥当であろう。そして、彼の研究は民族の起源にむけて古い時代へと遡行していこうとする傾向を有しており、その点では、古伝説のなかに「国民の理想」を見出そうとする試みと同じ発想に起因していたと言えるだろう。

むろん、今日の観点からすれば、白鳥の研究には同意し難い発想が含まれている。匈奴や烏孫が、一つの言語をもつ一つの民族なのだという前提である。匈奴という一つの政治的統合体のなかであっても、もしかすると様々な言葉が使われていたかもしれないし、異なる言語の接触による変容がみられたかもしれない。また、古代において「国民の理想」は本当に存在しているのか、なぜそれが後世まで継続されると考えられるのか。もし右のような疑問に真剣に向き合うならば、白鳥の考証はあまり意味がなくなるから、事は重大である。

このように指摘することは容易なのではあるが、実際に今日の日本や中国の歴史学はどこまでそれを乗り越えられたのだろうか。白鳥を真に批判できるような地歩を固めることが我々の急務であろう。民族の興亡をもって歴史の叙述とすること、民族の起源に過大な現代的関心を向けることは、実は今日なお大きな影響力を有しているからである。

五、結びに代えて

白鳥の学問は、戦後になると厳しい批判にさらされるようになった。しかし、白鳥について、植民地主義・帝国主義への貢献を過度に強調するのは、適切ではあるまい。例えば、満鉄総裁の後藤新平からお金を引き出して推進した満鮮歴史地理研究にしても、別の総裁の時期には「かような純学術的な研究をする調査部を置くことは、実際的経営を目的とする南満洲鉄道会社の趣意に合わない」といった意見が出されて、中断させられた（全集第一〇巻、三八八頁）[二七]。白鳥自身としては、古代の地政学的な研究は国策にとって重要だと考えていたのだろうが、それがどれだけ日本の大陸侵略に実際に寄与していたのか、大いに疑問が残る。

　また、満鉄への提言として白鳥が一九一〇年頃にまとめたと思われるパンフレット「南満洲に皇祖天照大神を奉祀する私議」は、日本の対外発展、とくに南満洲（具体的には関東州をさす）の支配の維持を確実にするための方策を論じている。白鳥の課題意識によれば、「支那民族」は古来、文化的な同化力に富んでいるのに対し、「我が国民」はこれに劣る。それゆえ、次のような対策が必要になるという。

> 我が国が満洲を殖民地として茲に国民の新郷土を肇造せんとせば、我が短を以て彼の長と戦い、我が新しき努力を以て彼の久しき習俗と争わざるべからず。〔中略〕他民族に対する同化力の最も強き支那民族に対し、同化せられ易き歴史を有する我が国民を以て之に応ぜんとするは、其の業決して容易にあらざるを覚悟し、勉めて之に対する助長の策を講ぜざるべからず。

そして、「皇祖大神の崇敬は即ち我が国民精神の中心思想にして、又其の最も顕著なる象徴なり」という理由から、天照大神を祀る神社を関東州に設置すべきだと主張しているのである。このパンフレットは、満鉄総裁の中村是公から外務省に提出されている[二八]。

　白鳥は漢民族に対する劣勢を強く意識するところから出発して、攻勢をかける趣旨で、天照大神のための神社を設置することを述べており、このパンフレットにも、古代から存在する国民精神の発揮という観点が明瞭に見られる。満鉄としてもこの政策提言を支持していたと見て良いが、実際に白鳥の意見が何か効果を持ったとは考え難い[二九]。白鳥は、確かに日本の対外発展を期待し、積極的にそれを推進すべく提案を行なっていたものの、特段の影響力があったわけではなく、当時発言していた凡百の論者の一つに過ぎなかったとみるのが適当であろう。

　なお、当時すでに設置されていた台湾神社は、祭神として開拓三神および北白川宮《きたしらかわのみや》能久《よしひさ》親王[三〇]（一八九五年、台湾出征中に病没）を奉じていることからすれば、白鳥の提案は特に天照大神にこだわっていると考えられる。すなわち、天照が皇祖神であることから、これを崇敬することが国民精神の核心にあたるという白鳥の観点が示されているのであって、必ずしも当時の神道家の主張とは一致しないかもしれないのである。

　さて、その政治的な影響力の大小は措くとしても、確かに白鳥は帝大教授として期待される役割をまじめに果たした人物であり、また信任を得て皇太子の教育も担当していた。その意味では、体制派の御用学者と言ってもよい。皇室に対する謹直な姿勢は、孫にあたる白鳥《しらとり》芳郎《よしろう》が一九六九年の座談会で次のように回想している。

> 大学を出てすぐ学習院につとめ、以来自分は三代の陛下にお仕

えしてきた、皇室には非常に恩になっておる、ということでいつも皇室に対しては襟を正しておりましたね。事実皇室からの御下賜品も数多く、ことに明治天皇が愛用されていたという螺鈿お手文庫など有難く大切にしておりました。[三一]

加えて、彼の学問の理念は、ヨーロッパを模範としていた。その意味で、ヨーロッパの学者と対抗しながら、ヨーロッパの学界に認められたいという願望を持っていたと言ってよいだろう。これに対し、たとえば章炳麟による批判を全く意識していないように見えることに示唆されるように、白鳥は中国人などアジアの学者との交流はあまり無かったようである。これは、京都帝大の内藤湖南などとは大いに異なる態度である。[三二]

彼は、日本の国学的な研究姿勢とは袂を分かち、記紀の記述を合理的な分析の対象としていた。その結果として、記紀神話が大陸文化からの強い影響を受けてはじめて成立しえたことを、明瞭に認識していた。石田幹之助の回想によれば、裕仁親王（のちの昭和天皇）への進講においてすら、その学問的姿勢を一貫させようとしていたという。

> ことに御学問所に行かれるようになりましてから、皇太子様にはうそのことは申し上げられない。だから神話は神話だ、それからほんとうの歴史的事実はこういうことだ、ということを申し上げるのだ。それは私は俯仰《ふぎょう》天地に恥じないということを言っておられたと思いますがね。[三三]

そのうえで、国学者や神道家や国粋主義を刺激して批判・攻撃を受けることがないように、彼は比較的慎重に行動していたように思われる。この慎重さは、明治後半におきた久米事件や南北朝正閏論争を意識したものとみてよいだろう。白鳥が主に活躍していた明治末年から大正にかけての比較的安定した時勢も、白鳥に幸いしたとも言える。こうして、戦時中に弾圧にあった津田左右吉とは異なり、白鳥は平穏な学究人生を全うすることができたのである。

その意味では、白鳥が保身を考えていたことは否定しがたいが、その内面に、国粋主義的な歴史観との鋭い緊張感を見て取ることもできる。白鳥は、あきらかに皇室を擁護する立場に立っていた。しかし、彼は欧州の学問が前提とする普遍主義・合理主義に対し確固とした信頼の念を抱いており、皇太子の教育にも、記紀神話の研究にも、その立場を貫こうとしたのであった。

白鳥にとって、皇室を崇敬する気持ちと国際的に通用する学問への志向とは矛盾するものではなかったと考えればよい。白鳥は大正末頃の講演「皇道に就いて」のなかで、日本の憲法制定や議会開設を説明して、「西洋に発生した制度を東洋の皇国に採用して、而も運用の妙を誤らないのは、皇国の臣民にその素養訓練があり、又皇室の念とせらるる処と泰西の政治の目的とする処に、互に一致する所があるからでありましょう」（全集第一〇巻、三五七頁）と述べていた。白鳥の抱いていた皇室観は、たとえば皇国史観につながる国粋主義的な観点とは大きく異なっていたと言うべきだろう。

≪注≫

（一）初期の東洋史学について桑原隲蔵に焦点をあてながら考察した論考として、拙稿「東洋史学の形成と中国——桑原隲蔵の場合」（岸本美緒編『「帝国」日本の学知［3］東洋学の磁場』岩波書店、二〇〇六年）を参照されたい。また、史学史研究の古典として、増淵龍夫『歴史家の同時代史的考察について』（岩波書店、一九八三年）を挙げておく。

（二）旗田巍「日本における東洋史学の伝統」（『歴史学研究』二七〇号、一九六二

年）。五井直弘『近代日本と東洋史学』（青木書店、一九七六年）。

（三）Stefan Tanaka, *Japan's Orient: Rendering Pasts into History* (Berkeley: University of California Press, 1993). 姜尚中『オリエンタリズムの彼方へ――近代文化批判』（岩波書店、一九九六年）、一二一〜一四六頁。

（四）白鳥庫吉の伝記的事実は、特に断らない限り、次による。津田左右吉「白鳥博士小伝」（『津田左右吉全集』第二四巻、岩波書店、一九六五年）。石田幹之助「白鳥庫吉先生小伝――その略歴と学業」（『白鳥庫吉全集』第一〇巻、岩波書店、一九七一年）。

（五）『定本 柳田国男集』第一二巻（筑摩書房、一九六三年）、五頁。

（六）「堯舜禹抹殺論」をめぐる論争については、銭婉約「関于以堯舜禹為中心的古史考弁――兼論日中近代弁偽実証史学」（陳少峰主編『原学』第六輯、中国広播電視出版社、一九九八年）、李孝遷『域外漢学与中国現代史学』（上海古籍出版社、二〇一四年）、七四〜九八頁に詳しい。

（七）白鳥庫吉（所功解説）『昭和天皇の教科書 国史』（勉誠出版、二〇一五年）、二一頁。

（八）津田左右吉『神代史の新しい研究』（二松堂書店、一九一三年）、序一〜二頁。

（九）同前、序三頁。

（一〇）『太炎文録初編』巻二「与羅振玉書」（徐復点校『章太炎全集 太炎文録初編』上海人民出版社、二〇一四年、一七五頁）。

（一一）王汎森『章太炎的思想――兼論其対儒学伝統的衝撃』（時報文化出版、一九八五年）、一八九〜一九九頁。この背景には、古文経学という学派に彼が属していたことがある。また、経書を史書とみなす「六経皆史」の説の展開については、井上進『明清学術変遷史――出版と伝統学術の臨界点』（平凡社、二〇一一年）、三八五〜四三〇頁。

（一二）「国学講論」（章念馳編訂『章太炎全集 演講集』上海人民出版社、二〇一五年、三〇四頁）。

（一三）細かく言うと、白鳥の論文の内容とこの講演での言及には少しの相違があるが、記憶違いとみてよいだろう。

（一四）これに対峙する立場が疑古派である。それを代表するようになっていく顧頡剛は、中国の古典籍や民間伝承の研究に多くの成果を挙げた。なお、顧頡剛が、堯・舜・禹の伝承の成立を論じた論文は、一九二三年に発表された。このような学術動向が日本と中国とで並行していたことについては、銭、前掲論文、および李、前掲書、七四〜九八頁参照。

（一五）本居宣長の発想の特徴は、上田秋成との論争に明瞭に示されている。長島弘明「『呵刈葭』における宣長と秋成」（同編『本居宣長の世界――和歌・注釈・思想』森話社、二〇〇五年）。

（一六）西嶋定生監訳・高木智見訳『歴史激流 楊寛自伝――ある歴史学者の軌跡』（東京大学出版会、一九九五年）、七五頁。

（一七）同前、七六頁。

（一八）邪馬台国論争については、特に断らない限り、以下に基づく。千田稔『邪馬台国と近代日本』（日本放送出版協会、二〇〇〇年）。小路田泰直『「邪馬台国」と日本人』（平凡社、二〇〇一年）。佐伯有清『邪馬台国論争』（岩波書店、二〇〇六年）。また、『三国志』に通じた中国史研究者の立場からの新視点を示す著作として、渡邉義浩『魏志倭人伝の謎を解く――三国志から見る邪馬台国』（中央公論新社、二〇一二年）を挙げておきたい。

（一九）『定本 柳田国男集』第一二巻（前掲）、四七頁、六一頁。

（二〇）この一件については、『大久保利謙歴史著作集［7］日本近代史学の成立』（吉川弘文館、一九八八年）、一四二〜一五三頁。

（二一）『定本 柳田国男集』第一二巻（前掲）、六二頁。

（二二）白鳥庫吉が邪馬台国九州説を唱えた動機として、三世紀の近畿地方が中国文化の影響をあまり受けていなかったことを立証するためであったとする指摘がある（小路田、前掲書、一二六頁）。また、白鳥と比較して内藤湖南のほうが「『日本書紀』の〈尊厳〉から自らを解き放っていた」という見解が示されている（千田、前掲書、九八頁）。この二冊の先行研究から本稿が得た示唆は大きいが、右に挙げた二点の指摘に示されるように、本章の立場よりはるかに白鳥の考証をイデオロギー的に解釈している傾向には必ずしも賛成できない。

(二三)『津田左右吉全集』(岩波書店、一九六五年)、第二六巻、一二二頁。

(二四)石田幹之助「白鳥庫吉先生小伝」(前掲)、五二一頁。

(二五)松本善海「中国社会史の新たなる課題——そのはしがき」(『史学雑誌』五八編三号、一九四九年)、九三頁。

(二六)一連の論文は全集第二巻所収。

(二七)満鉄の歴史調査部については、井上直樹『帝国日本と〈満鮮史〉——大陸政策と朝鮮・満洲認識』(塙書房、二〇一三年)、一一二〜一四二頁参照。井上は、歴史調査部の歴史地理考証は、「非常に軍事的・政治的には意味のある研究であったといえる」(一四一頁)と指摘しており、本稿の理解とは重点が異なる。

(二八)中村是公が一九一〇年七月二六日に外務省に送ったときの添え状が付されているが、この提案が外務省内で検討された形跡は見当たらない。その外務省記録は、**JACAR**(アジア歴史資料センター)**Ref. B12081572900**、宗教関係雑件第二巻 (3.10.1.8) 引用は、第一〇〜一一画像による。活字印刷されたパンフレットが作られたことからして、おそらく外務省だけでなく、関係する政官の人物に広く配布された可能性がある。

(二九)関東州において最も主要だった神社というべきなのが大連神社である。一九〇九年に鎮座し、翌年に関東都督府によって認可された。しかし、大連神社は、(国家神道と距離を置く)出雲大社教会の布教活動の一環としての起源をもっており、祭神についても出雲系の大国主神など大社教会の信仰対象が祀られた(ただし、靖国神が含まれるのが大連神社の特徴である)。天照大神も大連神社の祭神となっているが、白鳥の希望するような専ら天照を祀るための神社として始まったわけではない。新田光子『大連神社史—ある海外神社の社会史』(おうふう、一九九七年)、四八〜八二頁。白鳥や満鉄総裁の中村が、どこまでこの大連神社の動きを知っていたのかは不明であるが、白鳥の論じ方からすれば、出雲大社教会の布教活動を念頭に置いていたとは考え難い。大連神社は、戦後は山口県下関市に遷座している点からも、特異な存在といえる。大野絢也「大連神社調査記」(『満洲の記憶』創刊号、二〇一五年)。

(三〇)新田、前掲書、一二四頁。高木博志「官幣大社札幌神社と「領土開拓」の神学」(岡田精司編『祭祀と国家の歴史学』塙書房、二〇〇一年)。菅浩二『日本統治下の海外神社——朝鮮神官・台湾神社と祭神』(弘文堂、二〇〇四年)二三三〜二五九頁。

(三一)吉川幸次郎編『東洋学の創始者たち』(講談社、一九七六年)、六四頁。

(三二)ただし、一九三二年には銭稲孫(国立清華大学講師)の手配により、北平の複数の大学で講演をするように招聘されたことがある。しかし、満洲事変の発生により、それは中止された。これに関する外務省記録は、**JACAR:B05015653400**、講演関係雑件 第一巻(**H.6.1.0.1**)、および **JACAR:B05015664600**、本邦人満支視察旅行関係雑件／補助申請関係 第一巻(**H.6.1.0.3-1**)。

(三三)吉川編、前掲書、二六頁。

第一部会　三

近現代の科学観よりみる宋学・清学研究及びその方法論の啓示

——新考据学派史家胡適と傅斯年の宋学・清学研究を中心に——

徐　国利
黒﨑恵輔（訳）

宋代と清代は、中国前近代の学術発展における重要な二段階であり数多の分野がその高峰へと達し、近代以後の学術発展に広汎かつ重大な影響を生んだ。現代の史学諸派や歴史家は異なる視点から出発し、宋学と清学に対して研究と批評を進めることで現代の新学術を構築した（一）。その中にあって、新考据派史家がなした貢献は多大である。

学術界の新考据派に対する認識はいくつにも分かれるが、厳格な意味での新考据派とは、胡適、傅斯年、顧頡剛、陳垣などに代表されるであろうと筆者は考える。彼らは清代学術を尊ぶだけでなく、中国の伝統学術における最高峰、あるいは最も価値あるものと見なした。これが彼らをして新考据派に帰属させる根本的理由である（二）。

その中でも胡適と傅斯年は、近現代科学の方法論と史学の観点を用いて宋学と清学を分析しながら研究と批評を重ね、そこに内包された科学の精神や方法論、意義を掘り起こすことに尽力した。これを中国現代学術のモデルとなる伝統資源と見なし、手法としての理性的価値観を体現することで、現代学術を結構するための重要な貢献をなしたのである。それでも、彼らは伝統学術における道徳や理性の価値と、それが現代学術の脊柱となった意義を認めなかった。一種の唯科学主義とも西洋文化中心論とも取れるそれは、確たる弊害として存在している。両人が取った学術的方法論の得失は、当今の中国学術の発展に重要な啓示をあらわすであろう。この問題に対する研究が斯界に不足していればこそ、小論をその探求の手始めとしたい（三）。

一、胡適：現代科学の方法論と精神が見据えた宋学と清学

胡適は中国現代学術史上、新たな気風を起こした史家の一人であり、終生、学術における科学的方法論を確立することをみずからの務めとし、彼が唱えた実用主義的方法論は、中国学術の発展に大きな影響を与えた。宋学と清学を考評するにあたっては、現代科学の方法論と精神を視座とした。宋学の主な貢献は、科学としての方法論を提起して現代学術の端緒を開いたことにあるとし、清代学術は最も近代科学の精神に富みながらも、いまだ西洋諸国の現代科学方法論の水準には到らず、その成果には限界があったとする。宋代・清代の功利主義者の思想を、胡適は否定しきれずにいたのである。

（一）宋学による科学方法論の提起と中国現代学術の始まり

胡適は中国学術史に対する宏観な考察を通じて進化論的手法を学術にも用い、現代科学を基準に据えた上で、程朱理学の「格物致知」のなかに科学方法論的意義を認め、これを中国現代の学術・思想の先河を開くものと称した。こうした科学方法論は清代学術の基礎に置かれる。清学と宋学とは一脈相承の進化関係をなすのである。

胡適は科学方法論の発明と確立を主線にしながら中国思想史を三期に区分し、宋儒の「格物致知」による科学方法論が、中国現代学術の序幕を開いたとする。

第一期は中国思想史の古典期であり、西暦前一〇〇〇年から漢代に至るまでで、「中国思想史上最も創造性と原始性のある固有思想時代」である。第二期は両漢の統一から分裂期へと突入する時代、すなわち「中古時代」である。第三期は現代期であり、西暦一〇〇〇年（北宋初期）から始まる「中国の文芸復興段階」と称される時代、〈十一世紀の中国が「革新の世紀」となり得たのは、この時に荒唐無稽なもの〔中世の迷信〕に対するある種の反抗が現れたことによる〉(四)。宋儒は仏教東伝以前の中国文化や思想、制度を取り戻す復古運動に心血を注ぎながらも達成することはできなかったが、思想史上には新たな成果を生み出した。中でも重要なのが、『大学』から〈ひとつの新しい科学的方法――「格物」について。「格」とは至ること、「物」とは事《こと》という意味である。考究して事物の理に達することで、その根源を求めればかならず到れる――〉を明らかにしたことである。〈これこそベーコンが述べる「新工具」（Novum Organum）であり、デカルトが提唱した「方法論」〔Discouse on Method〕である。「現代」の中国哲学家が探し出さねばならぬ新たなロジック、新たなメソッド〉(五)であった。

胡適は「徳性を尊び、問学に道《よ》る」という角度から宋代理学の方法論による成果を概括し、当時の偉大な「新儒学」運動から生まれた道徳と知識に対する最良の表現を称揚した。〈「涵養は須らく敬を用い、学を進めるは則ち致知に在り」。後世の誰もが「理学」の真諦と見なすこの程頤の語が全てを物語っている〉(六)。ただそれにもまして価値あることは、宋儒がこうした方法論を『礼記』大学篇から見出したことであり、〈ここにいたって中国近世哲学における方法論を見つけ出した〉(七)として、彼らを中国現代科学の先河を開いた者と位置づけるのである。〈程頤や朱熹の一派は格物致知による基礎的方法を定め置いた。その大胆な疑古と繊細な考証、明快な意見からは、ある種「厳酷なる理知的態度で科学の道を行く」姿勢が現れている。こうした気風が一度開いてからは、あいだに陸象山・王陽明の反科学的な強い運動もあったものの、やはり科学を重視する勢いは止めることかなわず、近三百年以来大いに盛えた〉(八)。

宋学と清学との関係について、胡適は進歩史観の立場から捉える。反対に、梁啓超などは「清学は宋学への反動」であるという観点から、清代学術は朱子学や宋学を精神的に継承したものだと指摘した。胡適はいう。〈宋儒は漢唐の学を排斥しながらも、実は毛公、鄭玄、王弼、王粛らの正嫡である。清儒もまた宋儒を排斥するが、顧炎武、戴震、銭大昕らもやはり朱熹、黄震、王応麟の正嫡である（章学誠がすでに看破している）。よって歴史の上から見れば宋学はひとつの新しい漢学に過ぎず、清代における漢学もやはりひとつの新しい宋学に過ぎないのである〉(九)。程朱理学や陸王心学、清代朴学の三期の変遷関係に話が及ぶと、彼は〈程朱の帰納による手法が陸王一派による解放を経たことは、中国学術史の一大転機である。その後の思想が再び程朱の帰納法的精神を取りこみ、さらに「朴学」による洗練を受けたことで、清代学者の科学的方法も出現した。これまた一大転機であった〉[一〇]と述べた。晩年、彼が清代考据学の形成を宋学以来の学術的積み重ねだと見なし、宋学の手法を用いて旧籍を校勘したことは、〈すなわち批判的研究法の始まり〉であり、その学術こそ〈「考据学」あるいは「考証学」〉であった[一一]。胡適の視点は、清代以来の漢・宋を対立視する各種のそ見解を超越して、自ら一家の言となっている。

宋代理学の集大成者である朱熹を、胡適は〈中国近代思想への影響は最も大きく、深い〉[一二]と述べて、その学術思想史上の地位を高度に評価する。朱熹の科学的批判性や懐疑の精神、研究方法論は清代学術の基礎に置かれ、〈いずれの方面から説き起こしても、朱子その人は一番の科学家である。彼は古籍に対して深い批判能力をもつ。また古音韻研究の第一人者でもあった。『書経』の大部分は偽作であると疑ってからは、日ごろの古籍の処理につけても全く伝統に拘泥することなく、つねに新しい方法を用い、新たな論点を打ち出した。故にこの方面から言えば、我が国では一七世紀からのち約三百年の学術は、決して朱熹や宋学に反対するものではなかったのである。むしろこの三百年間の学者は、まことに朱子の修学の精神を継承している。斬新な観点である〉[一三]。実際、宋明理学は胡適の学術発展にも重要な働きをなしていた。米国への留学時に哲学へと転向した原因について、〈中国古代哲学の主だった著作は、宋明諸儒の論述と並べるようにして、幼年よりほとんどみな読んでいた。わたしがこうした学科に興味を抱いたのも、わたし自身の文化的背景にある〉[一四]と自ら語っている。胡適と忘年の交わりのある唐徳剛は、〈胡適之先生はわれらが最も敬服する「現代」の学者で、「われらが徽州」の朱子である。先生は朱熹のことを、近六百年来より我が国の学術思想に影響を与えた最大の思想家にして学問家と認めている〉[一五]と述べる。

胡適も批評していた宋学の非科学性は、その科学実験室のごとき態度（実証の方法）と歴史への態度（歴史の方法）とに欠けていることにある。

まず、宋儒が「格物致知」を用いるとき、そこには仮定が欠けているとする。科学方法を、仮定と実験の両部分が組み込まれるものとして、〈仮定が無ければ、実験には着手できない。宋儒が講じる格物では仮定が全く重視されていない。……仮定無き解釈では、実験できない証明となる。このような格物でどうして科学による発明ができようか〉[一六]。次に、校勘に暗く空疎な論に流れることを指摘する。〈宋儒は理の貫通を重んじ、漢学家は校勘・訓詁を重んじる。ただ宋儒は校勘・訓詁の学には不明であるから、空疎な憶説に流れてしまう〉[一七]。そして第三に、歴史的態度に欠けていることを述べる。〈宋明儒者の悪癖は、歴史的態度を欠くことにある。彼らの思想は自由性や創造性に富んでおり、確かにそれは古人の至り得なかったところである。ただし彼らは、それが自らの発想であることに気付かず、かえって執拗に古えの経典の真義であると説いた。これは決して他者を欺こうとしたのではない。ただ歴史への眼差しが足りなかったばかりに、知らず知らずして、彼ら自身の発想を一千年余むかしの孔孟の真諦だと誤認したに過ぎない〉[一八]。

（二）清代朴学の豊富な科学精神及びその欠陥

胡適は清代朴学をも高く評価した。〈中国旧来の学術では、清代の「朴学」だけが確かに「科学」の精神を有している〉[一九]。清代朴学は、帰納と演繹とを結びつけることこそ真の科学的方法であるとし、古代史料の整理において重大な成果を得たのである。しかし、西洋の科学的方法や研究成果と比べれば、いまだ方法と史料の関係性を科学的に扱えず、その研究は文献資料にのみ限られていた。やはり現代科学実験的手法が欠けていたのである。

まず、清代学者は帰納と演繹とを結びつけるため、うまく仮定法を用い、真の科学方法を形成した。胡適が言うように、朴学は文字学・訓詁学・校勘学・考訂学を主として包括するものである。その基本観念とは、（1）古書を研究するとき、独断的見解を決して容れない。なにか新しい見解を立てるときには必ず物的証拠を挙げる。（2）漢学家の「証据」とは紛れもない「例証」である。（3）例を挙げて証拠とするときは、帰納の方法による。（4）漢学家の帰納による手続きは全てが受動的であってはならず、能動的に「仮定」を用いる、である。故に彼らの方法とは帰納と演繹を併用する科学的方法なのである。[二〇]

仮定が重要であるわけは、帰納法を用いる際に、証明の過程を省くことによって、帰納法が他人にも観察しうる「凡天下之物」でなくなってしまうからである。〈帰納法の真義とは、他人にも共有できる「挙例」にこそあって、妄りに惑わせるものの背後にはいくつかの「類似した事物」が存在する。「例を挙げる」ときには、心裏に必ず何かしらの仮定が有る〉[二一]。したがって、その研究方法を総括すれば二点、（1）大胆な仮説、（2）細心の考証に絞られる。仮定は大胆でなければ新しい発明はできず、証拠が不充分では信用されない。〈戴震曰く、「ひたすらに追求せよ、固陋となるなかれ」〔但宜推求、勿為株守〕。この八字は清学の真髄である〉[二二]。程朱理学の「格物致知」は帰納法を、陸王心学は演繹法をそれぞれ重視していたが、清代朴学にいたってはじめて両者は結びつき、真の科学方法を形にして学術上重大な成果を残したのである。胡適はいう、〈西洋のここ三百年の自然科学はこうした方法の成果であり、中国の三百年に渡る朴学もまたこうした方法の結果なのである〉[二三]。

清代朴学は、実に一つの「史学運動」であり、その目標は新しい理学を打ち立てることだった。胡適は十七、八世紀を反理学の時期と呼ぶ。〈その気風の向かう先は一つの「朴学」時代となって、皆が哲学を論じなくなった。……「朴学」は「実事求是」の工夫によって証拠を出すことを基礎とし、全ての古代文化を問い質した。実はこれは一つの史学運動であり、中国古文化の新たな研究なのである。中国における「文芸復興」(**Renaissance**)時代とも考えられよう〉[二四]。その目的が「新理学」を築かねばならなかったことは、偉大な思想家戴震も、〈当代学者の考証法と歴史への眼差しによって、改めて五百年にわたる理学の価値を見積もり、旧き理学を打倒して新たな理学を築くことが、近世哲学の中興となる〉[二五]と述べている。してみると胡適は、朴学を中国文化の研究や哲学の再建に不可欠なものとして高く価値付けていたこととなる。「史学の意義」を備えた儒学と称されることも、新理学の再建に他ならない。胡適は清代学術及びその領袖である戴震に対し、独自の理解をもっていた。

次に、胡適は清代学術が方法と資料の関係を正確に扱えず、現代科学実験的方法を運用できなかったことを指摘する。研究の方法と資料とは密に関係しており、〈資料は学術の枠組みを規定するだけではなく、方法そのものについても大きく影響しうる〉。〈文献資料は考証方法を立ち上げ得るが、その方法は受動的で資料に任せるのみである。自然科学の資料とはむしろ実験方法を立ち上げるもので、実験そのものは現にある資料の拘束を受けない〉[二六]。さらに、〈文献学もまた、単独の資料によって研究することはできないが、緻密な方法だけでも充分に資料を用立てられない。資料は方法を封殺しかねないが、助力にもなり得るのである。三百年間の古音韻学も外国の学者が方言を活かした実験には抗しきれず、数千年の古史伝説も二、三の学者の批評・指摘には耐えられなかった。そこに河南省から亀甲獣骨が発現し、古代の殷・商民族の歴史を実物資料に基づいて構築することが可能となった〉。こうして、〈一つの方法を学ぶだけでは不充分である。最も緊要な点は、汝が如何なる資料を用いるかである〉[二七]と述べる。

それでも、朴学は文献史料に限られたもので、現代科学実験の方法には欠ける以上、その成果は西洋とは比べがたい。胡適は、中国近世の学術が宋応星『天工開物』を除けばいずれも文献学であり、その頃の西洋学術がすでに自然科学の道を歩んでいたことに触れ、〈顧炎武、閻若璩が中国三百年間の学術情勢を、ガリレオ、ケプラー、ボイル、ニュートンが西洋のそれを規定した〉とする。双方の手法は同じものだが、その材料は全く異なる。〈顧氏、閻氏の材料は全て文字上のものだが、ガリレオ達の材料は全てが実物である。文字資料には限度があるから、どれだけ研究しようとこの反故紙の山からは抜け出せない。だから三百年に渡る中国学術最大の成果といっても、二つの大部な『皇清経解』しかないのである〉[二八]。もし朴学の最大成果である音韻学の上に、西洋学者の善くする科学の方法と実験によったならば、その成果も遥かに優れていたであろう。〈一人のグリムが、銭大昕・孔広森の数多の研究成果に匹敵するのである。彼らの音韻研究の迂曲さは、文字資料のほか、さらに各地の方言や人の発音器官を実地に調査するほどだ。実地での考察のもと、種々の法則へと帰納させたからこそ、系統立った科学として成立したのである〉[二九]。とりわけ胡適は、スウェーデンのカールグレンによる『切韻』研究の成果を讃え、〈これまでの三百年間に渡る古音韻研究の集大成であり、無数の後進たちに新たな門径を開いたといえよう〉[三〇]とする。

（三）宋代・清代の功利主義的思想家

実験主義（実用主義）は思想と知識を実生活の中で活用すること、即ち思想と知識の功利性を強調する。胡適がデューイの実験主義を紹介して、〈思想とは応用に始まり、応用に終わる。これまでの経験を運用することで現在の生活を助け、さらには将来の生活に備えるのである〉[三一]と述べる。このような功利主義の見方から、北宋や明末清初の頃、政治上の事功を述べ立てて義理を空論するのに反対した功利主義的思想家について、高い評価を与えていたのである。

李覯の功利主義とは、宋代理学の義を重んじて利を軽んずる思想に対する反動である。これにも胡適は賞賛をあたえて、〈王安石の先導者であり、両宋哲学における開山大師である〉といい、〈李覯は一実用主義家である。彼はとても明朗に功利主義を唱え〉、また〈覇国と強国とを大胆に述べて〉、〈富国利民を重んじた〉[三二]。その根本的主張とは、〈賢聖の君、経済の士は、必ずその国を富ますことを先とする〉ことにあり、〈これはまた王安石の新法における根本的主張でもある〉。〈我々は、李覯が安寧と豊かさをめざす新法の哲学家であり、その政治哲学も新法の学理を背景にしていると説き得るであろう〉[三三]。胡適は、李覯の功利観の本質が自然なるものに基づくと見ている。〈礼制や法律は、いずれも人が功利を図るために作り出した道具であり、人の情に背くことなく天然に趨くものである。人の関わる制度とは、天然や本能といったものを正しく発展させ得るただ一つの方法である。もしも礼制が人の情に背くのであれば、それはもはや成り立たない〉[三四]。

胡適は明末清初の思想家費経虞・費密父子を、〈よく時代を代表しうる人物〉、〈清学における二人の先駆者〉[三五]と讃える。両者は理学と対になる功利主義的思想を打ち出した。宋明理学の道統論を打ち破るために「道とはとりもなおさず政治である」という思想を表明し、大昔は政教が分かれずにいたとして、「君師合一、政即是道」[三六]を説いた。彼らにとってみれば、〈古えから今に至るまで中国史のある部分は、道統史である。政治こそが道、教育こそが道であって、このほかに道といえるものは無いし、また道統も無いのである〉。〈この道統論では、事業を裏付けるのは道徳であり、政治史とは取りも直さず道統のことなり、……これが費氏家学の主要な見解である。南宋の陳亮や葉適とかなり近しい論である〉[三七]。彼らの実用主義を簡単に言えば、ただ「教えも学びも実用するためにある」〔教実以致用、学実以致用〕の十字である。……より明白な点を説明すると、ただ「修養はみずからに、意見は他の人に、実践はその事業に、仕官するならその国に、居処するならその家に利益をもたらせ」ることにある〉[三八]。

胡適が言うように、宋明理学が幻の歴史を語る環境にあって費氏の功利主義は、清学学術の両方面に重要な影響をあたえている。〈費氏父子は、一面では実事実功を提唱して顔李学派の嚆矢となり、また一面では漢儒を尊んで古注疏の研究を訴え、清朝二百余年の「漢学」の気風を開いた。彼らはまことに時代精神の先駆者と呼ぶに恥じない者たちである〉[三九]。しかしながら、こうした功利主義は清代朴学に継承されることなく、朴学の非功利主義的傾向は近代自然科学の停滞と工業の凋落を導いた。清代考据学の手法はひたすらに緻密であるものの、終始、実物へと接近することなく、人生や国家の治乱興亡にとっては無益であった。〈学問をする人といえども、狭義の実利主義でもって学術の価値を論評するのはふさわしくない。しかし学問から功用的基準を完全に捨て去ってしまえば、ただただ不毛な道を歩んで、気力を浪費させるだけの贋物と成り果てる。この三百年の考証学は、価値ある史料整理をおこなったと言える部分も確かにあろうが、その中のほとんどは、むしろ全くの思考の浪費である〉[四〇]。

胡適は狭義の功利主義に反対していた。彼が国故研究について語った時、学問をするのであれば狭隘な功利観を捨てて〈「真理のために真理を求める」態度をもつべき〉であり、国故学については科学的方法を用いて研究することに力を尽くさねばならず、〈「有用・無用」といった先入観をはじめから持ってはならない〉[四一]と述べる。費氏の功利主義の狭隘性を指摘しては、〈彼らは理論に浅はかであった。事功を基準に用いれば、時には極端な方向に向かうこともやむなく、狭義の功利主義へと変わってしまう〉[四二]と述べている。以上のことから、胡適は無原則に学術上の功利主義に賛同してはおらず、学術の「求真」・「致用」関係について弁証的認識を有していることが分かるのである。

二、傅斯年：近代科学観と史料観が見据えた宋学と清学

傅斯年が提出した著名な「史学とは史料学である」という思想は、科学的方法を用いて史料を探し集め、整理し、編集することである。彼は宋学・清学を理学と史学との二つの大系に分類したが、宋学・清学及びその関係に対する評価は、時期によって異なる。新文化運動期には、清学を宋明学の反動であるとしたが、二十世紀の四〇年代初め

には、程朱理学と清代朴学との立場は本質的には近しく、確かに朴学の遠祖であると表明した。しかし、宋学・清学の理論や方法が同じだと彼が評述したことこそが、その現代科学観や進化論ないし史学観のあらわれなのである。

（一）朱子学が「物学」であり、思想史上の新旧を架け渡す偉大な貢献をなしたこと

二十世紀の四〇年代初頭に、傅斯年はその代表作『性命古訓証』において、一つの重要な観点を提出した。すなわち朱子学は「徳性を尊ぶ」・「問学に道る」の二つを論の柱としながらも、より後者を重んじた「物学」であって、王陽明の「心学」（尊徳性）とは根本から異なると観るのである。こうして、程朱理学が清代朴学の攻撃を受けたのも、実はその立場が近似していたからだとする。朱子は中国思想史上にあって、前人の学術成果を受け継いで新たに創見を起こす偉大な貢献をなしたのである。

傅斯年は理学の変遷について、〈理学とは、世々宋・元・明の新儒学を名づけたもので、中でも程朱の一派は、宋学の正統を継いだ者たちだと後人に認められている。その右派は一家に留まらず、永嘉学派は特にその文華なることを顕示し、その左派は一人に留まらず、陸王の学派が最も有名である。陸王学派は、世にいう心学であり、前人には謝上祭があり、程門に淵源をもつ。後人には泰州の王龍渓があり、ただただ理想ばかりを追求して、世間からは野禅だとみなされていた。程朱は性理について深く論じて、「なにか物があれば、そこには天理も心も具わっている」（戴震の皮肉）と考えた。しかしその立説は、確かに内外二本の柱がある。その教えが「尊徳性」と「道問学」とを兼有しながらも、とくに後者を重んじたからこそ、心学側は朱氏に対して不満の言葉をならべ立てるのである。……つまり戴震以降に理学を攻撃した漢学家たちの、その最大の対象は心学であるべきで、程朱のほうではないのである。それでも、戴氏が陸・王を打ち棄て程・朱を譏るのは、故あってのことであった。王学は、明が滅亡した後にはもう世人から爪弾きにされたが、程朱の学は新しい王朝にあって官学の正宗となっていた〉[四三]と語る。

こうした認識に基づくと、朱子学が「物学」であり清代朴学との立場も近しいことから、朴学が重要視した経学上の問題がいずれも宋儒から始まっていることを傅斯年は指し示している。彼はまた、〈試みに看てみれば、格物致知は、『大学』の道の系統では誠意正心の前に置かれているが、それこそ道を修める発端であることを言っているのに等しい。朱子はこの根本的箇所を基としてかく言うのであるから、王学を心学と称する例に沿って、朱学を「物学」と言えないことはない（朱子の研究関心が訓詁、名物、礼数にあるのも、清代朴学家と一緒で、「物学」的色彩が極めて強い。朱子の門人及び後の支持者の多くは、この事を顧みずただ性命だけを論じる者たちである。しかし東発〔黄震の字〕、深寧〔王応麟の号〕などは、やはり清代朴学の遠祖で、これは不磨の事実である。清代朴学家の最大の貢献は語学〔訓詁・音声を兼ねる〕のみであって、経学中の主問題となると、いずれも宋儒から発せられる。……）。……清代朴学家の立場が朱子からは近く、孟子からは遠いことを、どうして否定しえようか〉[四四]とも述べる。傅斯年は、程朱の二層性を、中国思想史にあっては新旧を架け渡す偉大な貢献をしたと論じる。〈程朱の学が、陸・王及び戴氏の正面からの攻撃を受けたのも、二層の性説のためである。その説き方も、孟子の義に閲してみればまことに遠く離れたものであるが、もしその思想

史上の地位を追求していけば、かつて無い偉大な貢献をなし、上は孔子を継いでその言説を詳らかにし、下は諸子を総括してその矛盾を避けている。思うに、程朱一派の宗教観及び道徳論は、どれもこういった点にその地盤を置いているようだ[四五]。

傅斯年は、朱子が「道問学」を重んじ、その核心的解釈を「物学」としたことから彼の学術的地位や貢献を強調するが、「尊徳性」のそれについては無視する。これは胡適が強調していた程朱理学の「格物致知」による科学方法論的意義と同じくし、どちらも現代科学方法論を基準にして程朱理学を評論している。

(二) 清代の学問が宋明学の反動であり、歴代の学問中最も信用と条理有るものであること

新文化運動期にあって、傅斯年は学術進化観と現代科学観に依拠して、清代の学術の発展、精神、貢献や、宋学との関係、清学の流派や近代への転向といった問題に対し、比較的系統立った叙述をしている。

清学と宋学との関係について、この時期の傅斯年は清代の学問を〈宋明学の反動であり、西洋でいう Renaissance 時代の学問に似て、中世の学問と向き合うところから発している〉とする。〈清代の学問は中国思想最後の成果である。漢朝以降に生まれた各学問の中では、最も切実にして条理あるものであろう。……宋朝の学問的原動力は仏・道の両宗教にある。心性のことを説き起こすにも総じて禅に流れ、道体についても道を奪わねばならなかった。……清代の学問に影響した原動力については、経籍の古訓だけで説き得るものではない。何故それが清学を引き起こしたといえようか。ここにこそ宋明の学問に対する反動があったのである[四六]〉。その証拠こそ、「理によって学問を、道によって正統を、心によって主体をなせ。探すには広く、求めるには暗く、六経には探し求めようもない」という戴東原〔東原は戴震の字〕の言である。こうして清学と宋学とは相対する両極と見なされる。〈宋明の学問は主観的・演繹的・是悟的・理想的・独断的であり、清代の学問は客観的・帰納的・是証的・経験的・懐疑的である[四七]〉。さらに進めて説く。〈清代の学問は、少なからぬ科学的意味を有し、そこで用いられるのはいずれも科学的方法である。しかしそれは、かつて西洋の人が自然界を探求する意味で用いられ、かつて我らの先達が古い事物を整理する意味で用いられていたものだ[四八]〉。ここに述べたことは、四十年代になってからの観点に根本的変化を生んだ。清代朴学は程朱理学を攻撃したとはいえ、その立場は実に相近しいものであって、朱子学の本質が「道問学」を重んじ「物学」とも呼べるものであったから、清代朴学の立場とも近い。また朴学にとって重要な問題は、いずれも宋儒から発されたものであった。

傅斯年もやはり進化論でもって清代の学術流派やその変遷、近代への転向を考察する。彼は清代学術を四派に分ける。一に朴学派で、清学の最大一派である。二に今文学派で、孔広森・荘存与から康有為に至るまでの一派である。三に理学派で、顔習斎〔習斎は顔元の号〕・李〔剛主は李塨の字〕などの二、三人である。四に浙東学派で、梨洲黄〔梨洲は黄宗羲の号〕・万斯大・万斯同・全謝山〔謝山は全祖望の号〕・章実斎〔実斎は章学誠の字〕などである。王船山〔船山は王夫之の号〕・陳蘭甫〔蘭甫は陳澧の字〕は、浙東学派には数えられないが学問上は非常に似ており、別に一派を立て得る[四九]。

清代の学術発展については五期に分けられる。一を胚胎期とし、王応麟から焦竑まで清以前の朴学の先達はみなここに集められる。二を発展期とし、顧亭林から江慎修までの時代である。三を極勢期とし、

銭曉徵〔曉徵は銭大昕の字〕・戴東原・段懋堂〔懋堂は段玉裁の号〕・王懐祖〔懐祖は王念孫の字〕の時代である。四を再変期とし、孔众仲〔众仲は孔広森の字〕から兪曲園〔曲園は兪樾の字〕の時代である。五を結束期とし、その代表は康有為と章太炎〔太炎は章炳麟の号〕である。傅斯年は、〈これらはいずれも中国の学芸再興時代それぞれの階梯である。前三期は、ひとすじの線に導かれて進んでいった。第四期はその反動である。朴学派の発達は前三期において十二分に達成され、誰もが更なる加点は難しいとも、煩瑣無用の事も厭うべしとも思っていたから、そこでまた別の道程へと移ったのである。第五期は第二・第三期の結実である。太炎先生は第三期を、康有為は第四期を結集させた〉とし、第五期に到って以降を、〈古文学・今文学が緻密な系統を成してからは、大きな増進は見込めなかった。西洋の学問がしだいに中国に入り込んできたなかで、互いが出会ったとき、一方が伸び一方が消える時期はすでに熟していたのである。故にこの時期は、中国近代文化が移り変わる重要な点であると言い得る。ここより前が、中国の学芸復興時代であり、ここより後は、中国の学芸再興時代と言わねばならない〉[五〇]とするのである。

傅斯年は近代における懐疑と実証の精神によって、清代学術の意義と地位を評述する。清学の精神には二重性が具わっているとして、〈消極的な面が、懐疑である。これはあらゆるものを貫通して、宋儒を疑い、擬古文を疑い、古文を今文を疑い、果ては孔子までも疑った。ここに百家は等しく列んで……、印度化、西洋化をも受け入れることとなった。積極的な面が、歴史事実に基づく実験態度であり、帰納法を用いて無数の資料を採取し、同じ事を何度も繰り返しては仔細に考察し、異も同も追求する――これは真に素晴らしき教訓である〉[五一]。清代の学問的意義は、人生の上での三大教訓にたどり着く。〈第一には知を求めることで、知識によって心意を養うことである〈朴学家の働きは、求知だけである。戴東原は、学問は其の心知を養うという〉。第二にはその実用性を求めることである〈これは顔・李の一派である〉。第三にはまた一つの実用性を求めることである〈これは今文学派の主張である〉〉。故に、〈清代の学問は、中国歴代王朝の各学問中と比べ、最も信用すべきかつ最も条理有るものなのである〉[五二]。

現代の学者が中国史上の学問を整理するため、その言語学研究や古代の社会学研究から手を付けたのは、西洋近代の方法を吸収する必然性あってこそではあったが、しかしそれも〈清朝朴学家の精神があって始めて成功〉するのである[五三]。

（三）近代中国史学が宋代に始まり、清代に盛んとなったこと

史学にあっては、傅斯年は〈近代中国の言語学と歴史学は、趙宋においてはじめて開かれ、とくに近三百年来の成果は非常に大きい〉[五四]という重要な論断を下している。また〈史学即ち史料学〉という理論をもって宋代や清代の史学を評論しては、両者が史料の考証や整理に用いた方法は西洋のそれと同じであると指摘し、極めて広い史料によって中国史学の最高峰に達したと述べる。

傅斯年は宋代史学を、とりわけ司馬光などが史料の校訂と整理にあたった成果を高く評価した。彼は中国における詳細な史料比較をおこなった草分けの一つとして、司馬光の『資治通鑑校異』を挙げる。〈ここには史学方法の成熟と史料整理の標準化が認められる。西洋ではこの方法の成熟がゆうに数百年の遅れをとり、十七、八世紀に到って、ようやく自覚的完成をみたと言えよう〉[五五]。この書は史料学の方法論的意義に満ちており、〈官府の記載と野記とを突きあわせて調べる

工夫は、『通鑑考異』をもってその最たるものとすべきである。もとよりこの書は各種の史料を対校した努力によって書かれたものである。唐から五代の諸巻では、民間の材料によるところが多く、故に史料比較のような跡が少なからずある。本書は一部に史料整理が応用された論理が息づいており、史学を習う者であれば必ず一編手に携えるものである〉（五六）。

　次に宋代史学は、清代・近代史学が紙上文献と金石文献とを比べ互いを実証させたその先駆けであるとし、史学を修める方法とその成果は清代に絶頂へと到ったとみる。彼は、〈金文によって経典を証すことはわりと最近の事であるけれども、石文によって歴史を調べることは、すでに宋人の得手とするところである。欧陽永叔〔永叔は欧陽脩の字〕『集古録跋尾』は、中でもかなり真義に通じている〉。〈北宋の人による史学的分析の工夫が斯くまで及んだからこそ、『唐書』『資治通鑑』のごとき製作を成し得たのである。近代の顧亭林〔亭林は顧炎武の号〕、朱竹垞〔竹垞は朱彝尊の号〕などとなると石文によって史書を校訂するようになり、ときには精緻な論も見受けられ、銭竹汀はその中でも抜きんで、古今の金石学に冠たる者となったのである〔『集古録跋尾』王昶の序に見える〕。廿一史の考異といい、金石文の跋尾といい、いずれも同一の意義をもつ事業であった〉（五七）。ともすれば、〈最近三十年の中では、繆荃蓀・羅振玉・王国維らが石刻資料と史書文献との校正について貢献を果たし続けているが、しかし彼らの最高到達点すらも、せいぜい銭竹汀〔竹汀は銭大昕の号〕に及ぼうかというところである〉（五八）と述べている。ゆえに一九二八年に創立された中央研究院歴史語言研究所での、史学を修めることの趣旨と方法について語ったときは、宋代・清代の史家が確立した修史方法は、西洋近代の実証派に匹敵しうるもので、〈もとより同じ志をもつ治史学であり、空論によって学問をせず、「史観」によって性急な設計図を示すこともなく、純朴に史料に則して歴史的事実を探求するものである。史料が有れば、そこに考証の根拠を置いて識《し》ることができるが、それが無い処には、あえて臆測することも、牽強附会して組み上げることもしない。これは、中国にあっては当然司馬光から銭大昕におよぶまでの修史方法であり、西洋ではランケ、モムゼンの歴史書著作における立脚点である〉（五九）。

　次に、宋代・清代の史学がすでに西洋近代の言語学と史学の特質を有していたことを指摘する。傅斯年は、近代史学とは史料学であり言語学でもあって、両者は不可分の関係であるから、〈本来、言語そのものが思想であり、一民族の言語にはとりもなおさずその民族の精神的豊かさがある〉（六〇）とする。換言すれば、文献史料上の言語を校訂・訓詁・解釈をすることで、はじめて史料のもつ歴史・思想的情報を把握し、客観的な歴史へと還元できるのである。彼は、欧州は〈歴史学と言語学の発達がわりと遅れ〉ており、むしろ中国はその〈発達がわりと早い〉と考える。司馬遷は〈あのような真偽の定かでない伝記を史料として選り分け、八書〔礼・楽・律・暦・天官・封禅・河渠・平準〕を作り、列国の紀年に並べ直しており、いくらか観念的ではあるものの十九世紀の著名な歴史家よりもやや近代的である〉（六一）。宋代になると、言語学と歴史学は大発展を遂げる。欧陽脩『五代史』は客観的史学ではないが、『集古録』は〈直接的史料の研究に着手しており、まことに近代史学的手法である〉。欧陽脩『五代史』・朱熹『資治通鑑綱目』は中世・古世の思想を代表するが、司馬光の『資治通鑑』は、〈「遍く旧史を閲し、広く小説からも採る」。彼や劉攽、劉恕、范祖禹らはみな無限膨大な史料を用いて旧史の記録を校訂し、『資治通鑑』といわゆる正史の異なる箇所すべてを詳細に校訂したのである。

……宋朝の晩年、史料のすべてを利用し、校訂することで疑惑を質す精神には、いささか驚かされるものがある。こうした進化が明朝まで続けば、現在の欧州の水準にも届き得たであろうが、不幸にも元朝の侵入があり、また明朝人の驕りもあって、ただ進歩しないばかりか、退歩すらした〉。清代には、近代性に最も富む史学が出現した。〈顧炎武は直接的史料を探し求めて史書の文章を訂正し、時間と空間で変わる音観念を語学とした。閻若璩は実際の地理によって古記録を訂正し、一切を比較することによって孔安国『偽古文尚書』を弁証し、傾経に注釈することなく『尚書』のテーマを導き出して、ともにそれらを解決した。歴史を著わさずして永久に法式としうる史料の弁証法を成し遂げたのである。このように歴史学と言語学を繋げる亭林・百詩〔百詩は閻若璩の字〕は最も近代的であり、その立脚点こそは不朽の遺訓である〉[六二]。

しかしながら、清代の史学方法にも厳しい限界性が存在する。傅斯年は、近代史学の進歩には三つの標準があると判定する。（一）、およそ研究材料に直に接すること、すなわち進歩である。凡そ先人が研究し創り上げた体系によって間接的に研究し、資料に含まれる事実を何度も緻密に参照しないこと、すなわち退歩である。（二）、凡そ一学問にあって他の研究者の研究材料をより拡げられるのがすなわち進歩、できないのが退歩である。（三）、凡そ一学問にあって他の研究者が応用できる工具を拡充できるのが進歩であり、できないものは退歩である[六三]。ここから評定すると、〈いくつかの例を除外して思うに、近ごろの時世における中国の言語学と歴史学は実にわずかな進歩である〉[六四]。

清代史学が達成した重大事は、研究材料に直に接することと傅斯年は考える。〈……亭林と百詩は草創期にあってすでに最近代の手法を用いた。その歴史学と言語学はどれも研究材料の分量に見合って成されたものである。彼らは金石文に尋ねて歴史事件を考証し、地勢を実検して古蹟の地名を明らかにした。亭林は言語によって時とともに変遷する一個の概念をすこぶる明晰に見通し、百詩は典籍の校訂からあのような偉大なる模範的著作を成した。どちらもよく新旧の材料を用いて客観的に問題を処理し、解決した問題からまた新しい問題を導きだし、問題の解決のためさらに多くの材料を求めたのである〉[六五]。ただし、清代史学が材料を拡張し新しい工具を拡充するにあたっては、重大な不足が生じていた。たとえば近代の史学研究がすでにあらゆる科学的方法の結集を達成していたことについて、〈地質、地理、考古、生物、気象、天文といった学問で、歴史問題を研究する者に工具をもたらさないものは一つも無い。顧亭林は史事を研究するにあたって自ら地理を検分した。このことは極めて結構なことであるが、もし彼が、我らがいま用いている西洋人から借り受けた自然科学的工具を活用できたなら、より卓越した成果を上げられないはずがあろうか。いくつかの歴史学的問題は、自然科学の助けなくしては着手しようも、解決しようもないのである〉[六六]。

三、胡適と傅斯年：宋学・清学研究における科学観と方法論及び当代学術への啓示

これまでに述べたところをまとめると、胡適と傅斯年の宋学・清学研究はその視角や具体的方法には差異があるものの、いずれも近現代の科学進化史観と方法論とによって捉えていた。それらは科学的工具理性による思考であったが、価値理性は、とりわけ道徳理性などは除

外されていた。彼らは宋学・清学の科学思想と方法論という資源の発掘や解釈に努めることで、歴史学を総括した。その過程で中国現代学術を構築するための科学方法論を提供することを望み、その貢献は巨大であった。しかし、彼らに無視されていた価値理性は、現代史学の建設に対しても重要な働きをなしていたのであり、唯科学主義や西洋中心主義もまた、重大な弊害を孕んでいたのである。その学術上の得失は、当代中国学術の発展に対しても重要な啓示をもっている。

（一）胡適と傅斯年の宋学・清学研究における科学観と方法論

胡適と傅斯年はともに近現代進化史観から出発し、宋代や清代の内にある中国学術史をまとめて、不断に進化する歴史と見なした。こうした進化は曲折があるとはいえ、全体の趨勢としては前に発展している。胡適の見方では、中国伝統学術は三つの時期を経るとする。すなわち宋学から始まり現代へ到るまでの時代であり、清代には発展の最高峰まで達して、もっとも科学精神をもち、清学と宋学は一脈相承けるものであった。傅斯年も類似した観点をもつ。程朱理学は中国学術史にあって過去を受け継ぎ次代に遺す偉大な貢献をし、その「道門学」（「物学」）の思想は清代学術の発端となり、清代こそ中国学術発展の最高峰と考えるのである。傅斯年が清代学術の変遷を詳説した際、宋代から近代中国にいたるまでを学術進化史としてまとめ、清代学術史第五期の終わりを、「中国近代文化が転移する重要」な新しい時期に入ろうとしていたと考える。

中国学術思想における進化の本質と原動力とは、近現代の意義での科学的方法である。ここから彼らは、宋学と清学の中国学術史上の地位と意義とを考察し評価して、中国学術史とはある面で科学的精神と方法とが萌し、確立して、転変する歴史であるという。

経学にあっては、宋学に対する、とりわけ朱子学の評価について、胡適は「格物致知」がもつ科学的方法論の意義を、傅斯年は「道問学」（「物学」）の科学的方法論の意義を標準とする。また朱子学を評して、あるいは中国現代学術の発展への道を開いたとし、あるいは学術思想史において過去を受け継ぎ次代に遺す偉大な貢献をしたとする。清代朴学が中国伝統学術の発展における最高峰に到った理由を、胡適は〈確かな「科学」的精神〉に因るとし、傅斯年は〈最も信用でき、条理あるもの〉に因るとする。

史学にあっては、傅斯年は「史学とは史料学である」という近代史学の見方から宋学と清代史学を比較する。近代中国史学は〈趙宋に始まり、その近三百年来における成果はとても大きい〉とし、宋代・清代の史家の方法は西洋近代の史家のそれと同等だとする。

胡適と傅斯年の科学観と方法論は、実質的には西洋の近代以来立ち上がってきたもので、主に進化論と方法論の両面にまとめられる。

進化論にあっては、どちらもが近代科学の所産であるとし、これによって学術思想の発展を考察し、ひとつの学術進化観を形成した。胡適は、実験主義が一つの新しい哲学となったことを十九世紀の科学的進歩上の所産であるとする。それを形作る二つの観念、その一つである「歴史的態度」はダーウィンの進化論から生じたものである。〈進化の概念は哲学において応用された結果、一種の「歴史的態度」（The Genetie method）を生んだ。……これは研究しなければならないことが何故起こり、如何にして至ったのか、如何に変化して現在のように変わってきたのか、……こうした歴史的態度は実験主義における重要な一要素である〉[六七]。傅斯年もまたダーウィンの進化論を根本的方法として、〈近代歴史学とはひとえに史料学であり、自然科学が我々にもたらす全ての工具を用い、見得る史料の一切を整理することである。したがって、近代史学の及ぶ範囲は、地質学から新聞のざら紙にいたるまでである。それは歴史学にとどまらないダーウィン論であり、まさしく歴史学的方法の集大成である〉[六八]。

方法論にあっては、両者の言い分は全く異なる。胡適が評価した科学の方法論は、デューイの実験（実用）主義である。彼は、哲学とは科学的方法論であり、その最新成果は実験哲学、とりわけデューイのそれであると述べる。その概念とは、科学実験室的態度と歴史的態度であり、〈この二つの基本的概念いずれもが十九世紀科学の影響にある。だからこそ我々は、実験主義はただの科学的方法ではなく哲学における応用である、といえる〉[六九]。胡適はしばしば科学的方法を、「大胆な仮説と、細心の考証」として概括する。〈科学の方法とは、実にシンプルに言えるもので、ただ「事実を尊重し、証拠を尊重する」に過ぎない。その応用にあっても、ただ「大胆な仮説と、細心の考証」をするだけである〉[七〇]。「大胆な仮説と、細心の考証」とは「科学実験室的態度」の具体的展開であって、この二つは全く矛盾しない。実験主義は歴史学に対しても同じように適用される。歴史科学と実験科学の違いについては、〈ただし歴史科学での「証拠」は複製のしようがない。歴史科学家は、ただ証拠を探し求めるだけである。証拠を調製したり創り出すことはできない〉[七一]と述べる。

傅斯年の方法論の要点は「史学とは史料学である」という近代歴史学観にある。その本質である史料の蒐集・整理・編纂という一揃いの方法論体系は、ドイツのランケ学派の実証史学を借りて生み出された。「史学とは史料学である」という命題は、主に三つの意味を含む。第一は、史学の進歩は資料の発見と拡大によること。〈史料の発見が史学の進歩を促すことからもわかるように、史学の進歩は史料の増加に依〉り、〈新史料の発見と利用は、じつに史学が進歩する最重要条件である〉[七二]。具体的には史学研究の第一工程を指し、まさに各種史料の止むなき発見と蒐集である。このようにしてはじめて、史学の発展と新史学の出現が促される。第二は、史学とは史料の整理・比較研究であり、それによって歴史事実に還元し、姿を映し出すこと。彼は、〈史学とは史料学である。……史料学とは比較手法の応用である〉とし、史料整理の方法とは、〈一に異なる史料を比較し、二に異なる史料を比較し、三にも異なる史料を比較する〉[七三]ことと述べる。これは史学研究の第二工程であり、各史料への比較を進めその真偽を調べ質し、史実か否かを検討していくことで、最終的に歴史事実へと還元して表すのである。第三は、史学とは史料編纂学であること。〈近代の史学とは、史料編集の学問であり、巧拙はさまざまでも、帰するところは一つである。供給される史料の豊富さが、批評の様式を生む。この様式は抽象論によってはありえず、まことに事実としての経験による〉[七四]。これが史学研究の第三工程である。史料の蒐集・校勘・検討作業が完成したのち、最も史実性を反映している史料に編纂の手を加えたときに、歴史学の仕事と務めは果たされる。傅斯年の見方からすれば、如上の工程を経た史学であればこそ、近代的意味での科学的歴史学となるのである。

（二）胡適と傅斯年の科学的方法論における工具理性の特徴、その理論の得失と方法論の啓示

宋学と清学は中国学術発展史にあって重要な段階であり、中国近現代学術史と直接な継承関係を有していたからこそ、近代以来の中国学術界が研究する大きな問題の一つとなっていた。胡適と傅斯年は中国

現代史学の科学化を牽引する人物として、宋学・清学研究を通じて、そこにある科学の精神と方法論という資源を発掘し、またその現代における価値を読み解いて、中国現代学術の建立のために歴史的根拠と証明を与えようと願ったのである。胡適は科学の方法について東西の文はないと考え、〈科学的法則とは常識的法則を紀律化することに過ぎない。……事実、学問を修める方法は、東西双方がもともと一致するものであった〉[七五]。中国伝統学術はもとより科学的方法によっており、〈「考据」或いは「考证」の意味とは「実証有る検討」である。私がかく言うことこそ中国の伝統的修学方法である。これはまた全ての歴史科学が［共有して用いる］修学方法である〉[七六]。デューイの実用主義について話が及んだときには、〈あのときは、ほんとうに数少ない人だけが（そもそも人が居なかった）、現代科学の法則と我が国古代の考据学・考証学とが、その方法論においては相通ずるところが有ることに思い至った。私はこの話をする最初の人物である〉[七七]。

そうは言いながらも彼はまた、中国学術が西洋近代の科学的精神と方法に欠けていることについて、例えば、〈中国の史を作る者が、最も史料に頓着しない。神話や官書は、みな史料となるものだが、これらの材料の是非については全く問おうとしない〉[七八]。胡適の見るところ、相当な科学的精神と方法を有する清学ですら、西洋学術と比べると依然として重大な不足があるという。だから、彼は西洋現代科学の方法論を取り入れることで、清学の現代的意義を発掘するという基礎の上に立って、中国現代学術を建設することを企図した。そうして彼はあるとき、科学的方法を用いて国学を研究する学術事業を「新漢学」と称するとともに、これを中国現代学術における革命と看做す。胡適がその晩年に、私の一生の学術とは国故整理という務めに従事したことであり、その目標とは中国現代学術界に「コペルニクス的思想革命」をもたらすことにあった、と語っている[七九]。

傅斯年は、〈いわゆる方法とは、新旧についていうのではなく〉、時代の変遷や進歩にしたがって、〈常に新しい観念と新しい方法から生まれる〉[八〇]。東西の学術発展上の道程は同じでありながらも、中国は長きにわたりリードする位置にあった。〈言語学と歴史学の中国での発達は、人々に思索を促した。紀元前二世紀の司馬遷が、あのように資料情報を疑って史料として分けて、八書を作り、列国の紀年を並べ直したのは、十九世紀の大史家よりもいくつかの観念においてやや近代的である〉[八一]。ただ近代以来の中国学術が反落したのち、清代学術は近代科学精神の精神と方法を備えてはいたが、近代科学の方法を完全に運用した西洋学術とは比べようがない。中国現代学術の構築には、清代学術の基礎を継承したうえで、西洋近代の方法論を取り入れることが必須であった。こうして彼は、清代朴学の修学方法を歴史語言研究所の趣旨の第一条とする。〈我々の趣旨の第一条は、亭林と百詩の遺訓を守ることである。……両者がつとに最近代の手法を用い、その歴史学と言語学が資料の分量に応じて生み出された成果であることを思うべきである〉[八二]。

一方でまた中国現代学術に必要なのは、「正統漢学」を越える「科学的東方学」であるとした。歴史語言研究所の設立目的は、〈漢学の正統をただ継承するのではない。「資料を広げ、工具を充実」することを方策として、中国の歴史学・言語学を自然科学の枠に収めようとするのである〉[八三]。〈我々が求める科学の東方学における正統とは、中国にある〉[八四]。

胡適と傅斯年は、歴史学に内在している中国現代学術が現代化するための要件をまとめるという重大な貢献を成し遂げた。胡適が広めた実用主義的方法論は、広汎にして深い影響を中国現代学術界に与えた。

傅斯年の「史学とは史料学である」という思想および「科学東方学」創立といった史学活動も、中国現代史学の構築に重大な貢献を果たした。しかしながら、彼らの思想と実践は典型的な「工具理性」論であり、ただ「工具理性」の学術発展における位置や作用ばかり重視して、かえって「価値理性」のそれを無視する、一種の唯科学主義であり西洋文化中心論である。

「工具理性」と「価値理性」は、ドイツの社会学者マックス・ヴェーバーにおける人間の社会行動の基本概念である。人の社会行動が発生するのは、そこに何らかの意義を生み成すに値するものが有るからで、それは「工具理性的」・「価値理性的」・「情緒的」・「伝統的」行動の四類型に分けられる。なかでも重要なのが前二者である。いわゆる「工具理性」とは、〈それが客体にとって、その環境のなかでの表現ないし他者の表現に起こりうること［予期］を決定づけるものである。行動者はこれらの予期を「条件」あるいは「手段」として用いことで、みずからの理性が追究しているものと確たる目標を実現するのである〉[八五]。ここから分かるように、工具理性とは行動そのものの価値を重視するのではなく、行動の成否が目的到達に有効な手段であるか、選択した手段が最も効率的であるかを重視する。こうしたことから「功效理性」・「效率理性」とも称され、その関心は客観的世界に注がれる。いわゆる価値理性とは、〈其れが特定の行動法式に無条件に宿っている何らかの価値を決定づける自覚的信仰であり、無論その価値とは倫理的、美学的、宗教的もしくはその他の如何なるものである。こうした行動そのものを追求だけであって、それが成功するか否かはかまわない〉ものである[八六]。この通り、価値理性はただ行為の「絶対価値」、即ち行為それ自体における価値を重視するもので、手段や成果を念頭におかない。これが関心を寄せるのは人文の、とりわけ道徳精神の世界であるが故に、「道徳理性」とも称されるのである。

両種の理性はいずれも西洋文化に備わるものである。ところで西洋の歴史と文化、とりわけ近代以来は、本質からして工具理性の主導下で発展してきた。言うなれば、科学が社会と歴史の発展を導き、西洋の近現代化を実現させたのである。あるアメリカの学者は、〈この三世紀のあいだで、機械論世界観［Mechanistic View］は西洋哲学のイデオロギーとなった。工業化は自然資源の開発とつながって、人類の生命の特徴と重みを根本から変え始めたのである。大衆への科学教育、経験哲学や自然宗教の常識化、製造業の科学化と理性化という情勢があって、十七世紀に形成された政治官僚機構、医療や法律の体系、物理学、方法と哲学は、しだいに形式化されて西洋世界の生活様式となった〉[八七]と述べる。

工具理性の運用は、社会の進歩と人類の発展に重大かつ積極的意味をもっている。工具理性が、如何なる国家・社会の現代化行程を引き起こすのかを説き起こす必要があろう。それは社会における道具面の変化だけをもたらすものではなく、過去のどの時代とも比較にならないものを創造し、また大きな精神的豊かさをも創造することで、人々の思惟方法や精神の姿を変えていくものである。しかし、工具理性だけを片面に強調し、その理論を主張するばかりでは、価値理性までも覆い隠されて、人類社会の発展に重大な問題と危機をもたらしてしまう。〈近代以来、科学技術の著しい効果はその合法性を大きく強めた。その影響は工具の範疇をはるかに飛び出し、社会生活の各領域に浸透し、判断やモラル、人の行為を裁く際の合理性として最も権威ある標準となった。甚だしくは次第に価値基準に取って代わり、一種の崇拝あるいは信仰の対象にもなっている。……工具理性の価値理性に対する排斥は、まさに現代科学の危機的問題の一つであり、また現代社会において精神危機に陥っている根源の在りかである〉[八八]。十九世紀晩期には、西洋の一部の思想家、たとえばニーチェなどが西洋の工具理性による文明を批判した。二十世紀に入ると批判の声はますます強烈になり、ヴェーバーはつとに工業社会のなかでも工具理性を言いふらす傾向を注意している。当代に至っては、こうした批判は強大な一思潮となっており、たとえばフランクフルト学派や実存主義、ポストモダニズムなどがみな痛烈な批判をしている。

　儒家を主体とする中国伝統文化が価値理性の範疇である道徳理性を重視したことは、かえって中国の歴史文化が人文道徳的理性の主導下で発展してきたものとも言える。近代に入ってより西洋の強烈な衝撃を受けたことで、全面的に西洋に学ぶ道のりを歩んだ。言うなれば、工具理性でもって科学的精神や民主的近代化を実現する過程であり、中国伝統文化を取り扱ううえでは、西洋歴史文化中心論や全面西洋化論と表現しうる。

　胡適と傅斯年は、近現代の科学観や方法論によって、清学は紛れもなく工具理性を原則としていたと評価する。彼らの目に映る中国学術思想史とは、まことに西洋の科学観が見た歴史であり、その中では伝統的道徳理性や人文精神は蔑まれ排斥された。彼らがそうしたように、清学及びその宋学との関係の叙述は、ただ「道問学」の科学的精神や方法を見るばかりで、「尊徳性」の道徳精神や人文の伝統は無視された。中国現代学術や史学の構築に対しては、工具理性による科学方法論がただ一つの方策だったのである。彼らの見方は、倫理道徳や人文精神に係わる一切の問題を科学がまとめて解決できるとした、完全な「唯科学主義」である。アメリカの漢学者は、〈唯科学主義（形容詞では「唯科学的：Scientistic」）が定義できたものは、あらゆる現実存在を自然秩序の内に置くということであり、科学的方法を存する限りにおいて、はじめてその秩序内のあらゆる方面（即ち生物、社会、物理あるいは心理といった面）が認識できると信ずる観点である〉[八九]。唯科学主義は西洋近代科学が発展するなかで生まれたものである。それを手立てとして推測することで、中国の歴史文化を評論したり、現代化に資した各々の思想や実践などを等し並みに西洋中心論で押し込めるから、その理論と実践にあっては必然「全面西化」論に導かれる。たとえば胡適も、〈わたしは、不揆にも我らが東方文明を指弾し、西洋の近代文明を熱烈に称揚している〉[九〇]と述べる。こうして中国の歩む道は全面的な西洋化へとながれ、〈わたしが全面的な西洋化を主張する理由は、心から世界化への路を歩いてほしいからだ〉[九一]と語る。傅斯年もまた、〈欧米のものはどれも良いものに思えるが、もとより道理には合うはずもない。しかし極端な外国崇拝も、そう悪いものではない。人類の文明の進化には、一歩ごとの段階があって、西洋文化は中国に比べると実際に数歩先をいっているが、我らはただ自らの文化を尊崇していけばよい。……そのため中国文化のこれからの一歩は、百件の事柄が有ったとしてそのうち九十九件は吾人に馴染まない以上、中国対西洋の問題についても常に是か非かという問題へと変わってしまうのだ〉[九二]。

　このように、片面では工具理性による唯科学主義や全面西洋化論を尊びながらも、中国現代の学術発展については極めて強い危機感を抱いている。そのため、人文学である史学によって、事実面での認識や価値面での理解をまとめ上げたのである。事実認識は科学的認識のために必要不可欠だが、そうした基礎の上に築かれる道徳や感情も、同じく人文的価値判断のために必要である。史学が、科学でも芸術でもあるように。民国の「天才史家」と称えられた張蔭麟は、〈史学は科学であるべきか、それとも芸術であるべきだろうか。曰く、兼ねるべきである。……歴史に表されたものを真とみたのであれば、その資料は科学的蒐集と整理とを必ず待っている。しかし僅かな資料であっても、極めて精確に扱わなければ、史としては成り立たない。しかし、なお一層の科学を集め用いたとて、また成り立たないのである。何故か。感情、生命、全神経をもって直観に受け取ってこそ、芸術に値する表現となるからである〉[九三]。

現代史家の陳寅恪は、人文的価値理性に基づき、胡適や傅斯年とはまったく異なる評価を清学・宋学に与えた。彼は中国の文化や学術が宋代において最高峰に達し、〈華夏民族の文化は、数千年の発展を経て、趙宋の世において極まった。この後はしだいに衰微する〉[九四]。史学にあっては、〈宋代は史学に賢く、今古にまれである〉[九五]として、〈清朝一代は経学で極めて呼び声が高いが、史学については宋人に遠く及ばない〉[九六]と評する。その原因には、宋代歴史家の長編にわたる考異法が、後世の史学に重要な方法論を提供したばかりでなく、宋代学術が民族的気節を尊んだことにある。〈欧陽永叔が若くして韓昌黎〔昌黎は韓愈の出身地に因んだ呼称〕の文に学び、晩年に五代史記を撰し、義児伝・馮道伝など諸伝を作って、権勢に阿る者を貶し、気節ある者を讃えて、ついに五代の浅薄さを匡し、純正に返した。故に天水一朝〔宋朝〕の文化は、そのまま我が民族に遺された宝となったのである〉[九七]。柳詒徴や銭穆を代表とする現代の新儒学史家は、中国の伝統ある道徳理性の価値及びその現代学術構築に果たした決定的作用を系統立てて叙述する。彼らは宋代の史学や文化に高い評価を与え、清代学術が義理を講じず考証に専心したことを批判し、中国史学の発展過程においては衰退しているとする[九八]。

いま中国当代の人文学術は、まさに中国の言語体系を築く時期にある。筆者は考える。胡適と傅斯年による宋学・清学研究の科学的方法論及び彼らの中国現代の学術体系を築くために果たした重大な貢献を、我々は充分に肯定する必要がある。また、価値理性を無視したことに付いてまわる深刻な弊害の基にも目を向けねばならない。と同時に、現代文化期の保守主義的史家が、伝統ある道徳理性や人文精神を重んじて、積極的に合理的要素を取り入れたことも見逃せない。ただ工具理性と道徳理性の統一を図っていけば、科学精神と人文とは密に結びつき、中国的特色に満ち、言葉が力を持つ、豊かな中国当代の人文学術を築いていけるであろうと。

《訳者注記》

「」は原著において引用符及び強調符が附された文であり、とりわけ長文にわたる引用などは〈〉で括った。（）及び〔〕は原著に同じ。また訳者による簡註は〔〕として挿入した。また原注（一）にあるように、時代を示す語彙については原著のままとした。

《原　注》

（一）「中国近代」や「中国現代」に関わる表現は、中国学術界では二つの視点がある。①一八四〇年の鴉片戦争勃発から一九一九年の五四運動に代表される新文化運動期までを「中国近代史」、その後一九四九年一〇月に中華人民共和国が成立するまでを「中国現代史」と称する。②鴉片戦争勃発から中華人民共和国成立までの歴史を総称して「中国近代史」とする。ただし、近代以来の学者が中国史の一時期を研究するにあたっては、その表現は一様ではない。本論稿では文脈によって「近代」「現代」あるいは「近現代」と概念を用いるが、学者その人の視点に関わる引用・紹介をする場合は、元々の表現を尊重してそのまま用いる。

(二) 学術界の新考据派に対する認識は分かれている。ある学者は、新考据派とは二十世紀前半における史学流派の一つで、顧頡剛をはじめとした古史辨派・傅斯年をはじめとした史料学派をまとまりとして、いずれも胡適の「科学的方法をもって自国の文化を整理する」スローガンのもと生まれたとする（張岱年主編『中国哲学大辞典』、上海辞書出版社、二〇一〇年、八二九頁）。董恩強は、新考据派はまた史料学派であり、民国時代、新たな観念のもと新たな資料によって考証を重んじる学者達を指す。王国維、胡適、顧頡剛、傅斯年、陳垣、陳寅恪、李済らを代表とし、およそ同じ学術理念と修学の傾向をもつ（董恩強「平等的眼光：民国新派学人的史料観」、『福建論壇』二〇〇七年第一二期）。香港の許冠三は、新考据学派とは方法学派と史料学派をまとまりとし、就中、前者の代表には胡適、顧頡剛が、後者には傅斯年、陳寅恪がある（許冠三『新史学九十年』、岳麓書社、二〇〇三年、三頁）。なお筆者は、陳寅恪は宋学を讃えるものの清学を蔑み、王国維は学問には中国・西洋も新旧も無いと主張し、清代学術についてもその精髄は金石学にあるとして保守的な文化観を持ち続けていたのだから、両者を新考据派に組み入れるのは相応しくないと考える。

(三) 中国大陸の「中国学術期刊罔」や大型中文データベース「読秀」を検索しても、僅かな量の論文・著作があるのみである。中国現代史家の梁啓超、章太炎、劉師培、胡的、銭穆や陳寅恪など、宋代と清代の学術思想史に関わる研究は有るものの、なお胡適・傅斯年の宋学・清学研究及びその方法論に対する研究について、専門とした著述はなかった。

(四) 胡適『胡適的自伝』（葛懋春・李興芝編『胡適哲学思想資料選（下）』、華東師範大学出版社、一九八一年、二七四・二七八・二七九頁）。

(五) 胡適『胡適的自伝』（『胡適哲学思想資料選（下）』、二八一頁）。

(六) 胡適『胡適的自伝』（『胡適哲学思想資料選（下）』、二八二頁）。

(七) 胡適『清代学者的治学方法』（『胡適文存』第一集、黄山書社、一九九六年、二八一頁）。

(八) 胡適『読梁漱溟先生的「東西文化及其哲学」』（『胡適文存』第二集、黄山書社、一九九六年、一七九頁）。

(九) 胡適『費経虞与費密』（『胡適文存』第二集、五三頁）。

(一〇) 胡適『清代学者的治学方法』（『胡適文存』第一集、二八五頁）。

(一一) 胡適『胡適的自伝』（『胡適哲学思想資料選（下）』、一二九頁）。

(一二) 胡適『読梁漱溟先生的「東西文化及其哲学」』（『胡適文存』第二集、一七九頁）。

(一三) 胡適『胡適的自伝』（『胡適哲学思想資料選（下）』、二八三頁）。

(一四) 胡適『胡適的自伝』（『胡適哲学思想資料選（下）』、五一頁）。

(一五) 胡適『胡適的自伝』（『胡適哲学思想資料選（下）』、二八九～二九〇頁）。

(一六) 胡適『清代学者的治学方法』（『胡適文存』第一集、二八二頁）。

(一七) 胡適『中国哲学史大綱』（東方出版社、一九九六年）、二三頁。

(一八) 胡適『費経虞与費密』（『胡適文存』二集、五〇頁）。

(一九) 胡適『清代学者的治学方法』（『胡適文存』第一集、二八五頁）。

(二〇) 胡適『清代学者的治学方法』（『胡適文存』第一集、二八七～二八八頁）。

(二一) 胡適『清代学者的治学方法』（『胡適文存』第一集、二九三頁）。

(二二) 胡適『清代学者的治学方法』（『胡適文存』第一集、二九八頁・三〇〇頁）。

(二三) 胡適『治学的方法与材料』（『胡適文存』第三集、九三頁）。

(二四) 胡適『几个反理学的思想家』（『胡適文存』第三集、六六頁）。

(二五) 胡適『几个反理学的思想家』（『胡適文存』第三集、六七頁）。

(二六) 胡適『治学的方法与材料』（『胡適文存』第三集、九八頁）。

（二七）胡適『治学的方法与材料』（『胡適文存』第三集、一〇一～一〇二頁・一〇二頁）。
（二八）胡適『治学的方法与材料』（『胡適文存』第三集、九七頁）。
（二九）胡適『治学的方法与材料』（『胡適文存』第三集、一〇一頁）。
（三〇）胡適『「左伝真偽」的提要与批評』（『胡適文存』第三集、一三八頁）。
（三一）胡適『実験主義』（『胡適哲学思想資料選（上）』、七八頁）。
（三二）胡適『記李覯的学説——一個不曾得君行道的王安石』（『胡適文存』第二集、二一～二三頁）。
（三三）胡適『記李覯的学説——一個不曾得君行道的王安石』（『胡適文存』第二集、二四頁）。
（三四）胡適『記李覯的的学説——一個不曾得君行道的王安石』（『胡適文存』第二集、二八頁）。
（三五）胡適『費経虞与費密——清学的両個先駆者』（『胡適文存』第二集、三五頁）。
（三六）胡適『費経虞与費密——清学的両個先駆者』（『胡適文存』第二集、四五頁）。
（三七）胡適『費経虞与費密——清学的両個先駆者』（『胡適文存』第二集、四六・四八頁）。
（三八）胡適『費経虞与費密——清学的両個先駆者』（『胡適文存』第二集、五七頁）。
（三九）胡適『費経虞与費密——清学的両個先駆者』（『胡適文存』第二集、六四頁）。
（四〇）胡適『治学的方法与材料』（『胡適文存』第三集、一〇〇頁）。
（四一）胡適『論国故学——答毛子水』（『胡適文存』第一集、三二一頁）。
（四二）胡適『費経虞与費密——清学的両個先駆者』（『胡適文存』第二集、四八頁）。
（四三）傅斯年『性命古訓辨証』（『傅斯年史学論著』、上海書店出版社、二〇一四年、四五〇頁）。
（四四）傅斯年『性命古訓辨証』（『傅斯年史学論著』、四五五～四五六頁）。
（四五）傅斯年『性命古訓辨証』（『傅斯年史学論著』、四五六頁）。
（四六）傅斯年『清代学問的門径書几種』（『傅斯年全集』第一巻、湖南教育出版社、二〇〇三年、二二七頁・二二七～二二八頁）。
（四七）傅斯年『清代学問的門径書几種』（『傅斯年全集』第一巻、二二八頁）。
（四八）傅斯年『清代学問的門径書几種』（『傅斯年全集』第一巻、二二八頁）。
（四九）傅斯年『清代学問的門径書几種』（『傅斯年全集』第一巻、二三〇頁）。
（五〇）傅斯年『清代学問的門径書几種』（『傅斯年全集』第一巻、二三一頁）。
（五一）傅斯年『清代学問的門径書几種』（『傅斯年全集』第一巻、二三〇頁）。
（五二）傅斯年『清代学問的門径書几種』（『傅斯年全集』第一巻、二三〇頁・二三一頁）。
（五三）傅斯年『清代学問的門径書几種』（『傅斯年全集』第一巻、二三三頁）。
（五四）傅斯年『中国古代文学史講義』（上海古籍出版社、二〇一二年、九頁）。
（五五）傅斯年『史学方法導論』（『傅斯年講史学』、鳳凰出版社、二〇〇八年、二頁）。
（五六）傅斯年『史学方法導論』（『傅斯年講史学』、二五頁）。
（五七）傅斯年『史学方法導論』（『傅斯年講史学』、一七頁・一七～一八頁）。
（五八）傅斯年『史学方法導論』（『傅斯年講史学』、一九頁）。
（五九）傅斯年『「史料与史学」発刊詞』（『傅斯年全集』第三巻、湖南教育出版社、二〇〇三年、三三五頁）。
（六〇）傅斯年『歴史語言研究所工作之旨趣』（『傅斯年講史学』、一八〇頁）。
（六一）傅斯年『歴史語言研究所工作之旨趣』（『傅斯年講史学』、一八〇～一八一頁）。
（六二）傅斯年『歴史語言研究所工作之旨趣』（『傅斯年講史学』、一八一頁）。

(六三) 傅斯年『歴史語言研究所工作之旨趣』(『傅斯年講史学』、一八二〜一八三頁)。
(六四) 傅斯年『歴史語言研究所工作之旨趣』(『傅斯年講史学』、一八四頁)。
(六五) 傅斯年『歴史語言研究所工作之旨趣』(『傅斯年講史学』、一八四〜一八五頁)。
(六六) 傅斯年『歴史語言研究所工作之旨趣』(『傅斯年講史学』、一八四頁)。
(六七) 胡適『実験主義』(『胡適文存』第一集、二一六頁)。
(六八) 傅斯年『歴史語言研究所工作之旨趣』(『傅斯年講史学』、一八〇頁)。
(六九) 胡適『実験主義』(『胡適文存』第一集、二一六頁)。
(七〇) 胡適『治学的方法与材料』(『胡適文存』第三集、九三頁)。
(七一) 胡適『胡適的自伝』(『胡適哲学思想資料選(下)』、一九八頁)。
(七二) 傅斯年『史学方法導論』(『傅斯年講史学』、二二頁)。
(七三) 傅斯年『史学方法導論』(『傅斯年講史学』、二一頁)。
(七四) 傅斯年『中国史学観点之変遷』(『傅斯年全集』第三巻、一五六頁)。
(七五) 胡適『胡適的自伝』(『胡適哲学思想資料選(下)』、一一〇頁)。
(七六) 胡適『胡適的自伝』(『胡適哲学思想資料選(下)』、一九八頁)。
(七七) 胡適『胡適的自伝』(『胡適哲学思想資料選(下)』、一〇九頁)。
(七八) 胡適『中国哲学史大綱』、一一二頁。
(七九) 胡適『胡適的自伝』(『胡適哲学思想資料選(下)』、二六二頁)。
(八〇) 傅斯年『考古学的新方法』(『傅斯年講史学』、一五九頁)。
(八一) 傅斯年『歴史語言研究所工作之旨趣』(『傅斯年講史学』、一八〇〜一八一頁)。
(八二) 傅斯年『歴史語言研究所工作之旨趣』(『傅斯年講史学』、一八四頁)。
(八三) 傅斯年『致王献唐』(『傅斯年全集』第七巻、九二頁)。
(八四) 傅斯年『歴史語言研究所工作之旨趣』(『傅斯年講史学』、一八八頁)。
(八五) 〔徳〕馬克斯=韋伯〔Max Waber〕『経済与社会』〔"Economy and Society"〕第一巻(上海人民出版社、二〇一〇年)、一一四頁。
(八六) 〔徳〕馬克斯=韋伯『経済与社会』第一巻、一一四頁。
(八七) 〔美〕卡洛林=麦茜特〔Carolyn Merchant〕『自然之死——婦女、生態和科学革命』〔"The Death of Nature: Women, Ecology, and the Scientific Revolution"〕(吉林出版社、一九九九年)、三二〇頁。
(八八) 陳新夏『唯物史観与人的発展理論』(江蘇人民出版社、二〇一三年)、一九六頁。
(八九) 〔美〕郭穎〔Kwok D.W.Y.〕『中国現代思想中的唯科学主義(1900-1950)』〔"Scientism in Chinese Thought: 1900-1950"〕、(江蘇人民出版社、二〇〇五年)、一五頁。
(九〇) 胡適『介紹我自己的思想』(『胡適文存』第四集、四五八頁)。
(九一) 胡適『充分世界化与全盤西化』(『胡適文存』第四集、四〇〇頁)。
(九二) 傅斯年『答余裴山』、『新潮』第一巻第三号(『新潮』第一冊、上海人民出版社、二〇一五年に所載、五五四頁)。
(九三) 張萌麟『論歴史学之過去与未来』、(〔美〕美陳潤成・李欣栄編『張萌麟全集』中巻、清華大学出版社、二〇一三年、九三五頁)。
(九四) 陳寅恪『鄧広銘「宋史職官志考証」序』(陳寅恪『金明館叢稿二編』、三聯書店、二〇〇一年、二七七頁)。
(九五) 陳寅恪『隋唐制度淵源論稿』(三聯書店、二〇〇九年)、一四八頁。
(九六) 陳寅恪『陳垣「元西域人化華考」序』(陳寅恪『金明館叢稿二編』、二六九頁)。
(九七) 陳寅恪『贈蒋秉南序』(陳寅恪『寒柳堂集』、上海古籍出版社、一九八〇年、一六二頁)。
(九八) この論述に関わるものとしては、徐国利『新儒学視野下的中国伝統史学的闡釈与建構——柳詒徴的中国伝統史学観述評』(『中国史研究』[韓国]第九三輯[二〇一四年一二月])と、同『中国現代文化保守主義史家対伝統史学的新書写――以銭穆前期的伝統中国史学研究為例』（『河北学刊』二〇一四年第四期）に詳らかにしている。

第一部会　四

疑古と釋古

西山　尚志

はじめに

本稿は、中國や日本で現在もなお激論が繰り廣げられている「疑古」と「釋古」という研究方法・研究態度について検討するものである。

周知の通り、「疑古」とは一九二〇年ごろから錢玄同や顧頡剛などが主張した中國古代史に對する批判的研究の態度である。

一八八〇年代頃から歐米や日本でほぼ同時期に實證史學が受容され始めた。一九二〇年代の中國の「疑古」は廣い意味でその流れを汲むものと言ってよいだろう。しかし中國が他國の状況とやや異なるのは、この時期に甲骨文を初めとした極めて古くかつ價値の高い出土史料が大量に發見されたことである。

一九二五年七月に王國維は清華大學での講演で、出土文獻と傳世文獻の内容を相互に證明しあう「二重證據法」を提唱し、傳世文獻の内容を輕々しく批判する「疑古」の態度や方法に釘を刺した。

一九三五年には馮友蘭が「信古」と「疑古」の對立を止揚して「釋古」という概念を提唱し[一]、中國のみならず、日本でも多くの支持を得た[二]。「疑古」の功績を認めつつも、その後に古代史をどのように再構築するのかという問題が提起され始めたのである。

出土史料が増加し、その價値が認められるにつれ、「二重證據法」も多くの支持を得ていった。第二次大戰後には黄現璠・徐中舒・饒宗頤などがこの「二重證據法」を基礎に新しい史料や觀點を加えた「三重證據法」を唱え始めた。

一九九二年、李學勤は清華大學での講演で、「釋古」の考えを「二重證據法」に見出し、「疑古」を批判して「走出疑古」(「進入釋古」)を呼びかけ、一九九五年に『走出疑古時代』[三]を出版し、多くの支持者を得た。

この「走出疑古」・「釋古」が支持された理由・背景はいくつかある。第一點目は、史料批判・文化批判への反動である。疑古の隆盛から文革終結までの約半世紀は、特に中國文化に對する強い批判が行われてきたが、その後はその反動から文化復興への機運が高まっていた。

第二點目は、中國政府による支持を得たことである。一九九五年に申請が受理された「夏商周斷代工程」という巨大プロジェクトは、最新の出土文獻・天文學・考古學などを驅使し、夏・殷・周の編年を確定しようとする試みである。このプロジェクトの提唱者である政治家の宋健が發表した『超越疑古走出迷茫―呼喚夏商周斷代工程』という小冊子には「走出疑古」の理念が全面に押し出されている[四]。なお、李學勤はこのプロジェクトの歴史部門のリーダーである。

第三點目に、一九九〇年代に大量の重要な先秦出土文獻が發見されたこともこの風潮を後押しした。一九九三年に發見された郭店楚簡、一九九四年に發見された上博楚簡などは特に先秦から前漢頃までの歴史・思想史・文字學などを一氣に進展させていた。

第四點目に、民族意識の高まりも關係があると筆者は考えている。自民族の淵源である古代史の再構築・再評價という考えは、一九八〇年代末の國内混亂期を經て、經濟發展などを背景に自信を取り戻しつつあった民族意識を刺激したと筆者は考える。

さて、この「走出疑古」という考えは巨大なインパクトを殘したわけだが、贊成者ばかりではなかった。とりわけ夏商周斷代工程の結論には武斷な點が少なからず見られることは否めず、また「疑古」に對する批判的な主張に戸惑いを持つ者も少なくなかった。

しかし、これまでの「疑古」と「釋古」（走出疑古）の論爭は、古代史に關する個別具體的問題の當否を議論するにとどまるか、抽象的な議論に陷りがちであった。よって相互に納得できる結論を得られず、並行性をたどったまま、今でも論爭を繰り返している。

そこで本稿は二章に分けて検討を行う。第一章では、「釋古」（走出疑古）の基礎理論になっている二重證據法が論理的に妥當であるのかどうかを検討する。そもそも二重證據法は、「釋古」を主張する側だけでなく、「釋古」を必ずしも支持しない側にも幅廣く受け入れられている考えであるからである。[五] 筆者はこの二重證據法に對する批判的検討がほとんど行われていないことが「疑古」と「釋古」の論爭を混亂させた大きな原因の一つであると見ている。そして結論から言えば、筆者はこの二重證據法には多くの論理的缺陷があり、また反證不可能な命題に立脚していると考える。

第二章では、顧頡剛と王國維の論爭に影響を與えたとも言われている白鳥庫吉と林泰輔の論爭を概觀し、彼らに共通する問題點をあぶり出して検討を行う。

顧頡剛と王國維の「疑古」・「釋古」論爭は、「史料批判」と「史料批判に對する批判」の論爭とも言えるが、敢えて批判を恐れずこの論爭の展開を單純化させて圖示すると以下の通りとなろう。

從來の多くの研究は白鳥庫吉から顧頡剛への影響關係に注目が集まっていた。特に中國では顧頡剛が日本帝國主義の御用學者である白鳥庫吉の影響を受けていると批判的に取り擧げられることが多かった。

しかし、筆者は川田剛・陸羯南などから林泰輔、そして王國維にもある共通點が見られると考える。それは、「抹殺」という言葉を用いながら、反證不可能な命題に立脚して、史料批判を封じた點である。本稿はこれらを批判的に検討するこ

	1890年前後	1910年前後	1920年代半ば	1990年代以降
テーマ	『太平記』・『大日本史』などへの史料批判をめぐる論爭	堯・舜・禹の實在性についての論爭	中國古代史の史料批判に關する論爭	「走出疑古時代」の論爭
史料批判	重野安繹・久米邦武など	白鳥庫吉	顧頡剛など	顧頡剛など
史料批判への批判	川田剛・陸羯南・井上毅・國粋主義者など	林泰輔	王國維	李學勤など

とで「釋古」の本質を考察したい。

第一章 王國維「二重證據法」とその問題點

本章は二重證據法の論理的問題點を検討するものである。この問題は拙稿「我們應該如何運用出土文獻?—王國維「二重證據法」的不可證僞性」にて詳細に論じているが[六]、本章はその要旨を紹介する。

第一節 王國維「二重證據法」

（一）二重證據法の變遷とその内容

二重證據法は王國維が一九一三年に書いた『明堂廟寢通考』に初めて見える（當時は「二重證明法」と呼んでいる）[七]。この「二重證明法」に關する部分は『觀堂集林』巻三に収録する際に削除されているが、一九二五年に王國維はこれと似た内容を清華大學で講演している[八]。現在廣く知られている二重證據法はこの一九二五年版である。

一九一三年版『明堂廟寢通考』通論一（初校）

……然則晩周秦漢人之書遂不可信歟?曰不然。晩周秦漢之際、去古未遠。古之制度、風俗存於實事者、較存於方策者爲多。故制度之書或多附會、而其中所見之名與物、不能創造也。紀事之文或加緣飾、而其附見之禮與俗、不能盡僞也。故今日所得最古之史料、往往於周秦兩漢之書得其證明、而此種書亦得援之以自證焉。吾輩生於今日、始得用此二重證明法、不可謂非人生之幸也。

一九二五年の清華大學の演講内容（王國維『古史新證—王國維最後的講義』第一章）

吾輩生於今日、幸於紙上之材料外、更得地下之新材料、由此種材料、我輩固得據以補正紙上之材料、亦得證明古書之某部分全爲實録、即百家不雅馴之言、亦不無表示一面之事實。此二重證據法、惟在今日始得爲之。雖古書之未得證明者、不能加以否定、而其已得證明者、不能不加以肯定、可斷言也。

一九二五年の清華大學の演講内容（王國維『古史新證—王國維最後的講義』第四章）

右商之先公先王及先正見於卜辭者大率如此、而名字之不見於古書者不與焉。由此觀之、則『史記』所述商一代世系、以卜辭證之、雖不免小有舛駁而大致不誤。可知『史記』所據之『世本』全是實録。而由殷周世系之確實、因之推想夏後氏世系之確實、此又當然之事也。又雖謬悠緣飾之書如『山海經』・『楚辭』天問、成於後世之書如『晏子春秋』・『墨子』・『呂氏春秋』、晩出之書如『竹書紀年』、其所言古事亦有一部分之確實性。然則經典所記上古之事、今日雖有未得二重證明者、固未可以完全抹殺也。

（二）二重證據法の基本的内容

以上の「二重證據法」の基本内容をまとめると以下の三點に集約できる。

① 出土史料（出土文獻・古器物等）と傳世文獻を用いて相互に内容を證明しあう。出土史料を用いて傳世文獻の部分的な實録性を證明し、また傳世文獻を用いて出土史料の内容を證明する。

② 傳世文獻の内容は必ずしも全てが「僞」ではなく、少なからず「眞」を含んでいる。

③　たとえ出土史料を用いて證明できなくても、傳世文獻の内容は否定できない。

①は、一九一三年版には「今日所得最古之史料、往往於周秦、兩漢之書得其證明、而此種書亦得援之以自證焉」とあり、出土史料と傳世文獻を同等視し、相互に證明させている。一九二五年版が出土史料を用いて傳世文獻の内容を證明する一面しか述べていないのは、一九二五年版は出土史料の有用性を提唱するところに力點をおいているためである。[九]

②は、一九二五年版では「即百家不雅馴之言、亦不無表示一面之事實」とある。『古史新證』第四章は、『世本』・『山海經』等の傳世文獻の記述は全體あるいは部分的な史實を反映しているとしている。一九一三年版では「紀事之文或加緣飾、而其附見之禮與俗、不能盡僞也」と述べている。

③は、一九二五年版にのみ見え、「雖古書之未得證明者、不能加以否定」とあり、『古史新證』第四章でも「經典所記上古之事、今日雖有未得二重證明者、固未可以完全抹殺也」と述べている。一見すると③は①と似ているが、③は更に一歩進めて「否定することはできない」と明言している。

第二節　「二重證據法」の問題點

本節では二重證據法に見える五つの問題點を提示する。以下は二重證據法の文章を引用する際、主に一九二五年版を用いる。

（一）出土文獻の記載に「僞」があることを想定していない

二重證據法は出土文獻の記載（部分的であろうと全體的であろうと）に「僞」があることを想定していない。二重證據法が想定しているケースは以下の二通りである。一つは、出土文獻の記載が「眞」で傳世文獻が「僞」である場合。これは「得據以補正紙上之材料」となる。二つ目は、出土文獻と傳世文獻の記載がどちらも「眞」である場合。これは「得證明古書之某部分全爲實録」となる。

二重證據法が前提としている出土文獻と傳世文獻の記載内容を眞理値表に示すと以下の通りとなる。

このように、二重證據法は出土文獻の内容が「僞」である場合に導き出される結論を示しておらず、またこのようなケースを想定していないのである。これによって以下の（二）の問題を引き起こすこととなる。

（二）出土文獻と傳世文獻の記載内容が不一致の場合

王國維の言う「得據以補正紙上之材料」というのは出土文獻と傳世文獻の内容が不一致の場合である。しかし實際我々は、出土文獻と傳世文獻のどちらが「僞」であるか（あるいはどちらも

	傳世文獻の記載が「眞」	傳世文獻の記載が「僞」
出土文獻の記載が「眞」	得證明古書之某部分全爲實録	得據以補正紙上之材料
出土文獻の記載が「僞」	×	×

「僞」であるか）を知るすべはなく、また當然のことながら出土文獻の内容が必ずしも常に「眞」であるわけではない。よって、もし出土文獻の内容が「僞」で傳世文獻の内容が「眞」であれば、出土文獻を用いて「得據以補正紙上之材料」とすることは當然できない。さらに、出土文獻と傳世文獻の内容が不一致で、かついずれも「僞」である場合も「補正」することはできない。

出土文獻と傳世文獻の内容が不一致であるのは、以下の三つのケースである。第一に、出土文獻の内容が「眞」で傳世文獻の内容が「僞」である場合。第二に、出土文獻の内容が「僞」で傳世文獻の内容が「眞」である場合。第三に、出土文獻と傳世文獻の内容が不一致で、かつどちらも「僞」である場合。この中で二重證據法が想定しているのは第一のケースであり、第二・第三のケースを全く想定していない。

（三）たとえ出土文獻と傳世文獻の内容が一致しても「全爲實録」とはならない

二重證據法は、出土文獻と傳世文獻の内容が一致する部分は、「得證明」した後、「某部分全爲實録」となり、最後は「不能不加以肯定」と斷言する。ただし、この推論は論理的に問題がある。たとえ出土文獻と傳世文獻の内容が部分的に一致していても、その記載がいずれも「僞」であるケースも想定され得るからである。では、出土文獻と傳世文獻の内容が一致する場合、何が證明できるのだろうか。ここで一つ例を擧げてみよう。例えば、『尚書』・『史記』等に見える禹に關する記述を批判して、「禹は春秋時代に創作された架空の人物である」という假説を提示したとする。その後、二〇〇二年に發見された西周中期の遂公盨の銘文には禹に關する記載があった。しかし、この遂公盨の發見は「禹は實在した」とか『尚書』・『史記』に記載されている禹の治水は史實である」といったことを證明したわけではない。これはただ「禹は春秋時代に創作された人物である」という假説を反駁したに過ぎないのである。

（四）二重證據法は反證不可能である

（一）から（三）までの議論は、我々が出土文獻と傳世文獻の記述の眞僞を知っているという假説に基づくものであるが、實際我々はその眞僞を知ることはできない。そこで、眞僞を檢討する言説・假説・理論が「科學」であるかどうかという境界設定をカール・ポパーの「反證可能性」に求める。

王國維の一九二五年版「二重證據法」の第一章を見ると、「雖古書之未得證明者、不能加以否定」とあり、第四章には「經典所記上古之事、今日雖有未得二重證明者、固未可以完全抹殺也」とあり、出土文獻による證明が得られていなければ傳世文獻の記載内容は否定できないとしている。しかしこの言説は明らかに反證可能性を拒否・放棄し、反證によって眞理に近づいていこうとするアプローチを停止させている。

ポパーの定義を借りれば、反證可能な言説・假説・理論こそ「科學」と呼ぶことができ、反證に對して開いていないそれは、例えば宗教・道徳などといった「非科學」の分野の問題なのである（ただし、ポパーによる「科學」と「非科學」の境界設定は、決して善惡・優劣といった意味・價値による區分ではない）。

（五）二重證據法は典型な檢證主義である

上述した通り、二重證據法は出土文獻を用いて證明されていない傳世文獻の内容を「不能加以否定」とした。その上で出土文獻と傳世文獻の内容が一致すれば「眞」となるとするこの考えは、典型的な檢證主義（verificationism）の方法である。例えば「スワンは白い」という假說命題の下、どれだけ白いスワンが發見されてもこの命題は「眞」にはならないのである。

さらに王國維は檢證（verify）した後「不能不加以肯定」とするが、この考えは反證を繰り返すことによって眞理に近づいていこうという「動き」を停止させることになる。

筆者が考えるに、二重證據法には當時の多くの研究者がさほど重視していなかった出土史料の有用性を喧傳するという意義はあった。しかし、論理的に缺陷が多く、これを基礎理論とするのには問題が多すぎると考える。

では、この二重證據法に對する批判的分析を基礎にして、次章では顧頡剛・王國維の論爭に影響を與えたと言われている白鳥庫吉・林泰輔の論爭を調査・檢討する。

第二章　白鳥庫吉と林泰輔の「堯舜禹抹殺論爭」に至る經緯と背景

本章は白鳥庫吉と林泰輔が堯・舜・禹の實在性について論爭するに至った經緯や背景を分析・調査し、彼らが衝突した學問觀・歷史研究方法の違いを檢討する。

廣く知られている通り、白鳥は一九〇九年に「支那古傳說の研究」を發表し、堯・舜・禹は儒教の觀念による產物であるとしてその實在性を否定した。[一〇] しかし、林は一九一一年から「堯舜禹抹殺論について」を四回に渉って發表し[一一]、白鳥の方法や學說を痛烈に批判した。

日本で展開されたこの「堯舜禹抹殺論爭」は現在の中國でも廣く知られている。それは單に批判對象が中國古代の聖王であったためだけでなく、白鳥の考え方や方法が顧頡剛ら古史辨學派に影響を與えたと一部の研究者から指摘されているためである[一二]。顧頡剛が白鳥庫吉の學說を剽窃したという意見すらあるが[一三]、この顧頡剛の「剽窃」あるいは「受容」という說に反對する研究者もいる[一四]。兩者に直接の影響・受容關係があったのかは不明であるが、白鳥庫吉と顧頡剛はともに中國上古史を意識的に批判研究した日中最初期の研究者であり、また『尚書』への史料批判を通して堯・舜・禹について檢討するなど、確かに兩者を似ていると感じるのも理解はできる。

「堯舜禹抹殺論爭」の眞っ只中にあった一九一一年一一月、王國維は日本に渡り、この間に林泰輔と交流している[一五]。そして王國維は一九一六年に歸國し、一九二五年七月に「二重證據法」を提唱し[一六]、古史辨學派の方法や態度に批判を加えた。

ちなみに、「抹殺」という貶義語を用いて過度な史料批判の方法を非難したのは、林泰輔が初めてではない。一八九〇年前後に重野安繹や久米邦武などは明治政府の正史編纂事業の過程で、新發見の古文書などを用い、また考證學やランケ史學の影響を受けながら、明治政府や國粹主義者などが崇拜する文獻や人物になどに痛烈な史料批判を展開した。しかし、その方法や態度は國粹主義者などから「抹殺」と呼ばれて非難され、大きな社會問題となった。林は明らかにこの事件に擬えて「抹殺」という言葉で白鳥を批判している[一七]。

林と白鳥は、意外にも共通點が多い。彼らは現在の千葉縣出身でかつ東京大學の卒業生でもあり、ともに朝鮮古代史から學問を始め、後に中國古代史も研究し、日本を代表する東洋學者となった。

しかし、やはり論争を起こすほどの決定的な相違點も少なくなかった。例えば、兩者の一〇歳という年齢差は、江戸式漢學教育を受けた世代と明治の新式教育を受けた世代という違いを生んでいる。この他、林は外國語を話すことができなかったが、白鳥は外國語が堪能で言語學を得意とした。また林の學問は清朝考證學が基礎にあるが、白鳥はドイツのランケ史學が基礎にある。また、林には中國の傳統文化に對する愛着・敬慕が見られるが、白鳥にはそれが淡白であり、むしろ朝鮮や中國を蔑視する發言が少なからず見られる。そして、林は出土史料を重視したが、白鳥はそれがほぼ皆無だった。

あらかじめ述べておくが、本稿は兩者の結論の當否を判定しようとするものではない。現在の學問の水準から百年も前の學説を論斷してもほとんど無意味なことである。本稿は衝突した林と白鳥の方法・論理・學問觀・背景などを調査し、我々がそれをどのように評價すべきかを改めて考え、疑古・釋古の論爭を理解する上での助けとしたい。

第一節　林泰輔と白鳥庫吉の略歴と背景

（一）林泰輔の略歴と背景

林泰輔の没後に出版された彼の論文集である『支那上代之研究』には、林泰輔の「年譜」が附されている[一八]。

林泰輔は、江戸末期の一八五四年に現在の千葉縣多古町に生まれ、若い頃は朱子學者の並木正韶が地元で開いていた螟蛉塾で漢學を學んだ。

一八八二年、東京大學文學部に「古典講習科」（甲部）と「支那古典講習科」（乙部）が開設され、一八八三年に古典講習科は「國書課」に、支那古典講習科は「漢書課」にそれぞれ改稱された。一八八三年九月に林はこの漢書課へ入學している（一八八七年七月に卒業）。

林は入學時に三〇歳であり、市村瓚次郎・岡田正之・瀧川龜太郎など多くの同級生とは一〇歳近く離れていた。つまり、林は舊來の漢學式教育を受けた最後の世代であったが、周圍は江戸時代をほどんど知らない新世代であった。このジェネレーションギャップは、後に林にとって様々な衝突の原因の一つとなったと筆者は考えている。

林泰輔は卒業後、第一高等中學校（現在の東京大學教養學部）、山口高等中學校（現在の山口大學經済學部）へ奉職し、一八九六年六月に東京帝國大學文科大學助教授となり「支那歴史」という授業を擔當するが、翌年の一八九七年一一月に退職する。この退職は、「年譜」によれば疾病によるものであるが、實際は藤田豐八を中心とした學生たちに「古くさい學問」と非難され、「後任には漢學でなく東洋史のわかる先生に來てほしいとの目的」で排斥運動が起こったことにも原因があるらしい[一九]。明治生まれの新世代には林の學問が「漢學」・「古くさい」と感じたのである。その後、林は一八九九年四月に東京高等師範學校（現在の筑波大學）の講師となる。

林泰輔の研究業績については、『支那上代之研究』の序文の中で瀧川龜太郎が以下のように分類・總括している。

> 第一は朝鮮史の研究。本邦の率先たる者である。第二はわが國の漢學者たちの秀れた經解の蒐集。……第三は諸子考。經史とともに重視すべしとの主張。第四は唐虞三代文獻考の著作。甲骨金石文の集約的成果で『周公と其時代』はその成果の一部である。

林泰輔の研究對象の變化は比較的明確で、この分類に則っておおまかに言えば、朝鮮史→諸子研究→唐虞三代文獻考（文字學を含む）→日本漢學という順である。

（二）白鳥庫吉の略歴と背景

白鳥の傳記は、津田左右吉が白鳥没後すぐに記した「白鳥博士小傳」と石田幹之助「白鳥庫吉先生小傳―その略歴と學業」が比較的網羅的であり、また五井直弘『近代日本と東洋史學』は現在最も詳細に白鳥を研究した論著である。[一〇]

白鳥は明治維新の三年前、一八六五年に現在の千葉縣茂原市に生まれた。一八七二年、明治政府は「學制」を發して全國に新式學校教育を興し、白鳥は一八七三年八月から郷里の小學校に入學している。そして、一八七八年に開設したばかりの縣立千葉中學校に入學、一八八二年二月には大學予備門に入學する。

一八八七年二月、帝國大學文科大學（現在の東京大學文學部）はドイツからレオポルト・フォン・ランケの弟子であるルートヴィヒ・リースを招聘した。同年九月、文科大學は史學科を新設し、リースはそこで史學研究法や西洋史の授業を擔當した。一八八七年、白鳥はその史學科に第一期生として入學し、リースに師事した。このように、白鳥は小學校から大學まで新式教育を受けた最初期の世代であった。一八九〇年七月に白鳥は大學を卒業し、八月に學習院大學教授・歴史地理課課長に就任した。また一九〇一年春から一九〇三年一〇月まで、學習院の派遣で歐州留學をしている。そして歸國後の一九〇四年八月に東京帝國大學文科大學漢學「支那」語學の教授（學習院教授を兼任）に就任した。

白鳥の研究領域は廣範で、朝鮮史・滿州・蒙古・西域史・中國史・日本史など東アジア全域をカバーし、また嚴密な史料批判や言語學などを用いた手法に特徴がある。なお、本稿は一九一〇年前後の「堯舜禹抹殺論爭」に焦點を合わせるため、それ以降の白鳥の學問については稿を改めて検討したい。

第二節　林泰輔・白鳥庫吉の學問の始動　―兩者の朝鮮古代史研究

（一）林泰輔の朝鮮史

林と白鳥の學問は、ともに一八九〇年前後に朝鮮古代史から始まる。すでに多くの研究者が指摘している通り、この時期の日本では政治的關心から多くの朝鮮史に關する著書や論文が發表されている。

林の處女作は三三歳の學生時代に書いた「朝鮮文藝一班」であり、[一一]その後も朝鮮史研究の論文を數多く發表している。一八九二年一二月には上古から中世までの朝鮮通史である『朝鮮史』五巻を上梓し、また一九〇一年には續編となる『朝鮮近世史』二巻を出版する。

林の朝鮮史研究の中で、後に白鳥から批判を受ける一八九一年發表の「加羅の起源」と一八九四年發表の「加羅の起源續考」の内容を紹介しておきたい。[一二]「加羅の起源」は朝鮮の三國時代にあった加羅國は印度人が建國したと主張するものである。古代朝鮮の南部には加羅の他にも「羅」や「耶」を語尾につけた地名が散見するが、それは佛典にも多く見られるという。

また、『三國史記』には加羅の始祖である金首露の卵生説話が見え、林はこれを信じられないとしながらも、『三國史記』金庾信傳に「金庾信、王京人也。十二世祖首露、不知何許人也」とあり、「不知何許人」である金首露は印度から來たのではないかと推測する。そして金首露の皇后となる許黄玉は印度から來たとする『二十一都懷古詩』所引『駕洛國記』や『東國輿地勝覧』の記述を傍證とする。この際、『駕洛國記』の記述については「必ず彼國の古傳を記しゝものなるべし。然れば其説盡く排棄すべきに非ず」とし、また『東國輿地勝覧』の記述についても「朝鮮康靖王の時纂輯せしものにて、尤も近世のものなれ共、官撰にて屡〃修正をも加へたれば是亦由來なき説にも非ざるべし」と述べ、これらの記述に對する史料批判はほぼ皆無で、そのまま信用していることがわかる。

林は、中國への佛教傳來は後漢明帝期であるにもかかわらず、後漢光武帝期（建武年間）に印度人が朝鮮に來ていることには早過ぎる嫌いがあることにも氣づいているが、以下のように述べている。

佛教傳來の明帝以前にありとは、先輩既にその説あり。而して印度と交通ありしことも、亦恐らくは武帝以前にあるべし。余は寧ろ隋書經籍志に佛教久已流布、遭秦之世、所以湮滅といひ、又僧史略に秦始皇時、有沙門釋利房等十八賢者、賚經來化、始皇弗信、遂禁錮之といへるの説を信ぜんとするものなり。

このように林は、唐代初期成立の『隋書』經籍志や北宋初期成立の『大宋僧史略』に記載されている秦始皇の廢佛の内容すら「信」じると公言して憚らない姿勢であった。

また「加羅の起源續考」では、好太王碑・『魏書』高句麗傳・『三國史記』・『東國通鑑』などが記す諸王の卵生傳説は印度から來たということは多數の文獻からも認められ、從って印度人が朝鮮に渡って加羅國を開いたことは明白であると主張した。

（二）白鳥庫吉の朝鮮古代史　—加羅國をめぐる林泰輔説への批判

林と同じく、白鳥の本格的な歴史研究も朝鮮古代史から始まる。しかしそのきっかけは偶然であった。白鳥は一八九〇年八月に學習院大學教授に就任し、「國史」と「西洋史」を擔當していたが、同僚の市村瓚次郎が「支那史」を擔當したため、「東洋諸國史」も教えることになった。そのため、「知らないものを教へるために大急ぎで日本に一番近い朝鮮の歴史から調べ始めて、遂に二週間で『東國通鑑』を讀了し、次いで『三國史記』に及』んだと自ら回顧している。[二三] つまり、白鳥の朝鮮史研究は一八九〇年から始まり、それまで白鳥は朝鮮史の基礎史料すら讀んだことがなかった。

一八九四年一月に白鳥は「檀君考」を發表する。[二四]『三國遺事』所引『魏書』に初めて見える朝鮮の始祖とされる檀君の開闢説話に對する徹底的な史料批判である。

『筆苑雜記』所引『古記』や『燃藜室記述別集』所引『三韓古記』には檀君が堯舜禹時代の人物であったとする記述が見える。しかし、これらはいずれも朝鮮の三國時代（西漢末以降）の記述であり、また中國の『尚書』・『史記』・『漢書』などにもそのような記述はないとして、檀君の實在性に疑義を呈した。

さらに、『燃藜室記述別集』所引『三韓古記』には「有神人降太白山檀木下、國人立爲君」とあり、『三國遺事』所引『古記』にも檀君が太伯山に降臨した話が見える。この太伯山とは佛教とゆかりのある妙香山のことで、さらに檀君が降りた「太白山檀木下」の「檀木」とは「香木」のこと、つまり佛國の「牛頭栴檀」であるとし、印度の摩羅耶山に牛頭栴檀が多くあるという記述が多くの佛典に見えることを擧げる。そして、太伯山に香木が多いことから、檀君傳説は僧侶が印度の摩羅耶山に擬えて創作した虚構であると指摘する。

その他、檀君に關する説話が「牛頭州」や「摩利山」といった土地と關連している例が古籍中に散見していることや、牛頭栴檀が菩薩と密接に關連しているという例を多數擧げ、「檀君の事は全く佛説の牛頭梅檀に根底せる假作譚なり」と主張する。

この他、『三國史記』高麗本紀には初代高麗國王の朱蒙について、朱蒙は金蛙の養子で、金蛙は夫婁の養子であるとしており、『三韓古記』や『眉叟記言』には夫婁は檀君の實子であるとしている。ここから、檀君は『三國遺事』所引『魏書』が記すような檀君は朝鮮の始祖ではなく、本來は高句麗の始祖とされていたと指摘する。

また、佛教が高句麗に傳來する前の文獻である『魏志』巻三〇注所引『魏略』には、朱蒙建國についての記述が見えるが、檀君・夫婁・金蛙についての記述がなく、よって檀君・夫婁・金蛙は創作された人物であると指摘する。そして、『三國史記』巻一八高句麗本紀には小獸林王二年六月（西暦三九二年）に前秦の苻堅が佛僧の順道を派遣して佛像・佛教經典を送ったという記述があり、白鳥は高句麗長壽王時代に至って佛教が隆盛したと述べる。よって、佛説によって彩られた檀君説話は、佛教が高句麗に傳來後、國力の絶頂期を迎えていた壽王時代に創作され、堯舜禹と並び稱して憚らなかったと指摘する。

さらに白鳥はこの「檀君考」の同年に「朝鮮の古傳説考」を發表し、林の説を名指しで批判した。[二五] 簡單に言えば、文獻中に見える朝鮮古代の人物や地名などに印度との關連が見えるからと言って、伽羅は印度人が建てたなどと主張するのは誤りであり、その文獻は佛教が朝鮮に傳った後に作られたためにそのように書かれているのだと林を批判したものである。

この問題は從來あまり注目されてこなかったが、後に兩者が「堯舜禹抹殺論爭」を繰り廣げた重要な布石の一つであると筆者は考える。

白鳥は一八九五年にも「朝鮮古代諸國名稱考」・「朝鮮古代地名考」を發表しているが、[二六] これも「檀君考」や「朝鮮の古傳説考」で主に調査した地名の問題を、更に詳細に分析したものである。

第三節　朝鮮古代史から「堯舜禹抹殺論爭」までの林泰輔と白鳥庫吉

（一）林泰輔は諸子研究および中國古文字學へ

その後、一九一〇年前後に「堯舜禹抹殺論爭」で再び論爭を繰り廣げるまでの間、兩者は異なる方向へ關心を向けている。

林は、一九〇一年に『朝鮮近世史』二巻を出版するあたりまで主な關心は朝鮮史にあったが、一九〇三年から中國古代の諸子研究の論文を執筆する。一九〇三年に「老子の學統に就て」、一九〇四年に「逸周書考」・「國語考」・「戰國策考」、一九〇九年に「老聃と李耳」を次々と發表している。

しかし、林は突然一九〇七年から「周代書籍の文字及び其傳來に就て」という中國古文字學に關する論文を發表する。契機となったのは、この時期に劉鶚『鐵雲藏龜』（一九〇三年刊）を目にしたためである。一九〇九年に林が發表した「清國河南省湯陰縣發見の龜甲牛骨に就て」は日本で初めて甲骨文が紹介された記念すべき論文であるが、[二七] この冒頭で「余は二三年前その書（筆者注：『鐵雲藏龜』のこと）を見て、支那古代の文字攻究上に於いては、極めて貴重なる材料なることを知り、……」と述べている。

その後、林の關心は古文字學へと向いていく。ライフワークだった朝鮮史研究が通史を書き上げたことで一段落し、その後に中國の諸子研究に進んだことが、甲骨文に關心を抱く下地を作ったのだろう。

林は日本でいち早く甲骨文を紹介・研究しただけでなく、その研究レベルは當時最先端の甲骨文研究にも啓發・影響を與えるほどであ

った。羅振玉『殷商貞卜文字考』の序文は「清國河南省湯陰縣發見の龜甲牛骨に就て」に刺激されたことを明言してる。[一八]

（二・一）白鳥庫吉は滿州・蒙古・西域史へ

一方の白鳥は一八九七年頃までは主に朝鮮古代史のみを研究していたが、その後は徐々に滿州・蒙古・西域などへも研究領域を地理的に「擴大」させていった。

一八九七年に「匈奴は如何なる種族に屬するか」・「突厥闕特勤碑銘考」、一八九八年に「契丹女眞西夏文字考」などを次々と發表している。そして一九〇一年春から歐州留學を行い、その間、ドイツで行われた國際東洋學會にて「烏孫に就いての考」と「朝鮮古代王號考」を發表する。歸國後も一九〇四年に「大秦國及び拂菻國に就きて」・「月氏國の興亡」など他多數の論文を發表している。

（二・二）白鳥庫吉の時事問題に對する意識と日本古代史觀

五井直弘も指摘する通り、白鳥は一九〇四年に東京帝國大學の助教授に就任するあたりから、それまでほとんど語らなかった政治論・時事問題などについて頻繁に發言するようになる。[一九]推測するに、白鳥の變化には以下のような理由や背景が考えられる。

（一）一九〇四年に始まる日露戰爭は朝鮮歸屬問題と繋がっており、白鳥の研究が日本人の政治的關心と合致していたこと。

（二）東京帝國大學助教授に就任したことで、世論に應えようとする意識が高まったこと。

（三）歐州への留學經驗が自民族意識や日本の東洋學のあり方を考える契機となったこと。

（三）については、特に歐州留學前後に日本人が東洋學を西洋人から學ぶことに對する慙愧の念を頻繁に吐露するようになる。留學直前の一九〇一年一月に發表した「戎狄が漢民族に及ぼした影響」の冒頭では東洋の歷史學に近代化をもたらした西洋の歷史學を賞贊し、また遲れている東洋の歷史學を嘆き、同時に日本がその東洋の中でいち早く「近代化」したことに自負を抱き、そして今後はその日本が東洋學の中で西洋の學問と對抗していかなければならないという抱負をストレートに語っている。[二〇]

白鳥が初めて時事問題に言及した文章は、一九〇四年七月に發表した「我が國の強盛となりし史的原因に就て」である。[二一]アジアが西洋に侵略される中、なぜ日本だけが強國となり得たのかを、人種・地理・政治體制の角度から分析・評論したものである。日本が強國になった理由の一つに一系不易の國體があると明言していることは興味深い。

白鳥は熱烈な國體主義者であることは廣く知られており、また東宮御學問所にて裕仁親王に「歷史」を講じていたように政治体制と強い繋がりがあったことは間違いない。この白鳥の國體主義やアジアへの優越感や社會的立場が、彼の朝鮮・中國古代史研究にどのように反映されているのかは、稿を改めて詳細に檢討するつもりであるが、ここでは簡單に筆者の考えを述べておきたい。

白鳥がアジアを蔑視し、自國の民族主義を鼓吹する目的で朝鮮・中國古代史に史料批判を行っていたという評價は、特に中國では根強い。[二二]しかしこの結論はやや短絡的過ぎると筆者は考える。白鳥は日本古代史に對しても史料批判を行う考えを持っているからである。一部だけ例を擧げれば、一九三〇年發表の「日本建國の精神」では、

> 支那の思想を表はすものが『書經』であり、それと殆んど同樣に我國の精神を發揮する、我國精神の根源とも言ふべきは神

代巻であります。……神代史は神話であつて、歴史ではなく、神の物語りであります。そこでこそこれを『書紀』は神代巻として、人間の巻と區別して居ります。……神代巻は神の話であつて、これは我々の祖先が皇室に對して如何なる考を有してゐたか、その信念思想の現はれであります。[三三]

と述べ、『日本書紀』神代史は中國の『書經』に當たると考え、これを史實ではなく、成書された時期の思想の表象と考えている。後述するように、白鳥は堯・舜・禹の實在性を否定する中で『尚書』の史料批判を行っているが、日本古代史や『日本書紀』にもこれと同様に史料批判を行う考えを持っていたことがわかる。この他にも、一九三八年發表の「史學界に對する重野博士の見識」では、國粋主義者たちから批判された重野安繹の研究を高く評價しており、日本史に對する史料批判も支持していることがわかる。[三四]

第四節　白鳥庫吉と林泰輔の「堯舜禹抹殺論爭」

一九〇九年八月、白鳥は「支那古傳説の研究」を發表して堯・舜・禹の實在性を否定した。白鳥が中國史に對して初めて本格的に檢討を行った論文である。

この論文は主に堯・舜・禹に批判的檢討を行い、堯・舜・禹は後世の儒教的理想を反映して創造された架空の人物であり、また堯・舜・禹の事蹟を傳える『尚書』堯典・舜典・大禹謨などは當時に書かれたものではないと主張する。

堯・舜・禹は天地人三才説に基いて創作され、この三人は「繼續的《サクセツシーヴ》のものにはあらずして、並立的《コーエキジステント》のものたるべきなり」とする。堯は『説文解字』に「高也」とある例などを擧げて「天」を反映していると考え、舜は『風俗通義』に「舜者准也、循也」とある例などを擧げて「順」と音が通じるため舜は「孝順」を反映しているとし、禹は「宇」・「寓」・「㝢」と音が通じるため一定の區域を反映しているとした。

堯・舜・禹という中國古代の聖王に批判的檢討を加えたことは、史學史上大きな意義があったと言える。しかし「檀君考」や「朝鮮の古傳説考」が博引旁證であるのに比べると、「支那古傳説の研究」の論證方法は特に字釋などに牽強付會の嫌いがあることは否めない。

そしてこの「支那古傳説の研究」を眞っ向から批判したのが林泰輔であった。林は一九一一年から「堯舜禹抹殺論について」を四回にも渉って發表し、白鳥の方法や學説に對して「抹殺」という史學史上における貶義語を論文タイトルに用いて痛烈に批判を加えた。

なお白鳥も反論をしており、「堯舜禹抹殺論について」の連載三回目が終わった時點で、一九一二年一月二一日に『尚書』の高等批評（特に堯舜禹に就いて）」を漢學研究會にて講演し、[三五]また同年に「儒教の源流」を日本學會にて講演發表した。[三六]林の連載四回目と一九一三年發表の「儒教の源流を讀む」はこの白鳥の反論を受けたものである。[三七]

兩者の論點は、堯・舜・禹の字義の問題、堯・舜・禹を並列する用例の問題、天地人三才思想・陰陽・五行・九州説、甲骨文の問題、西周以前の文明の有無の問題、天文記述の當否、など多岐に渉っているが、嚙み合っていない部分や、一方が反論に答えていない場合も多々ある。

兩者の最大の相違點は、堯・舜・禹の事蹟が書かれている『尚書』の扱い方にある。白鳥はその内容には儒教などによる後世の脚色・假託があると考えているのに對し、林は堯・舜・禹の時代の記述がそこにほぼ反映されていると考えている。從って兩者の姿勢としては、白鳥は『尚書』虞書・夏書・商書などの中から後世の脚色・假託を探し出そうとするに對し、林はそこに當時の歴史的事實を見つけ出そうとする傾向にある。

白鳥は「支那古傳說の研究」の冒頭部分で、西洋の學術を取り入れてから、傳說は誤りが多いことから歴史學の領域では扱われなくなったとし、以下のように述べる。

凡そ傳說には其の主題たるべき人物あり、其の人物が果たして說話の傳ふる如き實在のものなるや否やは、固より疑ふべしと雖も、又之と結合して其の傳說を構成せる事實に至りては、其の一見不可思議なるものなるにも拘らず、なほ事實の眞相を傳ふるものあり。加之國民あれば必ず之に伴ふ所の理想あり。而して其の國民の理想とする所のものは、主として此の古傳說の中に包含せらる。故に一國民の歴史を研究して、其の精神に論及せんと欲せば、必ずや其の國民に固有なる傳說を討究して、之に妥當の解釋を與へざるを得ず。國民傳說の歴史的研究、決して等閑に附し去るべからざるなり。

このように、白鳥は古傳說を歴史的事實ではないと單に否定するだけでなく、そこには後世の國民の理想・精神が反映・假託されており、そこにも歴史學的な意義があると述べている。この意識は「檀君考」や「朝鮮の古傳說考」などの時點ではさほど明確でなかったが、ここでは更に一歩踏み込んだ考えに達しており、後の日本古代史（神代史）研究にも反映されている（前節に引用した「日本建國の精神」を參照）。

それに對し林は、『尚書』虞書・夏書・商書の内容に唐虞殷時代の歴史と合致する部分を見つけ出し、そしてそこには歴史的事實がほぼ記されており、よってそこに書かれている堯・舜・禹は實在すると考えている。

細かく見ていけば兩者とも問題は多い。しかし、上述した通り本稿は彼らの具體的な學說の當否を判定しようとするものではない。注目するのは、彼らが設定した基礎命題が妥當であるかどうかである。

筆者は、林の考えている基礎命題には一つの大きな問題があると考える。それは、『尚書』虞書・夏書・商書に書かれている内容が「眞」であるという前提、つまり「文獻の記述内容には一定の眞がある」という前提からほとんど脱していないということである。そして、上述した通り、この命題は反證不可能である。例えば「堯舜禹抹殺論について」の連載第一回目では、

若し普通の說の如く殷末周初に於ける文明の存在を認めば、必ずそれより以前に於て、少くも唐虞夏殷の時代凡そ一千年間位を經過せしものありしことを認めざるべからざるは當然のことなれども……

と述べ、殷末の文明が存在すれば唐虞時代もまた存在するという考えを「當然のこと」としている。また連載第三回目では、

要するに、虞夏書・商書が周代以前の記録なりとせば周代以前、即ち殷の時より虞夏の時に至るまでは、僅に千年に近き位のことなれば、何ぞ必ずしも跡方もなき架空の妄談とのみいふべけんや。

以上、述べたる所に於て、余は周代以前に於て殷あり、殷以前に於て夏あり唐虞ありといへることを粗論證せりと思へり。既に唐虞夏殷の時代ある以上は、必ずその總々林々たる民族の間に卓出して主權を掌握し、衆多の人民を統御して、之が帝王

となるものありて、その名の後世に傳はることは事理の然るべき所なり。その帝とは誰ぞや、即ち堯舜禹その人の如きもの是なり。

と述べ、虞書・夏書・商書は周代以前の記述であり、そこから「僅に千年前」の記事を架空の妄談とは言えないとする姿勢を示している。

もう少し具體的に見てみよう。連載二回目では、甲骨文や金文には干支を用いずに十干のみで日を記す用法がまれに見えるが、『尚書』舜典の益稷にもそのような用例があり、よって甲骨文や金文には唐虞時代の遺風が殘っていると述べる。また、堯典に見える妻・妾の區別や刑制が（『周禮』などに記されている）周代のものとは異なっており、よって堯典は周代以前に成立したと林は考えている。

このように林の連載内容の多くは反證不可能な基礎命題に立脚して、堯・舜・禹は實在し、舜典などは一定の事實を記していると主張している。その他の内容の多くは白鳥庫吉の説への反駁・反證である。もちろんその反證には大きな意義がある。しかし、たとえ白鳥説への反證が適當であったとしても、堯・舜・禹が實在するとか舜典などが事實を記しているといった主張が成立するわけではない。

林が反證に對して開いた言明をしているのは、天文學者の平山信に堯典の中星記事の計算を委託し、これが約四千年前の事實を傳えるものと述べている點である。この問題は恐らく現代でも議論する價値はあるだろう。

結局この論爭における兩者の見解はほぼ平行線で、ともに納得のいく結論が得られなかったようである。林は一九一五年に『周公と其時代』[三八]を出版し、その序文で「世人或は謂へらく、支那の歴史は春秋戰國以後に於て始めて考ふべし、それより以前の文化なるものは、率ね後人の假託に過ぎずと、嗚呼、何ぞ速斷の甚だしき」と嘆き、續けて日本史の例を擧げ、「況やその年代に於ては多少の異論あり、且當時の文書あらざるにもせよ、神武以來の事實を擧げて、悉く之を抹殺することを得んや」と主張している。この姿勢は、中國古代史だけでなく日本古代史においても、白鳥とは根本的に相容れないものであった。

ちなみに白鳥は一九三〇年頃に「支那古代史の批判」という長編論文を書いて三皇五帝や堯舜禹などの問題について再び批判的研究を試みたが、結局生前には發表されなかった。[三九]

おわりに

本稿はまず王國維「二重證據法」の論理的缺陥を明らかにし、また白鳥庫吉と林泰輔が一九一〇年前後に巻き起こした「堯舜禹抹殺論爭」に至るまでの經緯・背景・内容を調査し、主に「釋古」の問題點を考察した。

白鳥はリースや重野安繹らが始めた史料批判の方法を朝鮮や中國の古代史などに應用した。それに對し、林は中國古代史の論爭において白鳥の研究方法を「抹殺」という言葉で形容して批判した。

すでに述べた通り、この歴史學上での「抹殺」という言葉は、一八九〇年前後に神道家や國粋主義者らが重野安繹や久米邦武らを非難した時に用いた貶義語である。一九一一年、林が發表した「堯舜禹抹殺論について」はそれだけ強い語氣をもって白鳥を非難したのである。前節でも擧げたように、林は一九一五年發表の『周公と其時代』で神武以來の事實も「抹殺」できないと述べ、久米邦武らの事件を連想させる言い回しで暗に白鳥を批判した。口が過ぎたのかもしれないが、このような史料批判を封じるやり方に對し、筆者はここではっきりと批判しておきたい。

またすでに指摘した通り、林の白鳥を批判する際の基礎命題の多くは反證不可能なものであった。「文獻の記述は僞であるとは限らない」といった命題や、殷末に文明があれば唐虞時代にも文明が存在するはずだとする理屈は反證不可能なものである。

しかし、これらの反證不可能な命題にある種の説得力を與えたのは、甲骨文を代表する中國古代の新出土史料であった。林は白鳥に加羅の印度人建國説を批判された際は反論を試みなかったが、「堯舜禹抹殺論爭」では再三にわたって白鳥を批判したのは、恐らく甲骨文などの價値に自信を持っていたからであろう。林が死去する前年の一九二一年に發表した「支那上代の研究資料に就いて（續）」では、甲骨文や金文などの出土史料を概觀し、その有用性を強調しながら以下のような強い口調で史料批判的手法を非難している。

> 右の如く支那上代の文籍と他の資料とを比較對照して之を討究せば、種々の事柄に於てその一致せしものを見出すことは決して難事に非ざるなり。元來何等の關係なく別々に各方面に傳りしものゝかくまで一致することは、即ち當時の眞相を傳ふるものにて實に確乎たる憑據を數千歳の後に遺したるものといふべし、古代の文籍豈悉く後世の僞託ならんや。世の論者宜しく眼界を濶大にし、文籍に就ては表裏兩面より精密なる觀察をなし、又博く資料を文籍以外に求め、參伍錯綜して之を考覈すべし。徒らに空想的假説に耽りて快を一時に取ることは、たとひ其の説巧妙なりとするも決して後世の識者を欺くこと能はざるなり。（四〇）

出土史料と傳世文獻の内容が一致するのは眞相を傳えているからであると述べるが、これが論理的に誤りであることは本稿第一章で指摘した通りである。

もちろん、まだ多くの研究者が甲骨文の信憑性を疑っていた中、林はその文字・内容を分析した上でその史料的價値の高さを主張しており、この點については鋭い炯眼をもっていたと言える。そしてすでに述べた通り、その甲骨文や古文字研究は、最前線の研究者であった羅振玉をも啓發するほどであった。

一方、白鳥の史料批判は、現在から見ると確かに批判が過ぎている場合が多々ある。「支那古傳説の研究」では堯・舜・禹は儒教の理念による産物と考えたが、例えば禹に關しては現在ではこの理解は誤っていることがわかっている。すでに例に擧げた通り、二〇〇二年に西周中期の遂公盨という青銅器が發見され、その銘文には『尚書』禹貢篇と類似する禹の記述があった。つまり、儒教が出現する前に禹に關する記述があったのである。

このように白鳥が主張した命題は反證されたのであるが、しかし言うまでもなく、これによって「禹は實在している」とか「『尚書』禹貢の内容は史實である」といったことが證明されたわけではない。ただ、「禹は春秋時代以降に創造された人物である」という假説が反證されたに過ぎないのである。そしてそれは反證に對して開いていた（リスクを負った）命題であったからこそ反證されたのである。

さて、現在に目を移してみよう。二〇世紀後半から郭店楚簡など重要な古代出土史料が陸續と發見されると、多くの研究者は過去の史料批判的研究を非難し、「傳世文獻の内容は必ずしも僞ではない」とか「疑い過ぎてはいけない」と聲高に主張するようになった。そもそもそれこそが林泰輔や王國維あるいは現在の「釋古」（走出疑古）を唱える研究者に共通する考え方であった。そしてこの考え方が支配的になった結果、多くの中國古代史研究者の間で史料批判に對する躊躇が生じているように感じる。しかし上述した通り、リスクを負った命題（反證可能な命題）こそが科學であると筆者は考える。

なお、疑古派は中華民族の精神と誇りに打撃を與えたとして、これに對する批判的評價が特に中國では多く見られる。[四] しかし、反證不可能な命題をもって反證を封じることがどのような結果をもたらしたのかは、重野安繹や久米邦武の事件後の日本が格好の反面教師になるはずである。その後の日本の歴史學は道德主義や政治から獨立することに失敗し、その結果が國體主義・皇國史觀の形成に繋がったからである。

筆者が改めて主張したいのは、歴史學が道德・宗教・政治などから獨立し、眞理・眞相を追求する學問となるためには、命題を反證に對して常に開き續けることで反證を繰り返し、眞相への前進を動かし續けなければならない、ということである。そしてその前提として、我々は反證に對して寛容でなければならない。新出土史料が發見されるたびに疑古と釋古の論爭が再燃し、この百年間本質的な進展がほとんど見られなかったのは、この意識が我々中國研究者の間でまだ徹底されていないためではないだろうか。

最後に補充しておきたい。上述した通り、白鳥が史料批判を行使して檀君や堯・舜・禹などの實在性を否定したのは、自民族の優位性を強調する目的であったという意見は根強い。確かに、白鳥が朝鮮や中國の歴史・文化を蔑視していたことは様々な文章から見ることができる。また、朝鮮歸屬問題で勃發した日清戰爭の年に檀君の實在性を否定し、また清朝がまさに亡びようとしていた一九〇九年に堯・舜・禹の實在性を否定したのは偶然ではないかもしれない。

すでに述べた通り、これは白鳥の日本史に對する史料批判と比較することで、彼の史料批判の主體性・公平性を明らかにすることができるだろう。もとより白鳥の東アジアに對する蔑視は批判を受けるべきである。しかしたとえ白鳥が邪な目的のために強い史料批判を行っていたとしても、その根據が十分であれば、その研究結果自體は認められるべきではないだろうか。むしろ白鳥が民族主義によって自國の歴史に對する史料批判を躊躇していたのであれば、そちらの方が非難を受けるべきであろう。

《注》

(一) 馮友蘭「中國近年研究史學之新趨勢」（『世界日報』、一九三五年五月一四日）、馮友蘭「近年史學界對于中國古史之看法」（『骨鯁』六二期、一九三五年五月）、馮友蘭「『中國経済史』序」（『北京晨報・思辨』第六四期、一九三六年一二月四日）、馮友蘭「『古史辨』第六冊序」（『古史辨』第六冊、開明書店、一九三八年）。

(二) 例えば、日本では貝塚茂樹『中國古代史學の發展』（弘文堂書房、一九六七年七月）の序論、金谷治『金谷治中國思想論集』（下巻、批判主義的學問觀の形成、平河出版社、一九九七年九月）。

(三) 李學勤『走出「疑古時代」』（『中國文化』一九九二年第七期、一九九二年一一月）、李學勤『走出疑古時代』（修訂版、遼寧大學出版社、一九九七年一二月）。

(四) 宋健『超越疑古走出迷茫—呼喚夏商周斷代工程』（上海科技教育出版社、一九九九年八月）。

(五) 例えば、劉起釪「關於「走出疑古時代」問題」（『傳統文化與現代化』一九九五年第四期）。池田知久・西山尚志「出土資料研究同樣需要「古史辨」派的科學精神」（『文史哲』二〇〇六年第四期）。裘錫圭・曹峰「「古史辨」派・「二重證據法」及其相關問題—裘錫圭先生訪談録」（『文史哲』二〇〇七年第四期）。

（六）拙稿「我們應該如何運用出土文獻?――王國維「二重證據法」的不可證僞性」（『文史哲』二〇一六年第四期、二〇一六年七月）。

（七）羅振玉校『雪堂叢刻』（三）（北京圖書出版社、二〇〇〇年、二九八―二九九頁）。

（八）王國維『古史新證―王國維最後的講義』（清華大學出版社、一九九四年一二月）。

（九）一九一三年版の「今日所得最古之史料」は、一九二五年版では「更得地下之新材料」に改められ、「新」字が加わっており、王國維が新出土史料の有用性を強調しようとしていることがわかる。喬治忠「王國維「二重證據法」蘊義與影響的再審視」（『南京大學學報』二〇一〇年四期）を參照。

（一〇）白鳥庫吉「支那古傳説の研究」（『東洋時報』第一三一號、一九〇九年八月。後に『白鳥庫吉全集』第八巻、岩波書店、一九七〇年一月）所収。

（一一）林泰輔「堯舜禹抹殺論について」（『漢學』第二編第七號・『東亞研究』第一巻第一號・第二巻第一號、東亞學術研究會、一九一一年五月、一九一二年一月、一九一二年一月、一九一二年二月）に連載。

（一二）胡秋原『一百三十年來中國思想史綱』（臺灣、學林出版社、一九七三年一二月）、魯實先『史記會注考證駁議』（鉛印本、湘芬書局、一九四〇年）、徐旭生『中國古代史的傳説时代』（科學出版社、一九六〇年）、廖名春「試論古史辨運動興起的思想來源」（『原道』第四輯、學林出版社、一九九八年）、李學勤「疑古思潮與重構古史」（『中國文化研究』一九九九年春之巻、一九九九年）など。

（一三）陳學然「中日學術交流與古史辨運動：從章太炎的批判説起」（『中華文史論叢』二〇一二年第三期）、李孝遷「域外漢學與古史辨運動―兼與陳學然先生商榷」（『中華文史論叢』二〇一三年第三期）。

（一四）王汎森『古史辨運動的興起』（臺灣、允晨出版、一九八七年四月、五三頁）、楊寬『歷史激流 楊寬自傳 ある歷史學者の軌跡』（西嶋定生・高木智見譯、東京大學出版會、一九九五年九月、七五頁）、劉起釪『日本的尚書學與其文獻』（商務印書館、一九九七年六月、五四頁）、竹元規人「顧頡剛の疑古學説と同時代日本の諸説との比較」（『九州中國學會報』第五二巻、二〇一四年五月）、虞云國「古史辨「剿襲」案的再辯讞」（『文匯報』二〇一四年一一月二八日）。しかし、多くの研究者は白鳥庫吉と顧頡剛の學説の具體的内容を比較検討せずに、表面的な類似點から安易に兩者を結びつけている傾向にある。竹元規人は顧頡剛と同時代の日本の學者（主に白鳥庫吉と内藤湖南）の説を詳細に對比し、顧頡剛が彼らの説を「剽窃」あるいは「受容」したという意見に反對している。

（一五）『王國維全集』第一五巻（書信日記、浙江教育出版社、二〇一〇年九月、七七―八四頁）を參照。

（一六）その他、王國維はこの講演前後でも古史辨學派の説や態度に對して贊同できない旨を語っている。例えば、一九二六年八―九月に王國維が容庚に宛てた手紙で「此段議論前見『古史辨』中錢君玄同致顧頡剛書、實如此說。……今人勇於疑古、與昔人之勇於信古、其不合論理正復相同、此弟所不敢贊同者也」と述べている（劉寅生・袁英光編『王國維全集・書信』（中華書局、一九八四年三月、四三六―四三八頁）。一九二七年三月二〇日には、姚名達（王國維の學生）が顧頡剛に宛てた手紙の中で「王靜安先生批評先生謂「疑古史的精神很可佩服」、然「與其打倒什麼、不如建立什麼」」（顧潮『顧頡剛年譜』、增訂本、中華書局、二〇一一年一月、一五五頁）と記している。

（一七）拙稿「歷史「抹殺論」的展開―近代日本史学界上的「科学」与「道德」衝突―」（『第七屆中日学者中国古代史論壇』、中国社会科学出版社、二〇一六年四月、三六一―三八九頁）

（一八）林泰輔『支那上代之研究』（光風館書店、一九二七年五月）。

（一九）「先學を語る―桑原隲藏博士」における貝塚茂樹の談（東方學會編『東方學回想Ⅱ』刀水書房、二〇〇〇年一〇月、四三頁）を參照。

（二〇）津田左右吉「白鳥博士小傳」（『白鳥博士記念論文集』（『東洋學報』第二九巻第三・四號、一九四四年一月）、『津田左右吉全集』第二四巻所収、岩波書店、一九六五年九月）。石田幹之助「白鳥庫吉先生小傳―その略歴と學業」（『白鳥庫吉全集』第一〇巻所収、岩波書店、一九七一年一一月）。五井直弘『近代日本と東洋史學』（青木書店、一九七六年一〇月）。

（二一）林泰輔「朝鮮文藝一班」（『東洋學會雜誌』第一編第六號、第二編第二號、一八八七年）。
(二二) 林泰輔「加羅の起源」（『史學會雜誌』第二篇第二五號、一八九一年一二月）、「加羅の起源續考」（『史學會雜誌』第五篇第三號、一八九四年三月）。
(二三) 白鳥庫吉「學習院に於ける史學科の沿革」（『學習院輔仁會雜誌』第一三四號、一九二八年一〇月）、『白鳥庫吉全集』第十巻（岩波書店、一九七一年一一月）に再録。
(二四) 白鳥庫吉「檀君考」（『學習院輔仁會雜誌』二八號、一八九四年一月）、『白鳥庫吉全集』第三巻（岩波書店、一九七〇年三月）に再録。
(二五) 白鳥庫吉「朝鮮の古傳説考」（『史學雜誌』第五編一二號、一八九四年一二月）、『白鳥庫吉全集』第三巻（岩波書店、一九七〇年三月）に再録。
(二六) 白鳥庫吉「朝鮮古代諸國名稱考」（『史學雜誌』第六編第七・八號、一八九五年七月・八月）、「朝鮮古代地名考」（『史學雜誌』第六編第一〇・一一號・第七編一號、一八九五年一〇月・一一月・一八九六年一月）。
(二七) 林泰輔「清國河南省湯陰縣發見の龜甲牛骨に就て」（『史學雜誌』第二〇編第八・九・一〇號）。
(二八) 羅振玉『殷商貞卜文字考』（一九一〇年、石印本）の序文を參照。
(二九) 五井直弘『近代日本と東洋史學』（青木書店、一九七六年一〇月、五八—六〇頁）。
(三〇) 白鳥庫吉「戎狄が漢民族に及ぼした影響」（一九〇一年一月、『東洋哲學』第八篇第一號）、『白鳥庫吉全集』第八巻（岩波書店、一九七〇年一〇月）に再録。
(三一) 白鳥庫吉「我が國の強盛となりし史的原因に就て」（『世界』第一號、一九〇四年七月）、『白鳥庫吉全集』第九巻、岩波書店、一九七一年）に再録。
(三二) 例えば、すでに擧げた廖名春「試論古史辨運動興起的思想來源」を參照。
(三三) 白鳥庫吉「日本建國の精神」（『史學研究』第二巻第一號、一九三〇年七月）、『白鳥庫吉全集』第一〇巻（岩波書店、一九七一年一一月、三九八—三九九頁）を參照。
(三四) 白鳥庫吉「史學界に對する重野博士の見識」（『南國史叢』第三輯、一九三八年五月）、『白鳥庫吉全集』第一〇巻（岩波書店、一九七一年一一月）所収。
(三五) 白鳥庫吉「『尚書』の高等批評（特に堯舜禹に就いて）」（漢學研究會における講演、一九一二年二月二三日）、『東亞研究』第二巻第四號（一九一二年四月）、『白鳥庫吉全集』第八巻（岩波書店、一九七〇年一〇月）所収。
(三六) 白鳥庫吉「儒教の源流」（日本學會における講演、一九一二年）、『東亞之光』第七巻第九號（一九一二年九月）、『白鳥庫吉全集』第九巻（岩波書店、一九七一年一月）所収。
(三七) 林泰輔「儒教の源流を讀む」（『東亜之光』第八巻第二號、一九一三年）。
(三八) 林泰輔『周公と其時代』（大倉書店、一九一五年九月）。
(三九) 白鳥庫吉「支那古代史の批判」（未發表論文、一九三〇年頃、『白鳥庫吉全集』第八巻、岩波書店、一九七〇年一〇月所収）。
(四〇) 林泰輔「支那上代の研究資料に就いて（續）」（『斯文』第三編第三號、一九二一年）、林泰輔『支那上代之研究』（光風館書店、一九二七年五月）に再録。
(四一) 例えばすでに擧げた廖名春「試論古史辨運動興起的思想來源」（『原道』第四輯、學林出版社、一九九八年版）などを參照。

第一部会 五

王権主義学派の史学方法論の思想

李 振 弘

要旨

王権主義学派は、新しい時代の中国の政治思想研究において、すこぶる特色的な学術流派を形成した。また、特別に方法論の問題を重視した学術学派でもある。彼らは、王権こそ中国古代政治思想における核心的な命題であると考え、並びにそれに着目する視角によって、中国古代政治思想の歴史的発展を詳しく解き明かそうとした。彼らは、中国古代の政治思想の命題は、往々にしてすべて一種の組み合わせの形で存在すると考えている。例えば、尊君と罪君、君本と民本であり、いかなる命題も必ず対応する命題があり、それによって相手を限定、あるいは修正する。このようにして形成された一種の「陰陽の組み合わせ構造」――陰陽の組み合わせによって構成された中の補佐となる命題、例えば民本や罪君など、主な命題に対する君本、尊君などの矯正と緩衝が、主となる命題の脆弱性を修復し、明らかにするのである。主な命題の付属物であり、主となる補佐する命題はそれぞれ共同して王権主義の意識形態体系となる。「陰陽の組み合わせ構造」とは、王権主義の思想の主題を突出させ、また中国古代思想の複雑で熟達した中庸の特徴を浮かび上がらせた。中国古代政治史王の複雑な現象を理解する上で、これは格好の道具であり、非常に論理的に明確な方法論であるとい言え、重要な方法論としての価値を備えている。彼らは、事実は、一切の学術研究の基礎で有り、高品位な学術著述には、必ず事実の記述を完全にする必要があると考えられる。また、観点・方法・概念・理論の創設もやはり高品質の正しい事実の記述によってなり得るものとする。これにより事実を羅列することを主とする研究方法を打ち出したのである。彼らは、中国自身より内在的に抽出した概念を重視し、本土の文化に適した概念体系を創造した。そこで使用される学術用語は、すべて本土の文化から出たものである。王権主義学派の方法論と思想は、明らかな実証と経験の色彩を帯びたものなのである。

第一部会　六

社会の性質から出発する――一つの主導的な史学方法

李　紅　岩
長谷川隆一（訳）

一、史学方法の一般的な議論について

現在の中国史学における枠組みの中では、「歴史理論」「史学理論」「歴史哲学」は枠組みの第一段階で、「史学方法」と「史学方法論」とは枠組みの第二段階である。この五種の概念の理論的段階は同じではなく、具体的な指向性も同じでない。はっきりとこの五種の概念を識別すると――実際の議論の中で使われている時には――明確な状態が現れるようにするために、我々はさらにそれらの違いを強調することを好むようになる。ただ、実践研究の上から考えれば、それらは往々として相互に関連し合っているので、明確に分断することは難しい。

そのため、本会の主旨を踏まえれば「史学方法」について、とことん追求せねばならない。これは一つの段階の史学方法なのか。我々は史学史上のある史学方法を評価するときに、この方法は、まとまった史学方法理論の中で、どの段階にあるのか、と答える必要がある。要するに、同じでない段階を細かく区分し、同じでない「史学方法」を区画細分しなければならない。

歴史家は常に言う、「歴史に定法はない」と。またある人はいう、「あなたにはあなたのやり方があり、私には私のやり方がある」と。これは史学方法の多様性を示唆している。ただ、方法が多様であるために、効用や価値及び実用できる場所、思想的意義は結局異なってしまう。おおよそこれをいいあらわせば、史学方法の区分はマクロ的方法、中間的方法、ミクロ的方法という三つの段階あるいは境域に区分できるといえよう。

マクロ的方法は思想的方法と理論的方法とに属し、「方法論」としての価値を備える。ミクロ的方法は実証的方法と技術的方法とに属し、「操作論」としての価値を備える。中間的方法は二者の間に介在し、「様式論」としての価値を備えている。西洋の漢学者は好んで「様式」を組み立てる。そのため、彼らが取っている方法は、往々として中間的方法である。たとえばGunder Frank, *REORIENT: Global Economy in the Asian Age*・Kenneth Pomeranz, *The Great Divergence: Europe, China, and the Making of Modern World Economy* 中で利用し含有されている方法は、すなわち、「衝撃―反応」様式（impact-response model）、中国中心観（China-centered approach）等であり、だいたいすべて中間的方法に属すると考えて差し支えない。それらは一定の思想的発展性を有しているが、方法論の段階として普遍的意義を備えていないので、歴史哲学のレベルに達することはできない。また、当然のように「様式」という概念は同様に歴史哲学の位相におけ

るマクロ的方法でも適用される。ただ歴史学界では、「様式」について言及すると、その意義は往々として「中間」の段階に偏ってしまっている。

中国近代史学の実践から考察すれば、理論の自覚を備え、実践の中で史学方法を運用する方法は二十種類以上に整理することができる。ここ数年では、中国の歴史家がかなり好んで議論している一つの史学方法があり、それはいわゆる、「二重証拠法」である。また、学者は好んで方法論的視座から顧頡剛先生の提唱しているいわゆる、「層累地造成的古史説」を議論している。もちろん、胡適の提唱しているいくつかの方法や、傅斯年の史料学における主張、ないし乾嘉史学の方法などもレベルは違えど研究と議論はされている。理論の上から史学方法を検討したものとしては、比較史学方法、心態史学方法、計量史学方法、系統論方法、跨学科方法などに集中している。これらの検討は、極端に言えば、対人においてはほとんど何の啓発もなく、具体的な研究においてもまた何の助けにもならなかった。けれども一九七九年より前における、階級分析方法と歴史主義方法との関係についての検討は、格別な思想的価値があった。

現代的な意義における史学方法についての自覚的な検討は、当然のように梁啓超にさかのぼるべきである。そのなかでも一九〇二年は一つの指標となる年である。この一年は、梁啓超が発表した『新史学』のほか、一つの新型史学理論文章を生み出し、前例のない革新的な情景を表した。後年、この情勢を維持したのは、陳黻宸、馬叙倫、鄧實、汪榮寶らで、これらはすべて近代意義上の史学理論を有する枠組みで、いわゆる、「新史学」の範疇に入る。(一) この時期の史学方法論著作における一つの特徴は、いくつかの日本における著作の影響を深く受けている。(二) たとえば、鳥居龍藏、重野安繹らが挙げられる。中国史学史研究者は、この時期の中国人の史学観念ならびに新式教科書を編制した方法について、「形式もしくは体裁の面で、実際に日本の東洋史編著者の影響を受けている」を認めている。(三)

民国以後に入ると、これらの著作はさらに増加した。たとえば、何炳松、楊鴻烈らが著したような専門的な著作は、集めてみると、当然二〇種類あるはずだ。これらの著作は一般的に、「史学概論」の様式の出現を以て、非常に広くさまざまなタイプやレベルの史学方法に対応した。ただ、イデオロギーの欠如により、どれくらいの価値を持つのかは説明し辛い。

そのため、史学史上の羅列からみても、または理論上の帰納法からみても、人々は、千々に様々な史学方法を提出できる。また、史学研究家たちの研究対象、知識構造、趣味趣向などは同じではなく、彼らは史学の方法の運用に対して各々偏愛と偏重とがあるが、史学全般的に謂えば、各種の史学方法論は互用することができ、排斥しあうことはない。

ただし、注意しなければならないのは、互用可能だからといって価値が完全に斉しいわけではない、ということである。歴史学研究の展開は、ただ研究に偏重した方法のみだと価値は反って小さくなり、思想性に偏重した方法は価値がいくらか高くなる。具体的な研究方法と抽象的な研究方法とを較べてみると、人々は往々として後者を評価する。例えば二重証拠法などは、とても尊重され普及している。ただし、それは畢竟、どちらかといえば具体的な研究方法に属する。歴史学者にとって、条件が整いさえすれば、自然と二重証拠法は採用されるものである。さもなければ、彼は一人の歴史学者として合格点には達しない。当然のごとく、ここまで述べたことは王国維が提唱し、抽出した二重証拠法の貢献を帳消しにするものではない。この説は、畢竟一種の経験の総括であって、容易に歴史学者の職業習慣と一致するものである。だから例え王国維が二重証拠法を提出しなくても、ある条件がそろえば、他の歴史学者もまた自然とそのようにすることができたであろう。だから、二重証拠法を議論する文章は少なくなく、どれだけの歴史学者が文章を見てわずかでも自覚して二重証拠法を用いているのか。大いに疑問である。その理論の段階は割合低く、畢竟、比較的具体性を帯びた技術的な方法に属し、そのためその他の史学の方法とは、統括関係を形成することが出来ない。

それにより、史学の方法論を議論するにはまず、史学における思想の方法論を議論すべきで、その次に研究方法を議論するべきであろう。思想性が欠如した史学の方法論の議論は、時にはとても盛り上がるが、ただ価値は限られてしまう。

二、どの種類の方法が主導的か

それでは、史学方法論の森の中で、最終的に主導性を持ち、中核的な地位を占めている史学の方法論とはなんだろうか。それは、「社会の性質から出発する」という方法である。

これは最終的に勝利した史学の方法論である。これとそのほかの方法論は矛盾しておらず、そのほかの方法を排斥もしない。ただ、その理論の段階は最高レベルで、たくさんの系統或いは細かい方法論を包括、統括ができる。中国近現代の史学史においては、その地位はとても特殊で、変わっていく過程の中で、研究の方法論となるだけでなく、思想の方法論ともなり、最終的に方法論として確立した。

では、それはどのような由来を持つのだろうか。我々は清末民国初の著名な歴史家である夏曾佑の歴史観から話を始めることができよう。

夏曾佑によれば、「万国人の性情、即ち其の祖宗の経歴する所の事の見効にして、若し之をして性情本ゝ無きの事と為さしめんと欲すれば、則ち必ず成就せず」という。[四] 彼は、今日の中国が開花した理由は、古人の蒔いた種によるものである、と思っていた。そのため、彼の著した著名な歴史の教科書の叙にもまた、「目前の食する所の果，一一古人に其の因を証せんとするに非ざれば，即ち以て前途の険夷を知る無し」という。彼の第二の教科書である『読本期歴史之要旨』は、「今日に至り、天下の人、環りて相 見え、各ゝ其の固有の文化を挟持し、以て相 上下を為す。其れ勝と為り負と為るは、豈に尽く今人の責ならんや。各ゝ其の古人の報を食むのみ」とある。

これは典型的な価値の歴史観念を備えていると考えられる、また今日の事情を明らかにするためには、民族の歴史の中に要因を探しに行かなければならない。

夏曾佑の歴史観念から、マルクスに至るまでに、いっそう、ただ単に歴史の中に要因を探しに行くのはよくなく、引き続き歴史の深層の中に要因を探しに行くべきである、という思想が進展した。これはマルクスの名言である、「現代の歴史記述における真の進歩は、すべて政治的表面から社会生活の深みに下がっていくことによって達成された」にある。[五]

夏曾佑は歴史を重視し、マルクスは歴史の深層を重視した。夏曾佑は現実の状況が発生する要因は歴史の中に存在すると考え、マルクスは社会生活の深層に存在すると考えた。彼らは猿の解剖が人体の解剖に役立つと見、その例えから見れば、夏曾佑は猿の体を解剖するにとどまったが、マルクスはより深く猿の心臓を解剖した。体は「外表」であり、心臓は「深層」である。

つまり、このような方法が最高な段階の方法となった理由は、一つは中国人に元々備わっていた強烈な歴史意識により、二つはこの歴史意識がマルクス主義の歴史理論の支持をもたらしたことにより、引き上げられ深化した。民国以後、中国におけるマルクス主義歴史学者はひたすらにこの方法を最も核心的な方法論と考えたので、方法論の中でトップの位置を占めるに至ったのである。

この方法論の基本点は、「歴史」と「現実」との間における連関の存在を信じたことにある。一面は、現実がこうであってそうでないのは、歴史がこうであってそうでないから、というものである。

だから、歴史はいつも現実に影響を与えている。また別の面は、歴史が現実に関与することにより、歴史の現実に対する影響を十二分に発揮させるべきである、というものである。これは所謂、「孔子春秋を作るや、乱臣賊子懼る」ということと同じである。ただ、「歴史を叙述すること」によって現実に関与するというのは、叙述者の主観が強く歴史に反映されるということとイコールではない。逆に、中国の伝統において尊重されている「良史」は、その最も重要な学術と道徳的な準則として、「事実を直書」しており、これは、ランケの言うところの、「それが実際いかにあったかを示す」、ということである。中国の歴史学者は、歴史をありのまま叙述することが、現実に対して最も好い干渉の仕方で、現実をよりよい方向へ発展させる、と認識している。このような純客観主義の立場とそれを堅持する立場は認識論的に成り立つのか否か、議論の余地がある。ただ、バートランド・ラッセルは、「純粋に芸術的な観点から見ても、歴史家が事実に忠実であろうとしなければ、歴史は称賛に値しない」と述べた(六)。明らかに、先秦から始まった、中国の歴史家のただひたすらに事実に忠実に叙述しようという態度によって、彼等は互いに信じ合い、ただ歴史の真実に忠実であることによって、ようやく現実世界の真善美に到達して一つになる。

このように歴史の中から現実存在の要因を探すということは、歴史と現実とを完全に連関しているものとして考える作法であり、欧米などでは、どうやら普遍的な同情と理解が得られないようで、理解に苦しんだり、質疑が存在する。例えば二〇一三年、アメリカの学社であるオーヴィル・シェルとジョン・デルリーが共同出版した一本の中国の幻想と密接に関連した著作がある。それは『富強：中国通往21世紀的長征』(Wealth and Power: *China's Long March to the Twenty-First Century*)。七月一九日、『ニューヨークタイムズ』がジョセフ・カーンの書評を発表した。書評には、「たとえ三万億ドルの外貨があっても一八四二年の心傷を癒すことはできはしない。この年は、中国が第一次アヘン戦争で英国に敗北した年である。今回の衝突の後、中国は四分五裂し、はじめはヨーロッパ列強に分割せられ、その後壊滅的な日本の侵入を許した。六〇数年前、中国の軍隊は日本人を追い払い、国家は改めて統一された。しかし、中国が固く心の傷を記すことを決意し、歴史に埋没させないようにした」とあった(七)。これらの話が暗示しているのは、中国はすでに裕福で、いつまでも悲惨な歴史を忘れない必要などあろうか、ということであろう。

中国人の強烈な歴史意識に対して、西洋人は、「自虐」と認識している。彼らは、中国人がどうして歴史を重視するのか、どうして現実と歴史とを結びつけるのか、ということを理解していない。

翻って、当たり前だが、「テキスト分析」の視座から見ると、社会の歴史の原因を「テキスト」の中から抽出し、ただ単に、「テキスト」に対して、内部の要素の考察を行うという、欧米の文芸理論界、哲学界において、「ポスト現代史学」が、とても栄えていた。所謂、「テキスト第一主義」・「形式主義論」などは、すべてその産品である。ただ、この理論様式は、とても中国人には受け入れられなかった。夜会の歴史要素を離れてテキストを分析することは、我々は「強制解釈」と呼んでいる。[八]「上帝之死」或いは「作者之死」との理論の主張は同じではなく、中国における学術の伝統は、「知人論世（孟子の主張）」である。文学を研究するには、「知人論世」が必要であり、歴史を研究するには、それよりもさらに、「知人論世」が必要である。

「知」の前提は、「真」である。ところが、「真」は自ら現れることはなく、天然澄明で、そして歴史の深層に隠れている。歴史の深層に隠れている「真」――つまり社会の性質もまた歴史の「質」であり――ある人は、「歴史の規定性」と呼ぶ。社会の性質は深層に隠れているけれども、生産様式を通じて自ら現れてくる。だから、社会の性質を明らかにするには、生産様式を通して行わなければならない。生産様式は歴史の移り変わる中で形態が発生して変化するため、異なる生産様式が発生し、異なる社会形態を形成する。社会形態の前後の伝承関係を明らかにすることは、歴史の発展の法則を明らかにすることである。

上の基本的な論理は、ポパーの立場から見ると、典型的な歴史決定論に属する。ある人は、歴史基礎論・歴史本質論という。歴史決定論者は、現実の人類社会の構造を明らかにしようとし、つねに深く歴史の森の中から因素と秩序を探し出そうとする。思想家の張東蓀は、中国と西洋は同じではないので、古代の種子も同じではない、という。近代以来の東アジア思想史においてそれは一つの欠くことのできない重要な主題である。あらゆることから、歴史に現れた現実の重要な基礎作用について明らかにする。そして、自分がどのようなものか知りたいのならば、歴史の中から答えを探しに行くことができる。ポパーは、当たり前の事ながら中国史学の伝統には無理解だが、彼の歴史決定論に対する論述については、中国人の歴史観念を入れる事ができること、明らかである。この観念のモデルはすなわち、「誰が過去を掌握し、誰が未来を掌握するのか」である。これはポパーが同意せず努めて反駁した歴史観念である。

ポパーの観点が成立するかどうかは、中国の学者がすでに議論したところであり、基本的な傾向は彼の立場と見解に賛成はできない、というものである。[九]ただ、これに対し、我々は別に議論することができる。それは、先にさしあたり確定した一つも中国近代史上の事実である、「社会の性質から出発する」ということが、確かに中国の歴史学界の主導的な方法になった、ということによる。この方法の主導の下で、所謂、歴史の神秘を求め、そして歴史の深層から社会の性質を探り、歴史の秩序と構造とを明らかにし、歴史の因素の組み合わせ・序列を並べ、歴史に対して社会学的な分析を行う。一〇〇年の中国史学を回顧すると、トップクラスの偉大な著作は、これに従っていないものはない。夏曾佑の中国歴史教科書が尊重をされた理由は、それがこのテーマにまで言及したためである。社会の性質に関して提示するものが異なることにより、同様にこの方法を用いる歴史学者の間で、論争が行われた。その論争の中で、中国の歴史に対する認識と理解が深化したのである。

三、中国マルクス主義史学の根本的な方法

「社会の性質から出発する」という方法は、中国におけるマルクス主義史学の中で、最も典型的に運用された。彼らはすでに古代社会の性質を探り、また古代社会の性質から出発して現実を観察し、現実の問題に解答し、未来の歴史の進む方向を予測している。

中国共産党の初代リーダーの早期の著述は、ほんの僅かな例外もなく中国の社会性質の問題を巡ってその思想過程を展開しており、毛沢東のものがそれである。一九三〇年代に発生した中国社会史大論戦は、この著述をもって幕を開けた。

この思想と認識の方法は、中国の伝統的な歴史観念と思惟の伝承の背景を除いて、主としてレーニンの方法に由来している。

中国近代社会の性質に関しては、レーニンの著述がある。レーニンは、中国は半殖民地国家に属しているが、封建宗法の関係が大勢を占めている、と認識していた。レーニンのこの見方は、非常に広範に奥深く影響した。ただレーニンの下の論断の下で形成された大規模な議論は、一九二四年から一九二七年の国民革命運動の失敗の後にあり、先の中国近代社会の性質に対して大規模に展開された討論ないし論戦は、中国古代史の領域まで至るほど拡大した。レーニンの見方により、マルクスの東方社会に対する見方を一歩進めることができ、それによりマルクスの東方社会理論に対するテキスト解読が進んだ。たとえばカール・ウィットフォーゲル、ウンベルト・メロッティなどの著作から、日本の学者である長野朗『中国土地制度研究』、早川二郎『古代社会史』、森谷克己、伊藤藏平、佐野利一、羽仁五郎、伊豆公夫、平野義太郎、相川春喜、秋澤修二などの関連著作まで、無論出版年代は一様ではないが、実際全ての著作が一つの学術的な背景や気風の下の産物である。彼らの視点は当然ながら異なるが、基本的な思考や方法は一致しており、それは、「社会の性質から出発する」ということである。そのため、討論の中で論じられていることが理非曲直であろうと、「社会の性質から出発する」という研究方法は、確実に明らかに判断できる基本的な事実として見なされていた。

「近代社会の性質」は「古代社会の性質」研究の基点である――先に前者に対する研究があり、後に後者に対する研究がある。先に社会の性質への論争があり、後に社会史の論争がある。これにより、「社会の性質から出発する」という方法は、中国通史の研究を貫いている。中国社会の性質に対する論争により、中国社会史の大論争が引き起こされる、これは方法論が速く学問的に上昇する鍵である。民国時期社会経済史研究が興り、客観的に呼応され、支持されたために、一つの方法論としての地位が上昇した。

中国社会史大論争の基本的な問題は、中国社会の性質の問題の論理延長である。ただ中国古代社会の性質の問題を解決し、近代中国社会の性質を確定し、歴史的根拠を有してはじめて、論理の上でも通ずることができる。だから、古代社会の性質の展開を巡る基本的な問題は――つまり中国のマルクス主義史学の解決すべき基本的な問題は――中国のマルクス主義史学の基本的な骨組みにある。中国のマルクス主義史学の変化の過程と枠組みの論理体系を考察し、「社会性質」を手に入れてはじめて自然と事が順調に運ぶ。

中国のマルクス主義史学家たちは、熱烈に議論を行った。たとえばアジア的生産様式、奴隷制、封建土地所有制の形式、封建社会はどこまで続くのか、井田制、郡県と封建、農民戦争、資本主義の萌芽、などである。一見入り乱れて煩雑であるが、実質はただ一点のみが問題であり、それは確実に中国古代における社会の性質についてである。「社会の性質」は史学の方法中で言語の源泉ともいうべき地位にあり、それにより顕彰されている。

「社会の性質から出発する」というのは、必然的に歴史上の生産関係を解釈することを重視する。歴史を考察するとき、中国のマルクス主義史学家たちは先に生産関係を基本的な考察対象とする。そのため彼らは、歴史の最深部の「質」が、主に生産関係を通じて反映する、と認識している。

もちろん、「社会性質」を核心としているが、核心的な内容でなければ重要でないわけではなく、核心的な内容でなければ一たび苦労して手に入れても、永遠にそれによってすべてを解決できるというわけではない。本質は現象に代替することはできず、主流は支流を代替することはできない。歴史思惟の中で大いに忌むべきことの一つは、一つの傾向でもって別の傾向を覆い隠すことにある。けれど、基本点をはっきりと示すために、我々はただ「幹擾作用」から「偶然因素」をできる限り濾過している。これにより、突出した特質が判明する。「社会性質」から出発し、中国のマルクス主義史学思想の特質を際立たせるのである。

「社会性質」から出発することにより、中国史学に全体の様相における系統性の変貌を遂げさせ、思想理論におけるまだ深化するに至っていないところへ至らせることができる。それは、歴史学の範囲、概念、学術用語、語彙、修辞と思惟の方法、論証と表現方法とをすべて改変する。たとえば生産力、生産関係、生産方式などは、歴史学の基本的な用語となった。中国の歴史は、論理的な秩序を備えているのである。

要するに、「社会の性質から出発する」は、中国のマルクス主義史学者たちに採用された最も核心的な方法であり、それにより、史学方法体系の中で最高の位置を占めている。歴史区分の議論などは、均しくこの方法を体現している。その理論の源は、史的唯物論である。ただ、辛亥以前の新史学家は、すでにこのような思考の方向性を有していた。辛亥以後は、この思惟の道筋と中国人の祖先崇拝、先人を畏れ敬う宗法伝統、文化の血脈、歴史意識とが結びつき、社会運動、政治運動、思想潮流及び信古、疑古、釈古などの方法の激動の下、これらを止揚して精進し、新たに、方法論の意義においていよいよ強化、固化、系統化され、最終的に主流となった。この過程には、日本の学者も関与している。社会史論争、経済社会史研究の興隆は、均しくその特徴である。

四、外部からの強要か内部からの発現か

「社会の性質から出発する」という方法は、数十年は支配的な地位にあった。けれども隠す必要もないが、現在の細分化された学術的な風潮は、とても大きな衝撃を与えるものであり、「社会の性質から出発する」という方法は停滞した。広大な事柄を叙述することを重視する歴史学の方法は、今の歴史家は関心をもって運用せず、細分化された技術を用いることに偏重し、せいぜい中間的方法を用いるに留まる。この学術的な気風の移り変わりは、フランスのアナール学派の影響によるものであるそうだ。実際にこのようであるかどうか、私は曖昧であると思う。ただ、この学術的な気風の変化は、確かに思想的な動機があり、論ずるに値する。

ある支配的な観点によれば、「社会の性質から出発する」は、実際外来の因素か様式を中国の歴史に押しつけたものにほかならない。そのため、彼らは、外部の様式中国の歴史に当てはめることによりは、中国の歴史の内部に深く入り、中国の歴史は一体どのようなものかを

みることには及ばない、と考えている。この観点からのモデルとして、コーエンが概括した「中国に歴史を発見する」(Discovering History in China)、もしくは、「中国中心史観の興隆」が挙げられる。この学風は、欧米から日本の漢学界に至るまで、すでに主流となっているかもしれない。

もちろん、それは外面から見ると間違いではないが、ただ実際には、重大な欠陥が存在する。すなわち、「中国における歴史の発見」は結果として、絶えず中国の歴史の多様性と複雑性への関心、絶えず中国の歴史の内部に深く入るという事態を招き、それにより絶えず中国の歴史的要素を分解し、歴史のかけらを解剖し、そうして中国の歴史に対する全体性の解消をもたらす。これは「中国における歴史の発見」というよりも、むしろ中国の歴史の中の大海に埋没しているのである。人々が中国で「発見」したものは歴史の全体ではなく、ただすべての歴史の地域、時間、断片あるいは因素となる時期、あるいはこともあろうに、これらの歴史の因素あるいは断片を歴史の全体の時間にあてはめることにより、歴史の生体は、解剖するための雑多な材料にしかならない。このような研究の道筋は、ただ、「社会の性質から出発する」という方法が消え落ちてしまうだけでなく、かつこれにより映し出されるのは「雑多な工学」の支解性である。近頃の中国の学者は「新清史」について批判しており、その原因の一つとして考えられるのが、彼らがある種の歴史の因素によって歴史の全体性をバラバラにし、消え去ったことである。これは、「中国における歴史の発見」というより、むしろ「中国における歴史の解体」である。実は、中国の歴史はすべて内外の因素が合体したことにより成立している。いわゆる、「外来因素を排除した単純な中国史」の提起は、成立しない。

外来の因素あるいは様式を中国に押しつけることは、これまで賛同者はいない。これについては、「衝撃—反応」様式に対する批評に合理性がある。しかし、知らなければならないのは、「衝撃—反応」様式もまた内外因素の結合論に属しており、ただ、結合において主導権を握っているのは「外」か「内」かが肝心である。この他「衝撃—反応」様式を批判するとき、実は一つの理論の前提がある。それは「五つの生産様式」理論が同様に中国の歴史に対する押しつけである、という認識である。彼らは、「五つの生産様式」は西欧から来ており、人類社会が普遍的に経験したものではないから、中国にはあてはまらない、と考えている。実際に、「五つの生産様式」理論はただ単にヨーロッパからきたのではなく、原始社会の理論はモルガンを通じてメキシコに来た。また、西欧社会もまた決して完全に、「五つの生産様式」を経過したわけではない。奴隷制は主にアテネとローマとに集中しており、封建制はフランスの一部に集中しており、早期資本主義は英国に集中している。これについて、マルクスはもちろん分かっていた。なれば、彼は何故五形態をまとめだしたのか(発明権はスターリンに属してはいない)。五形態は歴史と理論の統合体であるため、実際の過程の中における歴史の典型的な論理化の結果である。ウェーバーの概念を利用して言うと、「理想類型」である。ただウェーバーの用法では「理想類型」普遍的な意義を備えておらず、マルクスの「理想類型」は逆に普遍的な意義を備えている。いわゆる、普遍的な意義を備えているというのは、つまりそれが模範性や典型性を指しており、決して各地域の歴史がすべて実際にこのようであると表しはしない。たとえば、万人の中において典型的な美人は一人しかいない。もし、典型的な美人と比べたら、どれくらい多くの人がいたとしても、「不正常」である、というのは言い得て妙であろう。歴史を淵源とした論理的な序列がいったん出来上がると、マルクスの説は、それはまるで一つの「先験の構造」となった。たくさんの人がこの一転を理解出来ず、歴史の多様性・具体性によって五形態を消し去り、それゆえマルクスと同様の思想的な台には乗っていない。

要するに、単純に「中国における歴史の発見」と考えるのか、それとも外来の因素が中国の歴史に覆い被さっているのかというのは、すべて不適当である。適切な方法は、「内」と「外」の二つの次元を結合することである。「社会の性質から出発する」という方法は、ちょうど内外の因素がピタリと一致したものである。結合することにより、容易に発見でき、たとえ中国内部の要素を重視しても、たとい中国外部の要素を重視しても、すべてそれから学術の淵源に至ることができる。

たとえば一九九〇年八月、中国社会科学院近代史研究所が北京で「近代中国と世界」という主題の研究会が開催した。その会で、劉大年は、いわゆる、「中国中心観」あるいは「中国主線論」を批評し、「彼らは中国は自身で運動能力の実体を備えていると強調する。中国の近代は、中国という実体の内部から生まれた各種の巨大な勢力が絶えず互いに作用しあい、自ら方向を選び道を切り開くことで形成されたものである。中国近代歴史の展開と方向は、最終的に中国内部の力によって決定され、それが歴史の運動の本質と一致することは疑いない」と指摘した。(一〇)これは劉大年の史学思想の重大な変化であり、自然と劉大年がかつて批判した尚鉞の研究の方向に向かっていると思わせた。尚鉞の研究における基本的な方向は、資本主義の萌芽を研究することにより、「中国内部の力」を目立たせることであった。もちろん、尚鉞の研究の方向にも由来がある。そのため、尚鉞が「中国主線論」の先駆であるというのは、いいすぎである。溝口雄三などの学者は「前近代」における「近代因素」について研究した。その基本的な傾向は、尚鉞も同様である。

ただ、尚鉞が用いた核心的な研究手法は、依然として「社会の性質から出発する」であり、決して単純な中国主線論ではない。だから尚鉞は、我々は中国社会に持ち前の特殊性があるのを否定はしないが、特殊性は最後には必然的に普遍性に帰着し、すなわち人類社会の一般的な発展法則に帰着する。これは客観的な事物それ自体の性質が規定している、と述べた。(一一)「普遍性」を強調するのは、いくらかの人が西洋の歴史の発展や様式を中国の歴史を当てはめている、と指摘するためである。具体的に言えば、彼はアヘン戦争時の外来の因素が中国近代史の発端であることを否定しなかった。これについて、多くの人が誤解している。(一二)

「社会の性質から出発する」という方法の体系内で、資本主義の萌芽について研究するのは、つまり、「中国における歴史の発見」である。その代表的な著作は、許滌新・呉承明主編『中国資本主義発展史』である。「五つの生産様式」の理論を採用し、人類の歴史の普遍性と一般性の原則を堅守した著作である。明らかに、「人」の歴史、無論地域、民族、人種は、一定の内在的統一性を有している。そうではない場合、人類の交流について話ようがなく、現在流行している、「グローバルヒストリー」も描き出すことなどできないのである。これについて、西洋的なモデルを中国の歴史に当てはめるというようには理解できず、人類全体の統一性と普遍性から出発すると理解すべきである。それはどのようなものであったか、最後に中国の歴史を見てみよう。それは、普遍性と多様性との統一である。

このような研究方法は、歴史の決定論ではなく、歴史を根拠に述べる論理である。

《注》

(一) 兪旦初「愛国主義与中国近代史学」(『二十世紀初年中国的新史学』中国社会科学出版社、一九九六年)。
(二) 胡逢祥「二十世紀初日本近代史学在中国的伝播和影响」(『学術月刊』一九八四年第九期)。
(三) 朱維錚編『周予同経学史論著選集』五三四—五頁。
(四)『汪康年師友書札(二)』一三七四頁。
(五) 馬克思「馬志尼和拿破崙」(『馬克思恩格斯全集』第一二巻、人民出版社一九六二年版、第四五〇頁)。
(六) 羅素『歴史作為一種芸術』、参照したものは、張文傑等編訳『現代西方歴史哲学訳文集』(上海訳文出版社、一九八四年、一三二頁)。原著は、Russell, "History as an Art," (1954)。
(七)「尋求国家復興貫穿中国近現代史」(『参考消息』二〇一三年七月二二日、一二版)。
(八) これは中国社会科学院副院長の張江教授が提出した概念である。
(九) 何兆武「評波普爾和他的〈貧困〉」(波普爾『歴史主義貧困論(中訳本)』中国社会科学出版社、一九九八年、後面)。
(一〇) 劉大年「中国近代化的道路与世界的関係」(中国社会科学院近代史研究所科研組織処編『走向近代世界的中国』成都出版社一九九二年版、一〇—一一頁)。
(一一)『尚鉞批判(第一輯)』(八三頁)。
(一二) 童力「尚鉞怎様看中国近代史的開端」(『中国社会科学報』二〇一五年七月七日第一版)。

[参照文献]

グンター・フランク著 山下範久訳『リオリエント——アジア時代のグローバル・エコノミー』(藤原書店、二〇〇〇年)参照。
ケネス・ポメランツ著 川北稔監訳『大分岐——中国、ヨーロッパ、そして近代世界経済の形成』(名古屋大学出版会、二〇一五年)参照。
オーヴィル・シェル・ジョン・デルリー著 古治彦著『野望の中国近現代史』(ビジネス社、二〇一四年)参照。
カール・マルクス著 内山敏訳「マッツィーニとナポレオン」(『マルクス・エンゲルス全集』一二巻、大月書店、一九六四年)。

第一部会　七

文学史という方法論

牧角　悦子

はじめに

学問研究に方法論が意識されるようになったのは近代以降である。前近代的「学」というものが、中国においては「道」と直結し、人としての正しさ、或いは天下国家経営の理念が常にその中心に据えられるものであったのに対し、近代以降の学問は、学術或いは研究として、客観性や合理性、普遍性や社会性を志向する新しい知の体系としてあると言えよう。個人の内面性・精神性に向かっていた学問が、大きく社会に向いて開く時、そこに客観性が求められる。客観的である為にはそれを説明する科学的根拠が必要となる。方法論は客観的根拠に基づく論理に正当性を与える為のものとして、近代以降の学術に必須のものとなるのである。

ただ、制度や事物といった形あるものを対象とする史学と異なり、芸術の分野において、それを客観的・科学的に分析することが可能なのかどうかということは大きな問題としてある。芸術作品の品隲は、科学性や客観性とはなじまない領域であるからだ。しかし、だからと言って文学や芸術を対象として近代的な学術は成り立たないのか、というとそうではない。制度や権力構造の分析とは異なる形で、表現そのものの持つ普遍的価値を追求することは可能なのだと考える。そしてその時、主観や品隲を昇華した学問的方法論として、まず注目されたのが「文学史」という方法であった。導入の当初にあっては政治性の強い文教的要素を色濃く反映したものであったこの文学史という方法は、しかし日本から中国に移入され、いくつかの優れた研究を転機として新しい価値を獲得していく。文学というものが自覚的に意識され、その独自の価値を追求した学問研究として最も注目すべきは、魯迅の『中国小説史略』である。また、詩という表現形態に独特の価値体系を築いたのが聞一多の詩史構築である。前近代と近代の狭間を生きた魯迅・聞一多という二人の文人の成果を経て、中国文学というものが存在としても方法論としても、新しい近代学術の対象となっていくのである。

本論では、魯迅と聞一多という二人の文人の古典に対するアプローチを通じて、文学を対象として学問することの意味と方法論とを、文学史という視点から考えてみたい。

一、文と文学と文学史

古典世界における「文」と近代的概念である「文学」との相違については、すでに度々論じてきたとおりである(一)。道を中心に据え、聖人の教えの継承を最大の目的とする儒教的価値観の中に在った「文」と、個人の内面の表出を目的とする近代的「文学」とは、同質のものではない。古典世界の「文学」は『論語』の時代からずっと「文」の「学」、すなわち文献の学びであった。ただ、文献の中から何を学ぶかについては、時代の要請を背景に様々に変化する。特に六朝期に在っては、「文」に対して表現することの自律的な価値が意識的に求められ、表現は成熟していく。ただ、六朝の所謂「文論」は「文」の「論」であって「文学論」ではない。そこに文学意識はあっても、近代的意味での「文学」とそれは異なるからである。

このような「文」と「文学」とが暴力的に結び付けられたのが近代である。それが「文学史」の導入であった。

現在我々が中国学の世界で当たり前のように使う「文学史」という言葉は、実は歴史が長くない。それは端的に言えば日本において明治初期に始まる。更に言えば、それは新しい国民国家建設の為の文教政策の一環の中で、国家によって意識的に持ちこまれた一つの方法であった。[二]国家の成立の為には「国語」と「国文学」が必要である。漢文表現から昇華された「国語」の確立と同時に、自国の古典の中に「文学」を跡付けるために「文学史」が導入される。日本の文教政策の中から生まれたこの文学史という方法は、そのまま民国期の中国に持ち込まれ、国立大学の教育課程の中に文学史という科目が設定されることになった。民国初年、新しい国立大学が次々と設立される中で、文学史は必須の教科となる。[三]同時に「文学」や「歴史」というものが、伝統的な学問の継続性と西欧からもたらされた新しい学術方法との合流の中で、葛藤や反抗を生みつつ少しずつ成熟していく。胡適や陳独秀の「文学革命」論、顧頡剛の『古史辨』を中心に展開される歴史的視点など、旧来的価値への性急な否定の時期を経て、古典との繋がりを重視しつつも、この文学史という方法を極めて有効に学術の世界に応用した者、それが魯迅と聞一多であった。魯迅は小説という文体に、聞一多は詩という文体に、それぞれ独自の感性と才能とで新しい世界観を展開する。それらは、国立大学における授業の要請から生まれたと言う意味では文教政策の影響下に生まれたものではあったが、しかしそのような国家の要請を超えて、「文学」なるものの自律的価値を提示する画期的な学問となっていった。

二、魯迅『中国小説史略』の意義と問題[四]

魯迅と言えば中国近代文学の父として、その小説と評論とに評価が高いが、古典に対する造詣もまた、学術性と近代性とにおいて際立っている。その古典研究の成果の中でも特に注目されるのが『中国小説史略』である。

魯迅の『中国小説史略』は、北京大学での小説史の講義を基にして、一九二一年に出版された学術書であり、小説という文体を歴史的に体系化した初めての試みであった。民国初期という近代入り口の時期に、この『中国小説史略』が世に問われた意義は大きく二つある。一つは「小説」という文体を一つの文芸の形態として評価したこと、いま一つはそれを歴史的に概観したことである。

まず、小説という文体の評価について言えば、中国においてそれが「稗官」に始まる九流十家の付属品的存在であり、「大道」に対する「小」なる「説」、すなわちつまらない噂話であると見做されていたことは、魯迅自身が『中国小説史略』の中に『漢書』藝文志を引いて説明する通りである。[五]旧来的「文」の世界では下流に位置していた小説に、通俗的娯楽以上の価値を発見していくのが清末の時期である。

一九〇二年、梁啓超は『新小説』創刊号に「小説と政治の関係を論ず(論小説與群治之関係)」を載せ、小説には「不可思議な力」があり「人道を支配する」と言う。[六] 小説革命と呼ばれる梁啓超のこの主張は、しかし小説の社会的効力を強調する点において、ある意味儒教的である。同時期に林紓は「巴黎茶花女遺事（デュマ『椿姫』）」を始めとする翻訳小説を多くものし、次世代の青年たちに大きな影響を与えた。魯迅・郭沫若らも青年期に林訳小説を通して西洋の小説に触れたのであった。

梁啓超・林紓の小説革命は、小説という文体への注目こそ新しかったものの、それを「一国の教化」つまり国民性教育の効果につなげようとしたこと、そして雑誌を通して小説を量産したことは、ある意味小説をメディアとして利用しようとしたものだとも言える。梁啓超・林紓の小説は、清末に大きな影響力を持ったとはいえ、時代を超えて残る普遍的な価値は持ち得なかった。

このようなメディアとしての小説の効用ではなく、芸術としての小説の価値を称揚したのが王国維である。王国維は、文学が芸術性を獲得し得なかったのは、それが世俗の価値と結び付いていたからだと言い、純粋文学は常に迫害されてきたと言う（「紅楼夢評論」）。「純粋な芸術的著作」という言葉で「文学」（就中小説）の価値を社会的効力から切り離したのである。また、それまで淫乱を勧め世の中を誘る書物として禁書扱いされてきた『紅楼夢』に対して、そこに描かれた悲劇に高い芸術性を見出した王国維の小説観は先進的であった。

魯迅の小説への認識は、このような流れの中から生まれる。小説という文体に新しい力を見出そうとする視点は梁啓超と共通するが、梁啓超の効用主義は魯迅には無い。また小説の持つ独自の力を他の価値から独立させる視点は王国維と共通するが、魯迅が対象にしたのは人間の悲劇を描くといったような近代的な芸術性をもつ小説だけではない。魯迅が注目し体系化を図ったのは、『漢書』藝文志の「小説家者流」に所謂「小説」を対象に、神話伝説から始まり、そして文言・口語を問わない、更には通俗・娯楽小説をも含んだ中国の全ての小説であった。また魯迅の小説認識の梁啓超・林紓と異なる点は、中国の小説だけでなく、西欧の近代の小説に対する接近を背景にもつことである。魯迅・周作人兄弟はかつて留学先の東京で文芸活動を志した際に、主に東欧を中心とする西洋の近代小説を翻訳し『域外小説集』として出版しようとしたことがあった。反響の少なさに「寂寞」に取りつかれたと魯迅自身が回想するこの試みは、[七] しかし魯迅の小説観の背景に、西欧の、特に東欧系の小説に対する認識があったことを示す。魯迅の小説認識は、このように清末から始まる小説革命の流れを受けながらも、王国維の哲学や東欧近代小説の影響を受けつつ独自に展開されたものであった。

次に、その小説を歴史的に概観する「小説史」という方法をとったこともまた、『中国小説史略』の持つ重要な意義である。上に述べた通り、魯迅の『中国小説史略』は、北京大学における授業の一環として、蔡元培の要請を受けて始まった講義の原稿が基になっている。だからこそそれは、小説の発生の原点から説き起こし、時代を追ってその変遷の跡と特徴を概論する形になっているのだ。魯迅は北京時代に教育部の役人を続けながら、紹興会館に籠って古文献の校勘整理作業を行っていた。魯迅自身が「寂寞」を忘れるための麻酔であったと述べるその校勘作業はしかし、『嵇康集』や『古小説鉤沈』などに結晶した。古い小説を歴史の底から掬い上げるこの作業が、北京大学での小説史の講義要請につながり、『中国小説史略』として結晶する。また魯迅には『唐宋伝奇集』という文言小説の校定もある。おそらく魯迅にとって「小説」という文体は、表現形態として特別な興味の対象であったに違いない。小説が小説であるが故にもつ力のようなものを、恐らく魯迅はこの校定作業と『中国小説史略』の執筆を通じて看取していたと考えられるのだ。

　魯迅のこのような小説への興味は、この後研究対象としてではなく実作として結晶していくのだが、その詳細については別稿に譲る（八）。魯迅が小説という文体に新しい局面を開いたように、詩という文体に研究を特化させたのが聞一多である。

三、聞一多の詩史構築

　聞一多の古典研究の分野は多岐にわたるが、その中心は「詩」という表現形態の持つ独自の価値の探求だと言って良い。自身が詩人であった聞一多は、創作を止めて後も、「詩」が「詩」であることの意味、「詩人」という存在の意味を古典の世界に探り続けた。その対象分野は古代詩歌としての『詩経』・『楚辞』であったり、唐代の詩人たちであったりするが、晩年の業績は「詩史」の構築へと収斂していく。「詩史」という語は聞一多において、詩の歴史であると同時に、「史」としての「詩」、あるいは「史という詩」という意味も持つ。古典世界における詩が、抒情詩である前に「記録」であったこと、そして「記録」する使命感から解放されて独自の抒情性を獲得していく過程を「詩史」として描くこと、それが聞一多の詩史構築の目論見であった。暗殺という劇的最期によって完成を見なかった聞一多の詩史は、古典的「文」の中に在った詩が、「文学」として自立していく過程を、自らの詩人的感性への信頼に基づいて語るものだったと考えられる。

　残された業績の中から、聞一多の文学史的論述を挙げると以下の通りである。

1、歌與詩　一九三九年
2、易林瓊枝　一九三九年
3、文学的歴史動向　一九四三年
4、中国上古文学　（未刊手稿）
5、七十二　一九四三年
6、道教的精神　一九四一年
7、神仙考　一九四一年

　「歌と詩」は、古代において、特別な発声から生まれた「歌」が古代歌謡の原点であること、詩は本来「志」と訓じられ、記録の意味がその中心であったこと、その歌と詩の合流として『詩経』が生まれることを論じる。これは、実現を見なかった聞一多の古代文学史構想の第一章として書かれたものである（九）。「易林瓊枝」は、先秦の『詩経』と後漢の五言詩の間に存在する四言の言辞である「易林」を取り上げ、詩的言語が四言から五言に変化する過程での重要な資料であることを提示する。「文学的歴史動向」は晩年に書かれた文化史論。「中国上古文学史」は未刊の未定稿であるが、これこそ聞一多が後半生最も力を注いだ古代文学史構想の骨格である（一〇）。「七十二」は後漢のある時期に登場する七十二という数の持つ意味と、この数が特別な意味を持った時期を推定する。「道教的精神」と「神仙考」は道教に関する文化史的考察である。

　これらはみな、詩の発生と展開を跡付けるための古代を中心に据えた論述であるが、他に唐代の詩の変転を論じたものに「類書與詩」

「宮体詩的自贖（一九四一）」「四傑（一九四二）」「孟浩然（一九四三）」「賈島（一九四一）」があり、また「少陵先生年譜会箋（一九三〇）」「岑嘉州繋年考証（一九三三）」といった杜甫・岑参の詳細な年譜もまた、詩史的構想から生まれている。

聞一多の学術の特徴の一つに、テキストの校勘と文字学における伝統的考証学の継承がある。しかし清朝考証学と聞一多の学術には大きな違いがある。それは、清朝考証が実事求是、すなわち事実の正確さの追求をその学問の最大の目的にしたのに対し、聞一多の学術は、事実の正確さの追求を基本に据えながらも、それを大きな文化史的視点から眺めることで、事実の変遷とそこに表れる文化意識をさぐることに主眼を置いた点である。それはまず詩経楚辞研究の分野においては、古代という時代に対する文化人類学や民俗学という新しい方法論の導入によって、現代とは異質の文化をそこに前提した点に表れる。また年譜作成の作業である杜甫の閲歴考証においては、杜甫の詩の背後にある唐代文化へ視点を向けることで、厚みのある文学史を構築した点に見える。そして初唐の文学論においては、詩における抒情性の獲得が詩人の如何なる社会的状況あるいは文化的背景から生まれていくのかを跡付ける作業として展開されている点に表れる。聞一多におけるこの文化史的な視点は、文学を表面的に捉えるのではなく、それを歴史の流れと時代性の中に位置づけることで、総合体としての文化の本質に迫ろうとするものであったと言うことができるであろう。

このような文学史あるいは文化史的な視点が聞一多の学術を大きく特徴付けていることは間違いないのであるが、しかしそれは一八九〇年代から登場する「中国文学史」からの影響を受けていよう。上に述べたように、近代になって文学を歴史的に捉えようとする文学史の視点が生まれる。それは西洋から日本を経由して中国の学術にも導入された。林伝甲の『中国文学史』（一九〇四年）、謝無量の『中国大文学史』（一九一八年）を始めとして、この時期通史・断代史・ジャンル別文学史が雨後の筍のように現れる。[一一]これらは、学術の世界に文学や歴史、また思想という概念が持ち込まれた結果であり、それぞれの独立した価値を跡付ける作業であったと同時に、新しい教育体制の中で大学教育の基礎として、その必要性の中から生まれてきたものでもあった。自覚的に選んだとはいえ、聞一多の研究対象が、それぞれの時期の大学における講義と関連していることからもそれは分かる。[一二]

しかし聞一多の文化史的視点は、そのような文教政策の影響のみから生まれたものではない。それは聞一多自身の歴史への嗜好とも大きく関係していよう。聞一多が非常に若い頃から特に歴史に興味をもっていたことは別稿で触れたが、[一三]一七歳で記した『二月盧漫紀』の中に既にそれは濃厚に見られる。それは、文学作品の鑑賞とは別の、文化現象の背後にそのしかるべき必然性を求める学術性を帯びた態度として現れている。

文化現象の背景への洞察、文学を一つの生命体として捉えるこの視点は、時代の影響を受けつつもやはり聞一多独自の学術態度だと言うことができよう。それはまた、このような古典研究における方法論と方向性における態度が、非常に初期のものからほとんど晩年に至るまで、本質的に大きな変化が無かったということからも分かるのである。

文学史という視点は、近代大学制度における文教政策の一環として教育の場に持ち込まれた政治的意味の強い方法であった。しかし聞一多の文学史構築は、そのような意図から独立して、自身の興味と嗜好とに一致した有効な手段として肉化されたものであった。

四、文学史という方法論

魯迅と聞一多は、ともに近代という未曾有の価値の転換期にあって、文学史という方法論を自身の古典学に有効に応用した。このような魯迅と聞一多の文学史から見えてくるものは、文の一ジャンルの成長を歴史的に手繰ることによって見えてくる文の自律性である。小説という文体は神話の中から生まれ、人間を超える力と現実との間を繋ぎつつ成長する。それは志怪小説・志人小説を生み伝奇小説を生みつつ、虚構と現実の「あわい」を描くことによって一つの価値を獲得していく。魯迅の『中国小説史略』は小説の歴史的変遷を文献の中から拾い上げ、それを体系的に客観的に分析したものである。しかしそこには執筆者の意図を超えて、小説というものがその存在の意義を自ら主張している。

聞一多においても同様である。聞一多の試みた詩史構築は、詩の発生から展開を文字学と文献学を駆使して解き明かすことであった。しかしその緻密な文献考証とは裏腹に、そこには詩というものが、自身の生命をもって生長している。

道と直結し、人格形成や現実対応を第一義におく前近代的「文」は、近代になって大きな転換を迫られた。個人の内面の表白を中心に据えた「文学」概念の移入によって文の価値体系は根本的に問い直されたのである。この「文」と「文学」の葛藤の中から生まれた「文学史」という方法論は、一方で国語・国文学の発掘という近代国家形成の為の文教政策と結び付くものであったが、しかしまた文学史という方法論は、そのような国家的意図を離れて、文学の独自性、表現の自律的価値を発見する優れた文学史も生んだ。文学という一つの概念に対して、その発生と展開を跡付ける作業、過去に遡り時代的にその変遷を追いかける作業は、それを通してその対象に生きた生命を与える作業でもあったのである。だとすれば、「文学史」が生まれた時に「文学」が生まれたと言ってもよいのかもしれない。

ただ、我々は魯迅の小説論、あるいは聞一多の古代詩論を読む時、そこに図式的な分析を拒否する大きな混沌を感じる。「文学史」という方法論によってとらえようとした「文学」は、客観的に、あるいは合理的に追求しようとすればするほど、その存在を韜晦するように見えるのだ。

おわりに

文学とは何か、という問いを正面から掲げる文学研究は少ない。それは初めにも述べたように、文学というものが客観的な分析や理性的な解釈を拒否する要素を強く持つものであるからだ。文学史という方法論によって発見された「文学」というものがある、と上に述べた。しかし同時にそこからこぼれ落ちる、あるいはそこから姿をくらます「文学」があるのだ。

近代「文学」の父と呼ばれる魯迅は、自身を小説に向かわせる内面を「鬼」という言葉で呼び、自身の作品の速やかなる腐朽を願った。(一四)小説、或いは詩を書くという行為は、どこかで現実的価値とは異次元の世界に通じているからだ。しかしその異質性・異端性が文学を豊かにする。表現の魔物に取り付かれた者、払いようもない霊感に襲われる者、そのような者たちの残した文学が、日の当たる文学史の裏側に潜んでいるのかもしれない。

芸術を生み出すパトスは古代的な呪術に通じる。若き日の魯迅に悪魔派詩人論を書かせたもの、聞一多が生涯一貫して李商隠を愛した感性は、正統派の文学とは異質のものへの志向である。そしてまた文学というものが他の価値から独立した意義を持つのは、この異端性を内蔵するからでもある。表の文学史からこぼれ落ちた異端の文学史、悪魔や百鬼の裏文学史は、まだその存在を見ない。

《注》

（一）牧角悦子「中国文学史における近代――古典再評価の意味と限界――」（中国社会科学院歴史研究所・一般財団法人東方学会編　第六回　日中古代史論壇論文集『中国史の時代区分の現在』二〇一五年）・「中国文学という方法」（二松学舎大学文学部中国文学科編『中国学入門――中国古典を学ぶための13章』勉誠出版　二〇一五年）・「「文」から「文学」への展開――古代変質の指標として――」（二松学舎大学大学院紀要『二松』第三十集　二〇一六年）。

（二）近代における文教政策の中で、文学史という科目が教科へ導入された経緯については、注一引用牧角論文「中国文学史における近代」参照。

（三）民国初期の国立大学における教科としての文学史については、牧角悦子「聞一多の中国文学史構想――『四千年文学大勢鳥瞰』――」（日本聞一多学会報『神話と詩』第十三号　二〇一五年）参照。

（四）本節は牧角悦子「魯迅と小説」（日本聞一多学会報『神話と詩』第十四号　二〇一六年）の要旨である。

（五）『漢書』藝文志に「小説家者流、蓋出於稗官。街談巷語、道聴塗説者之所造也。」と。

（六）梁啓超「論小説與群治之関係」（『飲冰室全集』論説文類）に「小説有不可思議之力、支配人道故。」と。

（七）魯迅『吶喊』「自序」に見える。

（八）注四引用　牧角論文。

（九）聞一多「歌と詩」については、牧角悦子「うたのはじめ――聞一多の古代文学史構築――」（二松学舎大学創立一二〇周年記念論文集　二〇〇二年）参照。

（一〇）「中国上古文学史」については、牧角悦子「古代的「詩」の変容――聞一多の古代文学史構想（二）」（日本聞一多学会報『神話と詩』第三号　二〇〇四年）参照。

（一一）陳玉堂『中国文学史書目提要』（黄山書店　一九八六年）は、中国で刊行された中国文学史に関する書物を、通史・断代史・分類史に分けて、それぞれの書物の提要と目次とを示す。そこには膨大な数の文学史が網羅されている。

（一二）聞一多の詩史構想が具体的には大学における文学史の講義から生まれたことについては、注三引用牧角論文参照。

（一三）牧角悦子「聞一多の古典研究」（日本聞一多学会報『神話と詩』第一〇号　二〇一一年）参照。

（一四）魯迅「阿Q正伝」に、なぜ「阿Q」の「正伝」を書くのかを叙述した部分。「速朽の文章」の意味については、注四引用牧角論文参照。

第一部会　八

中国近世小説研究の一視角

仙石　知子

はじめに

本報告は、明清時代を中心に著された中国近世小説に対する一つの研究視角を提示するものである。近年、中国近世小説研究は、版本の調査に基づき、その成立過程を解明しようとする研究や、その出版事情の研究が行われている。しかし、これらの研究は、そのままでは文学作品としての中国近世小説の表現技法を解明し、そこに込められた文学性を探求し、あるいは小説を受容した人々が、小説に何を求めて、何に感動・共感したのかを闡明することはできまい。

上記の問題を考えるため、小川陽一は、小説が書かれた当該時代の社会通念を明らかにしたうえで、小説の文学性を解明しようと試みている。（一）報告者は、溝口雄三の指導により族譜の凡例の研究を進め、小川陽一の方法論を継承して、族譜にみえる中国近世の社会の実態や通念、具体的には性差に基づく宗族の構造と意識を解明したうえで、近世小説に描かれた女性像の表現技法や感動性を明らかにした。（二）さらに、報告者は、『三国志演義』を題材として、女性観に止まらず、社会全体の儒教理念を踏まえたうえで、小説の表現技法と共感性を解明してきた。（三）

本報告は、それらの研究を総括することで、中国近世小説研究に対する報告者の方法論を示していきたい。

一、中国小説における社会背景理解の必要性

外国人にとっての中国小説研究の難しさを端的に示すものとして、ドナルド・キーンの中国小説理解を挙げることができる。日本文学との比較の中で、キーンは、中国小説の特徴について、次のように述べている。

> 数年前のことだが、私はコロンビア大学で博士論文の審査に加わったことがある。私が扱った論文は二つで、一つは日本文学『夜《よ》半《わ》の寝覚《ねざめ》』の一部訳と論考、他は明朝後期に出た中国の小説何篇かの論考であった。他にこれ以上著しい対照を考えることが、一体誰に出来たであろうか。『夜半の寝覚』は、行動というものを全くと言ってよいほど含まず、女主人公の寝覚の思いの形を借りて、ほとんど全面的に心の内側から語られている。それに反して中国の小説のほうは、登場人物の内面には決して踏み込まずに、時にはわくわくするような、時には悲劇的な事件を、徹底して外面的に描き出している。しかもこれらは、なにも例外的な作品ではないのである。平安期以来、最も典型的な日本文学は、常に内省的であった。ここでいささか大ざっぱな分類を試みるなら、日

本の小説は自伝的になりがちだが、中国の小説は、伝記的なのである。事実明朝以前の中国には、自伝というものが存在していない。ところが日本では、平安朝の宮廷女性の日記文学以来、日記と自伝とは、ずっと一体のものとなっている。(四)

キーンは、主人公の内面描写を中心とする日本の小説に対して、中国小説は、登場人物の内面には決して踏み込まない、「徹底して外面的に描き出す」と述べている。果たして、そうであろうか。報告者の少ない読書体験から考えれば、たしかに、小説の中に入る手段として、作者・主人公の内面描写がなされることは少ない。しかし、外面的に描き出す事象の中から、主人公の内面を理解できるものも多い。それが理解しにくいのは、小説が描かれている社会背景、すなわち社会の実態や通念が分からないため、その感動性が伝わらないのではないか。中国小説に否定的なキーンの見解からは、中国文学の内在的な理解の難しさを知ることができよう。

一方、中国人であれば、中国文学の内在的理解は容易であるのか。中国小説が外面的であることは、中国人にとっては自明なことであろう。そのためか、小説が描かれている社会背景から、小説の感動性を理解しようとする中国人の小説研究は多くはない。むしろ、そうした違いに気がつくのは、外国人なのではないか。そこに、日本人がなぜ中国小説の研究をするのか、という問題への答えの一つがある。溝口雄三は、日本人として中国を研究する有利さは、自覚的に社会背景理解の必要性に気付くことができることにある、としている。(五)中国小説における社会背景を理解する必要性について、小川陽一は次のように述べている。

(日用類書は)明清小説、とくに明末から清の比較的早い時期に流行し、中国小説の最高峰を現出した人情小説と称される部類の小説の理解に有用であると思われる。……この一群の小説には明清期の都市居住者の多様な日常生活が具体的に描かれているところに特色がある。この特色はほぼ日用類書の特色と読み替えることができるであろう。日用類書が四民のためを標榜し、農桑技術や農村の土地売買関係文書の書き方など農村的性格をも多少含む点を除けば、両者の背景とした諸基盤は、共通する要素が多いといえるであろう。だから日用類書は明清小説研究に積極的に利用できるのではないかと考えられる。(六)

報告者は、こうした小川の問題意識を継承する中で、明清小説の研究を行ってきた。本報告の目的は、これまで発表してきた論文で行ってきた、明清小説における社会背景理解の方法について整理することにある。

二、人情・世情小説と族譜

明清小説には、魯迅によって人情・世情小説とされた小説群があり、(七)そこには『金瓶梅』・「三言二拍」・『醒世姻縁伝』・『岐路灯』・『紅楼夢』などが含まれる。これらの小説は、ある一定の社会階層の存在を背景としている。報告者は、それを族譜を保持するような宗族と捉え、族譜の分析により明らかにした社会の実態や通念に基づいて、小説における社会背景の解明を目指した。

宗族とは、父系同姓の一族である。(八)明清時代における宗族研究の中心的な資料とされてきた族譜(近世譜)は、通常、傍系親族も含む一族の系譜が掲載される。そして、宗族が団結する上で必要な規範や家訓、あるいは宗族内の主要人物の伝記、また宗族の墳墓記や共有地である族産に関する記録など様々な情報が収録される。(九)

日本で最初に族譜研究に着手した牧野巽は、明清時代に編纂された族譜を書誌学的観点から分析し、同時に、宗族機構の発展と沿革について考察した（一〇）。羅香林は、広東・香港地区の族譜を分析し、中国南方における族譜の特徴を述べ、族譜の学術的な価値を称揚した（一一）。また、瀬川昌久は、人口の流動性と分布状況を分析する資料に族譜を活用している（一二）。

これらの研究は、ほぼ凡例を資料として用いない（一三）。族譜ごとの特殊性に乏しいためである。これに対して、報告者は、特殊性がないからこそ凡例に注目した。すなわち、特殊性がないことが社会通念を明らかにする際に有用だからである。ただし、族譜は明代においていくつかの支派間で共通の祖先を系図中に見出し、系譜を合わせて同宗となる「通譜」が盛んに行われていた事実があるため、族譜の信憑性についてはしばしば問題とされる。それでも凡例は、宗族内で発生し得る問題の防止策や記録上の処理方法などが書かれており、恣意的な表現をすれば宗族内の秩序統制に支障をきたす。したがって、族譜の中でも比較的改竄されている可能性の低い箇所となる。

族譜の凡例が小説の分析に役立つ理由は、たとえば凡例の規約によって定められている序列によって物語描写を分析することにより、淡々と描かれているかに見える人物描写の中に含まれた社会背景を把握でき、そのことにより、これまでとは違った小説の理解、礼的秩序を踏まえた理解が可能になるからである。

ところで、明清時代における宗族の構造は、滋賀秀三の研究が基本となっている。滋賀秀三は、財産継承の権利から妻と妾を比較し、妻は、夫の死亡後に寡婦として夫の家に留まることで、夫の財産を一時的に承継するという形態で財産を持つことがあるが、妾はない。また、妻は夫の祖先を祭る義務を負うが、妾は負わなかった、とした（一四）。宗法社会において、妻は、夫婦一体という概念により、宗族における親族間の序列の中で、夫の位置に付随する形で組み込まれることにより、宗族の正規の一員として認知される存在であったと言えよう。これに対して、妾は、宗族内で正当な地位を有することはなかった。滋賀秀三は、妾とは「閨房の伴侶として娶られ、日常生活の上では家族の一員たる地位を認められながら、宗という理念的な秩序のうちには地位を与えられていない女性をいう」と定義している（一五）。

こうした滋賀の妻妾、ことに妾の理解は、族譜に現れた宗族の実相と符合しない場合もある。明清時代において族譜を持ち得るような階層の宗族の成員にとって、家族内の秩序を維持することは、宗族全体の社会的威信を維持するために必要不可欠なことであった。秩序が乱れる大きな要因は、女性にあった。宗族の維持のため、女性が夫のほかに配偶者を持つことはない。これに対して、男性が妻のほかに複数の妾を持つことは、継嗣がいない場合であれば、義務に等しく行われていた。その結果、男性の愛情の偏在によって女性たちがいざこざを起こさないよう、家族内の秩序を礼に基づいて維持することを求める規定を持つ族譜が多かったのである。中でも、妻に子供がなく、妾に子供が生まれた場合の妻と妾の関係は、財産問題を含んで複雑化し、明清小説の題材にも好んで用いられている。

明清時代の宗族では、妻と妾の地位を礼に基づき維持することは必要不可欠であった。したがって、明清時代には、礼よりも規制力の強い律において、妻妾の嫡庶の差を乱すことを禁じた条文が見られ、当然、族譜の中にも、妻妾の区別は明確にするような規範が掲載されていた。滋賀の研究は、理念としては首肯し得るのである。妾は、妻よりも地位の低い者であり、財産継承や祭祀の権利を有することがなく、人としての尊厳性を保障された確かな地位にはないとすることが、礼の規定でもあった。

しかし、族譜の規範が示すように、礼として表現される理念としては、妾は妻よりも劣位に置かれる者とされながらも、実生活の中では、夫の寵愛を笠に着て実権を握る妾が存在していた。たとえば、（明）西周生『醒世姻縁伝』という小説に見られるように、実生活の中で実権を握り、あたかも自分が妻であるかのような態度を取る妾の姿は、そのような社会の実態が背景となって描かれているのである。[一六]

（清）李海観『岐路燈』第六十七回には、張類村が譚紹聞のところへやって来て、譚家の持ち家を一つ借して欲しいと申し出る場面がある。張類村には、もともと妻の梁氏がおり、息子も何人か生まれたものの、みな夭折してしまい、娘の順姑娘がいるだけであった。後継ぎがいないことを案じて杜氏という妾を娶り子供も生まれたが、やはり女の子であった。嫡母である梁氏は、杜氏が生んだ女の子を非常に可愛がり、張類村と梁氏・杜氏の関係はとても円満であった。しかし、張類村と梁氏はすでに六十近い歳となっていたので後継ぎとなる息子が欲しかった。杜氏がその後なかなか妊娠しなかったため、張類村と梁氏は相談をし杜氏には隠して下女の杏花児を妾にしようと決める。その後、杏花児は身籠もるが、事情を知った杜氏は異常な嫉妬をする。張類村には張正心という甥がいた。張正心は杏花児が無事に子供を出産したとしても、杜氏が嫉妬心から子供に良からぬことをする恐れがあるので、杏花児親子をどこか離れたところに住まわせるべきだと提案する。そこで、張類村は譚紹聞に家を借りに来たのであった。

妾の杜氏は、杏花児が妊娠したことを知るまでは、妻の梁氏に従い、妻妾の上下の身分をわきまえていた。それは、妻が後継ぎとなる息子を生んでいないために自分がこの先、男児を出産すれば、それなりに安泰な妾の地位が確保できると高を括っていたからである。ところが、杏花児が張類村の子供を妊娠し、もしも男児が生まれれば、自分は杏花児よりも下の地位に位置付けられてしまうため、杜氏は嫉妬に狂った女性に変わってしまったのである。自分以外の妾が子供を生むことに危機感を抱く杜氏の姿は、妻に子供が生まれていないという状況下で妾が子供を生んだ場合、その妾の立場が変動するという実態があったことにより、非常に現実味を帯びた描写となっていると言えるであろう。

また、妻に子供が生まれていないという状況下で、子供を生んだ妾に対して過度な嫉妬をする妾といえば、（明）作者不詳『金瓶梅』に登場する潘金蓮（西門慶の五番目の妾）もそうである。潘金蓮は、李瓶児（西門慶の四番目の妾）に男児が生まれると、自分の飼っていた猫を使ってその子を殺害する（第五十九回）。作品の中に描かれた潘金蓮の人間像を概観すると、大部分が西門慶の愛情を独占することに執念を燃やす淫婦として描かれており、子供を生むことに執着する潘金蓮の姿は、ほとんど描かれていない。しかし、李瓶児の妊娠を知った後から、李瓶児の子供が死ぬまでの潘金蓮は、それ以前には見られない子供の存在を嫉妬する婦人として描かれている。これもまた『岐路燈』に見られる杜氏の場合と同じで、妻の呉月娘に子供が生まれていない状況下で李瓶児が子供を出産したからこそ、潘金蓮は過度に嫉妬をし、最終的に李瓶児の子供を殺害したのだと言える。妻に子供がいない状況で妾が子供を生んだならば、その妾の立場は通常よりも格上に見なされるという実態があったからこそ、杜氏や潘金蓮のような、他の妾の妊娠および出産に異常な嫉妬をする妾の姿が、現実性を持って読者に強い共感を惹き起こしたのである。

たとえば、族譜の中には、妻が子供を生んでおらず、妾だけが子供を生んでいる場合は、その妾の立場を通常よりも格上に見なし、妻に

準ずる者として記録する規範が見られる。『米氏宗譜』巻之一・凡例には、

一、正室は「娶某氏」と書き、継室は「継娶某氏」と書いて、元配を重んじた。妾は「側室某氏」と書き、嫡庶を明確にした。もし正妻がすでに死亡し、妾がまた子を生んでいれば、扶正を許し、また継室と同じように書いた。（一七）

とあり、妻がすでに死亡し、妾が子供を生んでいれば妻になおすことを許す、と書かれている。これは、妻の死亡後に妾を妻にする「扶正」である。したがって、妻が子供を生んでいないという状況下で、妾が子供を生むことは、その後の家の中での立場を左右する、死活問題とも言える重大な事柄であった。『京江開沙王氏族譜』巻一・凡例に、

宗法は嫡長を重んじ、嫡を先にし庶を後にする。これが宗法である。故に先に某氏を娶ると書くのは、嫡母を重んじるからである。嫡子は幼くとも、必ず前に書き、宗子であることを示す。妾は男児があれば書き、男児がなければ書かない。母は子によって貴いからである。妾に女児があればまた書き、女児の出自を明らかにした。……。（一八）

とあるように、妾は子供を生むことによって、族譜に記載された。かかる社会通念を背景に、『岐路燈』や『金瓶梅』という小説では、他の妾の妊娠や出産に対して過度に嫉妬をする妾の姿が描かれていた。継嗣となる子供を生むことで、妾の立場が変わることがあった、という実態を踏まえて作品を見ると、妾が嫉妬する場面が非常に現実味を帯びた描写となっていることが分かるのである。

さらに、妻妾の子供たちである嫡子と庶子は、財産継承の権利面においては、平等の権利を有していたが、族譜においては、嫡子が優先的に記録されるのが通例であった。庶子は、嫡子よりも格下と見なされる社会通念があったのである。ただし、族譜の中には、嫡子が不在である場合は、庶子を嫡子のように扱って記録するように規定も見られる。『施渓呉氏支譜』巻之首・條規には、

一、子女の生まれは嫡か継か庶かを議し、ともにそれぞれ某氏から生まれたと書くこと。妾が子を生んでいて妻が育《う》んでいない場合は、統《す》べて同じとすべきである。必ずしも妾より生まれたと明記する必要はない。（一九）

とある。ここでは妻に子がなく、妾だけが子を生んでいる場合は、その子を庶子と明記しない、と規定される。庶子が唯一の継嗣となる場合は、あえて妾腹の子だと記録せず、その生母についても妻に準ずる者として記録することを認めていたのである。

このように族譜を資料として明清時代の宗族のジェンダー構造の具体相を検討していくと、宗という理念的秩序の中に妾は地位を持たないという滋賀の主張は、原則としては正しい。ただし、宗族の実相において、継嗣となる子供を生んだ妾は、宗族の中に理念としても地位を持つことも多かった。さらに、継嗣となる子供を生んだ妾の地位は、子の無い妻に準ずるほど高い場合もあった。宗族のジェンダー構造において、女性は継嗣を生むことをそれほどまでに強く求められていたことが分かるのである。

明清時代において族譜を持ち得るような階層の宗族の成員にとって、第一に要求されたことは、家、延いては宗族を維持していくことであった。それは、親に対する直接的な行為としては、なじみのある「孝」という儒教理念によって正統化される。ただし、孝は、単に親に対する扶養行為を指すだけではない。祖先祭祀を媒介として、家の祖先、延いては宗族の祖先に対する祭祀を絶やさないことが何よりの

孝とされた。それは、将来における宗族の祭祀を絶やさないための継嗣の必要性へとつながる。親に対する扶養行為は当為である。継嗣を確保し、祭祀を絶やさないことこそ、孝を尽くすための最重要行為であった。このため、継嗣の重要性を述べる規範を掲載している族譜は多い。たとえば、『甬上雷公橋呉氏家譜』巻一　宗約には、

不孝には三つあるが、後継ぎがないことはもっとも大きな不孝である。……妻を娶らない者は、宗族の祭祀を継承することができない。[一〇]

とある。傍線を引いた『孟子』離婁上を典拠に、「孝」のため継嗣の重要性を説き、妻を娶らない者は、宗族の祭祀を継承できないと規定するのである。

孝は、家族を、延いては宗族を世代を超えて存続させていくための理念であった。そのため、たとえ妻がいたとしても、継嗣がなければ、妾を納れることが必要とされた。『石池王氏譜』祖訓には、

不孝には三つあるが、後継ぎがないことはもっとも大きな不孝である。四十歳になっても子供がいない場合に、妾を納れることで後継ぎを得ようとするのは、理の当然である。もし正妻が妾を納れることを嫌がり、聞き入れなければ、これは我が血統を絶やすことになる。妻を離縁したとしてもやりすぎではない。[一一]

とある。継嗣を得るための重要な手段として、納妾の正当性を述べ、それを正妻が妨げた場合には離婚してもよいとする。それほどまでに、継嗣が存在しなくなる絶嗣は、祖先祭祀を断絶させるため、何としてでも避けなければならない事態であった。このため、継嗣と成り得る実子がいない場合には、第一に同姓同宗の昭穆相当者を養子に迎えることが行われた。『洞庭明月湾呉氏世譜』巻一・例言に、

……長房に子がなければ、次房の長子を嗣とし、次房にも子がなければ、長房の次子を嗣とする。実の兄弟に嗣となる者がいない場合も、また必ず従兄弟の子や、同宗昭穆相当の者を選んで立て後継ぎとする。その際には、その下に某を嗣とすると書き、もともと名が記録されているところの名の下にも、注記してこれを明らかにした。くれぐれも異姓の子に継がせて、宗支を乱す弊害を招かぬようにすべきである。[一二]

とあるように、継嗣がいない場合は、近親より遠縁へと継嗣となるのに適切な男子を同宗内より選立するよう規定し、異姓の子を継嗣としないよう定めている。

問題は、実子のみならず養子として適切な同姓同宗の昭穆相当者すら存在しない場合である。その場合、たとえ異宗であっても同姓の養子を迎えようと努力した。『張氏族譜』巻之一・凡例には、

……或いは異姓の子に後を継がせる場合は、「育子某」と書き、同姓だが、同族ではない子に後を継がせる場合は、「育同姓子某」と書いた。[一三]

とあり、「異宗異姓」と「異宗同姓」の書き分けが見られる。その場合には、『渓川呉氏統宗族譜』凡例に、

……同姓者は「抱養」と書いた。異姓者は「螟蛉」と書いた。[一四]……

とあり、「異宗異姓」の養子を「抱養」、「異宗同姓」の養子を「螟蛉」と書き分けることを定めていた宗族もある。

同姓の養子も異宗であれば、血縁関係がないという点において異姓の養子と同じである。それにもかかわらず、異姓の養子とは区別されていたことが分かる。嫡子庶子も同宗同姓もいない場合には、同姓の養子が優先されることは、歴代の律にも規定されていた。[一五]

こうした同姓養子の重要性は、しばしば小説にも描かれる。（明）凌濛初『初刻拍案驚奇』巻二十一「袁尚宝相術動名卿　鄭舎人陰功叨

世爵」の正話には、「同姓の養子縁組」が見られる。これは作者の凌濛初が（明）陸粲『庚巳編』巻三「還金童子」を下敷きとして、作品を著す際に書き改めたものである。財布を拾った鄭興児が、落とし主と同姓という設定がされたのは、作品内で違和感のない養子縁組を成立させるためである。それは、たとえ血縁関係がなくても、異宗同姓である男子は、補足的にせよ養子の適任者足り得るという社会通念が、異姓の場合に比べて強く存在していたためである。このため、鄭興児が遺失物返還という陰徳によって得た幸運は、持ち主と同姓であったことを起点とする。[二六]

　このような「異宗同姓なる養子」の事例は他の作品にも見られる。『初刻拍案驚奇』巻三十八「占家財狠壻妒侄　延親脈孝女藏兒」の入話で、李総管の子供を妊娠していた下女が正妻に売り飛ばされたが、その下女を買い取ったのが李千戸という同姓者だった。下女は李千戸の家で無事に男児を生む。その後、偶然にも占い師の店で李総管は李千戸と出会ったことにより、李総管は下女が生んだ自分の息子と再会を果たすことになる。作品の中で改姓についての記述は見られないが、収養された子供は養父母の姓に改めるのが一般的だったという前掲の条文や族譜の規約から推定すると、下女の生んだ男児も李千戸の姓になったと考えられる。養父の李千戸がもともと李総管と同姓であったため、結果的に李総管の息子は改姓されることはなかった。この買い主と同姓であったという事象は、最終的に父子大団円となる話の中の幸運の中心に設定されているのである。

　さらに、『醒世恒言』巻十「劉小官雌雄兄弟」正話には、居酒屋を営む劉徳夫婦が、身寄りのない方申児を養子とし劉方と改姓させ、さらに遭難した劉奇をも養子とする話が見える。先に養子になり、劉方と改名した方申児は、実は女であった。劉徳夫婦の死後、劉方と劉奇は二人で力を合わせて商売をし、後にようやく、劉方が女であることを知った劉奇は劉方と結婚する。作品の中には、二人目の養子となる劉奇は養父となる劉徳と偶然にも同姓であった、という描写がなされているが、この描写もまた作者が当時の社会通念を利用したものだと思われる。劉徳は劉奇を養子にする前に、すでに劉方を養子としていた。そのため、二人目に養子とする子が劉徳ともともと同姓であったという設定にした方が、決して裕福ではない老夫婦が二人もの子を養うという不自然さを払拭できるからである。養子を迎える場合に、異姓よりも同姓の子供が格上にみられ、養子として迎え入れやすかったという社会通念が作品に取り入れられていると言える。

　しかし、宗族にとって異姓の者を継嗣とするのは、あくまで血統を存続させるための最終手段であり、すでに母とともに宗族から出た男子を帰宗させてでも、実子や血縁のある者を継嗣に立てようと努めていた。（明）馮夢龍『醒世恒言』巻十七「張孝基陳留認舅」の正話には、娘婿の張孝基が、舅から譲り受けた家産をすべて長子に返還する姿が描かれている。家産を返還した張孝基の行為は、美談として多くの「善書」にも掲載されており、これは民衆への教戒を目的に著された作品に見える。しかし、娘婿が長子に家産を返上することは、当時の社会通念から見れば当然であることが族譜の規範により分かる。さらに、実子の存在にもかかわらず、家産をすべて他人である娘婿に渡した舅の行為も、一見すると常識に反しているようであるが、これも「応継」「愛継」という継嗣選立の方法の存在から、やはり社会通念に則した行為であったことが分かる。すなわち、娘婿の張孝基の行為も、舅の過善の行為も、ともに当時の社会通念の枠組みの中で表現されているのである。

　このように、明清時代の世情小説における妾や養子の描写は、当該時代の社会の実態や通念を背景としていた。族譜を利用して、それらを明らかにした上で、改めてそれらの小説を読むことにより、当該時代の読者が作品から受けた感動や共感は初めて理解し得る。作品人物の心情を内在的に描くことの少ない中国小説の表現技法や共感性を解明するためには、作品が前提とする外在的な社会背景を理解することが必要不可欠なのである。

二、『三国志演義』の分析材料と多様性

（明）羅貫中が編纂したと言われる『三国志演義』は、「中国四大奇書」に数えられる長大な歴史小説である。ただし、清代中期以降、今日に至るまで広く読み継がれてきたものは、羅貫中の原作のままではなく、清の康熙年間に毛綸・毛宗崗父子が改訂した『毛宗崗批評本三国志演義』（以下、毛宗崗本）である。報告者は現在、毛宗崗本が種本とした『李卓吾先生批評三国志』（以下、李卓吾本）と毛宗崗本を比較することにより、読者が毛宗崗本のどのような表現技法に共感や感動を覚え、李卓吾本を駆逐して毛宗崗本が普及するに至ったのかを社会背景から解明することを目指している。

『三国志演義』の分析を始めた際には、世情小説の分析に利用した族譜が、『演義』の背景となっている社会通念の理解にも有用であると考えた。それは、毛宗崗本・第一回の総評に、

> 今の人は通譜を好み、往往にして同族ではない者を同族と見なしている。試みに桃園の三結義を観ると、それぞれ姓が違っているので、兄弟の誓いをするときに、同心・同徳を優先して、同姓・同宗を優先しなかったことが分かる。[二七]

と述べるように、毛宗崗本が、「今」（清代初期）の「通譜」を批判している。すなわち、毛宗崗本は、族譜を編纂し得る階層を主要な読者層の一つに想定していたことが分かったからである。しかし、長大な歴史小説である『三国志演義』は、明清の世情小説のように、比較的幅の少ない社会階層の家族関係だけを扱うわけではない。『演義』には、上は皇帝から下は歌伎まで多様な社会階層が描かれ、戦争や外交を中心とする政治の展開、あるいは当時最盛期を迎えていた関帝信仰など多様な物語が重層的に描かれている。もちろん、毛宗崗本には家族関係も描かれており、族譜による分析も有用ではあるが、それだけでは十分ではない。したがって、『演義』の表現技法を解明し、そこに込められている文学性を探求するために、当該時代の社会背景を理解するには、族譜に止まらない多様な分析材料を必要とする。

たとえば、主人公の劉備が、寇氏から異姓養子として寇封（劉封）を迎える場面がある。その場面だけを取り出して分析すれば、族譜から明らかになるような、当該社会では異姓養子がやむなく認められていたという実態ではなく、異姓養子は悪であるという国家の規範に基づいて劉封の物語が書き換えられている、という一応の結論を導くことはできる。しかし、なぜ族譜に見られるような実態ではなく、国家の規範に基づいて表現されているのか、という問題に踏み込んでいくと、そこには関羽の同姓養子である関平との比較、劉備と諸葛亮の擁護という多様な要素が絡み合っていることを理解できる。

『三国志演義』において、劉備と関羽の二人の養子は、対照的な生き方を見せる。異姓養子である劉封は、麦城に孤立した関羽を見殺しにし、劉備により処刑される。一方、同姓養子の関平は、関羽とともに漢に忠義を尽くし、関羽と劉備のために戦死する。劉封が関羽を救わなかったことは、史実では弁明の余地があり、『三国志』には、諸葛亮が劉封の処刑を主導したことが記されている。李卓吾本は、この

場面では毛宗崗本よりも史書に近く、劉封の忠義を主張し、諸葛亮を激しく非難する。これに対して、毛宗崗本は、諸葛亮を擁護するため、異姓養子が律で禁じられ、本来行うべきではない、という中国近世の国家規範により劉封を貶める。毛宗崗本が族譜に現れるような社会の実態を反映しないのは、諸葛亮を擁護するため、異姓養子であるという時点で劉封の悪を定めるためなのである。そして、劉備が寇封を養子とする際に、異姓養子を取ること自体を諫めた関羽を賛美する。関平は史実では関羽の実子でありながら、『演義』は嘉靖本以来、これを養子とし続けている。そこには、同姓養子である関平を関羽が主体的に迎えたとすることで、関羽の義を強調する表現技法が見られる。そして、異姓養子への批判は、異姓養子（夏侯嵩＝曹嵩）の子である曹操への批判に繋がる。こうして異姓養子劉封の忠義は封印された。毛宗崗本は、李卓吾本にある諸葛亮への非難およびその論拠をすべて削除し、異姓養子は律で禁じられ、本来行うべきことではない、という国家の規範に基づき、諸葛亮と劉備の無謬性を守ったのである。

このように毛宗崗本は、中国近世における養子に関する社会通念を利用して、関羽・諸葛亮・曹操という「義絶」・「智絶」・「奸絶」の人物描写をそれぞれ鮮明に表現しているのである[二八]。

ここで注目すべきは、ここまで複雑に書き換えるのであれば、むしろ劉封を養子に取らないという虚構を創設した方が楽であるのに、それを行う自由がない点である。それは、あくまで『三国志』という史書を踏まえた小説であるという『演義』の特徴による。そうした表現の制限の中で、毛宗崗本はいかに読者の共感を得ていくのか、という表現技法を解明することが、毛宗崗本の文学性の理解に繋がっていこう。

もちろん、『三国志演義』には、「七分実事、三分虚構」と言われる虚構が含まれる。その代表事例の一つである貂蝉の表現では、毛宗崗本は「評」という表現技法を用いて、貂蝉の評価について積極的に発言している。

> しかるに貂蝉という女子を、どうして麒麟閣や、雲台に描いて後世まで名を知らしめようとしないのか。最も恨めしいことは今の人がでたらめに伝えている関羽が貂蝉を斬るという話である。そもそも貂蝉には斬られるべき罪はなく、むしろ褒め讃えられるべき功績があるのであって、ここにそれを特別に記しておくことにした[二九]。

毛宗崗本が貂蝉を高く評価するのは、二つの理由による。第一は、貂蝉が貞節よりも孝を優先したためである。貂蝉は自分の身を捧げて呂布と董卓を仲違いさせる「美女連環の計」に協力する動機の中で、「わたくしは旦那様に恩養を受け、歌や舞を習わせてもらい、格別な礼によって待遇していただきました。わたくしはこの身を粉にしても、万分の一のご恩返しすらできないと思っております」と述べる[三〇]。「恩養」とは、実の母親が子に対して深く恩愛を掛ける際にも用いられる言葉で（『後漢書』列伝二十上 楊厚伝）、王允が実の父のように貂蝉を養育したことが分かる。すなわち、「美女連環の計」における貂蝉の行動は、我が子のような「恩」をかけて「礼」によって自分を育ててくれた王允に対する孝なのである[三一]。

貂蝉は、孝のために貞節を失うことになるが、中国近世において、貞節への期待の大きさは、女性の身分により異なっていた。『陰騭録』に収録される袁了凡「功過格」には、

> 婢妾を幽繫すれば、一人ごとに一過となる。……人の妻女を謀略で汚した場合には、一人ごとに五十過となる。

と書かれている[三二]。功過格とは、善書の中で中国の民族道徳を善（功）

と悪（過）とに別ち、具体的に分類記述し、その善悪の行為を数量的に計量記述してある書物を呼ぶ。[三三] 明の袁了凡「功過格」では、婢女に対する淫行は、一過であるのに対して、妻女への淫行は五十過となっている。婢女の節が、妻女の節に比べてたいへん価値の低いものと捉えられていたことが分かる。

　こうした社会通念を背景として、『演義』の源流の一つである（元）『三国志平話』では呂布の妻という設定であった貂蟬は、『演義』では歌伎とされている。この書き換えによって、当該時代の社会通念では、貂蟬が貞節を失ったことは、妻よりも罪が軽くなる。

　それでも罪は罪である。それが許されるのは、その行動が血の繫がっていない王允に対する孝を動機として行われているからである。貂蟬が毛宗崗本に高く評価される第一の理由はここにある。毛宗崗本の高い評価は、貂蟬の行動を育ての親に対する孝の実践と捉えたことに基づくのである。

　毛宗崗本が貂蟬を高く評価する第二の理由は、貂蟬による董卓の打倒を漢への義と捉えることによる。総評で言及される「麒麟閣」とは、前漢の武帝が麒麟を獲た時に造らせた高殿のことで、そこには功臣たちが描かれている（『漢書』巻五十四　蘇建伝附蘇武伝）。また「雲台」とは、後漢の明帝が功臣二十八名の像を描かせた洛陽宮の高殿である（『後漢書』列伝十二　論）。すなわち、毛宗崗本では、貂蟬は漢への義を尽くした功臣と認識されているのである。妻妾よりも身分の低い歌伎貂蟬であったが、貞節への期待は小さくても、国への思いを抱くことはできたため、身を汚して大業を成し遂げた。毛宗崗本は、その行為を漢への義を尽くしたものと捉え、高く評価するのである。[三四]

　ここでは、貂蟬に設定された歌伎という身分に要求された貞節に関する社会通念を理解するために、「功過格」という道教の善書を用いた。また、毛宗崗本の総評に用いられる「麒麟閣」・「雲台」の典拠を理解するために、『漢書』・『後漢書』を用いた。このように、『三国志演義』の表現技法を理解するためには、多様な分析材料を必要とするのである。

　あるいは、劉備の臣下である関羽への関帝信仰は、清代には国家により儒教に基づく武神として祀られるだけではなく、商人により道教に基づき財神として祀られていた。[三五] 毛宗崗本の背景となっている社会通念を理解するためには、族譜のような儒教に基づく著作だけではなく、道教信仰や商業行為に関する材料も利用しなければならない。

　毛宗崗本により「義絶」と位置づけられる関羽の「義」の表現の中で、注目すべきものの一つに「男女の義」がある。「秉燭達旦」という場面において、曹操が、劉備の二夫人との旅程で関羽を同室させることにより仕掛けた色欲の罠に、関羽は凛然として女性の貞操を守る。その背景には、明清時代における遠隔地商業の発展により形成された、客商が旅先で女性とねんごろになることを戒めなければならないという社会風潮があった。（明）馮夢龍『警世通言』には、千里の彼方まで男女で旅をしながらも、女性に手を出さなかった趙匡胤を称える物語が記載されている。また、商人の手引き書である『士商類要』では、女性に入れ揚げることが、次のように戒められている。

　色に淫することになれば、財産を傾け、家の資産を破滅させても、よろこんで貢ぎ続ける。ひどい場合には飢え死したり、盗賊となっても、一生悟ることはない。……そのため色に死ぬものは、これを敗家子と呼ぶ。……このようであれば楚館・秦楼（いずれも妓楼）は楽園ではなく、落とし穴の巣窟である。歌姫・舞女は楽人ではなく、家を破る魑魅魍魎である。顛鸞・倒鳳（男女の交歓）は楽事ではなく、狐や狸のまやかしである。識者はどのように考えるであろうか[三六]。

ここでは、客商が遠方に出た場合、最も戒めるべきは、女性と関係を持たないこととされている。『士商類要』という客商のための手引き書は、女性に入れ揚げて、家を破ることを戒めている。これにより、毛宗崗本が男女の旅程を舞台とする「秉燭達旦」の場面を挿入した社会背景を知ることができる。

それでは、こうした女性の貞操を守る「男女の義」が、関羽によって語られるべき理由は何か。それは、姦淫を戒める関帝への信仰が広がっていたことによる。『関聖帝君覚世真経』に代表される関帝の善書は、悪行のはじめに淫を置き、姦淫を禁ずる神としての性格を強く打ち出している。

> （関聖）帝君曰く、「人が生まれ世に在りては、忠孝・節義などに尽くすことを貴ばなければならない。そうすれば人の道に愧じることはなく、天地の間に立つことができる。もし忠孝・節義などを尽くさなければ、身は世にあっても心はすでに死んでいる。これを生を偸《ぬす》むという。そもそも人の心は即ち神であり、神は即ち心である。心に愧じることなければ神に愧じることもない。……淫は万悪の主である。孝は百行の源である。ただ理に逆らうことがあれば、心に愧じることがある。……もし悪心を持ち、善事を行わず、人の妻女を淫し、人の婚姻を破り、人の名節を壊し、人の技能を妬み、人の財産を謀り……諸々の悪事を行うときは、身を殺し家を亡ぼし、男は盗み女は淫し、近き報いは身にあり、遠い報いは子孫に及ぶべし[三七]。

このように、『関聖帝君覚世真経』は、悪行のはじめに淫を置き、また「人の妻女を淫し」、「人の婚姻を破る」ことを財産を謀ることよりも先に戒めている。基本的には全能神である関帝は、ここでは、姦淫を禁ずる神としての性格を強く打ち出している。また、関帝の占験の中でも、関帝自身の口から淫行を禁ずべき話が語られ、人生の悪事の中で姦淫が最も犯しやすい罪であると戒められている。こうした関帝の教えは、客商の規範となっていた。毛宗崗本は「秉燭達旦」により、新たな読者層である遠隔地商業を行う客商たちに関羽の「男女の義」という規範を示したのである[三八]。

このように、『三国志演義』の表現技法を解明し、そこに込められた文学性を探求するためには、多様な分析材料を必要とする。どのような叙述の分析にいかなる材料を用いるのかは、その叙述がいかなる社会背景を持って記されているのかを考える必要がある。それぞれの場面に応じて、必要な材料を用いて、その叙述の背景を解明することができたとき、毛宗崗本を普及させた物語への共感や感動性、すなわち文学性は自ずから現れてくるであろう。

おわりに

本報告は、中国近世小説に対する一つの研究視角として、小説が書かれた当該時代の社会背景を明らかにしていく方法論を提示した。同じく社会背景を考察するためであっても、世情小説に描かれる家族関係は、族譜の凡例を血希有新として、その背景を明らかにすることができた。一方、『三国志演義』では、その登場人物の多さ、描かれる題材の多様性に応じた材料を選択することが必要であった。

このような社会通念を解明する分析手法を取ることにより、内面描写の少ない中国近世小説の内在的な理解が可能となり、物語への共感や感動性を把握できるのではないであろうか。そして、この方法こそ、中国近世小説を文学研究足らしめる本質的方法論であると考えている。

《注》

(一) 小川陽一『日用類書による明清小説の研究』(研文出版、一九九五年)。

(二) 仙石知子『明清小説における女性像の研究』(汲古書院、二〇一一年)。

(三) 仙石知子「毛宗崗本『三国志演義』に描かれた女性の義と漢への義—貂蟬の事例を中心として」(『狩野直禎先生傘寿記念三国志論集』三国志学会、二〇〇八年)、「毛宗崗本『三国志演義』に描かれた曹操臨終の場面について—明清における妾への遺贈のあり方を手がかりに」(『三国志研究』四、二〇〇九年)、「毛宗崗本『三国志演義』における母と子の表現技法」(『駿河台大学論叢』三九、二〇〇九年)、「毛宗崗本『三国志演義』における養子の表現」(『日本中国学会報』六三、二〇一一年)、「毛宗崗本『三国志演義』における関羽の義」(『東方学』一二六、二〇一三年)、「明清女性史研究と毛宗崗本『三国志演義』」(『中国—社会と文化』二九、二〇一四年)、「毛宗崗本『三国志演義』における「関公秉燭達旦」について」(『三国志研究』九、二〇一四年)、「毛宗崗本『三国志演義』における女性の忠」(『東洋の思想と宗教』三二、二〇一五年)。

(四) ドナルド・キーン(著)、金関寿夫(訳)『百代の過客—日記にみる日本人』(朝日新聞社、一九八四年)。なお、キーンが存在を否定する中国の自伝文学については、川合康三『中国の自伝文学』(創文社、一九九六年)を参照。

(五) 溝口雄三『中国思想のエッセンスI異と同の間』(岩波書店、二〇一一年)。

(六) 小川陽一『日用類書による明清小説の研究』(前掲)一二頁。

(七) 魯迅『中国小説史略』(人民文学出版社、一九五九年)第十九篇。

(八) 牧野巽『近世中国宗族研究』(日光書院、一九四九年)。

(九) 常建華『〈中華文化通志・制度文化典・第四典〉宗族志』(上海人民出版社、一九九八年)、費成康『中国的家法族規』(上海社会科学院出版社、一九九八年)、徐建華『中国的家譜』(百花文芸出版社、二〇〇二年)、王鶴鳴『中国家譜通論』(上海古籍出版社、二〇一〇年)。

(一〇) 牧野巽『近世中国宗族研究』(日光書院、一九四九年)。

(一一) 羅香林『中国族譜研究』(香港中国学社、一九七一年)。

(一二) 瀬川昌久『族譜』(風響社、一九九六年)。

(一三) そうした中で、多賀秋五郎『宗譜の研究 資料篇』(東洋文庫、一九六〇年)、『中国宗譜の研究』上・下(日本学術振興会、一九八一年)は、凡例の系統を掲げ、滋賀秀三『中国家族法の原理』(創文社、一九六七年)は、凡例の内容を分析している。

(一四) 滋賀秀三『中国家族法の原理』(創文社、一九六三年)。

(一五) 滋賀秀三『中国家族法の原理』(前掲)五五一頁。

(一六) 仙石知子「族譜による明清文学に描かれた妻妾」(『中国学論集』二四、二〇〇五年、『明清小説における女性像の研究—族譜による分析を中心に』前掲に所収)。

(一七) 一、正室書娶某氏、繼室書繼娶某氏、重元配也。妾書側室某氏、分嫡庶也。如正妻已故、妾又生子、方可扶正、書之亦如繼室(『米氏宗譜』巻之一・凡例)。

(一八) 宗法重嫡長、先嫡後庶。此宗法也。故先書娶某氏、重嫡母也。嫡子雖幼、必列於前、示宗子也。妾有子者書、無子者不書。母以子貴也。妾有女者亦書、明女所自出也。……(『京江開沙王氏族譜』巻一・凡例)。

(一九) 一、議子女所出或嫡或繼或庶、倶各書某氏所出。妾生子而妻不育、自宜統同。不必註明妾出(『施渓呉氏支譜』巻之首・條規)。

(二〇) 不孝有三、無後爲大。……至不娶者、不繼禮也(『甬上雷公橋呉氏家譜』巻一宗約)。

(二一) 不孝有三、無後爲大。年至四十尚無子、息納妾圖後、理所當然應爾。倘正妻以是爲嫌、而不相容者、是欲絶我系也。雖出之亦不爲過(『石池王氏譜』祖訓)。

(二二) ……長房無子、次房長子承嗣、次房無子、長房次子承嗣。卽親兄弟之子無可立、亦必掄立堂從兄弟之子、及同宗昭穆相當者爲後。仍於其下註以某爲嗣、其於本生名下、亦註明之。切不可繼異姓之子、致啟紊亂宗支之弊焉（『洞庭明月湾呉氏世譜』巻一・例言）。

（三）……或取異姓之子入繼者、則書育子某、其有取同姓、而不同族之子入繼者、則書育同姓子某（『張氏族譜』巻之一・凡例）。

（四）……同姓書抱養。異姓書螟蛉。……（『溪川呉氏統宗族譜』凡例）。

（五）たとえば、『元典章』十七・戸部三・承継 禁乞養異姓子、『大清律例』戸役 立嫡子違法条 条例一などを参照。

（六）仙石知子「族譜からみた明代短編白話小説の考察――「継嗣」に関する族規を手がかりに」（『中国学論集』一八、二〇〇一年、『明清小説における女性像の研究』前掲、所収）。

（七）今人好通譜、往往非族認族。試観桃園三義、各自一姓、可見兄弟之約、取同心・同徳、不取同姓・同宗也（毛宗崗本・第一回総評）。

（八）仙石知子「毛宗崗本『三国志演義』における養子の表現」（前掲）。

（九）而貂蝉一女子、豈不與麟閣、雲臺並垂不朽哉。最恨今人訛傳関公斬貂蝉之事。夫貂蝉無可斬之罪、而有可嘉之績、特為表而出之。（毛宗崗本第八回総評）

（一〇）妾蒙大人恩養、訓習歌舞、優礼相待。妾雖粉身砕骨、莫報万一。（毛宗崗本第八回）

（一一）李卓吾本は、貂蝉に、「未嘗以婢妾相待」と語らせ、奴婢とは扱われていなかったことを明記し、さらに毛宗崗本は、その部分を「優礼相待」と書き換え、「婢妾」という文字そのものを削除している。

（一二）幽繋婢妾、一人為一過。……謀人妻女、一人為五十過（『陰騭録』不忠孝類）。

（一三）酒井忠夫『増補 中国善書の研究』上（国書刊行会、一九九九年）第五章 功過格の研究を参照。

（一四）仙石知子「毛宗崗本『三国志演義』に描かれた女性の義―貂蝉の事例を中心として」（前掲）。

（一五）渡邉義浩『関羽 神になった三国志の英雄』（筑摩書房、二〇一一年）を参照。

（一六）至於淫色、則傾囊橐、破家資、而欣然為之。甚則同餓莩、胥盗賊、而終身不悟也。……而死於色者、名之曰敗家子。……如此則楚館・秦楼非楽地、陥井之淵藪矣乎。歌姫・舞女非楽人、破家之鬼魅乎。顛鸞・倒鳳非楽事、妖媚之狐狸乎。識者以為何如。（明）程春宇（輯）『士商類要』巻之二、『明代驛站考』上海古籍出版社、二〇〇六年）。なお、『士商類要』については、酒井忠夫「商人のための日用類書」（『中国日用類書史の研究』国書刊行会、二〇一一年）を参照。

（一七）帝君曰、生在世、貴盡忠孝・節義等事。方於人道無愧、庶幾可立天地之間。若不盡忠孝・節義等事、身雖在世其心既死。可謂偸生。凡人心即神、神即心。無愧心無愧神。……淫爲諸惡首。孝爲百行原。但有逆理、於心有愧者。……若存惡心、不行善事、淫人妻女、破人婚姻、壞人名節、妒人技能、謀人財產……行諸惡事、……殺身亡家、男盗女淫、近報在身、遠報子孫。なお、『関聖帝君覚世真経』は、小柳司気太・飯島忠夫『道教聖典』（心交社、一九八七年）所収本に依拠した。

（一八）仙石知子「毛宗崗本『三国志演義』における「関公秉燭達旦」について」（前掲）。

第一部会　九

民国時期の中国文化史研究総論

薛　瑞　澤
西念咲和希（訳）

一、内容主旨

民国期は中国社会に劇的な変化の発生した時期であり、中国社会の発展に適応しながら、国外の中国文化史の著作は翻訳され中国に流入し、中国の学者の学術視野が開かれて、そうして中国文化史の編纂のため参考文献が提供された。海外の現代学術理念を参考として、中国文化史の編纂に多様化という様相が現れ、学術専門書が世に出るだけでなく、学びの需要に応じた様々な教材もそれに応じて出版された。王云五氏主編の中国文化史シリーズ叢書の出版は、中国文化史編纂の旺盛な現象を生み出した。この現象の出現と、中国学者が伝統史学である政治史を重んじ、中国史のゆるがせにするという弊害を反省するということとは大いに関係している。伝統史学の影響を受け、中国文化史の編纂は、旧伝統下の影響を完全に脱出することができなく、政治史を主と幹とし、文化史を枝葉とするような従来通りの中国文化史を成立させてきた。それが国外の文化を学び行く中で、外国の学習形式や、学者自身が深刻に理解することが[一]欠けているということを知り、（中国文化史が今までのような特色ではなく）新たな何の特色もない著作を生み出すことを可能にした。

そこで、中国文化史の学術的品位を向上させるため、中国の学者は自国の文化史の体系を構築することを始めた。中国文化史の著作編纂は、「文化」概念の解釈の前置きとして編纂されることが多く、そこには一種のパターンがよく用いられ見ることが出来る。その中国文化史の編纂には二種類の方式が用いられ、その一種類は事項に基づき、昔からの踏襲に従って進行中国文化史の編纂を変化・進行し、文化事項の経緯ごとに完全な形式を形作らせる。もう一種は、時代区分に基づき相互の内容の中国文化史を描いていく方式である。文化史の過程を描いていく過程で、史料選択は学者達の大変な重要視する点となったのである。

二、キーワード・民国時期　中国文学史　編纂方法

二〇世紀の初めは中国社会に激変が起きた時代であった。清王朝の滅亡、中華民国の建国、そして、ほどなくして起こった新文化運動である五四運動、これらは中国学術界に一筋の新鮮な風を巻き起こした。続く十九世紀には、中国の学者は世界に真理を求める熱情あふれる風を探し求めた。西方から学術文化の流入が継続して進むにつれて、中

国の学者は西洋学術界の優秀な成果を吸収すると同時に、西洋学術界の中国社会に関する研究方法を参考にし始めた。中国文化発展史に対して学術の全体的な結論をすすめ、まさに学者たるものの責任的役割を指し示した。一時期、「中国文化史」と名付けた著作は次から次へと、とめどなく出版され、各界の学者が中国文化に対する自己認識を進め、有益な探求を進行していた。これは民国時期の中国文化史の学術成果の全体的な基礎の上にあり、当時の中国文化史の研究方法と学術成果の特徴を加えることによってなされた研究なのである。(二)

三、第一章　中国文化史の学術成果について

民国時期は、特に五四運動の後、中国学術界に「百家争鳴」と言われる局面を迎え、学術の流派が次から次へと誕生した。著書によってそれぞれの学者の学術的観点を述べ、中国伝統文化を反省する著作を通じて、中国伝統文化を冷静に観察する観点が生み出された。この一時期は、中国文化史の学術成果の逸品が出そろった時期であると言うことが出来、中国の学者の一連の成果だけでなく、外国の学者が中国文化史に対して関心を高め、また関連する著作も極めて多く出現した。

まず、外国の学者が記した中国文化史が次々と中国に紹介され、中国の学者たちの視野を大きく拡充した。中西牛郎氏の『支那文明史論』(明治二十九(一八九六)年　東京博文館出版)は、一九〇一年に普通学書室の杜亜泉氏によって中国語に翻訳され出版された。該書は全十章に分けられ、第一章「発端」・第二章「漢族文化の最大原因」・第三章「社会の基礎たる家族」・第四章「政権及法制」・第五章「哲学及文学」・第六章「孔子及儒教」・第七章「漢族文化の発達に対する有形上の敵」・第八章「漢族文化の発達に対する無形上の敵」・第九章「支那帝国の将来」・第十章「現時我邦に於ける漢字学講究法を変ずべし」の十章である。光緒二十八(一九〇二)年、市村瓚次郎氏等編纂の『支那史要』は支那少年によって編集・翻訳され『支那四千年開化史』と名付けられ、上海支那翻訳社より出版され中学校の歴史の教科書となった。光緒二十九(一九〇三)年　競化書局の翻訳した白河次郎・国府種徳の『支那文明史』は、『中国文明発達史』と訳され、更に黒風氏が翻訳を行い、東新訳社より発行された。この本は、前者の『支那文明史』の抄訳である。これらの世紀の翻訳は日本の学者が中国文化の研究をした成果として中国にもたらされ、当時において中国の学者の視野を開き、中国の学者たちの思考と中国の文化史を書くということに対して参考のテキストを提供した。この後、西方の学者たちの中国文化史に対する著作がまた不断に翻訳紹介されることとなり、中国文化史の研究を促進することとなった。

次に、中国の学者は文化史の描き方に関して様々な特徴を見出すこととなった。ただ単に学術専門の著書を出版しただけでなく、中には人気のある小冊子や、その他多くの小中学校で使用される中国文化史の教材を生み出した。中国文化史の研究には開拓意義を唱える学者である梁啓超氏が属していた。以下に梁啓超氏を例に挙げ、民国時期の中国文化史の研究を少し分析することとしたい。梁啓超氏の一連の著作のうち『清代学術概論』、『中国近三百年学術史』、そして『中国文化史』は中国文化史研究界の中でも名高いものである。『清代学術概論』は民国十(一九二一)年　商務印書館によって初版が出版された。該書は蒋方震氏が梁啓超氏に『欧州文芸復興史』を頼んだものである。まさに民国十年正月の二日に蒋方震氏が梁啓超氏の著作に「蒋方の『欧州文芸復興史』は既に完了し、新しい機会の始まりへと向かう。新しい機会のはじめは、本書の量と原書の量が均しい。そして、それ

は『清学概論』として書かれるのだ。」と述べている。[三] また、梁啓超氏は『自序』において「その二に、蒋方震氏の『欧州文芸復興時代史』が新しく出版されたが、私のはじめには、私はそれが上辺だけの飄々としたものに思えて、その称賛に価すべきところが無く、私の歴史の中の類似した時代のほうが確実であるということは言うまでもない。ほとんど彼と私の短所長所を比べることで鍛えられた。これをもって、はじまりに代えたい。脱稿した後も休むこと無く筆を走らせ、遂に数万語を記し、紙幅が原書均しい量になった。今までこのようなはじまりは今までなかった。脱稿の後、蒋氏の本は独立を告げることとなろう。」と、ここに見られるように、梁啓超氏は蒋方震氏が『欧州文芸復興時代史』のはじまりを作ることに際して、学林佳話を生み出した。梁啓超氏の著した『清代学術概論』は篇が長いため、「そのいくつかが原書と同じ量」なのであり、蒋方震氏の本の序文を作る方法が無く、反対に蒋方震氏が梁啓超氏の本の序文を書いたのであった。梁啓超氏はかかる書籍に完全なる親友である胡適の教えをも記した。「その一に、胡適氏が私に言うには、晩年の清の「今文学運動」は、思想界の影響を大きく受け、私がその子役を買って出たのであり、これを記さなくてはならない」[四] このことは、梁啓超氏が『清代学術概論』を通して、晩年の清の今文学運動が思想領域の影響を受けているということを詳しく説明しようとしたものである。また、梁啓超氏は民国九年十月十四日に『自序』において「原稿にとりかかってから脱稿までに十五日間、その原稿は『改造雑誌』に寄せ、時期に応じて出版される運びとなった。校勘を繰り返す余裕も無く、誤りや抜けも多いであろうが、その際はぜひご教示願いたい。[五]」とあり、梁啓超氏はこの現行の脱稿までに十五日しか割くことが出来ず、はじめに『改造雑誌』によって出版された、ということがわかる。おおよそ一か月後、梁啓超氏は原稿をすすめ改修を加えて、民国九年十一月二九日に『第二自文』において、まず学会の同志の意見を集め「この本が完成して、私はこの原稿を数人の同志にまず読んで頂いた。それは蒋方震氏・林志鈞氏・胡適氏の三君であり、各々に是正する箇所を頂いた。そこで、そのご教示いただく所の三節を加えて、数十か所を改めた。しかし、三君の説は、改めて引いていない。これは、敢えてまた他人の成果を横取りするわけでもなく、文章を編むというために文章のくどくどしさを取り去っただけだ。敬礼して言うべきは「後世のどの友人が、私のことを文学者と決めるのか。」謹んでこの言葉を三君へのお礼の言葉と代えさせて頂きたい。」とある。このことから、先の書籍が完成した後に、梁啓超氏は蒋方震氏・林志鈞氏・胡適氏の意見を受け取り、そしてこの三君の意見をもとに改定を加えていったということが分かる。「そのご教示いただく所の三節を加えて、更に数十か所を改めた。」という個所からは、梁啓超氏が、三君が自身の同志に感謝している。『第二自序』の中では、梁啓超氏が更にこの書籍を完成させた後に、「複数の友人の称賛と督責」を受けたと語る。彼は「清代以前の学術的内容とも合わせて論じた」と打ち出し、上述するような数氏の督責を受け、梁啓超氏は自分自身の新しい学術的解釈を確立した。「このために、五節を割くことを決めた。」とあるのは、「一に先秦学術、二に、両漢と六朝の経学及び魏晋の玄学、三に隋唐時代の仏教、四に宋明理学、そして五に清代の学問である。今その中より仏教学の箇所の部分をとりあげて、名付けて『中国仏教史』としている。これは草稿に半年をかけ、一年以内にこれらの五節を完成しようとし、できるかどうかわからないが、自らをなるべく厳しく鞭打って進めてきた。そのためこの本を『中国学術史第五種』と銘打ったのだ。」と述べている。この本の序文でも、梁啓超氏は将来的に改修を予定していることを述べ、「この本の執筆依頼の始め、この本は他書の序文として書いており、それは一冊の独立した本としてのものではなかった。したがって、書籍の形式が満足のいかない箇所が甚だ多い。しかしながら、既に偏を編んでしまったので、また近いうちにこの怠慢を改めることとしたい。そのためにこの本を『清代学術史』とは名付けず、『清代学術概論』としたのだから。歴史を記すということは、貧しく粗末なものであってはならないから、これらの五節が完成した後に、改めて改修をすることにしたい。」と記している。この事からわかるのは、梁啓超氏にさらに一歩踏み込んだ形での改修の予定が有るということだ。この改修計画については、しかしてその通りに、民国十四（一九二三）年に梁啓超氏は『中国近代三百年学術史』を完成させた。これにより、中国十七～十九世紀の学術を全面的にカバーし纏め遂げた。そして、梁啓超氏の最も重要な学術的貢献は一九二五年に出版された『中国文化史』であろう。該書は梁啓超氏が精華大学の講義の記録であるが、遺憾に思われるのは、ほんのわずかに「社会組織編」のみを完成させたことである。しかし、その内容は原始社会・結婚・家族と宗教・苗字・階級・郷の統治・都市に及んだ。このわずか「社会組織編」の部分みを完成させたのであったが、しかしながら、その学術的に追う役割は大きなものであったと言えるであろう。

このように、梁啓超氏は中国文化史の研究の先例を築き上げ、中国学術界に広く長く影響を与えることとなった。そのため、この前後に学術出版は多種の『中国文化史』と銘打った著作を出版することとなった。主な例を挙げると、顧康伯氏の『中国文化史』上下巻（秦東図書局　民国十三（一九二四）年　初版）、これは顧康伯氏の編纂の一冊で「後期師範及び高等学校に用いる」教科書であった。また、陳国強氏の『現物中国文化史』（神州国光社　民国二十（一九三一）年版）は、僅かに三万字の著作である。次に、楊東蒓氏の『本国文化史大綱』（北新書局一九三一年出版）は、「本書は高校生や大学予科の学生のため」と述べられている。さらに、柳詒徴氏の『中国文化史』（南京鍾山書局　民国二十一（一九三二）年　出版）は、柳詒徴氏の大学での講義である。そして、陳登原氏の『中国文化史』上下巻（世界書局　一九三五年、一九三七年出版）、これもまた大学の教材である。王其邁氏の『中国文化史』上下巻（津師同学臨時鉛印会　一九三六年出版）もまた、彼が教員を務めた際の講義録である。王徳華氏『中国文化史略』（中華書局一九三六年出版）、これもまた高等学校や師範学校の教材であり、非常に流行を得たもので、多くの重版を重ねた。王治心氏の『中国文化史類編』上中偏（作者書店　民国三十一（一九四二）年　出版）、該書は未完成である。陳些同氏の『中国文化史略』（文光書店　民国三十二（一九四三）年　出版）、これは陳些同氏が桂林師範学院に所属していた際の教材であり、「中学校の教材や自習に適する」とされている。陳安仁氏『中国近世文化史』（一九三六年出版）は、翌年、同著者が『中国上古中古文化史』を完成することとなり、この二冊を合わせて一九四七年に『中国文化史』（商務印書館）を出版し、影響は大変に大きかった。呂思勉氏の『中国文化史』（開明書店　一九四〇年　出版）は講義ノートで、これは呂思勉氏の大学の講義を受けた内容であり、六編に分けられている。銭穆氏の『中国文化史導論』は民国三十年に始まり、『思想と時代（思想与時代）』という雑誌に掲載されたものである。そして、民国三十七（一九四八）年に正中書局より出版された。靳仲魚氏の『中国文化史要』は上古から清末までの、経済・軍事・教育・学術などの中国の歴代文化史の各方面の内容をカバーし、三通書局から一九四一年に出版された。この他にも『中国文化史』と名付けられた著作は多くあるが、その多くは中学校又は小学校の教材である。常乃徳氏の『中国文化小史』（中華書局 一九二八年 出版）や、範子田氏『中国文化小史』（珠林書店 民国二十八（一九三九）年 出版）は、姚名達氏・朱鴻禧氏著作の『中国文化史』（商務印書館 民国二十四（一九二五）年 出版）、いずれも小学生の文庫に数えられる。

上記の『中国文化史』の他、民国時期に最も広大な中国文化史の編纂が行われたのは、おそらく一九三六年～一九三九年の、王云五氏・傅緯平氏主編の『中国文化史叢書』八十種（抗日戦争勃発によって出版されたのは四十一種にとどまる）であろう。一連のシリーズの該書は中国文化史に対して各専門分野の形式の知見からあらゆる方面について検討・追究してあり、これこそが今日に至るまで最大規模の中国文化史なのであり、中国学術界に幅広い影響を今もなお与えている。

これらの民国時期に関係する中国文化史の主要な著作は、民国時期の中国文化界の様相を織りなした。総括的に見ると、これらの著作の描写と出版には、三点の明確な特徴を見出すことが出来る。まず第一に、西洋と日本の当時における現代的な学術理念を用いているということ。その形式は、中国文化の描写の仕方に一種の流行を巻き起こし、新理論の指導のもとに、中国の学者の視野を開いた。さらに、この傾向は時期が下れば下るほど加熱したということが出来る。第二に、一連の文化史の著作の多くは教科書として出版され、その中は大学の教材もあれば中学校や師範高等学校の教材もあり、また小学校用の教材もあった。これらは、（その教科書という性質から）[六] 新しい学術理念を広く拡散することが出来、民国時期に中国文化史の著作の出版を年々増加させるということを継続させ、その中に優れたものも現れた。そして第三に、一連の文化史の著作は逸品ぞろいの盛んな時期を生み出したが、全体を俯瞰して見ると、それぞれのレベルは不揃いで、難解な学術書籍があるだけでなく、通俗的な一般書籍もあり、学術水準は必ずしも高いものとは言い切れないと言える。

四、第二章 中国文化史の編纂背景と存在する問題について

民国時期は中国社会の典型的な歴史における重要な時期であり、中国学術発生の重大な転機でもあった。清代の滅亡に従って、伝統的学術はそれでも以前通り発展を遂げたが、しかしながら、時代変化に適応した学術領域もまた西洋からの先進理論を吸収し、それらの方式を学術研究に応用していった。このことによって、学術方式の拡張が実現し、これらは中国文化史の研究の領域中にも十分に反映されたのであった。

民国時期の文化史編纂を探究する前に、我々は清代とそれ以前の中国史編纂の基本的な状況を一度顧みる必要があるだろう。支那少年の『支那四千年開化史』の「前言」の中に、

> 驚くべきかな、我が国には歴史が無いのだ。驚くべきかな、我が国には歴史が無いのだ。大きくその棟木を塞ぐものよ、それは二十四史ではないだろうか。私は二十四姓の家系であるが、栄枯盛衰を語るあれこれは言い尽くせないほど沢山ある。つまり、文化の進退は、民気が開放的であるか塞いでいるかであり、実業の盛んか否かであり、ほとんど及ばぬ道なのだ。我が国の士大夫は古《いにしえ》を命であるように大事にするが、わが国には古《いにしえ》と呼べるようなものなどない。驚くべきかな、我が国には歴史が無いのだ。[七]

とある。これは支那少年が日本の市村瓚次郎・滝川亀太郎の『支那

史』をきっかけに借りて再翻訳し、中国伝統史学が政治史・伝統史書中の文化・民族精神・実業など欠乏した記録への批判に精神が注がれているものであった。したがって、該書は、外国からの新しい知識を受けた後の中国学者の学術的理解を示すこととなり、このことについて梁啓超氏は既に「旧史の表にないところを、私はこれを描き出す必要があると思った。」と述べている。

文化年表を包括すると、彼が指摘するには、

旧史は皆、政治を詳しく述べ文化を蔑ろにしてきた、そのため文化方面には表面が無いのだ。今宜しく補うべきは、例えば学者の生没年・文学者の生没年・美術家の生没年。仏教の年表・重要な書籍の著作とその存在散逸・重要な建築物の建築と破壊などの年代である、この種の表《おもて》がもし存在したら、治国史を大いに助けることが出来る。創作することは簡単ではないが、清の儒学者の精神及び方法、資料は未だに大きく欠乏していると言える。(八)

と、述べている。梁啓超氏の指摘する「旧歴は皆、政治に詳しくて文化はなおざりであった」というのは、事実上伝統的な史書の編纂が政治の事項に詳しく、その他の方面、特に文化方面に内容が不足することへの批判である。このような理解はほかの学者の著作でも多く指摘されている。

また、梁啓超氏は『中国文化史』の「自序」の中で、

歴史の有効性は、ただ文化を考究するだけであった。我が国のいわゆる歴史というものを振り返ってみれば、歴代の王朝の統治と反乱そして興亡、文化の前進と衰退とを記した以外の何物でもなく、おおむね注意されることもなく、外国人がわが国には歴史が無いと騒ぎ誹るほどだ。二十四史は、二十四の家系図である。この言い方はいきすぎているが、しかし我が国の歴史家は一朝一姓の専属の奴隷であり、遺憾な点が無いわけではない。(九)

と、述べている。顧康伯氏が実際に指摘する中国封建社会二十四史に存在する弊害は、つまるところ、政治を詳らかにして分化を蔑ろにするということで、二十四史を家系図にまで落とし込んで述べている。

また、陳国強氏は『物現中国文化史』の「はじめに」の中では、

中国歴史は、先例通り各歴史の段階上の文化状態、並びに文化状態に備えてある大規模な支配による生産の関係に対して、少しもぬかったり忘れたりするような不注意をすることは無い。中国の広大な歴史上に記されているのは、百分の九十以上は歴代皇帝か上層官僚貴族の栄枯盛衰の家系図や伝記の叙述に偏っている。この種の史書は、その分量は十分であるがそれを構成しているのは歴史の一部分であって、乱雑でつまらない。取るに足らない記載、つまり史料の屑は、全く役に立たないのだ。

と、述べている。陳国強氏は十分に文化状態の形成と性関係の基礎性を知りえた後に、中国古代史書の記述に対して「百分の九十以上は歴代皇帝か上層官僚貴族の栄枯盛衰の家系図や伝記の叙述に偏っている」という評価を下し、中国の文化史の欠落を映し出している。王云五氏が指摘する中国史の編纂に存在する「記載の偏見と欠落」は、彼曰く「我が国の士大夫の著作は、ほとんど朝廷の制度に偏り、古の重要な命令や詔などの文章であって、村里の瑣末なことに関しては、平民の知識人が表現すれば十分であり、皆軽視してこれ（士大夫の著作）(一〇)に及ぶことは無い。(一一)」これらもまた、中国史編纂が上層を重んじ民衆を軽んじる反省に対して述べられているものである。

西方の学術理念が中国に流入する前、中国人自身の文化史研究と

その記述はほとんど空白だった。一部の中国の歴史はおおむね皇帝と将軍・宰相の家族の変遷を述べたもので、ほとんど血と戦争の混ざりあいの描写である。文化史は完全に政治史又は軍事史に従属し落ちぶれて、いわゆる分化表現の多くはただ正史の中の「藝文志」として現れるだけで、更に言えば、現代理念で示される文化史の著作は完全にないと言える。この種の文化史の編纂は実情で、清末民初の西方の文化史の観念が中国に流入した後、中国学の学術的深刻な反省が引き起こされた。中国の文化史は既に人々のコンセンサスとして形成され、中国の学者は西方と日本から来た相互の理論を借りて中国の文化史を描写し始めたのだ。

日本の学者は二十世紀のはじめ、いくつかの中国文化史を記した。それらが中国に翻訳されてやってきた後、その教材は相当な期間にわたって流通した。しかし、これらの教材の中にも誤りは多い。

たとえば、応普漢氏が楊東蓴氏の『本国文化史大綱』について述べた評論では、

> 我が国には比較的分厚い本国文化史が存在するが、李継煌先生が日本の高桑駒吉氏の『中国文化史』を翻訳したことに始まる。ただ、高桑氏の該書は、英雄の事業を叙述することに重点を置き、英雄が時の趨勢の創造者であると思っている。貴重な篇の紙幅が歴史上の大英雄、つまり、秦の始皇帝や、漢の武帝……などの評伝に作られることを惜しまない。そして、各時代の経済背景や社会組織は、みんな蔑ろにしてしまう。この種の見解は、特に忌むべき偏見である。また、該書の毎章は二篇に分けられ、「一篇は時代の分化、成立した時代の人物、またその人物に関係する評論」を記している。これは一見あたかも理論が通っていて、明快であるように見えるが、詳細に分析して、前後の両篇を見てみると、はっきりと両者に隙間があり、その間に因果関係を求めるのが極めて難しい。（一二）

と、ある。この文章は楊東蓴氏の本を評価して述べたものであるが、高桑駒吉氏の『中国文化史』に対する評価でもある。これは公平妥当であると言えるもので、学者が日本人の描く所の『中国文化史』の評価を示している。またこの種の『中国文化史』は、数十年にわたり中国文化史の編纂に影響を与えた。王朝陽氏は顧康伯氏の『中国文化史』の序文について、「おおよそかつては教科書として通行し、東籍の『東洋史要』から脱胎した本で、外人の見識のもと編纂された中国史事である。しかし、精神は既に何の価値もなく、述べられていることは古く見識が狭く、無分別に踏襲して書かれている。中等教育に二十年もの間趨勢を占めていたのは、なんと憐れむべきことか。学制が更新され、古い教本は今や不要なのである。」と述べている。王朝陽氏は日本からの『中国文化史』の教材としての弊害を批評するのと同時に、顧康伯氏の新しい書籍に厚い期待を寄せている。顧康伯氏の『自序』では当時の中国文化史の編纂の中で依然として古い伝統が踏襲されていることが指摘されている。「今日の人は歴史の教科書を記るすにあたり、政治の方面を偏って重大に扱わない。これは歴史研究の真義に従わないものである。（一三）」これは、たとえ新しい史学の編纂方式の著作であっても伝統的な歴史学の影響を受けていても、政治史に関心を払うことは文化史を蔑ろにするということを示している。その他にも、中国文化史研究は多くの困難を抱えている。政治史の資料が多すぎることの他には、文化史の資料が極めて少ないということである。

王其邁氏は『中国文化史』の「導入」で次のように述べている。

> 中国文化の難点及び方法の研究。中国の国土はアジアの四分の

一を占め、適度に温帯で、気候が穏やかで、物産が豊富である。四億人の人口と、四千年の歴史があり、文化の発生も極めて早かった。また、世界文化は、東洋と西洋の両種があるが、中国文化は、東洋の重要な部分を担っている。つまり、中国文化を研究するということは、甚だ宜しい。ただ惜しむべきは、中国は史事に富んでいても、その歴史は貧しいということである。二十四史の家系図は、簒奪と征服以外、おおよそ民生の状態、すなわち人類が進化するということが空虚なのである。諸子百家は、言葉が簡単すぎて意味をなさない。加えて異民族が流入し、仏教が流行し、わが国の文化に重大な影響をもたらしたこのように中国文化の研究は非常に難しいのである。(一四)

王其邁氏の指摘する中国文化史に存在する困難は、当時の中国学者の共通認識であった。多くの学者はこの事に考え至っていた。李璣衡氏の『中国文化史略』の「はじめに」では、

民国十六年春、私が嘗て女子中学校の歴史の先生をしていた時、当時、現代に刊行されている中国史の教科書を盗み見た。すると、政治の部分が多く、文化史の面が極めて少なく、また、編纂の方式が、だいたいの政治の沿革を述べたのちに、一章か数章を付け加えて、粗末に当時の文化概要を記してあるだけで、この両者はごたごたとして、また一貫性が無く、旧方式に敷かれていた。(一五)

李璣衡氏の述べる所の当時も文化史の編纂に共通する欠陥は次の通りだ。多くの問題を述べるほかに、中国文化史の編纂は依然として簡略的な単行本にておこなれ、多くの専門テーマについては簡素な部分が未だに多く存在する。けれども中国の学者の編纂には少なくはあるが区分した文化史の著作がある。しかしながら文化史の圏内をすべてカバーすることはできない。たとえ外国の学者が中国文化史を弁別しても結局のところは、芸術、政治、経済、交通等の専門的な問題になり余す所は多く欠落する。「取材する所の傷が一様ではないことを除いても、範囲を定めて論じれば、我が文化史の全貌を除くことはできない。差が国の出版物を振り返ってみてみれば、それはまだこれよりも幾分ましである。これは我が国の恥ずべきところである。ひっそりと自ら推し量らず、遺憾を満たして恥をすすぐことを望む。」とある。ここにある戒めは、王云五氏が「外国人編纂の我が国の中国文化史と前述した英両国で近年刊行された『文化史叢書』の書式を広く考え、あわせて我が国の目前に獲得可能な史料のことを考慮すれば、文化の全範囲であろう。」(一六)と述べ、編纂を専門について分割する『中国文化史』に着手している。王云五氏の広大な構想は実装され、成果が鮮やかであった。けれども抗日戦争が勃発し、遂に成功には及ばなかった。

上の事を総じて言えば、民国時期の中国文化史の編纂は中国社会に重大な転換期をもたらした。一方面では伝統史学の長い影響を受けたために、中国文化史の編纂が徹底的に旧伝統史書の編纂の束縛の下にあるとしか言うほかないのかもしれない。このために、とある中国文化史の編纂は政治史に偏るのだ、もう一方面は中国文化史の外から来た影響で、科学者がただ学習で来た外にあるものであって、中国文化史の欠落に対して深刻に理解し、中国文化史が今までのような特色ではなく新たな何の特色もない著作を生み出すことを可能にした。

五、第三章　中国文化史の編纂方法について

民国時期の思想領域の賑わいは、中国文化史の編纂の重要性の獲得を促進し、日本の学者の中国文化史編纂についての相互の成果を参考にし、中国学者もまた中国文化史の編纂に着手しはじめ、編纂の過程

において、自己の研究方法を獲得した。民国時期の中国文化史の編纂方法に対して結論を先に言えば、清代の学術変動の歴史を有利に知り、また新しい中国文化史の体系を構築するのを助け、科学的効果のある学術目標を掲げることだ。

　まず始めに、中国の学者は西洋の理論を十分に受容し、自己の文化体系を構築し始めた。既知の通り、近代以来西洋の学問が東洋に齎される状態が持続するにつれて、西洋の進歩した学術理論中国の学者に影響し始めた。顧康伯氏「自序」でも、西洋の史学理論が紹介されており、「近代ドイツの歴史家であるルドルフ・ヘルマン・ロッジェ氏が言うには、歴史の発達にはおよそ五つあり、その一に知恵、その二に産業、その三に美術、その四に、宗教、そしてその五に政治である。」とある。[一七] 梁啓超氏もこの言葉を紹介しており、「ドイツの哲学家であるルドルフ・ヘルマン・ロッジェ氏は、人間の発達には凡そ五つの種があり、一に知恵（理学と知識の進歩）、二に産業、三に美術（凡そ高等技術の進歩）、四に宗教、五に政治。概ね歴史を作り、歴史を読むということは、皆この五つが無いと突然にダメになってしまう。今、中国の以前の文化史では一冊でこの語五つの要素を備えるがために、その専門的な詳細な面が霞んでよく見えないか、または殆ど無い。一つの項目に詳しいのは、殆ど存在しなかった。これまで述べてきたことは、ただ第五項目は政治のみという事である。いわゆる政治史は、とある姓の勢力圏を記すという事で、政治の真相は不足している。そのため、今、中国史の著作を求め、ただしきたりを踏襲する本が有るのみで、古い書籍の中にその材料を探求しても枝葉を掴んで幹を掴まず、容易くはないのである。」という。[一八] この説明から、ドイツの学術界の理論は多くの中国の学者に受容されることとなった。中国文化史の早期の著作は比較的多く西方からの学術理論を受け、これらを用いて、自己の文化的体系を構築した。西方の史学理論を受けた事を除いては、日本の学術理論もまた多く継承された。例えば、杜東泉の『支那文明論』の「凡例」には「ここに編纂されたような日本からの我が国の学術理論は当事者を切迫して戒めるものとなった、これを読む人は見識を超越し思想を展開できるであろう。この趣旨は確かなもので、騙すようなものではなく、ただ五千年、縦横に九万里を卓見した視点からこれらを俯瞰するということである。それは、理論を編み、旧学を学び、新しい定義を打ち出し、公平で平和で、我が国の文明の真髄を指し示すものであった。」とある。[一九] これは西方の学術理論を先に日本の学者が受け止め、そして中国文化氏の編纂において応用した、ということを証明している。

　次に、文化的な解釈については、民国時期の中国文化史の著作の「通例」が成立し、ほとんど毎一部ごとに文化に関係する教材・文化的概念の解釈を包括し、とある学者はその「前言」或いは「自序」の中で加えて論を展開している。

　例えば、顧康伯氏の『中国文化史』の「自序」では「そもそも文化というものは、極めて大きなものを網羅し、政治・地理・風俗・宗教・軍事・経済・学術・思想のおおむね全て、そしてその他一切の関連する人物の事項をことごとく備えなくてはならない。」と述べている。[二〇]

　また、陳登原氏の『中国文化史』の中には「文化詮解（文化を解き明かす）」という専門的項目があり、文化的概念を解釈している。王其邁氏の『中国文化史』の序言では、「何を文化というのだろうか。文化というものは、人類が経験によって獲得した物産であり、子孫に継承するものだ。率直にこの事を述べれば、これは人類の生活方法とその様式だけなのだ。人類は漁と遊牧を通じて、農耕や商工をし、時代に応じて進歩してきた。その生活方法と様式は、発展すればするほど複雑になった。簡素であるけれども賢く、次第に入れ替わって奇妙奇天烈なこの世界を織りなした。この進めてきたプロセスを討論することは、文化史のあらゆる事なのである。」と、されている。（二一）更に陳国強氏の『物現中国文化史』の序言では、「いわゆる文化というものは、人類が生活条件の基礎を創造するために依存してきた物質なのであり、精神が生産した成果の総和なのである。文化史の任務は、人類がこれまでに精神の方面において努力してきたこれらすべての過程を、検討し記述することで加え、現代の我々に、十分に先哲達が文化の発展段階において努力し獲得した成果である比較的明確な概念を充実させることである。」としている。（二二）銭穆氏の『中国文化史導論』では、「文明・文化の二語をしてその根幹をなし、時間・空間をして、論述の詳細をなしているのが中国文化発展の脈絡である。その中で不足しているのは西両方の文化の比較である。」として、彼が指摘するのは「文明は外に偏り、物質寄りに偏っている。文化は内に偏り、精神よりに偏っている。そのため、文明は外に向かって発信や授与が出来るが、文化は内部の精神の積み重ねの集合によって生産されるのだ。」ということである。（二三）そして、楊東蒓氏の『中国文化史大綱』では、文化と文化史に対して詳細な論述があり、彼は「文化は生活である。それに対し文化史は、人類の生活を各方面の活動記録を叙述したものである。」としている。（二四）彼は該書中で、記録される祖先の活動が、現代の生活に影響を及し基準を作り上げているとした。常乃徳氏の『中国文化小史』では、「文化とは、学術思想から飲食から住むことまでのすべての生活状態の抽象名詞である。我々の一切を包括するものは、すべて文化なのだ。そのうえ、文化はただ物質上の生活に代表されるものではなく、人類の精神上の努力をも代表するのであって、一切の道徳・理想・組織・制度は皆、文化の表現なのである。このために文化は一つの極めて広大な名詞で、ほんのわずかな語で語りつくせるようなものではないのだ。」と、定義づけられている。（二五）

上述したような、多くの学者の文化概念に関する記述目的とするところは、この後の文化史の撰述に汲むべきことがあるということである。

さて次に、編纂方式から、海外の中国文化史の著作が中国の学者に示した非常に明白な内容を述べよう。例えば支那少年が翻訳した『支那四千年開化史』が記述する内容は、先に取り上げた『歴代大事年表』を除くと、前二章にてそれぞれ紹介した中国の地理と人種があるが、三章では「太古の開化」、「三代の開化」、「秦漢三国の開化」、「両漢南北朝の開化」、「隋唐五代の開化」、「宗元の開化」、「明清の開化」等の断代史の描き方を用い、毎一章ごとに制度・学術・宗教・技術・産業・風俗などまで及ぶ。これらの内容は中国人学者に一つの窓を開けることになった。この本は中学の歴史の教科書の読み物になったが、それだけではなく、長期史学の著作の旧骨組みが重要な作用を成していたものに対して改変を加えた。民国時期を見てみると、関係のある中国文化史の編纂におおかた二種類の方法が採られている。一種類目に採られた方式は今日における史書またはそれに似たものの編纂様式である、横に並べて堅実に写実する方式であって、毎一項目ごとに沿革や変遷を進めて編纂してゆく。もう一つの方式は、『支那四千年開化史』の写実方法で、一つの時代を根幹として、その内部に部門を分けて文化史の主要な内容を本に記してゆく方式である。以下では、その部門を分けて更に論じていこう。

項目ごとに中国文化史に沿革や変遷を成し編纂するという方式は、西洋史の編纂方式を借用したもので、また中国伝統の『通典』や『通志』などの編纂方式は新時代の革新と伝統のもとにあるとも言える。

この編纂方式は、項目のごとに沿革や変遷を始まりから終わりまで詳しく叙述するので、民国時期の中国文化史の編纂が要求することに非常の合致したものであった。政治を中国史の根幹に据える環境を脱却し、各部門・種類ごとに文化事項の起こりから衰退までの全てを完備し、中国文化史の中での史書の中の地位と分量を変えるものであった。民国時期、多く学者が中国文化史を編纂するときに皆子の編纂方式を採用した。例えば、李璣衡氏『中国文化史略』の「序言」では、

私は中国史の編纂を、先に横方向から、各王朝の交代に基づいてわが国の古代及び近代史の全ての変遷を、そして次に縦方向から、制度と文化史の中から主種の主要な問題を抽出し、各問題の本質に基づいて、或いは各時代の政治の沿革に基づいて、更に時代区分を行っている。たとえば兵について言えば、ある時からある時にかけてを徴兵時代、ある時からある時を志願兵募集の時代と言い、また硬貨について言えば、ある時からある時にかけてを金を用いた時代、ある時からある時にかけてを銀を用いた時代と言い、一項目について専門的に、詳細に過去から今へ至る変化を述べ、それを見ているものがあれこれと調べる労を省いて、前後の統計を知りえるようにする、これが最も良い方法なのではないか[二六]。

としている。李璣衡氏はこの種の編纂方式の優位性を紹介し、この種の思想の指導のもと、彼は『中国文化史略』を完成させ、土地制度史略・貨幣制度史略・財政史略・宗教史略・兵制史略・刑制度史略・官僚制度史略などの方面の内容を包括した。王徳華氏の『中国文化史略』の「叙例」では、「本書の編纂方式は、問題をその根幹に据え、各始まりと終わりを詳細にし、全体を四編おおよそ三十二章に分けた。第一編は経済史、第二編は政治史、第三編は学術史、第四編は社会史である。」とある[二七]。この種の編纂方法は政治史を中国文化史の外に捨て去ったとは言い難いが、これは少なくとも多くの文化事項の発生した時代や政治の背景を明らかにする点において一種の堅実な方法であった。顧健伯氏の『中国文化史編輯大意』では、「先人が歴史を語る際には、時代を区切って章を立て、家系図と同じようなものであった。本書はその弊害を極力矯正し、文化の栄盛と衰退や、その趨勢をメルクマールとして、主眼を今後に置き、学者に近代的な視座と古典からの視座を持たせるものである。」としている[二八]。いわゆる文化に関する行き過ぎたやり方を避けるため、政治史の弊害を軽んじることにその意図が向けられている。顧健伯氏は「政治史と文化史の相互の消息の中、中国数千年間皆君主体制が敷かれ、皇帝の権力が極めて重視されてきた。そのため、文化は遂にその範囲を出ることができなかった。このために、本書は一時代の文化を記し、その政治の大略の状況も必ず兼ねて記しているのだ。」とある。このことから顧健伯氏が、十分に中国文化の発展政治が切り離せないという環境であったことを周知したうえで、文化的分析を政治環境の正確な分析の上に構築している、ということが分かる[二九]。該書に並べられる章のタイトルからは彼の学術的視座の鋭さが映り込んでおり、例えば「皇帝権力時代の文化（秦の統一から三国まで）」「統一後の中国と外国文化の対流（隋唐時代）」「モンゴル人と中国文化」など、顧健伯氏の巧みな専門的視座とオリジナリティとを反映させたものである。呂思勉氏の『中国文化史』もまたこの方法が用いられている。著書を、結婚・民族制度・政治体制・階級・財産・官僚制度・選挙・賦税・兵制・刑法・実業・貨幣・衣服・住宅・教育・語学・学術・宗教などの十八章に分けた。梁啓超氏の『中国歴史研究法補編』では、論を五種類に分類し、人の歴史・物事の歴史・文物の歴史・地方の歴史・断代史としての歴史であ

り、このうち後ろの二種は共に歴史を述べるまでには及んでいない。文物の歴史については、更にその中を三つに分割し、政治専門史・経済専門史・文化専門史としている。そのうちの文化専門史は、言語専門史・文学専門史・神話専門史・宗教専門史・学術思想専門史・文学専門史・美術専門史に分けられて、また更に、そのうちの学術思想専門史は、道術史・史学史・社会科学史・自然科学史などに分けられている。このような章立ては、梁啓超氏の卓越した学術視野を映し出している。銭穆氏の『中国文化史導論』もこのような編纂方式を採っており、本全体を十章に分けて、「中国文化の地理的背景」、「国家の存立と民族の融和」、「古代観念と古代生活」、「新民族と新宗教の再融合」、「文芸芸術と個性の伸展」、「宗教の再台頭と清民族再融合、社会文化の再普及と再探求」、「中国と西洋との接触による文化の更新」付編として「中国文化伝統の敷衍によって中国文化発展の歴史的工程を説明した。楊東蒓氏は更に王朝の区分の弊害に基づいて分析している。彼が指摘するには、「著作を編纂する上での問題を語ろう。通常、歴史家は王朝の概念から離れることが出来ない。まるで、王朝から離れたらどこからどこを語ってどこで止めるのか、突如としてよくないものになってしまうようだ。実際に王朝の交代に基づいて王朝の活動を叙述することは、流水財簿でただ単に羅列される記述であり、型にはまって融通の利かなく味わいにも欠けるのだ。」と言う。このため、中国文化史を編纂する際には、彼は「王朝概念が一つ一つであるという事実故の単位を打ち破らなくてはならない。」としている。彼が示すには、「總簿（総合記述）」のような一項目を立てれば良いというものでは到底なく、「もしも、一つ一つの事実に対して項目を建てたら、また毎王朝ごとに項目を建てることと同じことなのだ。このようなユニットのもとの一配列、だとしたら、この種の結果は単に羅列される記述ではなくとも、一種の「總簿」として存在してしまう。この事に対して学者はどんな利点があるのだろうか。」と述べている。このことから、楊東蒓氏は「各時代と我々との関係と影響を現代生活の重要な事実に加え叙述し、あわせてこれらの事実の前後と互いに関係のあるキーポイントを可能な限り明確に説明することを求める。」として、上述の原則を定めた後、彼は自身の「叙述上の方法問題」を語り、学術界の自ら筆を執る著作と議論を加える著作との二種の本の性質の叙述方法の長所と短所を述べている。「私は叙述方法から、できる限り客観的な立場を守り抜いてきた。経済的な解釈を用い、一つの事実の前後の因果関係と利害得失、諸事間の前後の相互の因果関係を明らかにした。」著述すべき基準と編纂方法を確定させた後、彼は著作を三分割し、経済生活の部、社会政治生活の部、知恵生活の部、とした。その中の経済生活の部には、農業・商業・工業・交通・財政・土地制度と賦税制度を含んだ。次に社会政治生活の部には政治制度・刑法制度・教育・宗教・選挙・家族・結婚・葬祭などを含んだ。また、知恵生活の部には哲学・文学・芸術などが含まれた[三〇]。王云五氏主編の『中国文化史叢書』では、「晩年の国内の学者は著作を文化史を分けて編じる者は、一方では清朝考証学者の一部分の遺産を利用しながら、もう一方では欧米の新しい斬新な各時代の長所や、分岐の道のりと結果を用いている。」と述べている[三一]。このことから言えるのは、中国の学者たちが中国文化史を分けた著作を肯定している、ということである。

　このように、時代区分に応じて中国文化史に関連する内容を再び文章を書き加えることは、当時の文化史を叙述することの一種の形式であり、『支那四千年開化史』に類似する。例えば、王其邁氏の『中国文化史』の「導言」では、「三人寄れば文殊の知恵、塵も積もれば山となるというが、先哲は賢く、諸子百家ではそれぞれ専門を分け探求し、そして専門書を記したものが多くある。この編纂はこのことに基づき、再び当時を参考にすべきだ。章立ては次の方式で、政治史とは背中合わせの四期に分けられる。」とする。[二二] 第一期は太古文化史であり、太古から秦を中国文化発祥の時代としている。第二期は中古文化史であり、漢代初頭から唐代末を中国文化とインド文化融合の時代としている。第三期は、近古文化史として、五代から清代の半ばまでを示す。この時代を中国文化と西洋文化の交流の時代とする。第四期は、近世文化史として、寝台の中期から現在を示し、これを中国文化と西洋文化の融合の時代とする。毎一期を一編として、その下に生活要素・工具・生業・団体組織・人の守るべき道（人倫の道）・宗教の記念・学術・社会情勢などの八章に区分した。当然、具体的な叙述は時代によって含む内容が異なるために改変した箇所があったが、おおよそこの設けた枠組みには従って記した。この種の時代区分に基づき、その下にさらに分類し相互に文化内容を叙述するのも、一種の有益な探求であり、ただこのことから、一時代の歴史文化の現象のより適切な記述が存在することが出来る。

編纂方式と緊密に関係する史料の選択もまた学者の関心を引き起こし、民国時期の中国文化史は文化史を記す過程において史料の選択と選別は非常に慎重であった。中国の歴史上には無数の史料が存在するが、これらの史料は疑いもなく中国文化史を記す際に利便性を提供するものである。陳国強氏の『現物中国文化史』の「導言」では「史料の選択は、正しいとされる典籍か考古学に基づく証明に求めるべきで、そうしてやっと中国文化の発展の過程の材料として用いることが出来る。」と述べている。[二三] 陳国強氏は、自己の著作では慎重に史料選択をしていると強調し、あわせて中国文化史の発展の筋道をはっきりとさせているということである。楊東蒓氏もまた「通常、歴史家は、史実を忠実にしなくてはならないと考え、そのために、ただ「本を執筆する」ということである。そして、すべて本来の面目がある必要があるとする——実際には、この一歩を成し遂げる必要があるが、しかしこれはとても難しい作業である。」と述べている。[二四] ここで重要なのは「もしも「本」の史料の出典が不明確なものに出くわしたら、誤って伝えるということにはならないだろうか。」とする点である。[二五] 楊東蒓氏が史料の真実性について取り上げることは、ただ真実の資料を用いることによってやっとその本の質を保証することが出来るということである。顧康伯氏の『中国文化史編輯大意』では、「本書の史料の詳細と簡略は、時代の文化発達が成熟しているか否かによって分断され、平均的な支配主義を取らない。」と述べる。[二六]

この事から顧康伯氏は、史料の分布が文化の盛衰の基準となっている、と考えていることが見て取れる。王徳華氏の『中国文化史』の「叙例」もまた一種の基準に基づいて記されており、「本書の内容の取材と各章の篇の厚みについての振り分けは、問題の性質と史料の多さに基づいた基準であり、おおよそ重要な問題は時代が比較的新しいもので、現代の生活と密接に関係している。そのため、取材する所が比較的多く、篇の幅も比較的長い。これは著者の主観によるものだが、史家の通例でもある。」[二七] と述べる。

『中国文化史』の史料選択不適当に対する問題は、当時すでに学者がその史料使用の不適当さに対して意見を述べていた。楊東蒓氏も厳格な史料選択について提唱したが、彼もまた完全ではなかった。このことについて、英普漢氏が楊東蒓氏を『本国文化史大綱』の中で次のように批判している。「私は公平に論ずるが、楊氏のこの書は、その取材する所の多くが近代人の著作より成っている。あちらこちらで当てはめているだけで、行脚僧の百衲衣とも言うべきか、史料を弁別して、緻密に整頓するということが欠けている。そのため、他人の誤る所がまた誤りを生んでおり、このような点は一点ではなく数か所ある(三八)。」と述べている。英普漢氏の楊東蒓氏書中に見られる誤りを詳細に並べて抜き出すと、当時の学者が史料をどの程度重要視していたかを知ることが出来る。これは後世に影響の大きい柳詒徴氏の『中国文化史』では胡適先生が「中国文化史の山を切り開く始まりの作である」と称賛したが、これにも資料の取り扱いについて欠陥が生じている。胡適氏が指摘するには、該書は「古代から両漢」、「東漢から明末」「明末から今日」の三期に分割されているがこれはあまり適当ではない。その中の第一期が該書のうちの十分の四を占め、特に「周の礼制」が十二分の一を占めている。唐代の文学史については僅か十一行にとどまり、著者が唐代文学史について述べているのは一五八文字だけである。字数のみでは文化史の地位を当然決定することはできないが、しかしながら、著者の一つの欠点を反映していると言うことが出来よう。胡適氏はまたこの前に二十一章に用いる史料について弁別を行っている。彼が述べるには、「その典拠とする資料の多くは疑わしく、その論断も多くは信ずるに足らない。これは本全体を最も無価値にする。」としている。重要なのは著者が十分に最新の考古研究を吸収していないがために、ただ文献に基づいてこの一部分の内容を復元する、ということである。胡適氏が述べているのは「太古の文化史は伝説の成す所に依拠していない、この学問を修めるものは慎重な態度で、石器金分及び同時代のその他の実物、甲骨文や金分に対して細心しなくてはならない。そして、後世の比較的信じるに足りる史料、或いは一種の簡略な概念によって証明すべきだ。近年新旧石器時代の文化については多くが発見され、殷墟の歴史の研究も大きな進歩があった。金分の研究も同時に多くの新しい功績がある。」と述べている。このため彼は柳詒徴氏の該書に対して新しい資料を用いて改定するように推薦している。また、仏教史の研究に対しては、「史料のどこがいけなくて欠乏してるのか、楊文会氏の『十宗略説』(三九)と謝無量氏の『仏学大綱』に当たればよいのだろうか。」とある(四〇)。この種の間接に間接を重ねる書は、持ちうべき史料なのだろうか。

この書中のように誤りが引用されたり他書籍に転載されたりする現象、先に胡適氏の取りあげたものもこのように、一つ一つ取りあげることの重要性を示した。史料を選び取ることの初期の重要性を見ることが出来る。

中国文化史の史料選択に関しては、当時の学者が多くの価値ある意見を退出した。常乃徳氏は「我々の現在成す中国文化史研究は、第一歩としてその資料の出どころが正確であるか否かを重視しなくてはならない。このことは困難ではあるが、しかしこれらは頼るべき根拠なのだからである。この三百年、中国の学者は書籍の考証について高い成績を上げており、我々はこれらの成績に基づいて一歩研究を踏み込むことが多少なりとも比較的簡単にある。私たちが研究をしている時、それが虚偽の史料だと判明すれば、絶対に取り扱うべきではなく、引用してはならない。虚偽の部分が比較的多い資料に対しては、周到かつ慎重に引用すべきであり、あわせてその疑わしい点をはっきり注記すべきである。また通常の史料に対しては、疑問点に遭遇すれば、その点を挙げるべきである。つまり軽々しく信用することは、軽々しく疑うことに及ばないのである。これは学問を修める際の最も重要な方式である。しかし、中国の全ての考古学は、地質学などの全て未発達であり、考古学を研究する時に、もし完全に信用できない書籍があれば、着手することが出来ないことになる。そのため書籍の採用や、やむを得ず採用する際には周到かつ極めて慎重に扱うほかない。」と述べている。(四一) 常乃徳氏の『中国文化小史』が後世に影響を及ぼす所には限りがあるが、その述べる所の、虚偽の史料を退け、疑いが残る史料を慎重に取り扱い、普通の史料に疑うべき箇所があればその箇所を挙げるべきという史料選択の三原則は、中国文化史の研究に確実に啓発の意義を成すことに従事している。陳登原氏の『中国文化史』の中でも、史料について特に「中国史料の煩雑さ」と章立てられて述べられている。彼は資料主要なものとそうでないものに分け、「主輔の別」を行って次のように述べている。「「主輔の別」は、その一に出どころの別である。いわゆる直接的なものを主とし、間接的なものを輔とする。」「その二には、性質の別であり、それで主輔を定める。」「第三には著者の判別によってこれを分かち、文体が率直なものを主として、文体に装飾の多い者を輔とする。」「第四には、文体の別である。正史体には、重要なことが纏めて記されているが別録になると文章が多くなる。これはその事を示している。第一には国史の記す所は、長々とだらしなくなることを嫌う。しかし私史は、反して実録でありこれは即ち第二のことである。瑣末な社会で、史官に登用されなかった歴史家は、私の家について記し、愛憎を欲しいままに記す。心によって取捨するので、こちらは粗末であちらは詳しくなる。これが第三のことである。務めて旧事を益して、文の質を覆い隠さない。これが則ち主輔の判断である。」とある。(四二)

これらの著作に関する史料選択の原則は、中国の学術研究の基本基準を代表し、あわせて後世に効果を及ぼした。

中国文化史の編纂は、民国時期の中国文学術に一筋の美しい風景織りなした。中国人学者の学問好きの知恵が姿を現し、後の海外の文化史の理論を加えて吸収し、海外の学者の中国文化史の編纂方式を学習した。そして、中国文化史の学術的体系を構築した。このことは、民国時期に中国文化史の編纂に対して中国人学者が中国文化へ奥深く思慮しているという輝かしい功績を示したと言え、ここをもって科学的合理性のある編纂方式のまとめと運用としたい。

《著者・訳者注》

(一) 括弧部分、翻訳者補う。

(二) 二〇世紀の中国文化史が二〇世紀末から本世紀まで、学術界が学術問題に注視してから真理を追究したのは、学術成果が非常に大きかったことと関連している。その中の学術的総括を総論しているのが、周積明の『二十世紀的中国文化史研究』・『歴史研究』一九九七年第六期　楊斉福「二〇世紀中国文化史研究の回顧と展望（二〇世纪中国文化史研究之回顾与展望）」・『淮陰師範学院学報』二〇〇〇年 第二期 李平「二〇世紀中国文化史の研究論評・『文芸理論と批評』二〇〇〇年第三期 謝志浩「百年中国文化史回顧（百年中国文化史回眸）」・『河北科技大学学報』二〇〇一年第一期、第三期 鄭先興「二〇世紀の文化歴史研究」・成都電子科学技術大学出版社二〇一四年版。鄒振環『中国文化研究五十年著作一瞥』・『読書』一九八五年第四期。覃建『七十年来の中国文化史著作について（七十年来中国文化史著作簡介）』・『管子学刊』一九九〇年第二期。このような論文や著作は学術界が二〇世紀の文化史研究の重視の度合い示すに足りるであろう。

(三) 梁啓超『清代学術概論』北京 東方出版社二〇一二年版一頁。

(四) 梁啓超『清代学術概論』北京 東方出版社二〇一二年版 七頁。

(五) 梁啓超『清代学術概論』北京 東方出版社二〇一二年版 三頁。

(六) 括弧部分、翻訳者補う。

(七) 支那少年 翻訳『支那四千年開化史』上海 広智書局 一九〇六年 第一頁。

(八) 梁啓超『中国近三百年学術史』北京 東方出版社 二〇一二年 第三四六

頁。
(九) 顧康伯『中国文化史』上海 泰東図書局 一九二四年 第一頁。
(一〇) 括弧部分、翻訳者補う。陳国強『物観中国文化史』上海 神州国光社 一九三一年 第二〜三頁
(一一) 王云五「編纂中国文化史之研究」『東方雑誌』一九三七年第七号。
(一二) 応普漢「評本国文化史大綱」『学術雑誌』一九三五年第五期。
(一三) 顧康伯『中国文化史』上海 泰東図書局 一九二四年 第一頁。
(一四) 王其邁『中国文化史』津師同学臨時鉛印会 一九三六年 第六頁。
(一五) 李璣衡『中国文化史略』第一頁。
(一六) 王云五「編纂中国文化史之研究」『東方雑誌』一九三七年第七号。
(一七) 顧康伯『中国文化史』上海 泰東図書局 一九二四年 第二頁
(一八) 梁启超『飲氷室合集』北京 中華書局一九八三年 第一頁。
「ルドルフ・ヘルマン・ロッジェ」はドイツの哲学者。(中)海尔曼・洛采 (英) Rudolf Hermann Lotze) 張広智『二〇世紀中外史学交流』北京師範大学出版社 二〇〇七年 第二二六頁。
(一九) 周月峰『中国近代思想家文庫・杜亜泉巻』中国人民大学出版社二〇一四年 第一一頁。
(二〇) 顧康伯『中国文化史』上海 泰東図書局 一九二四年 第二頁。
(二一) 王其邁『中国文化史』津師同学臨時鉛印会 一九三六年 第一頁。
(二二) 陳国強『物観中国文化史』上海 神州国光社一九三一年 第一〜二頁。
(二三) 銭穆『中国文化史導論』北京 生活・読書・新知三联書店一九八八年 第一頁。
(二四) 楊東蒓『本国文化史大綱』上海 北新書局一九三一年 第一頁。
(二五) 常乃徳『中国文化小史』上海 中華書局 一九三二年 第二頁。
(二六) 李璣衡『中国文化史略』第一頁。
(二七) 王徳華『中国文化史略』南京 正中書局 一九三六年 第三頁。
(二八) 顧康伯『中国文化史』上海 泰東図書局 一九二四年 第一〜二頁。
(二九) 顧康伯『中国文化史』上海 泰東図書局 一九二四年 第一〜二頁。
(三〇) 楊東蒓『本国文化史大綱』上海 北新書局一九三一年 第一〜四頁。
(三一) 王云五「編纂中国文化史叢書」『東方雑誌』一九三七年 第七号。
(三二) 王其邁『中国文化史』津師同学臨時鉛印会 一九三六年 第六頁。
(三三) 陳国強『物観中国文化史』上海 神州国光社一九三一年 第四〜五頁。
(三四) 楊東蒓『本国文化史大綱』上海 北新書局一九三一年 第三頁。
(三五) 楊東蒓『本国文化史大綱』上海 北新書局一九三一年 第三頁。
(三六) 顧康伯『中国文化史』上海 泰東図書局 一九二四年 第一頁。
(三七) 王徳華『中国文化史略』南京 正中書局 一九三六年 第三頁。
(三八) 英普漢「評本国文化史大綱」『学芸雑誌』一九三五年五期。
(三九) 訳者訂正する。原文では「謝天量」とあるが、正しくは「謝無量」氏の誤りである。
(四〇) 胡適「(評) 中国文化史」『精華学報』一九三三年第二期。
(四一) 常乃徳『中国文化小史』上海 中華書局 一九三二年 第四〜五頁。
(四二) 陳国強『中国文化史』上海 世界書局一九四七年 第一一〜一八頁。

第一部会　十

中国貴族制と文化資本論の射程

渡邉　義浩

はじめに

中国の三世紀から九世紀、すなわち「古典中國」の再生産期に支配階層を形成した貴族は、⑴農民に対する直接的・間接的支配者であるという階級支配者としての側面、⑵国家の高官を代々世襲するという政治的特権官僚としての側面、⑶「庶」に対して「士」の身分を持つという身分的優位者としての側面、⑷「庶」が関与し得ない文化を担うという文化的優越者としての側面のほか、⑸皇帝権力に対して自律性を保持するという側面を属性に持つ。⑴は、漢代の豪族から清代の郷紳まで、中国における支配層に共通して見られる性質であり、⑵も周代の卿・大夫・士や後漢時代の「四世三公」と称される高級官僚家には看取し得る属性である。⑶は、同じく周代の卿・大夫・士に、⑷も宋代以降の士大夫階級に見られる属性である。とすれば、中国貴族の諸属性の中で、その存在を特徴づけるものは、⑸の皇帝権力からの自律性である。

報告者は、⑸皇帝権力に対する自律性の根本に置かれる中国貴族の存立基盤を文化と考える仮説を提示している[一]。西欧・日本の「武」の領主が、土地の「所有」を存立基盤とすることに対し、中国の「文」の貴族は、「文化」を存立基盤とする。むろん、中国の貴族も土地は所有する。それは、文化の習得のための必要条件であり、高官の世襲の結果、拡大するものでもあるが、一義的に貴族を存立させるものではない。中国の貴族は、文化的諸価値の専有をその存立基盤とする、という仮説である。

また、報告者は、第六回日中学者中国古代史論壇で述べたように、中国史を内在的に把握するため、「古典中國」を中核とする時代区分を提唱している[二]。本報告は、中国貴族制に対する報告者の仮説が、「古典中國」の再生産を説明し得る射程を有することを述べるものである。

一、中国貴族制の研究と「所有」

中国の貴族制に関する研究において、貴族の存立基盤が、土地などの「所有」を第一義としないことを自覚的に追究したものは、日本の研究である。中村圭爾によれば、中国における貴族制の研究は、この時代を封建制と規定し、貴族が地主であることは自明とされ、国家もまた地主の政治権力であることが明確に規定されており、世界史の中における独自性を追究する視角に乏しいという[三]。また、ジョン＝リによれば、欧米においても、陳寅恪の「關隴集団」論を受けたE＝プーリイブランクやD＝トウイチェットらの「關隴集団」の評価・位置づ

けが研究の中心となっており、中国貴族制固有の存立基盤を意識した研究が行われているとは言い難いという。[四]

これに対して、日本では「世界史の基本法則」を中国史に適用としようとする試みにおいて、とくに西欧の封建制度との意識的・無意識的な比較がなされながら、魏晉南北朝・隋唐を古代と理解するのか、中世と理解するのかを焦点とする時代区分論争との関連性の中で、貴族制が研究された。これが日本における中国貴族制研究をやがて「所有」から距離を置く方向に向かわせる。もちろん、貴族の所有する土地を荘園と位置づけ、そこで働く隷属民を奴隷であるのか、農奴であるのか、と論争することから、日本の中国貴族制研究も始められた。しかし、中国では、西欧とは比較にならないほど強大な皇帝権力が「庶」を支配しており、貴族の荘園で働く隷属民の階級性を論ずることは、必ずしも貴族制の本質に近づくものではない、という考え方が次第に広まっていく。

こうした中で、矢野主税は、中国の貴族が西欧の如く「所有」に規定されないことを、皇帝からの俸給への依存と考えた。史料中の歴代官僚の家が、しばしば「貧」を伝えられるためである。そのうえで、「(後漢官僚も曹魏官僚も)同様に中央に寄生する官僚であるという意味において、両者の間には何等性格の変化はない。その意味において、王朝は変わり、その構成員に変化があったとしても、官僚の性格そのものに変わりはなかったのであり、魏晉門閥貴族は後漢官僚に連続するものと言わねばならぬ」と述べ、中国の貴族は郷里社会における社会的・経済的自立勢力ではなく、皇帝に依存する「寄生官僚」である、としたのである。[五]しかし、寄生の論証を官僚の「貧」に求めた点で、矢野説は原初的に過ぎた。史料中に現れるイデオロギー性を帯びた「貧」という用語は、実際の経済的困窮を必ずしも意味しないためである。[六]しかし、貴族制が「所有」とは無関係に成立することを実証した点は評価できる。むしろ問題は、皇帝権力と密接な関係を保ち得た者が貴族に成り得るとし、貴族の有する皇帝権力に対する自律性を捨象した点にこそある。

これに対して、貴族の自律性の基盤を郷里社会に求める川勝義雄・谷川道雄は、貴族が「所有」に存立基盤を置かないことから、その基盤を「民の望」に求めた。貴族の基盤は郷里社会にあるが、貴族は郷里を「所有」する領主ではない。この課題の解決のため、川勝義雄・谷川道雄は、西欧の階級関係とは異なる中国独自の分析視角として「共同体」を設定し、「共同体」の内的発展により中国史を理解しようとした。[七]そのうえで川勝義雄は、貴族制社会の形成理由を、「豪族の領主化傾向が郷邑社会における階層分化を進め、郷邑の秩序を急速に崩壊させていくなかで、その傾向を阻止して共同体的関係を維持し、再建しようとする動きが現れた。こうした矛盾相剋のなかから郷論がもりあがり、その環が幾重にも重なっていった。こうした郷論の環の積み重なり、郷論環節の重層構造こそ、貴族制社会を成立せしめた直接的な基礎条件である」と説いた。[八]川勝は、西欧型の「所有」の論理に対峙させながら、中国独自の貴族制のあり方を郷論、すなわち郷里社会における自立した民衆の輿論に求めたのである。

しかし、「所有」に根源的な存立基盤を求めない中国貴族のあり方を階級論理に自己「矛盾」的な存在と位置づけたように、そこには「所有」を根源的な基盤とする貴族を「矛盾」しない姿、すなわち本来のあり方とする認識が残存していた。いまだ「所有」の論理に縛られていたのである。「所有」の論理の強さは、生産力と生産関係の矛盾により歴史は発展するという唯物史観が、それに賛同するか否かを問わず、大きな影響力を有していた時代性の発現と考えることができよう。

「はじめに」に掲げた貴族の属性は、等価値に並立するものではない。貴族制を特徴づける⑸皇帝からの自律性は、⑷文化的諸価値の専有を基盤とする。⑸皇帝からの自律性は、九品中正、なかでも州大中正の制と五等爵制により⑵国家の高官の世襲を制度的に保障する。同時に、⑸自律性は、皇帝に対するものだけではなく、非貴族に対しても他者を排斥するという形で機能し、⑶「士庶区別」を形成する。そして、西欧の封建制度の存立基盤である⑴土地所有は、⑷文化の習得のための必要条件であり、⑵高官の世襲の結果、拡大するものではあるが、一義的に貴族制を存立させるものではないのである。とすれば、貴族として不可欠な存立基盤は、⑸自律性を支える⑷文化的諸価値ということになろう。

それでは、貴族制へと連なる自律性はいつ形成され、その専有する文化的諸価値とはどのようなものなのであろうか。報告者はかつて、その成立時期を三國時代に求め、文化を存立基盤とする三國時代の支配層を文化資本論を視座としながら「名士」と定義した（九）。続いて、その概略を示そう。

二、文化資本論と「名士」論

中国において「所有」よりも「文化」が優越するのは、いつの時代からであろうか。ピエール＝ブルデューの文化資本論の言葉を借りれば、文化によって「卓越性」を得るためには、文化が「文化資本」とならなければならない（一〇）。そのためには、「文化」を有することにより、社会で卓越性を得られる国家システムの構築が前提とされる。

国家の頂点に君臨する皇帝は、しばらく措くとして、中国社会において卓越性の基準とも言うべき勅任官に就くための官僚登用制度が、「文化」に基づいて運用され始めるのは、郷擧里選が整備されていく前漢後期からである。前漢前期において、官僚登用制度は任子制であった。親が高級官僚であることにより、子が勅任官に就き得る任子制のもとにおいて、文化は未だ資本ではない。

後漢「儒教國家」において、郷擧里選は本格的に稼働することになった。後漢の最高位である三公における孝廉出身者の割合は、初期で18％・中期で44％・後期で69％・末期でも26％に及んだ（一一）。郷擧里選の常擧である孝廉科は、孝や廉という儒教理念が価値規準とされている点において、文化が資本へと転化し始めた起点となる。

豪族が民の負担すべき税を肩代わりすることで、「廉」や「仁」との名声を得（一二）、あるいは親を厚葬してその墓道に居住してまで「孝」という名声を得て、郷擧里選で察擧されることは、経済資本を文化資本に転化することで、勅任官に就くという卓越性を得ることになる。

こうして、後漢「儒教國家」の官僚登用制度によって、「文化」は資本となり、経済資本を文化資本に転化し得ない者は、「郷曲に武斷」する土豪と位置づけられて（一三）、卓越性を得られなくなった。洛陽の太學に三万人もの学生が集まり、鄭玄が私塾を持つことで学問に打ち込める経済的条件を得たのは（一四）、経済資本を文化資本に転化しようとする豪族の多さの証拠である。

しかし、この段階では、文化資本による卓越性は、皇帝から国家の官僚に任命することによって附与されており、文化資本を存立基盤として、皇帝権力に対する自律性を持つ貴族の淵源となる社会階層は、未だ成立していない。その契機は、後漢末の二度にわたる黨錮の禁に求められる。

後漢時代の豪族は郷擧里選により、経済資本を文化資本に転化して勅任官となる道が開かれていた。しかし、常挙の孝廉科に代表される郷擧里選は、宦官の請託により閉ざされていく。こうした郷擧里選の機能不全に対して、たとえば宦官の侯覽からの請託を拒否した史弼が冤罪で収監されたように、皇帝権力に直結する宦官への批判は、危険な行為であるため、高級官僚の多くは宦官に妥協的な態度を取った。[二五]そうした中で黨人たちだけが、決定的に宦官と対決したために、輿論の支持を集めたのである。黨人たちに寄せられた全国的な輿論の支持は、太學生を典型とするような官僚となる道を閉ざされた豪族層により担われていた。[二六]

このような最終的には黨錮の禁を惹き起こすような宦官による郷擧里選の破壊を政治的な背景としながら、次第に後漢の郷擧里選とは直接係わりを持たない名声が、徐々に形成されていく。そうした政治的状況が、豪族の勢力伸張による在地社会崩壊の危機という社会の変動と相俟って、経済資本ではなく文化資本に存立基盤を置く「名士」層を形成していくのである。

具体的には、第一次黨錮の禁の後に太學で形成された「三君・八俊」以下の「名士」の番付は、「三公・九卿」以下の政治的序列で表現される後漢の皇帝権力との対峙性を初めて持ち得たという意味において、「名士」層形成の重要な契機となった。ただし、外戚の竇武・宗室の劉淑を「三君」の首位・二位に置き、黨人の指導者である陳蕃・李膺を「三君」の末席と「八俊」の首位に続けるという番付に明らかなように、この時点では、黨人の名声には、後漢の国家的な秩序をなお尊重する態度が見られた。

しかし、さらに大規模な弾圧事件となった第二次黨錮の禁の後には、後漢の官僚であることよりも、黨人として禁錮され名声を得ることの方が、自己のあり方として優れているとする判断が、次第に増加していく。たとえば息子が李膺の門生であった景毅は、自ら李膺との係わりを述べたてて、侍御史という後漢の官職を辞任し、輿論からその「義」を称えられた。景毅は、後漢の官僚としての地位から生ずる経済資本を棄てて、それを輿論の評価という文化資本へと転化した。その方が社会における卓越性を得られると判断したと考えてよい。

こうして次第に、後漢の官僚であることよりも、輿論の名声という文化資本を重視する階層が形成されていく。当時の輿論から支持され「士名を得た」これらの人士を「名士」と称することにしたい。かれらの地位が、国家の官僚としての地位や国家に認定されるものとは異なり、また一族の「郡望」により半ば自動的に高官に就き得るものでもなく、個人の名声により規定されるための謂である。「名士」と認定されるためには、名声として表現される豪族・「名士」間の輿論の支持を受ける必要がある。そのための最短距離は、代表的な「名士」に認められ、人物評価を受けることにあった。

李膺は、後漢国家を宦官が腐敗させていく中で正義を貫き、太學生や豪族が形成する輿論の圧倒的支持を得ていた代表的な「名士」である。そこで、李膺に面会を許され、その人物評価を受けた者は、輿論から「龍門を登」ったと称された(『後漢書』列傳五十七 黨錮 李膺傳)。李膺のような代表的な「名士」に評価されることが、「名士」となるための文字通り「登龍門」であった。再びピエール＝ブルデューの言葉を借りるのであれば、かれらは李膺との「社会関係資本」により「名士」に成り得るのである。

李膺に評価されて「龍門を登」った一人に郭泰がいる。郭泰は、李膺の評価・交友により、一躍代表的な「名士」となり、全国を周遊しながら人物評価により多くの「名士」を承認し、「名士」層の成立に大きな役割を果たした。郭泰の人物評価が、全国的名声を得るための重要な手段であったことは、汝南郡にしか名声の無かった黃憲が、郭泰の評価により一躍全国的な名声を得たことに見ることができる（『後漢紀』巻二十三 靈帝紀上）。こうした「社会関係資本」を求めて、各地の豪族は、郭泰の人物評価を受けるため、争って面会を求め、その際に差し出された名刺で、郭泰の車は一杯になったという（『後漢書』列傳五十八 郭太傳注引『泰別傳』）。ここに、新たに形成されつつある「名士」層に対する豪族層の支持と、「名士」へと転化したい豪族の願望を見ることができる。

「名士」の特徴は、「名士」の名声が、在地社会の再生産構造、すなわち「所有」から乖離した場における名声であったことにある。経済資本が「名士」を成り立たせている訳ではない。「名士」層の確立に大きな役割を果たした郭泰は、貧賤の出身であり、その名声は、在地社会とは無関係な場で、李膺により附与されたという「社会関係資本」によるものであった。また、郭泰が評価した人物の中にも、牧童や兵卒といった、在地社会に再生産構造や族的結合を有していないものが存在した（『後漢書』列傳五十八 郭太傳）。もちろん、郭泰に評価され「名士」となったものに豪族層の出身者が多かったことは言うまでもない。しかし、豪族であることは「名士」となるための必要条件ではないのである。つまり、「名士」は、在地社会における再生産構造、すなわち「経済資本」とは無関係な場において、名声を保持し得る存在であった。

さらには、在地社会の直接的支配者であった豪族層が、自らの在地社会における再生産基盤を取り崩してまでも名声を求め、「名士」を目指すこともあった。自覚的に「経済資本」から「文化資本」への転化を試みているのである。たとえば、孫呉を建国する孫權に仕えた魯肅は、臨淮郡東城縣の豪族で、家は裕福であった。しかし、魯肅は、生産手段である田地を売り払い、在地社会における再生産の基盤を放棄してまで、賑恤を行って名声を獲得しようとした（『三國志』巻五十四 魯肅傳）。ここから、「経済資本」に存立基盤を置いていた後漢時代の豪族と、「文化資本」に存立基盤を置く漢魏交替期の「名士」との質的差異を理解できよう。魯肅傳の裴松之注に引く『吳書』には、「父老 咸 曰く、「魯氏 世〻衰へ、乃ち此の狂兒を生む」と」という父老の苦言が伝わっている。旧来の価値観を是とする父老たちには、魯肅の行動は理解できなかったのであろう。こうして魯肅は、在地社会の再生産構造を破綻させてまで行った賑恤により得た名声を元手に、揚州を代表する「名士」の周瑜の来訪を受けた。「文化資本」が「社会関係資本」の元手となったのである。兵糧の無心を求められた魯肅は、全財産の半分を軍費として供出することにより、周瑜の高い評価を受け、春秋時代の子產と季札に譬えられる関係を周瑜と結び、「名士」としての名声を確立する。資産という「経済資本」を名声という「文化資本」と転換し終えたと考えてよい。さらに魯肅は、周瑜と共に長江を渡り、吳郡の曲阿縣に移住するに至る。こうして魯肅は、豪族として臨淮郡の東城縣に有していた在地社会の再生産構造から乖離した存在となった。

やがて、孫吳政権に対して、荊州を平定した曹操が南下する。孫權の臣下の多くは、曹操への降服を勧めるが、魯肅は反対する。その際、魯肅は孫權に、自分たち「名士」は曹操から「名位を品」されて、曹操政権下でも勅任官に就き得る存在である、と述べている（『三國志』巻五十四 魯肅傳）。「文化資本」により卓越性を得られることの自覚をここに見ることができる。

もちろん、「名士」層の主たる出身階層が豪族層であったとはいえ、豪族層のすべてが、「名士」に転化し得たわけではない。それでも、西晋以降の貴族制とは異なり、「名士」は家柄によって半ば自動的に地位が定まる、ということはなかった。たとえば、のちに貴族となった「潁川の庾氏」は、郭泰に評価された庾乘から歴史に名を留めるが、その際に庾乘は門士（門番）であった。豪族の出身ではないのである。郭泰の評価により卑賤な縣の門士から立身した庾乘の子である庾嶷は、曹魏の太僕にまで出世を果たし、孫の庾峻は学問により博士から侍中になった。四代目以降は、西晋の貴族として「潁川の庾氏」と称されるまでに成長するに至る。[一七]むろん、こうした事例は多数ではない。しかし、豪族が「名士」と関わることにより、自らにも「名士」に転化し得る可能性が開かれている、という期待を抱いたことは、「名士」の社会的統合を有効なものにした。[一八]このために豪族層は、「名士」層の名声が持つ権威を支持し続けたのである。

以上のように、後漢時代の鄕擧里選の破壊を背景として、後漢とは無関係に、しかも在地社会の再生産構造とは乖離した場において、名声を保持し得る「名士」という階層が形成される。そして、豪族層は、社会的上昇を目指して、「名士」層を積極的に支持した。そのため「名士」層は、在地社会の再生産構造からは乖離しながらも、漢魏交替期の社会の指導層として存在し得たのである。[一九]このように、漢代の豪族に比べて、三國時代の「名士」は文化資本論での説明がよく当てはまる。すなわち、中国の知識人層が文化資本によって卓越化を始めたのは、三國時代からなのである。

三、貴族と貴族制の乖離

文化資本を存立基盤とする「名士」に対して、君主権力は、その国家運営にかれらの力を利用すると共に、存立基盤である「文化」を君主権力に収斂しようとした。その嚆矢が、曹操による「文學」の宣揚である。[二〇]儒教の優越性を梃子に文化的諸価値を専有する「名士」に対抗するためには、新たなる文化的価値を創出して「名士」の文化を相対化するか、すべての価値を君主権力に収斂する必要がある。曹操は前者を選び、そのための「文化」として「文學」を選んだ。それは、後漢「儒教國家」において、成立していた「古典中國」の中心に置かれた儒教に対抗する文化として「文學」が優れた特性を持っていたことによる。

「古典中國」は、「儒教國家」の国制として後漢の章帝期に白虎觀會議により定められた中国の古典的国制と、それを正統化する儒教の經義により構成される。後漢で確立した「古典中國」は、儒教の經義より導き出された統治制度・世界観・支配の正統性を持つ。[二一]荀彧ら「名士」は、その存立基盤の根本を「古典中國」を支える儒教に置いていた。したがって、曹操は、儒教という「文化」の価値そのものを相対化する必要があった。「古典中國」の世界観（華夷思想）、支配の正統性（天子の呼称と天の祭祀）が、いずれも儒教に基づくにも拘らず、儒教、なかでも「孝」を価値基準の根底に置く鄕擧里選の孝廉科を厳しく批判し、官僚の登用基準として「文學」を据えようとした曹操の果断は、「非常の人（非常之人）」（『三國志』巻一　武帝紀評）と称されるに足る革新性を持つ。しかも、先行する靈帝の鴻都門學への批判を踏まえ、『詩經』を典拠として多用し、『尚書』の「詩言志」に基づいて樂府を歌った判断力も、高く評価されよう。

中国史上、最初の「儒教國家」となった後漢は、やがて「古典」として尊重され、そのあり方が、歴代国家によって様々な要素を加除されながらも、基本的な枠組みとして継承されていく。[二二]ところが、後漢「儒教國家」の崩壊直後の曹魏において、いまだ後漢は「古典中國」

と見なされてはいなかった。三國を統一した西晉「儒教國家」において、後漢は「古典」としての地位を確立していく[二三]。このため、後漢末から三國時代にかけては、「文學」という文化資本を儒教と並立させることができた。したがって、曹操が「文學」を宣揚すると、代々「諸生」の家の出身で、全く文學的な素養も資質もなかった司馬懿までもが、「文學」を学んだのである。曹操の子の曹植、やがて陸機に、今日的な意味での文學の自覚や自立が生まれた理由である[二四]。

しかし、『三國志』には、曹操の詩は収録されない。文學という価値観が、儒教を超えることはなかったのである。その直接的な理由は、曹操の後継者にある。曹操は、多くの子に恵まれたが、そのなかでも嫡長子の曹丕と三男の曹植は、共に秀でた才能を持っていた。とくに曹植は、父に勝る抜群の文學的センスの持ち主で、曹操が「名士」層に対抗するための文化的価値として文學を尊重すればするほど、後継者争いで曹植が有利となった。これに対して、名士層の根底にある儒教的価値基準では、嫡長子が後継者となるべきである。荀彧の娘婿として荀彧・荀攸亡き後の潁川「名士」の中心であった陳羣は、儒教の教義に基づき、嫡長子である曹丕の後継指名を積極的に支援する。結局、曹操は曹丕を後継者に指名した。この曹操の迷いは高くついた。曹丕は、自分を支持した「名士」層に借りをつくることになったからである。曹丕が後漢を滅ぼして曹魏を建国する際に、陳羣の献策により制定されたものが九品中正制度である。

九品中正制度は、郡ごとに置かれた中正官が、任官希望者に一品から九品までの郷品をつけ、その理由となる「状」という人物評価を付して推挙する官僚登用制度である。任官希望者は、それぞれの郷品から原則として四品下がった官品から官僚として起家し、順調にいけば、それぞれの郷品と同じ官品の官職まで出世できる[二五]。すなわち、中正官より得た郷品により、一生の出世がほぼ定まる制度なのである。郷品と共に人物評価である「状」をつける必要があるため、中正官に任命されるものは、おおむね「名士」であった。また、一度定められた郷品は、不孝を犯すと下げられ、士から除名されることもあった。すなわち、制度の根底におかれているものは「孝」という儒教理念なのである[二六]。「孝」を根底とする儒教という「文化」を持つ者に与えられる「状」を基準に、郷品が定まる九品中正制度は、ピエール＝ブルデューの言う「制度化された文化資本」に当たる。「名士」の存立基盤としての「文化」は、こうして卓越化のための制度を得たのである。

これに対して、君主権力は、九品中正制度を「文化」ではなく、君主との近接性により卓越化する制度に変容させようとする。そのために、曹魏の末、司馬昭は五等爵制を九品中正制度に組み合わせた。父の司馬懿が提唱した州大中正の制は、曹氏の皇帝権力を再建するために「名士」の既得権を侵害した曹爽政権への反発を束ねるためのものであった。司馬懿は「名士」層の利益代表者として、曹氏の皇帝権力に対抗する手段として、州大中正の制を編み出していたのである。ゆえに、州大中正の制は、司馬氏が唯一無二の公権力として、あまたの私権力の上に屹立することを可能にはしなかった。子の司馬炎が鄭默と「齊名」とされ、共に郷品を附与されたように、州大中正の制は、司馬氏の権力を「名士」の中の第一人者に止めるものであった。

そこで、司馬昭は、併蜀の論功行賞を契機に五等爵制を施行する。五等爵制は、授爵者の郷品を二品以上に保障すると共に、公―侯―伯―子―男という階層制を備えた、国家的な秩序としての身分制である貴族制を形成し、民爵を賜与される庶との間に身分制的な内婚制である士庶の別を形成していく。同時に、司馬氏は、五等爵を超えた天子として、あまたの貴族、そして広範な庶の上に屹立する唯一無二の公権力として正統化された。

　こうして西晉の五等爵制は、爵制的秩序による国家的身分制を形成し、州大中正の制と相俟って、世襲性を帯びた官僚制度の運用を生み出した。官位はそのままでは世襲できないが、爵位は世襲が可能だからである。世襲性を帯びた官僚制度の運用という中国貴族制の属性は、西晉の君主権力により生み出されたものなのである。州大中正の制だけでは、中正官が郷品を決定でき、皇帝はそれに介入しにくいため、貴族の自律性に基づき、貴族の理想とする「貴族制」を形成される。これに対して、賜爵は皇帝の専権事項であるため、皇帝が定めた秩序に基づいて国家的身分制として貴族制を形成できる。つまり、貴族は文化的諸価値の専有を存立基盤とする社会的身分であり、皇帝権力からの自律性を持つものであるが、世襲的に高官を独占するという属性に代表される貴族制は、西晉における五等爵の賜与が、州大中正の制と相俟って国家的身分制として創り出したものなのである[二七]。五等爵の賜与で国家的身分制として形成された西晉の貴族制は、制度化された文化資本を皇帝権力に収斂しようとするものなのであった。

　こうして西晉「儒教國家」で形成された国家的身分制としての貴族制は、五等爵位の有無によって、世襲的に貴族と成り得るか否かを定めるものとなった。しかし、それは「名士」以来の皇帝権力に対する自律性を持つ貴族には、あるべき「貴族制」とは、異なるものと考えられた。国家的身分制と社会的秩序とは必ずしも等しくない。もちろん、五等爵制による貴族制の成立に伴って、九品中正制度が世襲性を帯びて運用されることにより、貴族の自己認識の中に、生得的にその地位を世襲できるとの属性が加わったことは間違いない。ただ貴族は本来、社会における存立基盤を儒教を中心とする文化的諸価値の専有に求める存在であり、世襲可能な爵位によって運用される皇帝主導の国家的身分制としての貴族制に、満足した者ばかりではなかった。「文化」が皇帝権力によって一元化されない限りにおいて、貴族は、皇帝権力からの自律性を持ち続ける。

　したがって、皇帝権力は、隋代より科擧を導入して、官僚登用制度のさらなる一元化を目指す。また、唐代には、勅撰事業として『藝文類聚』（類書）、『初學記』（類書）、『五經正義』（經書）、『帝範』（儒教〈經義〉）、『群書治要』（政書）、『文翰詞林』（總集〈文學〉）、『唐六典』（職官）、『隋書』などの南北朝正史（史學）の編纂を行い、文化的諸価値のすべてを皇帝権力に収斂しようと試みた。さらに、唐代の皇帝権力は、国家的身分制としての貴族制を皇帝権力に従属させようとする。池田温が復原した『姓氏録』では、貴族の等級は、唐の官品を基準とする。特等の皇室の下に、第一等の貴族が置かれ、その基準は、原則として一品官とされた。ただし、外戚・二王後・贈臺司・左右僕射は、一品官ではないが皇帝との近接性が高いために、第一等の基準となった。以下、第二等は二品官と三品官の宰相、第三等は正三品、第四等は従三品と、第八等の従五品まで、すべて唐の官品が貴族の等級の基準とされたのである[二八]。兩晉南北朝時代に尊重されていた、世襲性を持つ五等の爵位は、唐の貴族の等級とは関わりを持たない。唐の皇帝権力は、唐という国家権力の官僚としての地位を基準とする貴族制の編成に成功したのである。

　従来、唐の貴族制の皇帝権力への従属性の高さは、九品中正制度の科擧への移行により説明されてきた。それに加えて、爵から官へと貴族制の等級を定める基準が移行したことも、自律性の喪失原因として挙げることができよう。こうして六朝貴族の特徴であった皇帝権力からの自律性を唐の貴族は喪失していく[二九]。

　それでも、唐代の科擧において、合格者に占める貴族の割合は、全時代を通じて過半数を超えた[三〇]。社会から貴族が卓越するのは、その「文化」の占有に依るためである。したがって、「古典中國」を規範と考える貴族たちは、「古典中國」に基づき、さまざまな国家制度を提案し、「古典中國」を再生産することで、自らの存立基盤を保ち、国家における存在意義を高めようとしたのである。

四、「古典中國」の再生産

「古典中國」の統治制度の大原則は、『春秋公羊傳』隠公元年に「春秋の義」として示された「大一統」である。天が一つである以上、天の命を受けた天子が支配する中華世界は、統一されなければならない。三國時代から始まる約三七〇年間に及ぶ分裂の時代にも、漢民族国家である南朝はもとより、北朝においても、その武力により地方に割拠する封建領主の存在をよしとすることはなかった。そうした存在に対応しながら、統一を保つための手段は、「郡縣」と「封建」として対照的に語られる。ただし、中国の「封建」は、feudalismとは決定的に異なる。国家権力の分権化を許容するfeudalismとは異なり、中国の「封建」は、社会の分権化に対して、君主権力を分権化して、国家権力全体としての分権化を防ぐ理念として機能する[三一]。

貴族と貴族制を分離させることになる州大中正の制と五等爵制は、未だ貴族であった時期の司馬氏が提案したものであった。司馬懿の兄である司馬朗は、秦が崩壊させた周の古制である五等爵制を井田制と共に復興すべきことを主張している。ただ時期尚早であるため、現実に行われている州牧制を権誼の策として肯定する（『三國志』巻十五 司馬朗傳）。こうした司馬朗の主張が、甥の司馬昭の五等爵制施行に影響を与える。司馬昭は、次代の君主権力として、君主に有利な政策を提案したが、それを出した時点では、あくまでも貴族であった。西晉における「大一統」が永続しなかった要因の一つである。

唐代になると、「大一統」に抵触する封建論そのものが否定されていく。李百藥は、陸機のそれをはじめとする「封建論」に次々と駁論を加え、唐の内外官が朝廷によって士庶の区別なく選ばれることを高く評価し、「封建」を否定して「郡縣」を主張した。太宗李世民は、李百藥の議に従い、「封建」を否定する（『舊唐書』巻七十二 李百藥傳）。こうして「封建」は、太宗の個別人身的支配への意思の前に否定され、隋唐古代帝国が再編されるのである。ただし、「封建」への潮流が一朝にして消滅するわけではない。藩鎮に代表される「封建」的要素は、唐代にも残存し続けた。中唐の柳宗元が「封建論」において「郡縣」を主張したのはそのためである[三二]。柳宗元の説く「郡縣」は、やがて北宋において実現する。

「封建」・「郡縣」のいずれの議論を取るにせよ、その目的は「大一統」に置かれ、その担い手は貴族であった。すなわち、貴族は、国家政策への提言により、「古典中國」の統治制度を継続、展開する主体となっているのである。

「古典中國」の経済政策は、「井田」である。隋唐の均田制の直接的な源流と考えられる曹魏の屯田制の特徴である民屯田の耕作者は、民間から強制徴募されたものが多く、「分田の術」により収穫の五割ないし六割が国家の収入とされた。屯田制の経営形態は、豪族の大土地所有と大差なく、曹魏の皇帝がそれに倣って国有地の大経営を行うものであった。しかも、屯田民に対する支配は、一般民に対する郡縣制とは別の典農中郎将などの典農官によって行われた。すべての民の田を等しくしようとする井田の理想を皇帝自らが逸脱する制度とも言えよう。曹魏の屯田制は、井田思想では亜流に過ぎない。

これに対して、西晉で施行された占田・課田制は、すでに掲げた司馬朗の上書の中でその理念が述べられている。しかし、屯田制が施行されている曹魏において、司馬朗の献策は実現しなかった。司馬昭は、蜀漢を滅ぼした鍾會の乱を平定して権力を確立すると、咸熙元（二六四）年、五等爵制を始めると共に屯田制を廃止した。ここに「井田」の系譜としては亜流に属する曹魏の屯田制は終わり、民のすべてを対象として「井田」の理想を試みる準備が整った。こののち、西晉において施行された土地制度が、占田・課田制である。井田と五等爵を一体とする占田・課田制は、『孟子』から始まる井田思想の表現である。より具体的には、井田と五等爵制を一体として理想的な周制と考える經學的典拠は、『禮記』王制篇にある。[三三] すなわち、土地制度においても、「古典中國」を規範としてそれを再生産する施策を貴族が提案しているのである。

さらに、「古典中國」においては、教化の場として「學校」を重視する。黨錮の禁をめぐる政争の場として荒廃していた後漢末の太學に対しては、曹魏のころからその復興を求める「名士」の提言が行われていた。劉靖は、太學の荒廃への対策として、博士の質を向上すると共に、諸生を二千石以上の子孫に限定することを説き、それを「國子」と称している（『三國志』巻十五 劉馥傳附劉靖傳）。これは、西晉の國子學の先駆けとして注目に値する。しかし、曹魏においては、劉靖の上奏は実現しなかった。しかし、劉靖の子である劉弘は、西晉の武帝司馬炎の幼馴染みである。劉靖の構想は、西晉の國子學の創設に大きな影響を与える。

正始の政変により曹爽を誅滅した司馬懿は、自らの政権運用に際して、広く政治の得失について意見を徴した。これに応じた王昶は、「國子」を重要な概念とする太學再編策を政治の五つの要諦の筆頭に掲げる（『三國志』巻二十七 王昶傳）。太學の再建は、司馬懿のころから緊急を要する政治課題と認識されていたのである。西晉の國子學は、こうした後漢後期から曹魏にかけての太學の荒廃とそれに対する刷新策を背景に形成されたものであった。

西晉の國子學は、官品五品以上の子弟が入学を許可される。その入学資格制限は、すでに猥雑であった太學の「涇渭」を分けるために行われた。「涇」水とは清、「渭」水とは濁の象徴であり、清なる「士」である貴族と、濁なる「庶」である「賤」しい人々と、その双方ともに教化を行うために「國學・太學」の二學が並置されたのである（『南齊書』巻九 禮志上）。二學の並置を主張した王恂は、その經學的根拠を『周禮』地官 師氏および『禮記』學記篇の鄭玄注に置いている。王恂の父である王肅も、國子學に関しては、鄭玄の注釈を踏襲したのであろう。[三四] このように、貴族の存立基盤である「文化」を修得する場となる國子學を成立させた者も貴族であった。

このように、西晉の貴族は、自らの存立基盤である文化、具体的には儒教經義に基づいて「古典中國」の諸制度を西晉にあわせて少しく改変しながらも継承していく。その結果、成立したものが、西晉「儒教國家」であった。[三五]

その後も、兩晉南北朝から隋唐の支配階層であった貴族は、「古典中國」の再編により、自らの存在価値を表現した。たとえば、北魏で均田制を提案した李安成、北周で均田制を復活し、六條詔書を著した蘇綽は、[三六] いずれも漢人貴族であり、異民族の北朝において、「古典中國」を規範として、その再生産を目指した。

やがて、宋代における印刷術の普及は、貴族による「文化」の占有による卓越化を終焉させる。しかし、宋代以降の科擧官僚もまた、「所有」よりも「文化」を資本とした。[三七] かれらが「近世中國」と名付けるべき新たなる国家の規範を尊重したことは(三八)、「古典中國」と変わらなかった。その規範が「近世中國」（展開された「古典中國」）となった理由は、唐宋變革と総称される国際関係や社会経済の決定的な変化により、華夷思想や井田思想などをそのまま継承していくことができず、北宋の王安石や南宋の朱熹による經典解釈が行われていくからである。

マックス＝ウェーバーが、中国では、千二百年来、教養、とくに科擧の試験によって確認された官職就任資格のほうが、財産よりもはるかに多く社会的等級を決定した、と述べるように(三九)、中国において儒教を中心とする文化に基づき、自らの国家や社会の再生産を目指す主張が尊重されることは、「古典中國」に止まらない汎時代的な特徴となっていくのである。

おわりに

兩晉南北朝から隋唐にかけて、貴族が形成される中で、文化によって卓越することの定まった中国支配階層は、文化の中心に置かれた儒教、その經義に基づいて形成された国家体制と社会秩序の体系である「古典中國」、さらにはそれを展開した「近世中國」を理想とし続けていく。

武を尊重し、領土の所有に存立基盤を置くゲルマン民族によって古典古代が忘却され、分権的な西欧中世が形成されていくことに対して、五胡出身の諸君主を支える貴族たちによって、たとえば六條詔書のように、「古典中國」はあるべき理想として掲げられ続けた。君主が道教・佛教を國教化した北魏・隋が、その統一を長く保ち得なかった一因である。

宋代以降も知識人が文化、中でも儒教を存立基盤とすることは、科擧によって保障された。しかし、社会構造の変革によって「古典中國」は、再構築が必要とされていた。そうした需要に応えようとした者が、王安石であり、朱子であった。朱子によって構築された「近世中國」の体系は、それ以降の中国の規範として、新たなる国家の祖型足り続ける。その崩壊は、西欧の衝撃の中で、徐々に進展していく。それが「近代中國」である。

所有を存立基盤とする支配層から、文化を存立基盤とする支配層への展開は、「古典中國」・「近世中國」の規範化をもたらすほど、中国史上において重要な契機となったのである。

《注》

（一）渡邉義浩「所有と文化―中国貴族制研究への一視角」（『中国―社会と文化』一八、二〇〇三年、『三国政権の構造と「名士」』汲古書院、二〇〇四年に所収）。

（二）中国は自らが生きる社会や国家が限界を迎えるとき、「古典」とすべき中国像を有している。それを「古典中國」と称するのであれば、中国の歴史は、「古典中國」が成立するまでの「原中國」、「古典中國」の成立期、「古典中國」の展開期（「近世中國」）、「古典中國」を直接的には規範としなくなった「近代中國」に区分することができる、という仮説については、渡邉義浩「「古典中国」の成立と展開」（『中国史の時代区分の現在』汲古書院、二〇一五年）を参照。

（三）中村圭爾『六朝貴族制研究』（風間書房、一九八七年）序章。

（四）ジョン＝リ「英米における中国中世貴族制研究の成果と課題」（『史林』六七―一、一九八四年）。

（五）矢野主税「門閥貴族の系譜試論」（『古代学』七―一、一九五八年、『門閥社会成立史』国書刊行会、一九七六年に所収)。

(六) 渡邉義浩『後漢国家の支配と儒教』(雄山閣出版、一九九五年)第二章 官僚。

(七) 川勝義雄・谷川道雄「中国中世史研究における立場と方法」(『中国中世史研究』東海大学出版会、一九七〇年)。

(八) 川勝義雄「貴族制社会の成立」(『岩波講座 世界歴史』五、岩波書店、一九七〇年、『六朝貴族制社会の研究』岩波書店、一九八二年に所収)。

(九) 渡邉義浩「漢魏交替期の社会」(『歴史学研究』六二六、一九九一年、『三国政権の構造と「名士」』汲古書院、二〇〇四年に所収)。

(一〇) ピエール=ブルデュー、石井洋二郎(訳)『ディスタンクシオン』Ⅰ・Ⅱ(藤原書店、一九九〇年)。

(一一) 渡邉義浩『後漢国家の支配と儒教』(前掲)第二章。ちなみに、三公に次ぐ九卿は、初期で15%・中期で39%・後期で42%・末期で25%が、孝廉科の出身である。

(一二) 渡邉義浩「僤考」(『東方学』八五、一九九三年、『後漢国家の支配と儒教』前掲に所収)を参照。

(一三) 漢魏の太學から西晉の國子學への展開については、渡邉義浩「西晋における国子学の設立」(『東洋研究』一五九、二〇〇六年、『西晋「儒教国家」と貴族制』汲古書院、二〇一〇年に所収)を参照。

(一四) 鄭玄の私塾については、吉川忠夫「鄭玄の学塾」(『中国貴族制社会の研究』京都大学人文科学研究所、一九八七年)を参照。

(一五) 渡邉義浩「後漢時代の宦官について」(『史峯』三、一九八九年、『後漢国家の支配と儒教』前掲に所収)。

(一六) 渡邉義浩「後漢時代の党錮について」(『史峯』六、一九九一年、『後漢国家の支配と儒教』前掲に所収)。

(一七) 多田狷介「魏晉代の潁川の庾氏について」(『史艸』一六、一九七五年)、「潁川庾氏の人びと—西晉代の庾袞を中心に」(『木村正雄先生退官記念 東洋史論集』汲古書院、一九七六年)。

(一八) P.ブルデュー&J.K.パスロン、宮島喬(訳)『再生産』(藤原書店、一九九一年)によれば、選抜制度は、現実には、さまざまな資本の最も豊かな支配層が自らを再生産する装置に過ぎず、中間層がこの制度を通じて社会的上昇を遂げる確率は低い。しかし、制度を信頼して過酷な「過選抜」をも乗り越え、上昇を遂げる少数の中間層出身者がいるからこそ、選抜の結果の「公正さ」は社会的に認められ、広く受け入れられるのである。そして、当の中間層出身者は、選抜の過程で否応なく気付かされる自らの文化資本の不足を補うため、往々にして正統的文化への強い執着を示すことになる、という。

(一九) P.ブルデュー&J.K.パスロン、宮島喬(訳)『再生産』(前掲)によれば、本来恣意的な意味しか持たない「文化資本」は、正統化され威信や名誉を表象する「象徴資本」となることで、それを持たない他者に対して支配力を持つようになる、という。

(二〇) 渡邉義浩「三国時代における「文学」の政治的宣揚—六朝貴族制形成史の視点から」(『東洋史研究』五四—三、一九九五年、『三国政権の構造と「名士」』前掲に所収)。

(二一) 渡邉義浩「「古典中国」の形成と王莽」(『中国—社会と文化』二六、二〇一一年)。

(二二) 後漢の「儒教國家」としてのあり方については、渡邉義浩『後漢における「儒教国家」の成立』(汲古書院、二〇〇九年)を参照。

(二三) 司馬彪の『續漢書』が、鏡としての後漢、すなわち規範としての後漢「儒教国家」を描いていることは、渡邉義浩「司馬彪の修史」(『大東文化大学漢学会誌』四五、二〇〇六年、『西晉「儒教国家」と貴族制』前掲に所収)を参照。

(二四) 渡邉義浩『「古典中国」における文学と儒教』(汲古書院、二〇一五年)。

(二五) 宮崎市定『九品官人法の研究—科挙前史』(東洋史研究会、一九五六年)。

(二六) 渡邉義浩「九品中正制度における「孝」」(『大東文化大学漢学会誌』四一、二〇〇二年、『三国政権の構造と「名士」』前掲に所収)。なお、九品という分類そのものが、性三品説という儒教經義に基づくことは、渡邉義浩「九品中正制度と性三品説」(『三国志研究』一、二〇〇六年、『西晉「儒教国家」と貴族制』前掲に所収)を参照。

(二七) 渡邉義浩「西晉における五等爵制と貴族制の成立」(『史学雑誌』一一六—三、二〇〇七年、『西晉「儒教国家」と貴族制』前掲に所収)。

(二八) 池田温「唐朝貴族志の一考察—いわゆる敦煌名族志残巻をめぐって」(『北海道文学部紀要』一三—二、一九六五年)。

(二九) 渡邉義浩「中国貴族制と「封建」」(『東洋史研究』六九—一、二〇一〇年、『西晉「儒教国家」と貴族制』前掲に所収)。

(三〇) 渡邊孝「中唐期における「門閥」貴族官僚の動向—中央枢要職の人的構成を中心に」(『柳田節子先生古稀記念 中国の伝統社会と家族』汲古書院、一九九三年)。

(三一) 渡邉義浩「中国貴族制と「封建」」(『東洋史研究』六九—一、二〇一〇年、『西晉「儒教国家」と貴族制』前掲に所収)。

(三二) 柳宗元の「封建論」については、清田研三「支那封建論史稿略」(『東亜人文学報』二—三、一九四二年)を参照。

(三三) 渡邉義浩「井田の系譜—占田・課田制の思想史的背景について」(『中国研究集刊』三七、二〇〇五年、『西晉「儒教国家」と貴族制』前掲に所収)。

(三四) 渡邉義浩「西晉における国子学の設立」(前掲)。

(三五) 西晉「儒教國家」が、その政策や法令の典拠を儒教經典に求める、後漢「儒教國家」よりも、より「儒教」を規範とする国家であったことについては、渡邉義浩『西晉「儒教国家」と貴族制』(前掲)を参照。

(三六) 蘇綽については、谷川道雄「蘇綽六条詔書について」(『名古屋大学文学部研究論集』四四、一九六七年)を参照。

(三七) 宋代の科擧における官僚階級の流動性が、言語資本・文化資本・経済資本といった諸条件を満たす特定の階層を中心に起こった現象であることは、平田茂樹『科挙と官僚制』(山川出版社、一九九七年)を参照。また、科擧による社会流動性については、何炳棣、寺田隆信・千種真一(訳)『科挙と近世中国社会—立身出世の階梯』(平凡社、一九九三年)がある。

(三八) 宋代の科擧官僚たちが、「古典中國」そのものへの回帰を諦め、科擧制度の改革論議を百年あまりも続けることによって、明清へと継続される筆記試験による人材選抜の可能性と限界を論じ尽くしたことは、近藤一成『宋代中国科挙社会の研究』(汲古書院、二〇〇九年)を参照。なお、明清の読書人と文化資本との関係については、小島毅「明代読書人の知と文化資本」(『江戸の思想』五、一九九六年)を参照。なお、小島の成果を承けた社会学者の研究に、荻野昌弘「社会学的課題としての科挙—文化資本から規律・訓練へ」(『知識人の諸相—中国宋代を基点として』勉誠出版、二〇〇一年)がある。

(三九) マックス＝ウェーバー、木全徳雄(訳)『儒教と道教』(創文社、一九七一年)。

第一部会　十一

近年の中国思想史での叙述形式への再考

汪　学　群
初海正明（訳）

近年の学術界での中国思想史への研究には概ね二種類の学者がおり、一つは哲学専門であり、また一つは史学専門である。学問分野が異なることによって、知識構造の差異などは、二種類の異なる中国思想史の叙述形式を形成した。その一つ目は、哲学の観点から切り込むことであり、これを称して中国思想史の哲学叙述形式とみなすことができる。重要な点は思想を詳細に説き明かすことにあり、いわゆる「接着講」である。古代の思想を借り(時にはすぐに)自己の思想を詳しく論述し、史は二の次となる。その二つ目は、史学の観点から出発することであり、これを称して中国思想史の史学叙述形式とみなすことができ、いわゆる「照着講」である。原著において古代の思想を客観的に叙述することに忠実だが、やはり社会などのような思想の外在条件を詳しく論述することに重きを置き、史を中心と考え、思想及び展開は関心の中心とはならない。以下ではただこの二種類の叙述形式に関していくらか再考をなし、また中国思想史のあるべき叙述形式を打ち出すことも試みる。

一、中国思想史の哲学叙述形式

現在中国思想史の主流叙述方法は哲学叙述形式であり、この一方法は思想を核心とみなし、そのうちの史に関しては哲学の二の次であるだけでなく、ひどいものになると史はほんの僅かしか扱われていなかった。まとめると、この叙述形式は以下の特徴をもつ。

叙述の前に一般的に予め設けられた理論の枠組みがある。これらの理論の枠組みはほとんどが半ば外来のものであり、最も明らかなことは西方の哲学理論と形式を主導的なものとみなすことであり、比較的有名なものは新カント主義、構造主義、現象学、解釈学、分析哲学、直覚主義など及び関連的概念とカテゴリーがそうである。これと中国古代思想の進展を照らし合わせて区切り、区切った後の分類は既に定まっているこれらの「プレート」学説の中に入れる。言い換えれば、理論は籠であり、いかなるものも中に入れることができる。理論の発展と更新に従って、中国思想史に予め設けられた理論と形式も共に歩みをそろえる。予め設けられた理論の発展は中国思想史の叙述形式の変化を決定し、反対に、中国思想史の叙述形式の変化も予め設けられた理論の発展を映し出す。中国思想史の元のカテゴリー概念は常に絶え間なく研究され続けており、解釈学は一種の思想史の方法論だけでなく、その上それ自身も歴史、すなわち歴史を解釈するという形式となる。概括すると、中国思想史の叙述は西洋の理論及び言葉の実験場になる、ということである。人類の思想はもちろん共通の特徴を有するが、差異もあり、たとえグローバリゼーションの今日であり、西洋の思想の影響がますます大きくなり、ある種の一般性を備えるとしても、ただ結局は中国古代の思想と時空の上でやはり異なるところがある。中国古代思想が中国と西洋の交流の前に発生し、その独特の地理と社会がつくりあげた思想の特殊性は、西洋はまったく備えていないものであった。この種の叙述形式の特徴は、西洋の哲学によって中国古代思想を解釈することである。これは明らかに一般性を特殊性とすり替え、中国古代思想の独特な発展過程を見落としている。そのため、ある意味、この叙述形式は西洋中心論の中国思想史領域中における現れであり、ある程度西洋学術用語が覇権を握ったことも反映している。その他、中国古代思想の著述は大部分が独自の内在的論理を、あるいは首尾一貫した比較的完全な体系を有し、著述者の主旨と意図を反映しているが、取捨選択をすればそれらの内在的筋道を支離滅裂に理解し、取捨選択するその人自身もこれらの著述をただ単にまさに史料として理解し、著述としての水準を下げることになる。つまり、西洋の理論とカテゴリーで中国古代思想の史料を取捨選択することでは、正確に中国古代思想の全貌を反映させることはできないのである。

叙述に用いる文書あるいは資料は主に中国の伝統的経典、例えば儒家の経書や経書への注、史子集など言論・文章の内容の領域を詳しく解説する著述、『道蔵』、『大蔵経』など経典的な仏・老の方外の書も含み、そしてまた歴代の代表的な思想家本人の著述である。題材を選ぶ際は経典思想、特に卓越した人物の思想を主とする。哲学を主導とする叙述形式は、用いられる文書あるいは資料が中国伝統思想の主流を代表している点で重要であり、例えば経史子集の四部は伝統思想の精髄と考えられている。代表的思想家の名著は、関連する文書の分析を合わせてその微言大義を明らかにし、伝統思想中の優れている要因を説明して宣伝し、卓越した人物の思想の体系を組み立て、その時の価値を明らかにすることに貢献し、民族文化の一体感と凝縮する力を向上することに有益である。しかし、叙述形式の偏りは多少なりとも当時の社会から離れ、歴史上の民間の思想、信仰と観念、社会の影響を軽視する。

叙述が活用する手段は主として演繹的推理であり、中国思想史上の概念カテゴリーに対して哲学の解釈を進め、古代の卓越した人物の思想の貢献と現代的価値を明らかにすることを試みる。しかし、この種の演繹的推理の範囲は大変広く、その伸縮性あるいは弾性は比較的強く、古代の思想家自身ですら意識できなかった思想が叙述する者に演繹されてしまうばかりではなく、思想家になかったものも「発掘」されてしまい、「意を得て象を忘れ、象を得て言を忘る」という水準に到達するばかりではなく、ひいては「文を望みて義を生じ、無中に有を生ず」という水準にある。ある意味、叙述する者は古人の思想を借りて自分自身の思想を語り、あるいは自己の思想を古人に付与し、古人の思想を当代の高度な思想へと高め、その時空間の隔たりの無い対話を成立させる。一言で言えば、演繹の空間と叙述する者の想像力は正比例となる。この種の叙述形式は概念カテゴリーの解読に対してその論理の始まりを見つけることができず、またその文書中に内在する論理も理解できず、考えに従い様々な演繹様式を組み立て、かつ絶え間のない型の更生の中にある。

人物の叙述は、叙述の過程でその思想を誤った方向へと押し進めていく。ある学派の思想を偏愛する、あるいはある学派の思想は確実に同時代の人と比べて深いが、ただある種の原因によって、その学派の思想はその当時人々の注意を引き起こすことは無く、もちろんさらに伝え広まらず、そのために何の影響も無く、然る後に別の人が彼等の著述を読んでいる時にその思想が特別深く且つ自身の時代の需要に適応することを発見して、ここにおいて自己の著述の中でその学派の思想を顕彰する。これは本来政治の色を帯びた宣伝の一種であり、叙述する者はこの種の政治的宣伝を歴史とする。つまり、後の時代の人が称賛したある学派の思想を、本来は影響が無いにも係わらず、その生活の時代に当てはめ、その時代のその他の思想家と共に話題として取り上げるばかりではなく、且つその思想をもち上げ、ある学派のその時代での貢献及び歴史的地位を顕在化させる(二)。他に、ある学派の思想は中国思想史上の地位において確実に大変重要であり、その政治的地位はより一層注目されるべきだとするものもある。ただその思想には形成の過程があり、あるいは時期尚早であり、その間も多くの回り道を歩む可能性があり、また酷いものになると過ちを犯すが、叙述する者はこれに対して注意を払わず、そして問題とせずに、ただその貢献及び価値を書き、ひいてはこのように逆行して初期のものへ述懐し、読み手にある学派の思想は初めから既に深い叡智であり、影響は極めて大きいというような印象を与える。これは皆逆行して拡大する思想に属し、明らかに実際の歴史から離脱したものである。

叙述はただ面ではなく点を重視するのである。叙述する者は一時代を叙述する時、ただ幾人かの代表的な思想家を選び、比較的詳細にその思想を述べ、同時代のその他の思想家を取り上げず、叙述される者は往々にして一流の思想家であり、幾人かの思想家を用いて一つの時代を概括することが可能であり、二流の思想家や、民間の思想までは気にとめていない。他に、仮に叙述される者が幾人かの思想家であっても、その生没年の前後の順序によって配列するのみで、出来上がった中国思想史は思想家の思想の編年史となり、『辞海』、『辞源』の中の言葉の条文との差は大きくない。中国思想史と社会との関係性は十分には論じられておらず、史論が結合した著述も多くない。また、叙述の目録は往往にして人物で名付け、問題意識は十分なものではなく、もし問題によって見出しを立てるならば、さらにたやすく一面あるいは一時代を反映するだろう。

思想史の哲学叙述形式は理論及び概念の分析を重視することによって、本質に迫る水準を有し、卓越した個人の智慧と思想を再現し、ひいてはその中の現代的価値及び意味を見出し、過去を概括するだけでなく、且つ現代の人々の社会生活に対して指導意義を有している。ただこの種の叙述形式は多少なりとも時代を離れ、たやすく高く評価し、ひいては字面だけを見て当て推量の解釈をし、特に社会との結合は十分ではなく、中国思想史を概念あるいはカテゴリーの論理の進展変化の歴史としてしまうのである。

二、中国思想史の史学叙述形式

中国思想史の叙述形式が哲学を重んじ、ただ思想及び展開を重視する偏向に鑑みて、学術界にも中国思想史の叙述形式は史学を主とする新しい趨勢、つまり中国思想史の史学叙述形式を出現させた。この文章作成形式の特徴は思想史中の史を強調することであり、思想の客観的陳述を主となし、思想の発展は二の次とする。具体的に以下に幾つかの点で示す。

一般的には理論の枠を予め設けず、資料から出発をして緻密な史料収集作業を行い、ひいては自ら実地調査に赴き、一次資料を手に入れる。思想史の史学叙述形式と思想史の哲学叙述形式とでは異なるところがある。前者は史料を重んじ、史料中から問題を発見するのであり、一つの理論の枠を予め設定し、これを指針として史料の取捨選択をするのではない。理論の枠を予め設定することは容易に主観の考えを生み出す。叙述する者の先入観はその叙述対象に対して比較的に客観的且つ実際に即した判断を下すことに影響しかねない。また、予め設定された理論は決して完璧なものではなく、それ自身にも多くの問題がある。叙述するものの対象に適応するかどうか、そのうえ時代の発展につれて絶え間なく新しくなっており、一度苦労しておけば後は楽な、あるいは永久不変な理論の枠というものは存在しない。ある著名な方が曾てにこう説いた。「理論は灰色であるのに対して、生活の樹は常緑なのである」と。それ故、客観的な史実史料を出発点として思想史を叙述すべきである。この種の形式を主張する人は、中国思想史は思想資料の歴史であり、新資料を持たなければ、中国思想史の叙述の進展は大変難しいとすら考える。

理論の枠を設けないために、その資料選びは比較的融通が利き自由であり、比較的に全面的に中国思想の発展行程を反映できることに基づいて資料を選択する。叙述に用いる文書、あるいは題材は主にいささか経典資料とは異なり、民間の文献を含む。例えば一般人の著述、家譜、族譜、随筆、並びに考古や文物と関連する文献、例えば簡帛、墓誌、碑刻、様々な器物などである。一般の人の著述、家譜、族譜、随筆は経典ではなく、それ故広範囲に伝播せず、その影響は非常に限定的であり、民間で所蔵されており出て来ないか、図書館に隠れており、誰も手を出さない。これらの資料は発掘され、中国思想史叙述が民間あるいは大衆に偏る趨勢に資料上の根拠を提供する。考古や文物は元々中国思想史の領域に属さないだけでなく、史学の領域に組み込まれていなかった。近現代以来、考古の多くの発見、例えば甲骨文、敦煌文書、流沙墜簡、並びに幾らかの最近の出土簡帛は、史学研究の範囲を広くし、その中に含む思想観念も中国思想史の領域に進出した。これらの考古学的発見は伝世文献の信頼性を実証あるいは証明したばかりではなく、同時に伝世文献の不足と欠陥を補い、中国思想史の資料方面の空白を補填した。文物が表す思想の価値も重視され始め、文物そのものは既に単に人々に観賞されるだけの器物ではなくなり、その中には特定の思想を含んでいる、あるいは当時の生活観念及び価値傾向を映している。これらはもともと中国思想史において視野の外の資料であったが、専門家の視野に入り、人々の興味と重要視する意識を引き起こした。中国思想史の史料範囲が拡大し、叙述の視野が広がったことを意味する。

叙述が活用する具体的方法は帰納を主とする。もし演繹が一般原理によって特殊な状況下に関する結論を出すならば、帰納は一系列の具体的事実によって一般原理を概括する。中国思想史の叙述において帰納の活用は大変雑多な資料に対して整理を進め、確かな資料によって議論をし、得た観点及び結論を証明あるいは支持する。哲学を主となす思想史の叙述形式は有限な、ひいては非常に少ない資料によって演繹して多くの哲理に富んだ言葉を生み出す。それに対して、史学を主となす思想史の叙述形式はすっかり積み上がった資料を運用して帰納するもほんの僅かしか文章を生み出さず、立証することはただ一つの問題あるいは観点だけである。つまり、帰納は費やされた時間を現し、演繹は智慧を現し、二種の形式にはそれぞれ偏りがある。

叙述するとき時に重視する対象の生活環境は、思想家個人の成長、他人との交際乃至全体の時代の特徴を含み、それに対して社会歴史的分析を行う。個人の思想を一つの歴史の過程と見なし、例えば影響のある思想家の思想は決して最初から成熟していたのではなく、その初期は成熟していないだけでなく、ひいては未熟であり、その間に幾らか回り道ひいては誤った道を歩み、込み入っていること、あるいは漸進的発展過程を表す。史学の思想史叙述形式は往々にしてこの一点に注意し、叙述中にその思想の芽生えまたは成熟していない頃から成熟するまでの過程を表す。また、個人に関する叙述はその人自身の時代に置く。思想家の思想はその人物の思想の源流をもつ以外にも、特定の時代の反映である。その思想の発生及び特徴への認識に関して、思想家が生活した時代に関心を払うことは、疑いの余地なく助けとなるところがあるのである。

叙述は面を重視し一点あるいは幾つかの点を重視するのではない。史学の思想史の叙述形式が題材を選ぶために非常に範囲が広いことは上述の通りである。それ故、その叙述は面を形成する、換言すれば同一時代は一人あるいは複数人に限定せず、これは一群れの人あるいは一グループである。その時代の思想の大枠を支えられるのは一グループでなければならない。面を重視し、比較的全面的に一時代の思想を反映しているからこそ、史学の思想史の叙述は人に重厚な感覚を与える。また、叙述する時に思想史と社会が政治を含み、経済が結合することを強調し、中でも社会の視点から思想が発生する条件あるいは前提、並びにその思想の当時の社会に対する影響を分析し、読者にさらによく思想のいきさつを理解させ、社会としての思想発展の過程を再現する。

史学を主導とする思想史の叙述形式は歴史の事実に立脚し、歴史上のプロレタリア的大衆の思想、観念、信仰を反映することを重んじ、思想史をさらに社会に近づけ、思想史の視野を広げる。しかし、史学の思想史叙述形式は哲学の思想史叙述形式の形而上などの不足を補うことができるけれども、思想史上の概念カテゴリーに対して解読が十分ではなく、分析の深さが不足し且つあまりにも散在しており、まだ思想史の説明体系を構築することができていない。

以上が思想史の哲学と史学二種の叙述形式の概述である。他に叙述する時にさらに幾つかの難点に遭遇する可能性がある。例えば思想は本物であるが、その歴史は偽物である、換言すると、思想は価値を有するが、その継承の脈絡は偽りである、という難点に遭遇することである。古代の思想家は一つの心理的定番を有する。思想自身が価値を有するが未だ十分ではなく、さらに聖賢による継承系統を偽造した、その神聖な合法性をはっきりさせる必要がある。このように人々の受け入れにも、また伝播にも有利であり、これによって偽造の歴史の中に真実で価値のある思想が含まれているという奇異な叙述形式が形成された。例えば道統論の場合、朱熹は『大学』の古本を改め格物致知の章を増補したり、古に託して制度を改めたりした。ここではただ道統論を例とするが、『尚書・大禹謨』のいわゆる「人心惟れ危ふく、道心惟れ微なり、惟れ精惟れ一、允に厥の中を執れ」、それ自体が価値ある思想を含んでおり、それから宋儒によって堯、舜、禹、湯、文、武、周公、孔子、孟子の奥義の心の十六文字とみなされ、いわゆる道統の説を立てる基礎でもある。その思想の価値は一枚の神秘主義的上衣で覆い隠された。実証史学の立場では、この句は偽『古文尚書』より出たものとされる。道統の伝達手段が偽書であるからには、道統の継承は当然信じることができないが、これによって十六文字の表現する思想価値を否認することはできない。では、如何に真偽を選別し、道統論に対して止揚するか。それは、哲学と史学がお互いに結合する思想史の叙述形式によって解決するべきなのである。

三、中国思想史のあるべき叙述形式

　哲学と史学が同じ学問分野に属しておらず、研究分野が異なることによって、双方の学者が関わり合うことは決して多くはなく、それぞれが別に議論をしている。このことによって思想史の哲学叙述形式と思想史の史学叙述形式の二種の偏りが形成された。この二種の叙述形式は各々偏りがあり、学問分野に従って何の優劣の区別もないと言うが、ただ中国思想史の叙述に従ってやはり不完全なところがある。これはある程度は学問分野間の対立及び知識の構成に起因する。それでは中国思想史のあるべき叙述形式とは何か、あるいは如何にして正確に且つ全面的に中国思想史を叙述することができるのか、これも中国思想史の発展の内在的要求である。

　中国思想史の叙述形式は中国思想史という言葉への線引きによって決まる。中国思想史の叙述形式を討論する前に、簡単に中国思想史という言葉に対して線引きを行う。「中国」という語句は多くの人に知られており、余計なことを言う必要がない。「思想史」は「思想」と「史」より二個の名詞あるいは二つの部分からできている。思想は簡単に説明すると社会の主体である人々の思惟活動であり、観念とも言う。史は歴史であり、社会の発展過程を表現する。思想と史が有機的に結合して思想史となり、それは社会の主体である人々の思惟活動の歴史的発展過程を表現する。史学の一学問分野として、中国思想史は社会の主体である中国人の思惟活動の歴史的発展過程を研究するのである。この線引きは明らかに中国思想史の内在的要求を反映し、その本質を明らかにしている。

　疑う余地なく、中国思想史の主要な部分は「思想」であり、また「史」の文字も大変重要である。思想と史の結合は、いわゆる思想史である。これによって、中国思想史は思想家の生没年の先後順で排列する編年史ではなく、単純なカテゴリー、概念及び問題の歴史、概念、カテゴリーを解読分析する歴史でもない。要するに、純粋な思想論理の進展変化の歴史ではないのである。この種の思想史は哲学史とお互いに似ており、あるいはこれは哲学史の付属であり、哲学の思想史に帰属する。当然中国思想史は思想に注意を払わずただその周囲を解釈するもの（思想の発生の周囲とは社会である）、あるいは思想と離れた思想史でもなく、主に民間の思想を重視して経典の思想史を軽視するものでもない。それは哲学と史学のお互いの結合を主導とする思想史であるべきである。哲学と史学は主軸であり、両者は必ず社会文化の中で取り扱わなければならない。それ故、広い意味では、中国思想史は社会文化の思想史に属すべきである。

　実際のところ現代の思想史の発展の大きな趨勢は社会文化の観点から切り込む。アメリカ合衆国の思想史の研究を例にすると、前世紀に思想史が西洋の伝統哲学より生み出されてから、今に至るまでの僅か七、八十年の間に、思想史はやはり既に社会の転向、言葉の転向、叙事の転向、並びに近年来の文化の転向を幾度も経験した。特に近年社会文化の思想史が新しく起こったことは思想史の重要な出来事とみなすことができる。[一]これより前の思想史がただ概念と理性を重視したこととまったく異なっており、社会文化の思想史は一般の人の精神構造と感覚にも注意を払っている。ここから出発して、中国思想史の視野は広げられ、我々が異なる観点から切り込むことでさらに広大な空間が提供され、また我々が複数の学問分野から総合的に研究をするための思想の基礎も定まった。

　中国思想史は社会文化の思想史であるからには、その具体的叙述形式は当然以下の特徴を包まなければならない。

　叙述の方法は理論分析から離れることができない。ただこの種の理論は予め設定するのではなく、実践から生まれるべきである。たとえ予め設定しても、膠着状態ではなく、活発な運用に、また叙述中の発展に重きを置き、さらに唯一のものではなく多元的なものである。叙述形式は問題の発見あるいは思想の源及び継承関係、後世への影響を含む人物思想のいきさつに重きを置くべきである。人物あるいは問題自体の論理の発展変化を考査することはカテゴリーと命題の間の論理関係、あるいは思想の内在的筋道を含む。中国と西洋が交通する前に、中国思想史上の人物は決して西洋の哲学を知らず、例えば新カント主義、構造主義、現象学、解釈学、分析哲学、直覚主義などと関連する概念とカテゴリーがそうであり、それ故これらの形式に基づいて自己の思想を構築することはできない。彼らはあるいは経典に依拠しあるいは直面した問題に基づいて各々解釈及び思想を新しく創り出し、これによって一つの型にとらわれない思想モデルを形成した。その使用する概念あるいはカテゴリーは異なり、仮にこれが同じ概念あるいはカテゴリーを使用していても、その理解に差異は存在しており、内在的な思想の道筋は異なるのだ。それ故叙述の肝心な点は概念カテゴリーの真諦を把握し、その内在的論理を探し出すべきことにある。これは力を入れて詳細にその著述を読解してはじめて得ることができ、一種の理論、概念、カテゴリーを無理に適用するものではない。当然どこまでも西洋哲学理論に反対することはできないが、ただそれに対して漸次理解を消化する過程を必要とする。この過程はおそらくとても長いものである。あたかも仏教が中国で根を下ろすためには現地化しなければならず、その間に千年を経過し、最後に独自の仏学、すなわち禅宗を形成し、後者はその上中国伝統の儒教と道教と融合し、最後には中国思想の特徴を備える宋明理学を形成した過程と同じように。

　さらに重要なことは理論及び形式は決して唯一ではないことである。マルクスは曾て語った。「あなたたちは大自然の人を悦ばせる印象の千変万化する様と無尽蔵で豊富な宝物を賛美して、あなたたちは決して薔薇の花とあらせいとうの粉末が同様の芳香を放つことを希望せず、ただあなたたちは一体何故世界上で最も豊かなもの——精神がたった一種の存在の形式を有することを希望するのか？」と。また「一滴毎に露は太陽が照らすもとで皆尽きることのない色彩を放っている。精神の太陽は、それがどれだけの個体を照らしていようとも、それがどんな事物を照らしていようとも、しかしただ一種の色彩を生むことが許される。それは政治的な色彩なのだ！精神の最も大切な表現形式は喜び、光明だが、あなたたちはあえて暗さを精神の唯一の合法的表現形式としようとする。精神はただ黒色の衣服を身に着けることが許されるが、自然界にはかえって一輪の黒色の花はない。[三]」とも語った。人類の精神は自由であり、精神を表現する思想も当然自由であるべきである。自由自体は思想の表現が多元的であることを説明し、思想のこの種の多元性は社会主体である人の精神世界の差異性及びその特殊性を反映しており、当然中国思想史の叙述も十分にこの点を考慮すべきである。

　題材選びの領域では、幅広くそのうえ深みを持つべきであり、経典文献を有してそのうえ民間の文献を有し、伝世文献を有して出土文献を有す、このようにして中国思想史の叙述を卓越した人物の思想史あるいは民間の思想史にすることから免れさせることができる。他に、如何にそれらの間の関係性を把握するかは非常に重要であり、そこで経典文献がどのように民間文献の中で貫徹するか、あるいは民間文献がどのように経典文献を体現するか、伝世文献がどのように出土文献の中で反映するか、あるいは出土文献がどのように伝世文献を証明あるいは論駁するかを分析する必要がある。近年、出土文献の熱が中国思想史の領域にも波及し、思想史領域の専門家の大部分が簡帛の研究を開始し、ひいては思想史の会議は簡帛の会議と変わった。一部の学者は、出土文献は思想史を書き改めることができるだけではなく、ひいては思想史をもう一度書き直すかもしれないと考える。当然肯定すべきことは、一部の出土文献が確かに思想史の叙述を完全なものとさせる資料を提供したことである。しかし、具体的に分析をするべきであり、特にそれと伝世文献とを照らし合わせるべきである。伝世文献である以上は、それは代々いずれも影響があり、思想史の意義は重大であるが、出土文献は後世になってからの発見であり、発見されるその前には決して影響がなく、思想史の意義は大きくない、あるいは限界性があると考えられる。その含む思想内容が大変深いという可能性があるため、ただその思想の意義の可能性はとても高いと考えることができるだけである。他に、伝世文献の大部分は最も良い版本であり、そのうえ後代の人の絶え間ない解釈を通じて、その解釈自体が思想史である[四]。出土文献は長い間地下に眠っていたことにより、発見されなかった時代の人々に研究されるどころか、知り得ることさえできなかった。ただ当代の人がそれを解釈しているだけで、その意義は限定的なもののはずである。

　思想の社会あるいは歴史背景はさらに軽視できない。思想と社会の関係はお互いに影響し合い、そして複雑性をもつ。例えば社会背景が同じでその思想もお互いに同じであり、社会背景が同じでなくその思想も同じでなく、社会は思想に対して影響がある一方で、同じ社会背景でありながらその思想は同じでなく、同じでない社会背景でありながらその思想はお互いに同じであり、思想は社会に対しても作用する。思想と社会がお互いに影響し合う複雑な関係には十分考慮すべきであり、社会の性質を具体的に把握してこそ、思想の特徴に辿り着くことができる。一部の叙述する者は社会より出発したと自ら称すが、その内容を吟味すると彼らは社会より出発した時から既に既定の体系を有していたことを発見でき、この体系はすなわちある種の予め設定された社会理論である。つまり、彼らの言うところの社会から出発したとは、実際上はある種の社会理論から出発しており本当の社会ではないと考えられ、この種の方法は当時の思想の本質を明示することができない。他に、「客観」あるいは「実事求是」に対する理解は、理論上は往々にして客観あるいは実事求是を強調しながら、叙述し始める時には却って客観的でなく、あるいは実事求是とは異なる。人が誰でも叙述する時に程度の差こそあれ自身の主観の考えを持つため、自覚してあるいは無自覚で叙述する対象に主観の烙印を押す。これによって叙述の思想史と客観的に生じた思想史間の差異を形成した。どうにかこの種の差異を小さくして、叙述を主観から抜け出す客観にではなく、さらに歴史上の事実に関する客観に接近させ、本当に実事求是を行うことは、確実に真剣に思考するだけの値打ちがある。つまり、口で実事求是を徹底して尊重し、実情から出発し、客観的に思想史を叙述すべきであると称するだけよりは寧ろ、自我を全面的に反省し、内心は誠実で欺かず、私心をなくし、主観的偏見を捨て、先に自分を無くし、その後本当に客観的に行い、歴史に対して責任を負うことができる方が良い。当然、永久にこの一点に到達しないかもしれないが、それに接近することを怠らず堅持することはできる。

　叙述形式は点と面が結合すべきである。中国思想史は南北方向に進展変化する過程だけでなく、東西方向に広がる面もある。また思想は常にある時代の思想であり、思想史の叙述は必ず一面ひいては一時代を反映するべきである。それ故、最も良いことは個人ではなく問題を名目として提示するように、題目は問題意識を体現し、一時代の人々の関心の主題を反映するべきであり、思想家全体はこの問題に関心を寄せて各々の見解を発表する。点と面、人物と問題がお互いに結合する、このような叙述形式は深みがある上にまた重厚でもあり、重要な点を有する上にまた土台も有し、層の順序がはっきりしており、筋道が明晰な中国思想史を展開することができる。

最後に思想は思惟活動であり、思想史は思惟活動の歴史であることを強調すべきである。「活動」の一語句は思想史の生命力を示している。思想も一種の生命、一種の心の生命であり、思想史は心の生命の延長と発展である。それ故、中国思想史を叙述することは先人の思惟活動を再現することであり、目的は彼らの心の生命、内在的精神世界を明示することである。彼らの命は既に完結しているが、心の生命、内在的精神世界は文字などの担い手を通じて保たれた。後の人は正にこの内在的精神世界の後影の下で成長するのであり、先人の心の生命、内在的精神世界を叙述し延長することによって、一つの心の生命、内在的精神世界の繋がりを形成し、中華民族の心の生命、内在的精神世界が永久に疲弊しない歴史を構成する。

この点を考慮に入れ、中国思想史の叙述形式は学問分野を跨ぐべきであり、哲学、史学、ひいては文学の叙述形式も全て幅広く受け入れるべきである。特に思想史の哲学叙述形式と思想史の史学叙述形式を有機的に結合させ、歴史上の社会文化を背景とし、社会文化の思想史を構築するべきである。就中、思想史自体のあるべき思想の内面修養と思辨に重点を置く哲学叙述形式と社会の外延を強調する史学叙述形式をまとめ整合し、思想と観念及び信仰、卓越した人物の思想とプロレタリア的な大衆の思想、演繹と帰納、社会と思想、点と面を融合させ一体にさせるべきである。この中で、哲学は中核であり、史学は土台であり、当代の思考を有する上にまた歴史の蓄積も有する。両者は有機的に結合し、社会文化を舞台として、叙述する中国思想史に一部客観的に中国の先の賢人の理性精神を反映させ、そのうえ現在にも息づく精神活動史とさせる。私はこれが中国思想史のあるべき叙述形式だと考える。

《注》

(一) 例えば王夫之の思想は清初では影響は後に言われるほど大きくはなく、清末の資産階級は反清革命の需要的存在となり、明の時代に残されたものとして王夫之の思想中に多くの反清復明の要素があることを発見し、そのうえ自分の反満革命思想とお互いに合致させ、そこですぐに極力賞揚した。思想史を叙述する者はこの種の政治宣伝を歴史とし、王夫之の思想の明末清初での貢献を逆行して拡大し、その上顧炎武、黄宗羲と肩を並べ、ひいてはさらに彼らに勝り、自由に王夫之の明清の際の影響を賞揚する。これは逆行して拡大する叙述方法の典型に属す。

(二) 黄進興「変化している「思想史」——一つの史学観点の考察」(『理学から倫理学まで——清末民初の道徳意識の転化』台湾允晨文化実業株式会社、二〇一三年)。

(三) マルクス「プロイセンにおける最近の出版物の検査令を評する」(『マルクス・エンゲルス全集』第一巻、人民出版社一九五六年、七頁)。

(四) ベンジャミンは、「中国の文明は解釈学的であり、伝統と現代の間において絶対的に断裂しないものである」という。ベンジャミン『思想の幅と張力——中国思想史論集』(中州古籍出版社、二〇〇九年、一一頁)。

第二部会 一

歓迎挨拶――第八回日中学者中国古代史論壇をお迎えして――

李 成市
（早稲田大学理事）

東方学会と中国社会科学院歴史研究所との間で二〇〇九年より始められた日中学者中国古代史論壇が、順調に回を重ねられ、本年で第八回を迎えたことをお喜び申し上げます。また、これまで日本では、一日だけで行われてきた中国古代史論壇を二日間に延長する、その最初の共催校として早稲田大学をお選びいただいたことを感謝申し上げます。早稲田大学を代表いたしまして心より歓迎いたします。

わたくしは、中国文明が東方に進出してきた楽浪郡時代から統一新羅が滅亡した頃までの古代東アジア地域の国家形成、国際関係、文化交流の歴史を探究しています。東京で行われました第四回の中国古代史論壇において、「平壌楽浪地区出土の『論語』竹簡」という報告をいたしております。また、没交渉であった韓国と日本の歴史学会の現状を憂いて、二〇〇一年から韓日双方の友人たちと東アジア歴史フォーラムを組織し、既存の歴史学の克服を目指して交流しております。日中学者中国古代史論壇においても、日中の枠組みを拡大する試みとして、第七回より韓国の中国研究者が参加し、本日もソウル大学の金秉駿先生が参加されていることに、心強さを感じます。

早稲田大学におきましても、中国古代史論壇と同じく二〇〇九年より、東アジアの大学五校（漢陽大学（韓国）、南開大学（中国）、国立台湾大学（台湾）、清華大学（中国）、早稲田大学文学学術院）が、東アジアの学術交流のために「東アジア人文学フォーラム」を行っております。東アジアの各国間で対立も見られるなか、こうした学術的交流を行う意味は、ますます高くなっていると思います。

本日は、共同討論の終了後、図書館の見学を予定されていると伺いました。早稲田大学の中国関係の蔵書は、貴重品を収拾したものではなく、大隈重信宛の孫文の書簡など近代の日中関係のものが中心となります。それでも、見学していただく貴重書庫室には、大学院生でも入室でき、版本を借りることができるようになっており、研究のための環境を整えようとしております。どうぞごゆっくりご見学ください。

早稲田大学における学術報告と討論が盛んに行われますようお祈りしつつ、歓迎のことばに替えさせていただきます。ありがとうございました。

第二部会 二

第八回日中学者中国古代史論壇挨拶

朱　昌　栄

尊敬します東方学会理事長の池田知久先生、ならびに韓国ソウル大学の金秉駿先生、また論壇にご出席くださいました日中両国の学者のみなさま　おはようございます。このたび中国社会科学院歴史研究所と日本東方学会の共催による「第八回　中日学者中国古代史論壇」が、ここ東京において開かれたことは、とても喜ばしいことでございます。

歴史研究所は、中国社会科学院の中でも古くからある研究所です。建てられたのは、一九五四年で、すでに六十二年の歴史がございます。とても重要な機関であり、非常に活気のある研究所です。重要な機関と申しますのは、中国大陸における研究機関として最も規模が大きく、学科も非常に細かく分れており、それぞれの学科は、幅の広い年齢層の研究者によって構成されているためです。また、非常に活気のある研究所と申しますのは、創設以来、歴史研究所の研究者たちは一貫して「真を求め実行方法を検討する」という発展理念に基づき、基礎研究と応用研究の結合に重点を置いて参りまして、国内および海外での学術交流についても重視し続けてきたためです。こうして歴史研究所は、中国大陸の中国古代史研究の領域において最も重要で、かつ学術機関の先頭に立つ研究機関として定められてきました。

近年では、歴史研究所は二カ国、三カ国間で行う評価の高い三つの論壇を開催しております。一つ目は、日本の東方学会との「中日学者中国古代史論壇」です。二つ目は、韓国成均館大学との「中韓学術年会」です。そして、香港理工大学中国文化学系と北京師範大学古籍と伝統文化研究院の共催による「中国古文献と伝統文化国際学術研討会」です。

中でも、東方学会と中国社会科学院歴史研究所の共同発議のもと、中国古代史研究を推進し、新しい時代のもと新たな進展を得るために、二〇〇九年に中日両国が合同で「中日学者中国古代史論壇」の開催についての話し合いをし、互いに合意致しました。その合意に基づき二〇〇九年より中日両国において開催されてきました。この八年に開かれた論壇のテーマは以下の通りです。

「史料と中国古代史研究」・「魏晋南北朝時期貴族制度の形成と三教と文学」・「中古国家秩序と地方社会」・「中国新出土資料の展開」・「地域文化と古代社会」・「中国史の時代区分の現在」・「中国古代の科学技術と社会——歴史、文学と科学技術の展開による中国古代史研究」。

七回にわたり論壇は無事に開かれまして、今年は第八回でありました。第一回論壇が開催されて以来、主催国側と招かれる側、そして古代史を専門とする多くの学者の支えのもと、私たちは終始、学術界における最先端に立ち、学術の発展の息吹をとらえ、毎年一つのテーマをめぐって、その研究領域において豊富な研究成果のある碩学が参加し、研究報告を行ってきました。優秀な成果を出している研究者が選出され参加しました。論壇は中日両国の学者が中国古代史研究の領域において意見交流ができる場となり、高い立場で対等な対話ができる架け橋となってきました。そして中日両国の中国古代史研究の領域に最も重要な国際学術の場として、さらには名声のある論壇となりました。両国がこの論壇を通してこれまで行ってきたことを参考として、今後は論壇の名称やテーマについて、また参加していただく学者の範囲などさらに話し合いを進めることによって、論壇がさらなる発展を遂げるであろうと思っております。

最後になりますが、開催のためにご尽力くださいました池田知久先生および河口英雄先生に心からの感謝の意を表します。また、今回の論壇において多くのご助力を賜った各界のみなさまにもお礼を申し上げたいと思います。

第二部会　三

敦煌写本における字形の近似同形の書写挙例（二）

郝春文・王曉燕・武紹衛
関　俊史（訳）

正確に敦煌写本資料の文字を識別することは、文献学における考察の初歩であり、整理・研究を進める前提となる。正確に敦煌文書を識別し読解を妨げる要素は非常に多く、俗字と方言の通仮は最も容易に直面する問題である。この二つの問題については潘重規、張湧泉、黄徴、李正宇、鄧文寛らの先生による優れた研究成果が提出されている（一）。敦煌俗字の研究において一つの共通見解に字形の近似した偏旁と部首を同形に書写可能ことがある。例えば、凡と瓜、爪と雨、兩と日、月と目、肉と衣・示、方と扌、木と牛、爿とイ・彳、广と疒、文と支・攴、冈と皿、艸と竹などである。上記したそれぞれの偏旁と部首は敦煌写本においては常に混用されており、すでに敦煌写本研究者の間では常識となっているが、確実にこの問題は敦煌文書の初学者にとってなお充分に重要であり、これらの文字が出現したとき、必ずしもその偏旁と部首の具体的な形態に拘泥すべきではなく、主に文意によってこの偏旁や部首の組成の字の帰属を判断するべきである。

上述した字形の近似したの偏旁や部首に書写可能なもののうち、わずかに単独の漢字となりうるものもあり、例えば、瓦と凡、瓜と爪、雨と兩、日と月、目と肉、衣と方、文と支などがある。以上の各組の偏旁部首は敦煌写本中において一字の漢字としても当然混用することが多い。我々は敦煌写本の研究を長く継続してきた中で、偏旁や部首ではなく字形が近似した漢字としても混用できる字例が数例蓄積しており、これらの字も常に正確な敦煌写本の文字の解釈を妨げている。前稿で八組のかかる現象の字例を列挙・論証したが（二）、今再び集めた字例を列挙し以下に示し、参考に供したい。

一、「免」と「兔」は同形で「免」と「兔」は「兑」の形に書く

「免」と「兔」は点の有無により区別し、点が無いものが「免」、点があるものが「兔」である。しかし、敦煌写本においては、「免」は「兔」の形に書くことが許容される。例えばS. 425『太極真人問功徳行業經』に「若し囚徒を宥赦し、生命を放贖し、貧窮、老病、囚徒の衣食に布施し、鳥獸蟲魚を飼養し、諸ゝの僕賤を免じ、出家入道せば、此れ上中と爲す（三）」とある。「免」字の右部に点があり、「兔」に近似している。しかし、文意に拠れば、「免」と解釈できる。また、P. 3237の『道德真經李榮注』では「輕き惡事を為すは、動もすれば罪

田《因》に入る。聖人 叡哲聰明にして、猶尚《そのうへ》有為の事を難《こば》む、故に歿始無難を得たり。況んや盲瞑の徒、重慎する能はずして、禍難を兔れんと欲せば、其れ得可けんや（四）」とある。この「兔」もまた「兔」に似ているが、文意に拠れば、「免」に解釈するべきである。さらに、S. 1086『兔園策府』の大要では「燧人氏 鑽燧に火を取るを教ふ。故に腥臊に兔ず（五）」とあり、「兔」の字の形も「兔」に近似しており、文意によっても「免」に解釈するべきである。

同時に「兔」も「免」の形につくることができる。たとえば、S. 1823Aの『亡齋文抄（亡考文、亡妣文）』には「盖し聞く金烏 常に轉へずり、生死□□ □を以てすと。玉免恒輪、愛欲の河 返すこと難し（六）」とあり、「免」の形が「免」に近似しているが、前文に「金烏」の語があり、後方の語との対偶から必ず「玉兔」となる。また、P. 2942の『唐永泰年間河西巡撫使判集』では「逐免する者は犬、愚を小戎に矜す可し。指蹤する者は人、宜しく智を大匠に責むべし（七）」とあり、そのうち「免」は点が無いが、文意によれば、また「兔」字と解釈するべきである。さらに北大D. 202+北大D. 195+P. 3984の『社官董海等廿三人重修唐家佛堂功德記』には「銀鉤懸曜、金面流輝たり。法星 玉質の堂に臨み、免月 珠簾の外に皎らかなり。淨土を劃照し、幢蓋 華にして更に新し。雙林を宛爾し、妙果 繁にして秀實たり（八）」とあり、かかる文中の「免」字形は「免」に近いが、ただ釈読して「兔」字と取ることでようやく文意と合致する。

この他に、「免」字は更に常に「兊」の字形にもつくる。例えばS. 427『禪門十二時』では「豪強富貴 暫時の間、究竟終歸 死を兊かれず、我輩是れ凡夫もて論ずるに非ず、自ら此れ君王亦た此くの如し（九）」とあり、またS. 778『王梵志詩集并序』には「前人 貯積多く、後人慚愧無し。此れ是の守財奴、貧窮して死するを兊かれず（一〇）」とあり、さらにS. 2204『十無常』では「直ちに須らく閻羅王を追到し、兊ぜざるや無常たり（一一）」とあり、S. 1635『泉州千佛新著諸祖師頌並僧慧觀序』では「寶林 其の事を祖述すと雖も、閲して委ぬ可し、柰何《奈何》ぞ忘機せん。尚ほ懶なる者或ひは陋しく其の殘秋の歹《タ》を繫遠す。愚 以前に意を千佛僜禪師に請ふを得る、罕かに讓ると雖も而して兊かることを獲ず（一二）」とある。そのうち「兊」・「兊」・「兊」・「兊」などの字形はすべて「兊」に近似しているが、文意によれば、すべて「免」字に解釈するべきである。その他「兔」は「兊」字に書写される場合もある。『切韻箋注（序、卷一）』の「六脂」の條における「夊」字の字解では、「狐兊行貌（一三）」とあり「兊」は「兊」に似ているが、文意に拠れば「兔」字に解釈すべきである。『刊謬補缺切韻』五卷中の「夊」字の字解では「狐兔行貌」に作っている（一四）。

付言する必要があるのは、「免」字を「兊」字とする敦煌写本の字例は比較的多いものの、対して「兊」字を「免」字につくる字例は非常に僅かである。

二、「弟」・「第」は同形

　この二つの文字の関係はやや難解で、書写体上の問題があるだけでなく、本字と後に起こった文字における先後問題がある。「弟」が本字で、本来は次第の「第」の意を含んでいた。後に「第」が現れ、二つの文字についてはその字義が異なるようになった。「弟」は単に兄弟の「弟」につくり、次第・第宅などの意を含む場合は「第」に帰属するようになった。ただ、こうした意味の分化は相対的であって、なお僅かに古籍では「弟」字が兄弟以外の字義を含んだままであった。全体としては多くの敦煌写本においてすでに意識的に「弟」と「第」の意味の区分がなされている。こうした具体的な状況をもとに、「第」を「弟」に書写する文が出現したとき、我々の整理班が長く採用してきた手法は、原文の釈読に「第」を用いるという方法で、校正の際に「第」に改めることもあり、あわせて校正で「弟」は「第」の本字と説明を付けることもある。「弟」を「第」につくるときも同様に先に釈文で「第」と記し、再び校正の際に「弟」に記し、「第」は「弟」の借字であると説明を付す。しかし、こうした方法は実際には二字の区別を予め設けることになる。少なくとも「弟」を「第」に改めて作るのはリスクがある。もし、書写者が使用したのが「弟」の本字の義を含んでいたならば、釈読者は書写者を誤解して改めてしまい、確実にかかる問題に直面することになる。以後我々が収集した近字同形の字例においても、「弟」・「第」の二字において混用している字例が少なからず集まり、ようやくわれらは近似同形の観点から以上の問題について解決する手立てを提示することができるに至った。

　集めた二字の字例では、まず多く「第」を「弟」の形に書く。S. 2204『父母恩重讃』に「父母恩重 十種の縁、弟一に懐耽し苦難を受く、是の男及び是の女、慈悲恩愛 天とともに遭《連》なるを知らず（一五）」とあり、このうち、「弟」字の形は「弟」に近似しているが、上文の「十種の縁」に従えば、これは「第一」種の縁の「第」字とすべきである。また、例えばS. 2072『琱玉集』桓栄に、「帝 太子師を選するに及び、対策の高弟なるを栄し、拜けて太子伝と爲す（一六）」とあるこの「弟」は形が「弟」に似ているものの、文意に拠ってまた「第」の字と解釈すべきである。さらにS. 1823A『亡齋文抄（亡考文、亡妣文）』には「是の日夜《也》、香湯もて私弟に灑ぎ、敷宝もて家庭に座す。玉蔵を開きて金言を転《よ》み、龕なる金容の横なる幢傘 輝く（一七）」とあり、「弟」の形は「弟」に似ているが、文意によれば、また「第」に解釈すべきである。

　次に「弟」を「第」の形に作る。例えばS. 2073『廬山遠公話』には、「一弟子有り、名は恵遠と曰ふ。これを恵遠に説いて、家 …鴈門に住まい、兄第二人、更に外族無し（一八）」とあり、そのうちの「第」字の形は「第」に似ているが、文意に拠れば「弟」の字に解釈するべきである。またS. 2200『新集吉凶書儀』中の「弟子 和尚に與ふるの書」・「和尚尊師 弟子に與ふるの書」があり、二つの書翰中の「弟子」の「弟」もまた弁別して「弟」・「第」に作っている。またS. 2659『下部讃一巻』には「五明文第二疊を歎ず。復して善業明らかなる兄第に告げ、心を用ひて惟だ妙身のみを詮くを思ふのみ。各〻勇健なる智船主と作れば、此の流浪なる他郷子に渡らん（一九）」とあり、そのうちの「第」は「第」に近似しているが、文意によれば「弟」字に解釈するべきである。

写本の中では、「弟」は元より「弟」の形でよいものも、あえて「第」の形につくることもある。例えばS. 2143『佛事文摘抄』には「大衆に敬って白す、弟子造る所の齋食、衆手 共成す（二〇）」や「第子自ら性は三界に居る（二一）」などの語がある。またS. 2200『新集吉凶書儀』中の「弟妹に與ふるの書……兄某 報ず。弟某第妹處（二二）」の「弟」・「弟」は「弟」の形に作り、「第」・「第」は「弟」の形に作る、しかし文意に拠れば、これらの文字はすべて「弟」に解釈するべきである。同一の字が同一の写本中でも二つの形態に作ることがあり、二字が混用していたことを証明できる。

以上、「弟」・「第」字を混用する字例は、第一の様態については不完全な証拠によるため、書写者が「弟」の本字の意義を含めて使用したことを排除できない。しかし、第二の様態は「弟」は「第」につくる字例を完全に証明するだけでなく、また第一の様態の字例が二字同形に作る証左ともなる重要な価値をあわせもっている。加えて以下の字例は、当時「第」を「弟」につくるも、「弟」の本字の字義を含んで使用せず、しかも二字は通用できたことを裏付ける。例えば、S. 2049+P. 4994『毛詩鄭箋（豳風七月-小雅 鹿鳴之什）』の棠《常》棣に、「燕兄は第なり（二三）」とある。この中にはまた「孔子 時に詩を論じ、雅、頌各〻其の所を得て、其の時在るのみ。篇第當に此に在り、戰國及び秦の世に遭ひて之れ亡ぶ（二四）」とある。以上の「第」の形は「第」に近似しており、文意によって「弟」に解釈するべきである。「第」は形が「弟」に近似しているが、文意によって「第」に解釈するべきである。同一の寫本中では、既に兄弟の「弟」を「第」につくる字例が見えており、「篇第」の「第」を「弟」につくる字例も見えている。書写者の「第」はその本字の義を含包せずに使用でき、しかも「第」と「弟」の二字の字形の差異を区別せず、混用できたことを証明している。

三、「服」と「眼」は同形である

楷書について述べれば、左右の偏旁によって構成される「服」と「眼」の左右の偏旁はともに異なる。しかし、敦煌寫本中では、常に

「服」の右半部の旁と「良」とが近似して見える。例えばS. 2222『周公解夢書（天文章第一－言語章第十七）』にある「夢に日月を眼するを見る者、富貴にして、吉利たり[二五]」の「眼」は、「眼」に近似しているが、文意によれば、「服」字に解釈するべきである。例えばS. 2222v『解夢書一巻』に「夢に兒女の政眼を見るは、悲泣たり[二六]」とあり、この「眼」は、更に「眼」に近似しているが、文意によって、これも「服」とすべきである。またS. 2832『齋儀書儀摘抄』中に「妝臺幽泉に長閉し、綺眼深壙に沈埋す[二七]」とあり、「眼」は、また「眼」に近似しているが、文意によって、これも「服」と解釈することができる。更にS. 2659v1『大唐西域記』巻一に「商諾迦縛娑は、阿難の弟子なり。……恒に此の衣を服す[二八]」とあり「服」は「服」と「眼」の間を介しているが、文意によって、また「服」に解釈するべきである。

「眼」の左半分の結構もまた「月」につくることができ、上述した肉筆の「服」に近似している。例えばS. 2944v『融禪師定後吟』では「檀波羅蜜の心、羼提波羅蜜の服、比耶波羅蜜の耳[二九]」とあり、「服」は上述した数例の「服」と字形が近似しているが、文意によって、「眼」と解釈することができる。またS. 2945R1『般舟讚』には「銅狗噉心 熱血を飲み、鐵鳥啄服 穿顒に復す[三〇]」とあり、「服」は左右の結構が「服」に近似しているが、文意により「眼」字と解釈するべきである。さらにS. 778『王梵志詩集並序』中に「心無く衣眼を開く[三一]」と「眼を張り他の死するを看る[三二]」という二句があり、「眼」と「眼」は書きぶりがほとんど同じであるが、文意によって、前者は「服」に解釈するべきで、後者は「眼」に解釈するべきである。

四、「壊」と「懐」は同形である

「壊」と「懐」の二字の差異は左偏にあり、一方は「土」につくり、もう一方は「忄」につくる。しかし敦煌寫本中では、「壊」は「懐」の形につくることができる。例えばS. 2204『十無常』中には「人濁世に居り劫懐に逢ひ、世界を悪む[三三]」とあり、またS. 1824『受十戒文』中には「布施中に於ひて堅捨力を得て、持戒中に於ひて不懐力を得、忍辱中に於ひて大誓力を得たり[三四]」とある。さらにS.3389『洞淵神咒經巻第四』には「若し此の道士を救はずんば、悪を助け勢と為し、忽ち道法を亂懐す[三五]」とある。加えてBD2796『维摩義記』には「經自ら釋して言ふ。法故を懐は非るは、名して苦滅と為す[三六]」とある。以上の「懐」・「懐」・「懐」・「懐」の四例は、字形がみな「懐」に似ているが、文意によって、「壊」とするのが正しい。敦煌寫本中では、「壊」は「懐」に解釈しうることを物語っている。

同時に、「懐」も「壊」の形につくることができる。例えばBD7387『維摩経義疏・佛国品第一』中には「昔 波羅奈王夫人 壊娠す[三七]」とある。またP. 2855『迴向發願文』中には「壊胎母子[三八]」とある。並びにS. 2055『切韻箋注（序、巻一）』中には「空壊之れを歎に作る可し[三九]」とある。以上の「壊」・「壊」・「壊」は、ともに「壊」に近似しているが、文意によって、「懐」に解釈すべきである。

五、「君」と「居」は同形である

「君」と「居」の二字の差異は文字の上半部にある。敦煌寫本中では、二字も通用している。「君」は時に「居」につくることができる。例えばS. 2659v1『大唐西域記巻一』には「數百年自り、王族の嗣 絶へ、酋豪力もて競し、各ゝ居長を擅ひままにし、川に依り険に據り、分かちて二十七國と為す[四〇]」とあり、「居」は「居」に似ているが、文意によって、「君」字に解釈すべきである。またS. 2114V『醜女金剛縁』には「居前時自り、我が醜身を憂ふ[四一]」の句がある。「居」は、また「居」に近似しているが、文意と内容が同一の他のテキストから、「君」に解釈すべきである。さらにP. 3237『道徳真經李榮注』中には「居上は質を守り、臣下は淳に歸る[四二]」とあり、S. 4642『文様（薦菩薩日、月號、遷修、入日等）』中には「居侯海に向ひて黎毗[氓]を継育す[四三]」とあり、以上の「居」・「居」は、均しく「居」に近似しているが、文意によって、これらも「君」字に該当すべきである。

同時に、「居」も「君」につくることができる。例えばP. 4994V+S. 2049V『諸雑記字』中には「碧山明月 徒らに自ら曉り、黄君闇室 晨を知らず[四四]」とあり、「君」は「君」に近似しているが、文意およびP. 2673によって、「居」字に解釈すべきである。またS. 2204R3『十無常』中には「縦ひ君人世心 善無きも、勸諫する難し[四五]」とあり、「君」の字形は「君」と「居」の間にあり、より「君」のようであるが、文意によって、「居」字と解釈すべきである。加えてS. 5639『齋儀』中には「保愛して珠に隨ひて掌に在り、棒翫して趙壁 懐に君る[四六]」とあり、この「君」も「君」に近似しているが、文意によってこれも「居」と解釈すべきである。

六、「損」と「捐」は同形である

まず「損」は「捐」の形につくることができる。例えばS. 2454v『一行大師十世界地輪燈法』中には「凡人 上官に拜壇するに、皆な哀捐有り[四七]」とある。またS. 2922『韓朋賦一首』中には「韓朋 死せる時、有傷捐の處無からん[四八]」とある。さらにP. 3697『大漢三年楚將季布罵陣漢王羞恥群臣拔馬收軍詞文』中には「不言を問著す驚動の僕、利劍[鋼]剄刀 必ず君を捐ふ[四九]」とある。以上の「捐」・「捐」・「捐」は、ともに「捐」に近似しているが、文意によれば、みな「損」字に解釈すべきである。

「捐」も「損」の形につくることができる。例えばP. 2537『籯金』中に「麟鳳翔遊の異、河西 損駒の美を振ひ、淮南 棄櫝の規を流す(五〇)」とあり、「損」は「損」に近似しているが、文意およびS. 2053などとの異本の校勘により、「捐」字に解釈すべきである。さらにP. 2680『寺門首立禪師頌』中には「跡 塵勞混り、心 味觸損ふ(五一)」とある。「損」はまた「損」に近似しているが、文意およびS. 1774V1との校勘により、「捐」に解釈すべきである。加えてS. 692『秦婦吟』では「舞伎歌姫 盡く暗損たり、瓔兒雉《稚》女 皆な生棄さる(五二)」とあり、「損」はまた「損」の形につくり、文意およびP. 3780との校勘により、また「捐」字に解釈すべきである。

七、「形」と「刑」は同形である

楷書においては、「形」と「刑」は右の偏が明らかに異なる。しかし、敦煌寫本中では、「形」は「刑」字につくることができる。例えばS. 2659v1『大唐西域記』巻一では「諸龍 刑容し易く、交ゝ牝馬と合すれば、遂に龍駒を生ず(五三)」とある。またS. 516『歴代法寶記』中には「臣 聞ならく太上に刑無し(五四)」とある。さらにS. 2922『韓朋賦一首』中には「憔悴を刑容す(五五)」とある。加えてBD7676『道安法師念佛讃文』では「第一當觀《官》 法を誑《枉》むくは莫し、倚りて刑勢に恃みて乃ち貧を欺く(五六)」とある。以上の「刑」・「刑」・「刑」・「刑」は、均しく「刑」に近似しているが、文意によって、みな「形」字に解釈すべきである。

同時に、「刑」もまた「形」につくることができる。例えばP. 3237『道德真經李榮注』中には「未だ假に形を威せず(五七)」とあり、「形」は「形」に近似しているが、文意によって、「刑」に解釈すべきである。またS. 2695『真言要決巻第三』中では「禁令嚴形を以て本と為さず(五八)」とあり、S. 986（B）『道要靈祇神鬼品經』中では「人をして口舌もて形徒囚獄に遭はしむ(五九)」とあり、以上の「形」・「形」は、ともに「形」に近似しているが、文意によって、すべて「刑」に解釈すべきである。

八、「素」、「索」は同形である

「素」は「索」の形につくる字例は比較的多く見られる。例えばS. 2922『韓朋賦一首』中では「黑髮索絲(六〇)」とあり、またS. 2854『亡考初七追福文』中には「惟だ亡考の英譽早聞、芳名索遠たり(六一)」とあり、さらにP. 2653『韓朋賦一巻』には「成功（公）の索女、始め年十七、名を貞夫と曰ふ(六二)」とある。以上の「索」・「索」・「索」は、字形がともに「索」に近似しているが、文意によって、みな「素」に解釈すべきである。

「索」を「素」の形につくるものも見られる。例えばS. 548『太子成道經』中に「夫人 酒を素め、親 自ら發願す(六三)」の句があり、「素」は「素」に近似しているが、文意と他本の校勘により、

「索」に解釈すべきである。またS. 1889『敦煌氾氏家傳并序』中には「性は高義たり、家に居るも箇墮せず、昏行するも節を改めず、偶ゝ衆以て名を索めず(六四)」とある。「索」、も「素」に近似しているが、文意によって、これもまた「索」字に解釈すべきである。さらにS. 264v『付法傳』には「即ち左手以て之と出眼し、天神力の故、出でて随生し、之れを索むも已まず、出〔眼〕すること數萬なり(六五)」とあり「索」の形が「素」に近似しており、文意によって「索」字に解釈するのが正しい。

九、「苦」と「若」とは同形である

「苦」と「若」の差異は文字下部の結構にあり、「苦」の下部の結構は「古」につくり、「若」の下部の結構は「右」につくる。肉筆本では、「古」の縦画と「若」の左への撇筆を比較的容易に通用する。

まず「苦」は「若」の形に書くことができる。例えばS. 2659v3『十二光禮懺文』では「大ひに共に諸聖超えざるを悲しみ、故に名を得て無對光と為す。面間に流出し記を授くること多し、哀憐苦海して共に滄忙《茫》す(六六)」とある。以上の引用文の「苦」は「若」に近似している、しかし、文意によって、「苦」字に解釈すべきである。またS. 2607+S. 9931『曲子詞抄』では「乗船して整《正》に高秋に置《値》く、此の時 變じて望郷の愁を作り、一夜にして苦吟雲水す(六七)」とある。この「苦」は、また「若」に近似しているが、文意によって、これも「苦」字と解釈すべきである。さらにS. 2832『齋儀書儀摘抄』では「雲中苦雨、悲涙と與にして倶に垂る。白雪 愁を添え、寒心に處りて轉切たり(六八)」とある。同書中では「氣哀哀として愁雲を作し、涙霏霏として苦雨を成す(六九)」とあり、そのうちの「苦」・「苦」は、均しく「若」に近似しているも文意によって、みな「苦」字に解釈すべきである。

同時に、「若」も「苦」形につくることができる。例えばS. 2071『切韻箋注（巻一至三、五）』中では「轈」の解釈について「兵車、若巢、以て敵を望む(七〇)」とある。「若」は、「苦」に近似しているが、文意によって、「若」字に解釈すべきである。またS. 10『毛詩鄭箋（邶風燕燕—静女）』は「君子 但だ我を以て窮苦の時を御す(七一)」とあり、そのうち「苦」の字形は「苦」に近似しているが、伝世(七二)本の『十三經注疏』中の『毛詩正義』では反対に「若」字に作っている。

十、その他の字の偏の「禾」・「木」と「示」は同形につくる

「禾」・「木」と「示」の字形は相互に近似しているが、三字は肉筆中においては一般に混用しない、ただその他の字の偏旁となった際にわずかに混用する。

まず、偏の「禾」と「木」は「示」につくることができる。たとえ

ばS. 328『伍子胥變文』では「秦穆公の女 顔如玉、二八容光 桃李の若し、其の姿首を見て納めて妃と為す、豈に君臣に合して此の理有らんや」[七三]とある。この「秦」は「秦」字に疑いなく、その下部の結構の「禾」は「示」につくる。またS. 556v『釋僧叡傳』では「羅什 秦に至りて、命叡もて遥園に入逍し詳譯す。秦王興 姚嵩に問ひて曰く。叡公は何人ぞ。答へて曰く、此の實鄴衛の松柏たり」[七四]とある。以上の「秦」字の下部の結構は「示」につくり、「秦」字に下部の結構は「禾」と「示」の間に書写する。しかし、文意によれば、二字はすべて「秦」字と解釈するべきである。さらにS. 1889『敦煌汜氏家傳并序』中には「豪傑 風を望み服を慄る」[七五]とある。S. 2659『下部讃一巻』中には「弱者 之れを策し大力を加ふ、慄者 之れに偶ひて無懼を使ふ」[七六]とある。以上の「慄」・「慄」は文意によってすべて「戰慄」の「慄」に解釈するが、そのうち右下の結構を「木」もまた「示」につくることができる。さらにS. 1172v『都講辯惠設難問疑致語』では「忽ち招引するを承り、尤も慚惶を積み、更に沐して提携し、戰慄を倍增せしむ」[七七]とある。そのうち「慄」字の右部の結構の下部の筆畫が「禾」に近似しているが、文意によれば、また「慄」字に解釈することができる。

同時に、「示」の結構を「木」あるいは「禾」につくることができる。例えばS. 289R2『當身勇猛無敵等詩稿』中には「南蠻の標 落葉の如し、東の夏巻 飛崩に似る」[七八]とある。「標」字の右部の結構は「栗」に似ているが、上下の文により知るに、この字は「摽」字に解釈すべきである。S. 2113v2『乾寧三年沙州龍興寺上座徳勝宕泉創修功徳記』では「六道の輪迴を悟り、溧溺に逢ふを慮る」[七九]とある。この「溧」字は、右旁は「栗」につくるが、「溧溺」では語句にならず、文意によれば「漂」字に解釈すべきである。またS. 1906『太上洞玄靈寶真一勸戒法輪妙經』中では「我に大椿歩を迴らしめ、太極宮に飄昇す」[八〇]とある。S. 3046『般心讃』には「意 三毒を縛り毎に漂沉たり」[八一]とある。以上の「飄」・「漂」の二字は右下部の結構を均しく「禾」につくるが、文意によれば「飄」「漂」の二字に解釈すべきである。またS. 1399『王梵志詩（巻一）』中では「先に奈河の水を渡る」[八二]とあり、そのうちの「奈」は、文意によれば奈河の「柰」に作るべきだが、その下部の結構もまた「禾」に近似している。

また以下の字例の字形は、「木」と「示」字形の間にある。例えばS. 2659v1『大唐西域記巻一』略「南渡 河縛を謌《か》り、達摩迷鐵の帝國に至りて……粟瑟摩國に訖《いた》る」[八三]とある。この「粟」は、字形は「栗」「票」の間にあるが、『大唐西域記校注』によれば、この字は「栗」字と解釈するのが正しい[八四]。またS. 2060『道德真經李榮注』中では「前に得失の政を摽はし、次に禍福の門を指す」[八五]とある。そのうち「摽」字の右部の書きぶりは「票」と「栗」の間にあるが、文意によれば、この字は「標明」の「標」に解釈すべきである。またS. 2049『毛詩鄭箋（豳風七月——小雅杕杜）』中の「予《わ》が室翹翹たり、風雨の飄颻する所[八六]」は、「飄」字の左下部の結構が「示」と「木」の間にあり、文意によってこの字は「飄」に解釈すべきである。さらにS. 1170『某都講設難問疑致語』中には「法鼓を仰ぎては以て魂驚し、義山を瞻て悚慄す[八七]」とある。「慄」の右下部の結構は「示」と「木」の間にあり、文意によって、この字は「慄」字に解釈すべきである。

以上、十組の混用しやすい敦煌寫本の字例を列挙し、あわせて判別の容易でないこれらの文字を確定するのは、主にその文意によってかかる文字の帰属を確定しなければならないことを述べた。あわせてあらゆる写本において列挙した各組の文字が混用できるわけでなく、大多数の書者はやはり形の近似した文字の違いを意識して弁別しており、一部の書写者においてのみ形の近似した文字の使い分けが緩やかである。

写本時代における近似する文字を同形にする事象については、早くより認識されており、いわゆる「魯」字を「魚」にし、「帝」字を「虎」にし、「烏」と「焉」とを「馬」とするのはこれにあたる。これらの現象の解釈については、依然検討中である。黄徵の『敦煌俗字典』には「混用俗字」の條があり[八八]、これらの文字を俗字として扱うようにすべきだという。一方、張涌泉『敦煌寫本文獻學』第八章第一節の「訛文」の下には「形が近いことによる誤認」の一項目があり[八九]、これらの文字を誤字として取り扱うべきであるという。もしこれらを誤字として扱うならば、校勘学の慣例にしたがって校訂すべきで、規則があって混用しているとしても、二字を混用することは明白であり、釈読において誤字とし、校閲して正字にすることは、嫌疑を生じかねない。もしこれらを俗字とするならば、現在の俗字の種々の定義に合致していなければならない。したがって、これらの写本中の文字における現象の定義と解釈をどのように妥当とみなすかは、やはり考究するに値する問題である。これらの字例はより正確に、敦煌写本を釈読し記録するのに有効な材料となるのみならず、あわせてに科学的な成果も同字混用の現象に必ずや無視できぬ研究課題を提供してくれるであろう。

《注》

(一) 潘重規『敦煌俗字譜』（石門圖書公司、一九七八年）張涌泉『漢語俗字研究』（岳麓書社、一九九五年）、『漢語俗字研究』（增訂本）（商務印書館、二〇一一年）、張涌泉『敦煌俗字研究導論』（新文豐出版公司、一九九六年）、黃徵『敦煌俗字典』（上海教育出版社、二〇〇五年）李正宇「敦煌方音止遇二攝混同及其校勘學意義」（『敦煌研究』、一九八六年第四期）、鄧文寬「英藏敦煌本〈六祖壇經〉的河西特色—以方音通假爲依據的探索」、（敦煌研究院編『一九九四年敦煌學國際研討會文集—紀念敦煌研究院成立五〇週年—宗教文史卷—上』、甘肅民族出版社、二〇〇〇年）などがある。

(二) 『敦煌寫本研究年報』（第十號、京都大學人文科學研究所編、二〇一六年三月、三五—四五頁）を参照。

(三) 若宥赦囚徒、放贖生命、布施貧窮、老病、囚徒衣食、飼養鳥獸蟲魚、諸僕賤、出家入道、此為上中。（S. 425『太極真人問功德行業經』）

(四) 輕為惡事、動入罪田[因]。聖人叡哲聰明、猶尚難於有為之事、故得終始無難。況盲瞑之徒、不能重慎、欲免禍難、其可得乎也（P. 3237『道德真經李榮注』）

（五）燧人氏教鑽燧取火、故免腥臊。（S. 1086『兔園策府』）

（六）盖聞金烏常轉、生死□□以□。玉兔恒輪、愛欲之河難返。（S. 1823A『亡齋文抄（亡考文、亡妣文）』）

（七）逐兔者犬、可矜愚於小戎。指蹤者人、宜責智於大匠。（P. 2942『唐永泰年間河西巡撫使判集』）

（八）銀鉤懸曜、金面流輝。法星臨玉質之堂、兔月皎珠簾之外。劃照淨土、幢蓋華而更新。宛爾雙林、妙果繁而秀實。（北大D. 202+北大D. 195+P. 3984『社官董海等廿三人重修唐家佛堂功德記』）

（九）豪強富貴暫時間、究竟終歸不免死、非論我輩是凡夫、自此君王亦如此。（S. 427『禪門十二時』）

（一〇）前人多貯積、後人無慚愧。此是守財奴、不貧窮死。（S. 778『王梵志詩集並序』）

（一一）直須追到閻羅王、不免也無常（S. 2204『十無常』）

（一二）雖寶林祖述其事、閲而可委、柰《奈》河《何》忘機。尚懶者或陋其繫遠殘秋之歹《夕》。愚得以前意請於千佛登禪師、雖罕讓而弗獲免。（S. 1635『泉州千佛新著諸祖師頌並僧慧觀序』）

（一三）狐兔行貌。（S. 2055『切韻箋注（序、卷一）』「六脂」・「夊」字）

（一四）『續修四庫全書』（上海古籍出版社、一九九五年）経部・小学類『刊謬補缺切韻五卷』本における「夊」字の註解では「狐兔行貌」につくる。

（一五）父母恩重十種緣、第一懷耽受苦難、不知是男及是女、慈悲恩愛與天遭（連）。（S. 2204『父母恩重讃』）

（一六）及帝選太子師、榮對策高第、拜為太子傅。（S. 2072『琱玉集』桓榮）

（一七）是日夜《也》、香湯灑於私、敷寶座於家庭。開玉藏而轉金言、龕金容橫輝幢傘。（S. 1823A『亡齋文抄（亡考文、亡妣文）』）

（一八）有一弟子、名曰惠遠。說這惠遠、家住鴈門、兄弟二人、更無外族。（S. 2073『廬山遠公話』）

（一九）歎五明文第二疊。復告善業明兄弟、用心思惟詮妙身。各作勇健智船主、渡此流浪他鄉子。（S. 2659『下部讚一卷』）

（二〇）敬白大衆、弟子所造齋食、衆手共成。（S. 2143『佛事文摘抄』）

（二一）子自性居三界（S. 2143『佛事文摘抄』）

（二二）與妹書……與弟妹書……兄某報。弟某弟妹《處》。（S. 2200『新集吉凶書儀』）

（二三）棠《常》棣、燕兄弟也。（S. 2049+P. 4994『毛詩鄭箋（豳風七月―小雅鹿鳴之什）』）

（二四）孔子論時詩、雅・頌各得其所、其時在耳。篇第當在於此、遭戰國及秦之世而亡之。（S. 2049+P. 4994『毛詩鄭箋（豳風七月　小雅鹿鳴之什）』）

（二五）夢見服日月者、富貴、吉利。（S. 2222『周公解夢書（天文章第一　言語章第十七）』）

（二六）夢見兒女服、悲泣。（S. 2222v『解夢書一卷』）

（二七）妝臺長閉於幽泉、綺服沈埋於深壙。（S. 2832『齋儀書儀摘抄』）

（二八）商諾迦縛娑、阿難弟子也。……恒服此衣。（S. 2659v1『大唐西域記』卷一）

(二九) 檀波羅蜜心、羼提波羅蜜眼、比耶波羅蜜耳。(S. 2944v『融禪師定後吟』)

(三〇) 銅狗噉心飲熱血、鐵鳥啄眼復穿顋。(S. 2945R1『般舟讃』)

(三一) 無心開衣眼。(S. 778『王梵志詩集並序』)

(三二) 張眼看他死。(S. 778『王梵志詩集並序』)

(三三) 人居濁世逢劫懐 惡世界。(S. 2204『十無常』)

(三四) 於布施中得堅捨力、於持戒中得不懐力、於忍辱中得大誓力。(S. 1824『受十戒文』)

(三五) 若不救此道士、助惡為勢、忽懐亂道法。(S. 3389『洞淵神咒經卷』第四)

(三六) 經自釋言。非懐法故、名為苦滅。(BD2796『維摩義記』)

(三七) 昔波羅奈王夫人壊娠。(BD7387『維摩義記疏』佛国品第一)

(三八) 壊胎母子。(P. 2855『迴向發願文』)

(三九) 空壊可作之歎。(S. 2055『切韻箋注』序・巻一)

(四〇) 自數百年、王族絶嗣、酋豪力競、各擅君長、依川據險、分為二十七國。」S. 2659v1『大唐西域記』巻一)

(四一) 自昏前時、憂我醜身。(S. 2114V『醜女金剛緣』)

(四二) 君上守質、臣下歸淳。(P. 3237『道德真經李榮注』)

(四三) 君侯向海而继育黎甿《氓》。(S. 4642『文樣(薦菩薩日、月號、遷修、入日等)』)

(四四) 碧山明月徒自曉、黄昏闇室不知晨(P. 4994V+S. 2049V『諸雜記字』)

(四五) 縱人世心無善、難勸諫。(S. 2204R3『十無常』)

(四六) 保愛而隨珠在掌、棒翫而趙璧君懷。(S. 5639『齋儀』)

(四七) 凡人拜壇上官、皆有衰損 (S. 2454v『一行大師十世界地輪燈法』)

(四八) 韓朋死時、無有傷損之處。(S. 2922『韓朋賦一首』)

(四九) 問著不言驚動僕、利劍剄《鋼》刀必損君。(P. 3697『大漢三年楚將季布罵陣漢王羞恥群臣拔馬收軍詞文』)

(五〇) 麟鳳翔遊之異、河西振損駒之美、淮南流棄犢之規。(P. 2537『籯金』)

(五一) 跡混塵勞、心損味觸。(P. 2680『寺門首立禪師頌』)

(五二) 舞伎歌姫盡暗損、孆兒雉《稚》女皆生棄。(S. 692『秦婦吟』)

(五三) 諸龍易刑容、交合牝馬、遂生龍駒。(S. 2659v1『大唐西域記』巻一)

(五四) 臣聞太上無刑。(S. 516『歴代法寶記』)

(五五) 刑容憔悴。(S. 2922『韓朋賦一首』)

(五六) 第一當觀《官》莫誑《枉》法、倚恃刑勢乃欺貧。(BD7676『道安法師念佛讃文』)

(五七) 未假威形 (P. 3237『道德真經李榮注』)

(五八) 不以禁令嚴形為本 (S. 2695『真言要決巻』第三)

(五九) 令人遭口舌形徒囚獄 (S. 986 (B)『道要靈祇神鬼品經』)

(六〇) 黑髮素絲 (S. 2922『韓朋賦一首』)

(六一) 惟亡考英譽早聞、芳名素遠。(S. 2854『亡考初七追福文』)

(六二) 成功《公》素女、始年十七、名曰貞夫。(P. 2653『韓朋賦一巻』)

(六三) 夫人素酒、親自發願。(S. 548『太子成道經』)

(六四) 性高義、居家不簡墮、昏行不改節、不偶衆以素名。(S. 1889『敦煌汜氏家傳并序』)

（六五）即以左手出眼與之、天神力故、出而隨生、秦之不已、出〔眼〕數萬。（S. 264v『付法傳』）

（六六）大悲不共超諸聖、故得名為無對光。流出面間多授記、哀憐海共滄忙（茫）。（S. 2659v3『十二光禮懺文』）

（六七）乘船整置《正値》高秋、此時變作望鄉愁、一夜若吟雲水。（S. 2607+S. 9931『曲子詞抄』）

（六八）雲中若雨、與悲淚而俱垂。白雪添愁、處寒心而轉切。（S. 2832『齋儀書儀摘抄』）

（六九）氣哀哀而作愁雲、淚霏霏而成若雨。（S. 2832『齋儀書儀摘抄』）

（七〇）兵車、若巢、以望敵。（S. 2071『切韻箋注』卷一至三、五）

（七一）君子但以我御窮苦之時（S. 10『毛詩鄭箋（邶風燕燕－静女）』）

（七二）『十三經注疏』（阮元本、中華書局、一九八〇年、三〇五頁）

（七三）秦穆公之女顏如玉、二八容光若桃李、見其姿首納為妃、豈合君臣有此理。（S. 328『伍子胥變文』）

（七四）羅什至秦、命叡入逍遥園詳譯。秦王興問姚嵩曰。叡公何人。答曰。此實鄴衛之松柏。（S. 556v『釋僧叡傳』）

（七五）豪傑望風慓服（S. 1889『敦煌氾氏家傳并序』）

（七六）弱者策之加大力、慓者偶之使無懼。（S. 2659『下部讚一卷』）

（七七）忽承招引、尤積慚惶、更沐提携、倍增戰慓。（S. 1172v『都講辯惠設難問疑致語』）

（七八）南蠻慓如落葉、東夏卷似飛崩。（S. 289R2『當身勇猛無敵等詩稿』）

（七九）悟六道之輪迴、慮逢漂溺。（S. 2113v2『乾寧三年沙州龍興寺上座德勝宕泉創修功德記』）

（八〇）迴我大椿步、飄昇太極宮（S. 1906『太上洞玄靈寶真一勸戒法輪妙經』）

（八一）意縛三毒每沉（S. 3046『般心讚』）

（八二）先渡泰河水。（S. 1399『王梵志詩』卷一）

（八三）南渡縛芻河、至達摩迷鐵帝國……訖栗瑟摩國。（S. 2659v1『大唐西域記』卷一）

（八四）『大唐西域記校注』（中華書局、二〇〇〇年、第一一一－一一二頁）

（八五）前標得失之政、次指禍福之門。（S. 2060『道德真經李榮注』）

（八六）予室翹翹、風雨之所飄颻。（S. 2049『毛詩鄭箋（豳風七月－小雅杕杜）』）

（八七）仰法鼓以魂驚、瞻義山而悚慓。（S. 1170『某都講設難問疑致語』）

（八八）黃徵『敦煌俗字典』（上海教育出版社、二〇〇五年、三一一－三一二頁）

（八九）張湧泉『敦煌寫本文獻學』（甘肅教育出版社、二〇一三年、二六五－二六八頁）

【訳者補注】

本稿は論文の性質上、字を翻刻せずに原本の文字を表出している。付して諒承頂きたい。なお、訓読文および注の原文に付している字は通仮字である。

第二部会　四

伝統中国の経済秩序をどのようにモデル化するか
――二〇世紀中葉の日本の学界における一つの試み――

岸本　美緒

はじめに

二〇世紀日本における経済史研究を巨視的に振り返ってみるならば、西洋史及び日本史の研究が学界を主導してきたこと、またそこで意識的・無意識的に用いられる理論が欧米発の理念的モデルに支えられていたことは、おそらく否定できないであろう。アジア関係の経済史研究も中国経済史を中心として相当の蓄積を持っているが、特に前近代に関していえば、それはいわば「事実」の領域に止まっており、理論モデルに言及されるにしても、西洋モデルの部分的なあてはめ、ないし「西洋モデルは当てはまらない」式のネガティブな言及に止まる状況が長く続いてきた。しかし、経済史研究というものが、人類の経済活動（この「経済」という語自体も問題であるが）(一)の理解を目指すものである以上、世界の人口の大きな部分を占めてきたアジア諸地域における経済のあり方について、比較史的考察に役立つようなポジティブなモデルを作ってゆくことは、少なからぬ経済史研究者にとって、魅力的な試みと感じられるであろう。

無論、従来そのような試みがなかったわけではない。そうした方向をめざし日本のアジア経済史研究にも大きな影響を与えた研究潮流として、一九七〇年代から日本の学界で注目を集めるようになった経済人類学を挙げることができる。ただ経済人類学が中国経済史研究に与えた影響は必ずしも単純ではない。たとえばポランニー（K. Polanyi）の『大転換』（*The Great Transformation*, 原著一九四四年）が日本語に翻訳された一九七〇年代半ばにおける日本の明清経済史研究の状況を考えてみると、封建制論が主流の地位を占めて既に数十年たっており、「一九世紀の大転換以前においては、経済システムは社会システムのなかに埋め込まれていた」といったポランニーの主張は、ある意味で当然のことと受け取られたともいえよう。日本の明清経済史研究者が直面していたのはむしろ、ヨーロッパ封建制の理念的なモデルとは異なる当時の中国経済の特質をどのように理論化するかという問題であった。即ち、帝政時代の中国においては、生業選択、土地売買、小作関係などを含め、今日でいう経済活動の広範な領域が個々人間の「自愿非逼（自発的合意に基づくもので、強制ではない）」の契約に――少なくとも形式的には――まかされていたが、いわゆる「封建制」とは異なるそうした「自由」さをどのようにとらえるか、そしてそうした「自由」な選択を通じて展開される独特の経済的諸事象をどのように説明するかという問題である。

一九七〇年代半ばという同じ時期に、東南アジアを専門とする農業経済学者の原洋之介は、民国期華北農村の共同慣行を数理経済学的に説明する試み(二)を行った。その試みは、一部の中国経済史研究者の注意を引きながらも孤立した事例に止まったが、「制度の存在形態の変化の外的観察だけから組み立てられた発展段階論は、人間の行動の理解という点で不充分」であり「人間の行動の動機についての現実的で妥当な仮定から、ある具体的な歴史的制度の成立・展開を説明づけようとする方法こそが、現代の経済史学に最も必要とされているのではなかろうか」という原の主張は、その後の中国経済史研究の方向性を、少なくとも部分的に予見するものだったと考えられる。八〇年代以降、原は地域の文化的な個性により重心をおきつつ、「地域研究と経済学との架橋をめざす」論著(三)を刊行し、アジア経済史研究の領域に少なからぬ影響を与えてきた。

欧米においても、経済学と中国経済史研究を結び付けようとする試みは従来行われてきている。たとえばトーマス・ロウスキとリリアン・リーによって編集された論文集『経済学的視点からみた中国の歴史』(四)がその例である。本書の序文において編者は、従来のアメリカにおける中国経済史研究が、社会史的・制度史的分析に傾き、「経済学的」分析を欠いていたことを強調し、経済学的な視点について、より自覚的であるべきことを主張する。経済学的視点とは、編者によれば、選択、合理性、機会費用、均衡などのキーワードで表されるような経済学的なものの考え方のことであるが、それは現代の経済理論を中国にそのままあてはめることではなく、仮説としての経済理論を念頭において理論に基づく分析を行うことである、という。ただ本書に収録された諸論文においては、統計的手法は用いられているものの、経済理論のキー概念について中国に即した検討が行われているものはほとんど無いように見受けられた。経済学と中国経済史研究とを架橋するためには、精緻な統計学的手法に先立ち、むしろキー概念を素朴に考えなおしてみることが必要なのではないだろうか。

本稿では、このような課題を先駆的に追求した試みとして、二〇世紀半ばに発表された村松祐次という研究者の「中国経済の社会態制」に関する議論を紹介するとともに、若干の私見を述べてみたい。村松の「態制」論については、近年の日本の中国経済史研究ないし現代中国経済研究の分野では時折言及され、その内容は日本の研究者の間ではある程度知られているが、中国の学界では今までほとんど注目されることがなかった。このたび屋下屋を架す愚を顧みず「日中学者中国古代史論壇」の場を借りて村松理論を紹介した理由は、今日の中国の研究者からみて、村松「態制」論がどのように受け取られるか、かねてより興味を感じていたからである。賛同されるにせよ批判されるにせよ、村松理論を媒介にして新たな議論の糸口をさぐることができれば、本稿の目的は達せられたといえよう。

I、伝統中国経済論の諸タイプ

村松の議論を紹介するに先立ち、明清中国経済に関するイメージの全体的な広がりのなかでの村松説の位置づけを示すため、近百年の日本における議論のタイプを概略的に整理しておきたい。あまりにも粗雑なまとめ方であることを承知の上で仮に、他地域（特に西洋）との対比で中国の特徴を強調する立場を「類型論」、他地域（特に西洋）と同様の発展コースを想定する立場を「発展論」として縦軸にとり、明清中国経済の主要なイメージを「不自由さ」としてとらえるか「自由さ」としてとらえるかを横軸にとって図表化してみるならば、基本的なタイプとしては、以下の四つが挙げられるだろう。

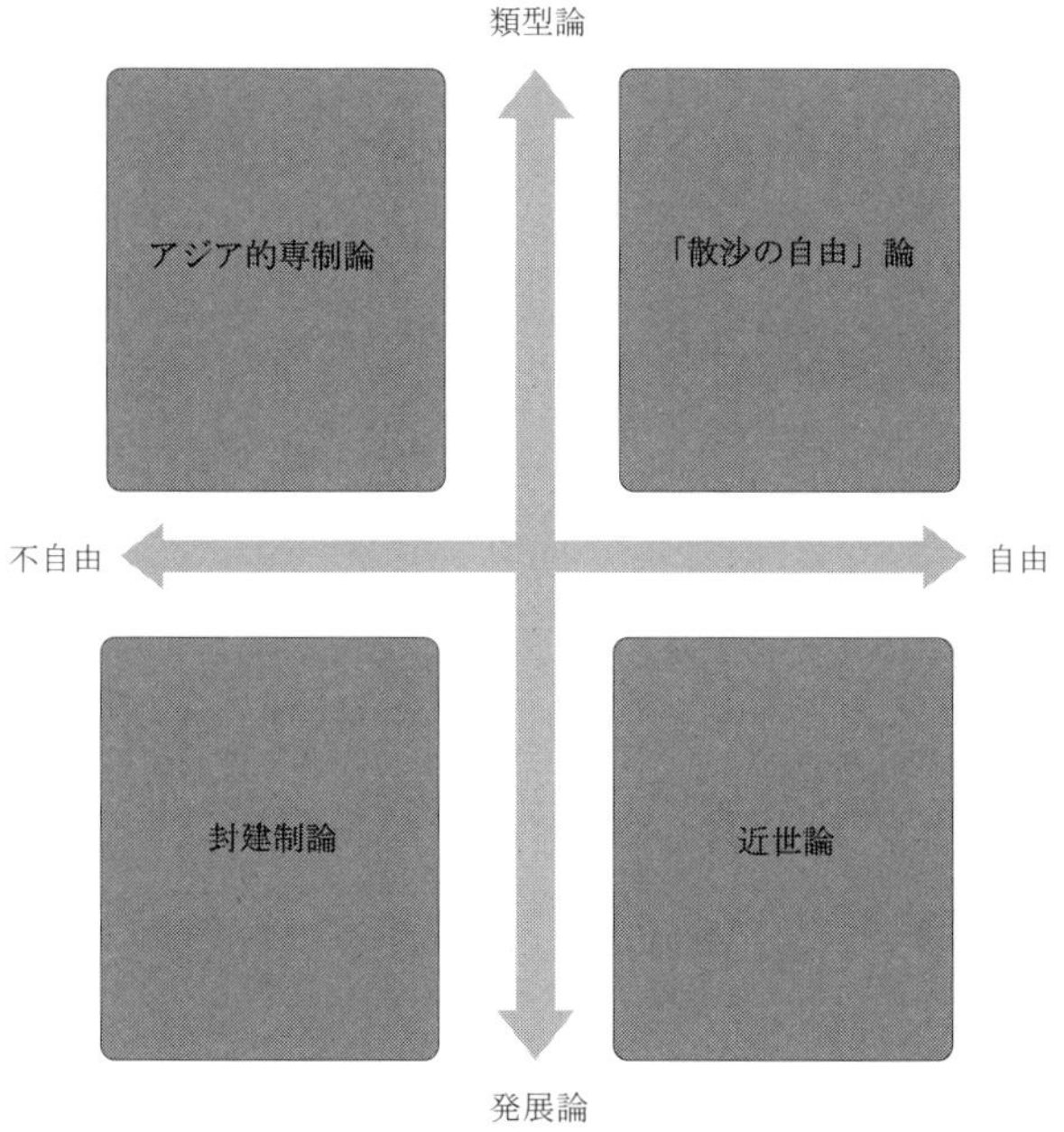

① 類型論Ⅰ「アジア的専制」論

このタイプは、一九世紀ヨーロッパの自意識の対極に形成されてきたアジア像の一環といえるもので、「アジア的専制」「アジア的共同体」などの概念のもとに、個人に対する束縛・規制の面を強調する。近代ヨーロッパの「自由」との対比で、専制国家や血縁集団・地縁集団の拘束力、重農抑商政策などに注目するのである。しかしこれは、価値的に逆転すれば、日本のアジア主義を支えた「利己主義的競争社会としてのヨーロッパ　対　親和的共同体社会としての中国・日本」という議論にもつながり得る。戦後の「アジア的専制」論としては、社会主義体制をアジア的専制論と重ね合わせるウィットフォーゲル（Karl Wittfogel）の議論が有名であるが、日本ではウィットフォーゲル説は露骨な反共理論として、おおむね批判の対象であった。しかし近年では、「民主派」的立場に立って現在の中国の支配体制を伝統的専制国家の延長上にとらえる観点から、ウィットフォーゲルを再評価する動きもある[五]。

② 類型論Ⅱ「散砂の自由」論

このタイプは、近代ヨーロッパとの対比における類型化という意味ではⅠと共通だが、Ⅰとは逆に、「秩序・統合の欠如」に焦点を当てるもので、中国社会における「散砂のような自由」（まとまりがなくてバラバラなこと）、規制の微弱（制度的インフラの欠如）、リスク・不安定性、といったものを強調する。このような中国イメージは、清末以来の政治改革者たち（梁啓超や孫文など）にかなり広く共有されていた。中国の改革者たちから見れば、こうした状況を克服して近代的国家統合を実現することが目指されたわけだが、日本から見た場合、これは「団体的秩序をもつヨーロッパ・日本　対　無秩序な中国」という議論につながりやすかった。このタイプの議論についても、戦後日本の学界では、発展の契機を欠いた理論として否定的に見られることが多かったが、近年ではむしろ、伝統中国経済のこうした「自由」さが、ポストモダン的な見地から改めて注目されているといえよう。(六)

③ 発展段階論Ⅰ「封建制論」

戦後の日本では、上記①②のような議論をともに、アジア社会の発展を捉えることのできなかった「停滞論」として批判し、ヨーロッパをモデルとした発展段階のなかに中国の歴史の各時期を位置づける試みがなされた。発展段階論のなかで最も強力であったのは、マルクス主義的（より正確に言えばスターリンの定式による）発展段階論で、生産様式を基準とする段階区分からいえば、宋代から清代は地主制の時代として「封建制」即ちヨーロッパの中世に当る段階に位置づけられた。この議論の最大の難点は、宋代以降に集権の度を強めた帝政国家はヨーロッパの封建（レーエン）制度と対極的な性格を持つということで、この難問を解決するために「地主階級の利害を代表する専制国家」とか「集権国家の傘のもとで展開した地主の事実上の領域支配」といった、やや強引な論理が用いられた。

④ 発展段階論Ⅱ「近世論」

宋代以降を近世とする説は二〇世紀初めの内藤湖南の所説に始まるとされるが、一般に広く知られるようになったのは、戦後になってからである。内藤湖南は、唐末から宋代（一〇世紀前後）を中国史上の大きな変革期ととらえ、中央集権的な国家体制、都市・商業の発達、儒学の革新、庶民文化の興隆などを指摘して、これらの変化をヨーロッパのルネサンスにたとえた。この議論の弱点は、中国がこのように先進的であったとするなら、なぜその後継続的に発展していかなかったのかという点の説明である。(七)③の議論では、中国にも近代的発展の契機はあったが帝国主義によって阻害された、という説明が可能なのだが、④の場合には、先進的であった中国がなぜ停滞ないし後退したのか、という難問に答える必要があるのである。

この四タイプを中心とする研究動向を極めて大雑把に描いてみるならば、戦後の日本では、①②を「停滞論」として批判しつつ、発展段階論が「理論的」研究の主流を占めるようになり、その枠組みの中で議論が行われる傾向が強かったといえよう。③と④はその枠組みのなかでの論争の主役であった。(八)その後、ヨーロッパ史を理念的モデルとする発展段階論の行き詰まりとともに、「発展」よりも中国社会の「型」に注目する類型論的な方向へとシフトが起こるのが一九八〇年代である。しかしその「類型」とは、結論としての停滞・不変を強調するものではなく、むしろそこでは、社会変動を説明する方法としての意義――すなわち、当時の人々の思考様式に沿った、内在的に理解できる行動の合成として変動を捉える――が重視されていたといえるだろう。(九)それらの「型」論は、発展論と結びついて多系的発展論（中国はヨーロッパと異なる発展経路をたどったという議論）として現れる場合もあったが、それは同時に、④の議論に付きまとう上記の難問に答えるための④のヴァリエーション――中国は「遅れた」のではなく「違う道」を辿ったのである――としても機能したといえる。(一〇)

戦後は忌避される傾向のあった類型論的な議論は、現在ではむしろ、かなり広範な読者をもっており、私見では、伝統中国社会のもつある種の自由さ・流動性と活力に注目しつつ②に近いタイプの議論をする論者が比較的多いように思う。そこには恐らく、現在の中国の

「社会主義市場経済」下における人々の、水を得た魚のような活発な動き、急速な経済発展と、それに伴う一種の「危うさ」のようなものに着目しつつ、その淵源をたどる、という問題関心があるのではないかと思われる。それは別の面からいえば、②の議論において中国と対比されている西洋型の秩序のあり方はもう「古い」のではないか、というポストモダン的な問いとも関わるといえよう。

以上述べた日本での動向は、国際的な研究状況とむろん無縁ではない。ここでは日本の研究状況と興味深い対比を示す英語圏の状況についてのみ簡単に触れておこう。

ポール・コーエン（Paul Cohen）が一九八四年の有名な著書『中国に歴史を発見する（*Discovering History in China*）』（一一）でアメリカにおける中国近代史研究の動向を整理した時、そこでの主な動向は、静態的な文化類型論から動態的な歴史の発見へ、という形で提示された。即ち、戦後一九六〇年代までの近代中国研究を規定した主なパラダイムは「西洋の衝撃—中国の反応」及び「伝統—近代」という二項対立的な構図であり、そこでは「伝統」はほぼ固定的に捉えられ、西洋との遭遇によってはじめて変化するものと考えられていた。それに対し、一九七〇年代以降の新傾向として登場した「中国自身に即した（China-centered）」アプローチは、中国の内発的な発展に着目（歴史を発見）するものであった、という。この変化を上記の４タイプに当てはめてみると、①から④へのシフトと見ることができるだろう。その後も、英語圏での「ヨーロッパ中心主義批判」的傾向をもつ研究は、たとえばマックス・ウェーバーなどの中国論を①の代表として設定した上で、中国において近代的要素（自治、市民社会、市場経済、民事司法など）が自生的に成長したことを論証する——即ち④の立場から①を批判する——というスタンスを取るものが多いように思われる（一二）。しかし、④のタイプの議論は必然的に「それではなぜ中国は西洋より立ち遅れたのか」という問いを惹起する。そうした問いに直面するなかで、「大分岐（the great divergence）」（一三）論や多系的発展論が注目を集めている、というのが現状ではないかと考えられる。

以上のように、伝統中国経済論といっても百家争鳴であり、すっきりと整理することは難しい。ただ、本稿で紹介する村松説について、これが現在の日本の学界において「正しい」議論として大方の承認を得ているかのような偏った印象を与えるといけないので、あえて冗長な紹介を行った次第である。

Ⅱ、村松祐次の「社会態制」論（一四）

さて前置きが長くなったが、以下紹介する村松祐次の所論は、上記の分類では②のタイプに近い議論であり、発展段階論を基調とする戦後の中国研究のなかではあまり顧みられることがなかったもの（一五）の、近年は比較的注目されているようで、中国史研究のみならず現代中国経済研究においても、時々言及されている（一六）。

まず村松祐次の略歴を紹介する。村松氏は一九一一年生まれ、東京商科大学（現在の一橋大学）の卒業で、戦時中は陸軍主計少尉として一時中国大陸に滞在し（一七）、一九四〇年に東京商科大学助教授に就任した。その後同大学東亜経済研究所の研究員を経て、一九四九年に同大学が一橋大学と改名して以後、経済学部の教授として一貫して勤務した。一九六二年に一橋大学から経済学の博士号を授与されているが、その博士論文は「清末江南地主制の史料的研究」という題で、地主の租桟に関する一次資料を大量に使用した実証研究である。本論文はその後、『近代中国の租桟』（東京大学出版会、一九七二年）という題で出版されて日本学士院賞を受賞し、アメリカでも一部が翻訳出版されて、氏の代表作と目されている。一橋大学経済学部長、また大学紛争時には学長代行も務め、学内行政にも手腕を発揮した。氏は一九七四年病気で逝去したが、それは一橋大学定年退職の直前のことであった。

村松が卒業した東京商科大学は一九二〇年に設立された官立の商科大学で、実務家的な気風とともに、海外の経済事情に対する関心が強かった。村松の指導教員であった根岸佶は、中国の行会について広範な調査に基づく多数の著作を発表した研究者である。戦後の一橋大学は、経済学を中心とする社会科学の総合大学として発足したが、当時の学界で一般に強い力を持っていたマルクス主義経済学の潮流とは一線を画する独特の学風を持っていた。村松の研究の背景には、東京商大から一橋大に至る、実務家的センスに基づくアカデミズムともいうべき学風があるといえるだろう。

以下、『中国経済の社会態制』の方法的特徴に重点をおきつつ、その内容を概観してみたい。

（1）問題関心と方法

本書の序文は、昭和二四（一九四九）年五月一七日付であり、即ち中華人民共和国成立前夜、その後の経済建設がどのようなものになるのか、全く予測のつかない段階で書かれている。村松は、中国共産党が中国全土を掌握する日は近いと見ていたが、その経済建設については、それほど楽観的ではなかった。

> 中共のいわゆる新民主主義革命は、用兵完了の日に成るのでなくて、実はその時に始まるのである。この膨大な農業国を資本化し、やがて中共究極の目標であるその社会化への道を開くという課題は、明日の事業として彼らの肩に背負わされている。……従来の経済社会態制に対する最大限度の寛容を通じて、おもむろにその再編を図ろうとする中共の態度は、決して単に一時的な民心安定策に出でたものではない。それほど**この国の経済社会態制の革新には大きな障害と困難が横たわっている**のだと見なくてはならぬ。……（ゴシックは岸本。以下同様）

それでは、ここでいう中国の「社会経済態制」を村松はどのように見ていたのだろうか。

> 本書は結局そのような**中国経済の伝統的な態制**、その社会的な制度的な框廓の考究を通じて明日の中共経済のあり方を間接的に考えようとしたものであるが、そこで絶えず人の用いる「封建的」という語の使用を避けたのは、**近代ヨーロッパ的でない、産業資本主義的でない経済のあり方にも、国によって様々な相違があり得る**ことを考えたからである。もちろん現実を要約し整序するための、段階概念の有用さを否定しようとするのではない。しかし少なくとも同様に「封建的」心情の残存が問題にされている日本の場合と比較すれば、中国のそれがどれほど**個性的**な傾斜をもつものであるかは自ずから明らかであろう。……西欧の歴史的発展から抽出された段階構成を一度離れて、虚心に在来の社会構造と西欧的―世界的なものとの距離の測定を志すべき……。（iii～iv頁）

即ち村松は本書で、西欧などとは異なる中国経済の「個性」を主題としているのである。[一八] 本書の方法は第一章で述べられているが、それは今日の経済史研究者の目から見ても興味深いものといえよう。[一九] 村松によれば、経済を観察する方法として、数字による統計から見る方法と、経済主体間の社会的な関係、すなわち狭義の「態制」を追求する方法とがあるが、後者のなかにもまた、二つの部面がある、という。その二つの部面とは、（Ⅰ）外部的（規制的）な秩序——国家の法律、社会的慣行など、（Ⅱ）内部的（組織的）な秩序——合資組織、家内工業、問屋制度など、である。

特定の法的—慣行的な秩序の間に、個々の経済主体は無数の為し得べきこと、為し得べからざること……の体系によって制約され、互いに結合せられる。広い意味で**社会規範とか社会倫理**とかいう言葉が、そのような体系を指すものだと言ってもよいであろう。あるいはそれがいつか**個々の経済主体の行動をほとんど反射的に左右し、特定の社会における個々の成員の生活に一種独特のリズムを与える**ということを考えれば、これと表裏一体をなすものとして特定の社会の「心意」とか、「国体意識」とか、「生活感覚」とかいうものを考えることも可能である。

中国経済全体を競技に例えれば、前に挙げた経済事象の量的側面への投影は、得点のスコーアであるし、ここでいう狭義の外部的態制、個々の経済主体を制約する社会的規範は、中国経済に特有な「**競技規則**」だとも見られよう。……そしてそのような外部的な、規制的な框の中に、狭義の態制の第一のもの（Ⅰ）が見出されると共に、これに応じて、これに則して、その中で個々の経済主体が、その経済的行為の効果を拡充し、強化し、確保するために造る人の配置、物の区分、経営及び生活の内部的規制の秩序、つまり上に言う態制の第二の面（Ⅱ）が見られることになるのである。競技についての前の比喩を再度持ち出せば、これは**ポジションの決定、練習のスケジュール、試合に際してのチームの編成**に当るであろう。（一二～一四頁）

ここでいう「態制」という語は、村松の独特の用語であるように思われるが、それは次のように説明されている。

個々の経済的行為、個々の経済生活はいつでも特定の……社会関係の中で営まれている。人と人との具体的関係の間で、人々の経済的欲求が、社会的行動に現実化せられるのである。……そして**そのような特定の社会的関係の中で営まれる個々の経済生活が、同時にその特定の経済社会的関係——ここでいう経済の態制を変貌せしめつつ存続せしめる**のである。……だから個々の経済主体の、個々の経済生活を離れて別に「態制」がある訳でなく、そのような態制から遊離して、かつ経済学が時に考えたような、純粋に経済的な行為があるわけでもない。そこに中国の社会とか経済とかを極めて具象的につかむことのできる一面があり、おそらく唯一の面があるように、自分には考えられる。（一〇～一一頁）

即ち、ここで「態制」とは、人々の主体的行為の集合として形成されながら、同時に人々の行為を規制するといった、自己組織的な——そして文化的な個性と強固な持続性をもつ——過程の産物として定義されているように思われる。それが競技の比喩を以て示されていることが本書の大きな特色であろう。そこで試合を行うプレイヤーは、自らの利益を求めて行動するが、ホモ・エコノミクス（homo eco-nomicus）式の抽象的な個人ではなく、特定の社会の倫理を内面化した経済主体として捉えられている。そしてまた、本書のもう一つの特色は、「態制」のなかに、いわば競技のルールに当るような全体的な規範と、個々のプレイヤーが採用する「定石」に当たるような一般的戦略とを区別している点である。[20] 西欧と中国との相違を強調しながらも、本書が国家や共同体による束縛を強調する「アジア的専制」論とは全く逆に、経済活動の主体たる人々の意図と動機に関心を集中していることは明らかであろう。以下、具体的な論の展開を見てみよう。

（2）「安定なき停滞」

本書を象徴するキーワードとしてしばしば挙げられるのは、第二章第五節のタイトルである「中国経済の安定のない停滞」という語である。著者によれば、中国の零細経営は「経済的にすこぶる強い競争力と、社会態制的には極めて高い安定度を持っている」。

中国の工場制工業の拡大が緩慢であり、生産構成が……平板単調の趣を脱却せず、経済全体の静態性が著しく感ぜられるのは、よく言われるように、外国企業からの圧迫や競争よりも、むしろ国内における零細産業からの過度の競争によるものであったと言ってよいであろう。……市況の激変に遇えばすぐ倒閉するようなそれらの小企業は、絶えず交替しながらも次々に設立せられて、経済構造全体としてはいつもそれらの旧生産組織が中国経済の広い基底を形成している。……そこには絶えず苛酷な競争が行われて、個々の業者については新陳交換が急速に行われるが、しかもそのような不安定な基調の上で、構造的には「停滞」、安定のない停滞があると言ってよいのである。（五八頁）

方顕廷は、他国の水準においてやや大きいと見られる規模で営まれている工業は、そうしなければ経営が全然成り立たない産業種別だけで、大規模にでも小規模にでも経営し得るような企業は、すべて少しでも小規模に経営せられるのが、中国経済の一つの重要な特色だと言っている。……中国には何らかの社会的条件があって、それが経営の最も有利なオプティマルな規模を、甚だ小さいものにしているということでなくてはならない。……そのような社会的条件は……明らかに金利と地代との著しく高いのはその一つである。賃銀の著しく低廉なことはその二つである。そして……**経済活動の行われる社会的条件、経済心意のあり方、これが最も決定的な、第三の因子**である。（六一～六二頁）

労働賃金の低さは産業資本主義成立の一つの条件であるが、中国では生産組織を拡大して低廉な労働力を組織する方向に行かなかった。それはなぜか。著者によれば

生産資本主義的でない、したがって究極において**家計的傾向の強い経済心情**の上では、機械施設のための金利の高さと人力の低廉さとの対照がいよいよ強く意識せられる。結果としては人力が機械を駆逐することにならざるを得ないのである。しかも……その供給は甚だ弾力性に乏しく、最悪の事態においては、生存限界ギリギリの点まで引き下げられる大きな幅を、そこでは賃銀がもっている。……そしてこの人力の商品化とその不当廉売の上に、資本主義工業と競争してこれと対抗し得る程の家内工業や手工業の強さが載っている。（六八頁）

という。また、金利についても、中国において金利が高いのは蓄積の不足によるのではなく、「中国の金利が本来生産資本の収益率とは無関係に定まる消費金利であり、投機金利たる性格をもつ」ことによる、とされる。即ち

そこには、そのような蓄積を生産資本としてでなく、消費のために保蔵せらるべき富と考えるか、あるいは単に利付資本と見るような経済心情と、したがって強い**貨殖主義**がある。中国の工業化を妨げ、その経済形態を停滞的にし、したがって低い生産力と人口の「過剰」化をもたらしているものは、余剰や潜在的な蓄積の絶対的な欠乏であるよりも、そのような余剰の生態・蓄積をもつ

商人・地主・個々の官僚の経済心意と経済行動だと言わなくてはならない。（七四頁）

（３）外部的態制――国家・社会団体

では、中国経済のこのような特徴は、どのような「態制」のもとで形成されるのであろうか。著者のいう「外部的態制」即ち経済を規制する枠組みということで日本人がまず思い浮かべるのは、政府とか、日本の江戸時代でいえば「村」とか、そういうものであろう。著者は、中国の政府や社会団体は、西洋のそれとは大きく異なるという。政府については

中国の政府の組織には、清代以前から、**極めて統一的な、中央集権的な外形の下に、甚だ複元的・分散的な傾向**を包蔵していた。そしてそれは中国の「政府」―あるいは官僚制度のうちで、**中国の個々の官吏が示す極めて個別主義的な、私人的な行動態様**と結びついている。（一一〇頁）

その説明として本書で挙げられている例は多いが、民国時期のみならず清代にも当てはまるものとしては、たとえば土地税の徴収が「定額請負の形」即ち定額を上級官庁に送ればそのほかは地方官の自由裁量となっていたこと、その結果、地方官の私家計と地方政府の公会計とが融け合っていること、政府は通貨の発行は熱心に行ったが、通貨制度を全体として統一し、これを維持する点においては不熱心であったこと、などが挙げられる。著者によれば「［中国の政府は］**全体として市場のために配慮し、経済のために計画する公共的規制者ではない**。画一的な制定法を創設し維持することによって、経済関係に可計量的な、安定した基底を与えることは、その任務と考えられていない。西欧風な意味での統治とか行政とかは、中国になかったと言って確かによろしいであろう」（一四五頁）という。

さて次に、中間的諸団体即ち村・宗族・ギルドなどについて見てみよう。これらの団体はともすれば「封建的」な性格のもの、即ち「個々人の合理的な経済計画を抑圧する封鎖的な殻のような『協同体』」として考えられていた。しかし著者によれば、中国におけるこれらの団体は、個々の成員の利益追求を抑えるというよりはむしろ、激しい競争のなかで、個々人が利益を守るために集団を形成したものに他ならない。たとえばギルドの場合も、公的権力たることへの指向を持たず、「常に成員の個別生活に対する外部からの侵害を、個々の場合ごとに退け、これにPassive resistanceを試みるという自衛的・防禦的立場に止まっている」（一七〇頁）のである。

このような「外部態制」のもとで、中国の市場秩序は、一見すると矛盾するように見える二つの特色を示すこととなる。

一つは徹底した自由競争的な形である。他の一つは逆にそこでは市場活動が絶えず狭隘な、私人的保証の範囲に制約せられ、人的関係を辿ってでなければ行われないという古風な形姿である。それは日本で「近代的」と通称せられる近代西欧的市場の概念と、一面では甚だ近く、一面では甚だ遠い。……**「自由競争」と「私人的保証」という一見矛盾するごとき二つの事態**が、そこに併行し得るのは、ここで人的制約とか人的保証というものが、決して自由な経済的意志の決定を抑圧する経済外的な「伝統」や、身分的な制約によって課されたものでないという事情に基づく。むしろそのように**経済を外部から規制し、制約する秩序が、「統治」によっても、「身分」によっても、「伝統」によっても、与えられていないということの内に、一方では最も市場的な、極度に自由な価格競争の行われる理由があり、同時に正に同じ点に、その**

ような市場秩序の保証を、私人的な盟約……に求めざるを得ない不安があるのである。……公共的保証を私人的構成に求める結果は、当然に仲間内の仁義と仲間外に対する無制約的自由とを分裂せしむることになり、市場秩序全体としては絶えず個々の場合について、対人保証を求めざるを得ない程、いよいよ不安定な、競争的な形を結果するのである。……しかもそれらの人的関係は、常にそのように自由な競争的な関係を局地的に成立させるための保証しか行わないのが通例であるから、**中国の市場秩序は一面において甚だ無制約的・開放的で、他面において局地的・複元的なものにならざるを得ない**のである。（一七八〜一七九頁）

（4）内部的態制――合資経営、労働請負など

続いて、「内部態制」即ち、中国の人々が形成する経済的組織の特質についての著者の議論を見よう。この部分では、土地所有、小作関係、合股（合資経営）、問屋制度、「包工」（労働請負）制度、などが分析されるが、幾つかの問題に対する著者の解答を挙げておこう。

中国の商工業組織は、比較的狭い熟知者の範囲内で結成せられ、それも原則的には一時的・短期的な組合形態を採るばかりで、広範囲からの蓄積を大資本に集中した永続的な株式会社制度が行われるに至らないのはなぜか――

資本の集中は身分的・伝統的・「封建的」な制約が存することによって妨げられるのではない。**人的信用すなわち個人的熟知や情誼にたよらなくては、資本授受に必要な安定感の保証が得られず、**長期信用の付与に不可欠な社会的信頼の基礎が法制によって与えられていないこと、集中せられた資本が、家計計算的な資本所有者によって分散せしめられる所に、事態の核心が存すると見るべきである。……事態の核心はむしろ人々の行動が余りにも個別合理的であることに存する。**余りに個別合理的な経済意識が恒常的な経営の発展よりも、成員個々の利益を先行せしめる**ように見える所に、中国の経営組織が一時的な組合関係の離合集散に止まっている真実の基底が求められるべきであろう。（二二六〜二三一頁）

中国の工場や鉱山においては、会社が個々の労働者と直接雇用契約を結ぶのでなく、労働者の口入・管理を請け負う中間人が介在することが多いが、ピンはねや労働者の生活水準低下という弊害にもかかわらず、こうした労務管理が行われるのはなぜか――

そこには熟視すると、**経営組織の全体が個々の成員の個人関係に分解せられて行き、個々の成員の利害とか計算が、組織全体の利害と遊離して、全面に押し出されている**感じを禁じ得ない。そして中国の労働請負制度一般の基底も、……そのような個人的な関係、個人的な影響力を介在させるのでなくては、組織とその能率との維持が困難なことに基づいていると見られるのである。……あらゆる成員が有機的組織の一分枝として全体の中に吸収せられることを通じて、初めて可能になる分業と協業とを、工場制工業組織の重要な特色であるとすれば、それと最も遠い構成と構成意思とが、ここには見られるのである。……規模の拡大が能率の上昇をでなく、しばしば低下を齎すのは当然だと言わなくてはならぬ。（二四六頁）

以上、まとめるならば、中国の経済秩序の特色は、著しい個別主義的傾向、即ち人々が個人の利益を第一に考えるという「合理的」思考を極限まで追求する結果、全体の観点からみると、「安定なき停滞」の陥穽に陥っている点に求めることができよう。

（5）村松の予測は当たったか

著者は、こうした分析をふまえて、共産党政権のその後について、次のように予測する。中国共産党は、こうした経済態制を一挙に変更しようとはしないであろう。しかし、現在の社会態制が存続する限り、経済の不安定さと貧富の差はなくならないのであって、この問題を解決するには、「統治・治安の秩序、行政・経営・生活組織の全面にわたって、新しい原理と新しい行動規範としたがって新しい形態とが作り出されなくてはならぬであろう。……中共が単に政権の掌握のみに甘んずるのでなく、社会態制と社会心情との『革命』を完遂する日を遙かに待望しなくてはならぬ。」（二六四～二六五頁）

中国共産党は経済態制の急速な変革は行わないであろうという著者のこの予測は、短期的には当たらなかった。中国共産党は、建国当初は「新民主主義」を掲げ、社会主義の実現を遠い将来のこととしていたが、朝鮮戦争を機に急速な社会主義改造、農業集団化を開始し、著者が描いたような自由競争体制を急速に変革していった。それでは、文化大革命終了後、市場経済へと復帰した中国では、著者が描いたような経済態制と経済心情とは、復活したのであろうか、或いは全く新しいものへと変貌しているのだろうか。官僚の不正蓄積などに見られる「私人的」性格や、経済活動における私的関係の重要性、といった点では、本書に描かれた状況は今日にも受け継がれているように見える。しかし一方、改革開放後の中国経済は、「停滞」どころではなく、急速かつ持続的な成長を実現している。その理由はさまざまであろうが、法整備などによる経済秩序の安定化や、また長期にわたる経済成長そのものが、資金所有者の考え方を「生産資本主義」的なものへとシフトさせていっているのかもしれない。ただそこにも、零細な業者が短期的な利益を求めて起業と倒閉を繰り返すといった、村松のいう「安定なき」過当競争の残影を見て取ることは可能だろう。[二二]

Ⅲ、村松理論の妥当性と今後の課題

中国伝統経済の特質を体系的に提示する試みとしての村松の議論がもし今日においても一定の示唆を与え得るとすれば、我々はそれを今後どのように生かしていくべきだろうか。村松の中国経済論に関する従来の評価は、おおむね四つの立場から行われているといえる。第一に、経済研究の方法論としての評価。第二に清末～民国期経済研究における村松の議論の妥当性。第三に現代中国経済分析における有用性。第四に、明清経済研究における有用性。以下、そのそれぞれについて、簡単に検討してみたい。

（1）方法論の観点から

注一九所引の古田和子の評言に「今日でいえばまさしく比較制度分析の手法」とあるように、村松のいう「態制」とは、比較制度分析でいう「制度」と大きく重なり合う。そもそも、本書の冒頭で中国経済全体を「競技」に例え、その「競技規則」や「選手編成」を観察しようとする基本的問題設定自体が、ダグラス・ノース[二三]のような近年の比較制度分析の理論を想起させる。そしてまたその「態制」を、専制論や封建制論のように外から押し付けられた枠組みととらえるのでなく、「人と人との具体的関係の間で、人々の経済的欲求が、社会的行動に現実化せられる。……そしてそのような特定の社会的関係の中で営まれる個々の経済生活が、同時にその特定の経済社会的関係――ここでいう経済の態制を変貌せしめつつ存続せしめる」（一〇頁）とあるような、自己組織的な形でとらえていること、そして「態制」のなかに規制的枠組み（外部的態制）としての「競技規則」と組織上の戦略（内部的態制）としての「選手編成」を区別していることなども、当時としては突出して洗練された方法であると評価できよう。本書のなかで村松は、今日の比較制度分析の研究者のように数式を使った数理的な説明を行うことはしていないが、基本的なアイデアは「まさしく比較制度分析の手法」に通ずるといっても過言ではないと思われるのである。

ここでは、いくつかの点について、その方法的特徴を考察してみよう。第一に、発展論的な研究潮流の立場からみて、村松の議論は「発展の契機を欠いた類型論・停滞論」として批判される場合が多かったが、そのようにとらえてよいのか、という問題である。本書のキーワードが「安定なき停滞」であるからには、村松の議論を「停滞論」と呼ぶことも誤りではないだろう。ただ、彼の議論が中国社会の本質的・絶対的な停滞性を主張するものであったのかといえば、そうはいえないであろう。「特定の社会的関係の中で営まれる個々の経済生活が、同時にその特定の経済社会的関係……を変貌せしめつつ存続せしめる」といった前引の文章は、態制の「変貌」を想定している。村松はまた、中国の将来を展望するなかで、次のようにも述べている。

> もちろん筆者はそのような中国の現存の態制の固定と不変とを、原理的に定立することなどを試みようとしているのではない。……自分の考えている「態制」は絶えず変化し得、また徐々に変化しているようなものなのである。ただそれだけにそれの不連続的な一新[二三]は、一般に困難であるだけでなく、中国の場合にはその安定―停滞性が特に著しい、という経験的事態の平明な認識を提示しようとするに過ぎない。……余りにも安易に、隣邦における政治局面の変化が、そのまま社会経済態制の激変につながるように考えることは、中国における現実の事態を、希望に基づくにせよ危惧に基づくにせよ、主観によって歪曲するものであり、現情を見誤る危険が大きいばかりでなく、困難な態制的条件の錯綜を切り開いて、革命を推進しようとしている隣邦の新人達に対し、敬意を払うゆえんでさえあるまい、と自分は考えるのである。
> （九頁）

ここで村松がいう「安定―停滞」とは、いわばゲーム理論でいう「ナッシュ均衡」（各プレイヤーが自分だけ行動を変えても得にならない状態）のようなもので、いったんその状態が形成され、さらに人々のメンタリティにまで浸透している場合、それを外からの法や命令によって変えることは容易ではない、と村松は考えていたのである。上述のようにその予測は「当たった」とは言えないわけだが、中国共産党による急激な社会主義建設が中国経済の正常な発展を阻害したと考える立場からは、村松の予言は逆の意味で「当たった」と見なすこともできよう。

「態制」のこのような「安定―停滞」性は、本来中国に限らずヨーロッパ諸国であれ日本であれ見られるものだが、中国の場合は、その「安定―停滞」性が他地域に比べて特に著しく、またその「態制」が「個別主義」を通じて大規模な産業の発達を阻害する方向に働いている、ということが村松の見解であった。これについては、以下の諸項で触れることとしたい。

村松の方法論の第二の興味深い特徴は、「競技規則」に当たる外部的態制と「選手編成」などに当たる内部的態制との区別である。これは一見、ノースの「フォーマル・ルール」と「インフォーマル・ルール」との区別を思い起こさせる。ただ、村松のいう「外部的態制」には、「法制的な秩序と並んで慣行的秩序が特に中国の場合重要な地位を占める」という認識のもと、「広い意味での社会規範や社会倫理」「心意」「国体意識」さらには「生活感覚」など、ノースの場合は「インフォーマル・ルール」に分類されるようなものも包含されている。

　ではこの「外部的態制」と「内部的態制」とははっきりと区別し得るものだろうか。章別構成の上では、「外部的態制」には政府のほか、中間的諸団体――村・宗族・ギルド――が含まれている。しかしここで村松が強調したことは、これら中間諸団体は成員の一体感に根差し強力に成員を規制し得るような団体ではなく、むしろ「個々人の合理的な経済計画」に基づき「利己的な動機によって二次的に結成した団体」であるということ、即ち、個々人の戦略的観点から行われる私的秩序形成の産物であり、個々人の利害によって集散する任意的団体である、ということであった。そしてさらに、政府の活動すら「公共的規制者」というよりは私人的利益の追求者という面においてとらえられている。その結果、中国の経済秩序の特色は「経済を外部から規制し、制約する秩序が、『統治』によっても、『身分』によっても、『伝統』によっても、与えられていないということ」に求められるのである。とするなら、中国には個々のプレイヤーを超えた立場に立って「競技規則」を司る仕組みは存在しないこととなり、外部的態制と内部的態制との境目は曖昧になってしまうのではないか。

　この観点からすれば、本書において政府や中間諸団体が「外部的態制」の枠のなかで論じられているのは、それら自体が「外部的態制」を形作っているという意味ではなく、他地域では本来「外部的態制」を形作るべき政府や諸団体が中国ではその役割を十分果たしていない、という「欠如」論的指摘のためということもできるだろう。別言すれば、規制力のある公的な競技規則がない、ということこそが中国の競技規則であるという、奇妙な――しかし興味深い――論点がここから導き出せるかもしれない。

　ここで村松の「外部的態制」「内部的態制」をめぐる議論について論評するのは、村松の見解を批判するためでは必ずしもない。むしろ、制度を自己組織的な相においてとらえるという村松の卓見を極限まで推し進めれば、規則と定石的戦略との境目が曖昧になってくるのは論理的に当然ともいえる。それはまた、中国一般において、さらには「中国」の範囲を超えて「ルールとは何か」という問題の問い直しにもつながるであろう。[一四]

（２）清末～民国期経済史研究の観点から

　本書の序において著者は「ここに取り扱った中国経済の社会的構造の歴史的背景を探ること、かりにここでは精々遡っても阿片戦争の前後以後に限られた観察の範囲を、清から明へ、明から元へと拡大して行くことによって、現存の事態を発生史的に理解することは、自らまた別の研究課題である」（ⅳ頁）と述べており、本書の直接に対象とする時期的範囲はおおむね一九世紀半ばから二〇世紀半ばの時期であると考えられる。それでは、その時期の経済史研究の観点からみて、村松の議論は今日どのように評価されるだろうか。

　奥村哲の論考「村松祐次『中国経済の社会態制』をめぐって」[一五]は、中国近現代経済史研究の立場から本書を論評したおそらく唯一の専論である。以下、奥村の議論を紹介してみよう。奥村はまず、本書に対する久保亨の評言として「中国の社会経済理解をめぐり有益な指摘を含んでいたとはいえ、基本的にはM・ウェーバーの見方に触発され、中国社会経済の非資本主義的特質を論じたものであり、現在の我々の作業にはそれほど役立つ研究だとは思えない」[二六]という文章を引き、それに対し、むしろ積極面を認めた上でそれをいかに乗り越えるかを考えるべきではないか、と提言する立場から論評を行っている。

積極面として挙げられるのは、「社会関係」に着目した経済論という点である。「社会論をもたない経済事象のみの記述は空虚でしかない」と奥村はいう。奥村は特に、「半封建・反植民地」といったかつての通説的な性格付けに対比して、「制約も保護もない自由競争関係をつうじて人々が個別合理性を追求する結果として『安定なき停滞』状況」がもたらされるという村松の議論のほうが――ここでいう「停滞」が絶対的な停滞を指すものでないならば――説得的であると評価する。「中国の伝統社会のあり方が近代化の過程、とくにその初期を規定すると考えれば、我々の理解を深めるものになると思われる」。

一方、問題点として挙げられるのは、以下のような点である。第一に、西欧と中国を極端に対比しすぎていること、第二に西欧と中国をばらばらにとらえ、両者の相互連関を捨象していること、第三に、変化の契機が不明確なこと。そしてこれらと関連する具体的な問題として、抗日戦争から戦後内戦期の捉え方を挙げる。村松が民国初期から戦後内戦期までの中国経済をほぼ同一の型においてとらえるのに対し、奥村は日本の侵略と抗日戦のもつ画期的意味を強調する。「領土の多く、それも相対的に経済の発展した沿海・沿江部を占領され、八年の長期にわたった総力戦は、中国社会に以前の戦争とは比較にならぬ大きな変容を生じさせた」。この点を忽視することは「日本の侵略が中国の歴史の流れを変えたこと、そこに大きな断絶があること」を見逃すことになるという。この点は、人民共和国建国後の社会主義をどのようにとらえるか、という問題とかかわってくる。奥村は、中国の社会主義を抗日「総力戦」の延長上にとらえる[二七]。それに対し、村松の議論からすれば、社会主義は、伝統的な社会態制の上に突然強引に導入されたものということになるのである。これは、中国の社会主義の歴史的性格を考える上での重要な論点であり、非常に興味深い問題がここで提起されているといえよう。

（3）現代中国経済論の観点から

現代中国経済論の観点から村松祐次や柏祐賢の論点を最も精力的に摂取している研究者として、加藤弘之を挙げることができよう。加藤は、久保亨との共著[二八]において、柏祐賢や村松祐次の議論を、現代中国経済論にとっても示唆的なものとして紹介し、その後二〇一三年の著書『「曖昧な制度」としての中国型資本主義』（NTT出版）において、「曖昧な制度」[二九]というキーワードのもとで中国型資本主義の特質をとらえようとした。加藤によれば、「村松と柏が究明しようとした『中国的なるもの』の本質」は『曖昧な制度』にある」という（七六頁）。

それでは、「曖昧な制度」とは何であり、また現代中国の経済をどのように規定しているのか。村松に関する部分を中心に見てみよう。加藤は、村松の「個別主義」に着目し、次のように述べる。「村松の『個別主義』については、市場秩序のあり方にその特徴が見られる。すなわち、政府が貨幣制度や金融制度といった根底的な経済制度さえ持たず、自由放任を許す一方で、中間諸団体（村・宗族・ギルド）により最低限の範囲での規制が行われる。これは、『曖昧な制度』のマクロ的側面[三〇]を表している」（七六～七七頁）。

加藤のいう「曖昧な制度」の内容は多岐にわたり、ここで十分な紹介を行うことはできないが、村松の論点に関連する主要な論点をまとめてみたい。政府や社会団体による明確なルール化の契機を欠いた「曖昧な制度」は、一見すると取引費用を増大させ、経済発展を阻害するように見える。しかし改革開放後の中国は、瞠目すべき経済成長を続けてきた。その背景には、「曖昧な制度」のもつ強味がある。

加藤が最も注目するのは国営企業や地方政府の役割である。政府・官僚が市場の規制者というよりは市場のプレイヤー的な性格をもって活動する体制（国営企業と民営企業の併存、国営企業のなかの国営・民営混合的な要素、地方政府の主導する成長競争、など）は、村松のいう政府・官僚の私人的行動様式に関わる特徴といえようが、それは、計画経済から市場経済へという大きな変動期に際して、漸進的な移行がスムーズに行われることを可能にした。

また、組織全体の発展よりも個々人の利益を優先させる「個別主義」も、村松の議論では経済成長の阻害要因と見なされていたが、改革開放後の状況のなかでは、外部環境の変化により、そうした「個別主義」はむしろ、大衆による製造業への活発な参入を促進した。というのは、輸送と情報通信のコストの低下、グローバルな生産ネットワークの発達といった状況のなかで、部品を組み合わせたモジュール型生産が一般的になり、生産の「フラグメンテーション」化が進んだからである。そこでは、資本を集中した大規模な企業よりも、市場の変化に迅速に対応し得る小規模企業の活動の余地が広がったのである。

こうした「曖昧な制度」は、経済格差の増大、環境汚染の進行、官僚の腐敗、といった弊害も引き起こしているが、この「曖昧な制度」は単なる過渡期の現象ではなく、中国経済の個性として今後しばらく維持される可能性が高い、と加藤は予測している。

総じていえば、村松や柏が注目したような、中国の市場経済における「私的秩序形成」の優越は、いわば「不確実性に強い」性格を持っており、経済体制の大きな移行期や、グローバル化の衝撃を乗り切っていく局面で、その力を発揮したと言えるのかもしれない。一般に、制度に着目する経済論では、「明確な制度」が取引費用を低減させ、経済成長に資するとみなしがちだが、加藤の議論はそれに対する一つのアンチテーゼともいえよう。ただ、「曖昧な制度」の効力がいつまで持続するのかについては予測は難しく、それは加藤も認めるところであるといえよう。

（4）明清経済史研究の観点から

最後に、村松の議論の直接の対象ではないものの、明清経済史研究において村松の議論がどのような示唆を持ち得るのか、という点について考えてみたい。私自身を含め、明清経済史の研究者のなかで、村松の議論に関心を持つ者は少なくないと思う。それは例えば、明清時代の市場における零細経営間の激しい競争、経済主体のリスク感覚やそれに基づく行動様式が、村松の指摘と非常によく一致すると感じられるからである。ここでは、そうした積極的評価を前提としつつ、いくつかの問題を提起したい。

第一に、「モデルの幅」とでもいうべき問題である。本書の分析は、経済を営む人々が何を考えているのか、という「主観的=主体的」な動機を出発点として行われている。私見によれば、こうしたアプローチのすぐれた点の一つは、経済の特質を外に現れた結果から見るアプローチ（「地主的土地所有」「小商品生産段階」等々）と異なり、外面から見れば相矛盾するように見える結果を、経済主体による選択の結果として、整合的に説明できる点にある。つまり、「なぜこの場合にはこのようになり、あの場合にはあのようになるのか」ということを、「様々な発展段階が混じり合っている」といった強引な説明でなく、同じ考え方を基礎としつつ状況に応じて異なる判断がなされたものとして整合的に捉えることができるのである。かつて私は、こうした問題を、「多様性の背後に通底するメタ・ルール」という語で表現しようと試みた。（二二）本書について私が提案したいのは、「メタ・ルール」レベルの話とそれが結果となって現れた状況のレベルとをより明確に区別することによって、本書のモデルがより汎用性のあるものになるのではないか、ということである。ややわかりにくいと思うので、具体的に述べよう。

本書は、民国期の中国経済を扱っているが、その核心に置かれているのは人々のメンタリティや経済感覚といった長期持続的な問題であり、本書で提起される「個別主義」「貨殖主義」「私的保証の重要性」「官僚の私人的性格」などの特徴は、清代経済にも十分に当てはまる。ただ、清代を研究している者の立場からすると、著者の描く経済主体の行動の仕方は、やや非協力ゲームのほうに偏っているように思われる。たとえば、宗族や村落について著者は、「血縁的一体感などに基づくものでなくて、利害対立をその底に内包する経済的及び社会的な圧倒と依存の関係」（一五六頁）、「ある意味では自由な、ある意味では放任せられた不安定な競争的形姿が、ギルドや村を単位としてわずかに維持せられる秩序の場合にもその特色となる」（一五八頁）と述べ、その団結力の弱さを強調する。（二三）しかし、地域や時期によっては、宗族などの団体が、少なくとも外面的には、外国人からみて驚くほどの団結力を見せている場合もあるのである。これは著者のいう「個別主義」がこれらの場合には成り立たないということではなく、むしろ当時の人々を取り巻く状況が彼らをして、血縁的な一体感を媒介とした生存戦略を取らせているものと見ることができる。極限的な状況においては、無私の献身に支えられた固く絶対的な結合こそが、その成員を最もよく保護するという実際的効果を生みだし得ることを考えれば、人々が一種の実践的感覚として「個の滅却という保身術」を身につけていることは決して不思議ではない。それを単なる偽態ということはできない。私見では、中国の「個別主義」がいわゆる「個人」に固着したものではなく、より大きな一体感（一種の自我の拡大ともいえる感覚）との連続性を持っているところに、中国の「個別主義」の妙味と強靭性があるように思う。本書の分析では、「個別主義」的心情は直接に団体の団結力の弱さに結び付けられているように思うが、より広く様々な場合を見渡してみれば、「個別主義」的心情を基礎として実際に現れてくる社会の姿は多様であり、そうした多様性を含みこんだモデルが可能なのではないか。

もう一つ、官僚の役割について触れておこう。本書では、官僚は「私人的性格」をもち、公共的業務については放任的で無策であり、もっぱら私的蓄財を旨とし、一般人民からは忌避されている、といった否定的側面が強調されている。しかし清代盛期についてみると、少なくとも同時期の世界各地の政府に比べて、清朝政府のパフォーマンスが劣っていたとは必ずしもいえない。たとえば常平倉（穀物価格の上昇時に安価で売却して価格の調整を行ったり、飢饉の際に穀物の配給を行ったりする穀物倉庫）のようなセーフティネットが、同時期のヨーロッパとは比較にならない規模で全国的に整備されていたことは明らかである。（二四）

おそらくここには「公共性」というものに対する考え方の違いがあるのかもしれない。度量衡や貨幣の統一、取引をめぐる法の体系的整備、など、市場経済の制度的インフラの整備といった点では、清朝政府は確かに不熱心であった。清朝政府は、民間のプレイヤーとは異なる「公」的な位置に立ち（競技の例でいえば、競技場の経営者とかレフェリーといった位置に当ろうか）民間社会の市場取引とは機能的に異なる「公」的な業務を果たす（民間のプレイヤーが活動する競技場の整備を行う）というよりは、むしろそれ自身が巨大なプレイヤーとして市場に参入・介入し、政府の正当性の基礎であるところの人民の生存維持に直接関わったのである。上記の常平倉制度が既に清朝時代において、民間の正常な市場取引を混乱させるものとして批判の対象となっていた、ということは興味深い。つまり、中国政府の「公」的活動は、民間の市場活動と機能的に分化していない故に、それがいかに「みんなのため」を目指していたとしても、民間の活動と抵触する側面を持つのである。

ここから、「専制」と「放任」という中国の伝統国家のダブル・イメージを整合的に解釈することもできよう。国家が競技場に積極的に入っていく場合は、おおむね民間経済に対し直接に規制・競合する形を取るのであって、社会主義や国有資本が比較的自然に受け止められるのも、こうした考え方の延長上で理解し得るだろう。一方で、競技場から退出してしまう場合は、競技場の管理すらしない（いわゆる「夜警もしない国家」）ことになるが、その場合は、民間が私的秩序形成を通じてその間隙を埋めようとするのである。中国の国家の特色は「専制」か「放任」か、というよりは、むしろ市場に対するこのような関わり方、即ち、「国家と社会との機能的同型性」とでもいうべき特質に求めるべきではなかろうか。

中国の官僚の「私人的性格」とは、私利私欲を図るといった行動様式に直接に結びつくというよりは、むしろ民間経済に対して特権をもつプレイヤーとして関わってゆくというこのような姿勢（むろんこれが不正の土壌となったことは否めないが）を示す語と考えることができるだろう。中国の官僚が、我が身を犠牲にして民のために尽くす清官から、思うままに収奪して私腹を肥やす貪官まで、大きな差があったように、政府のパフォーマンスにも大きな幅があった。本書は、もっぱら二〇世紀前半の動乱期を扱っているために、ここで論じられる中国人の経済的メンタリティが経済状況の不安定性を増幅してゆく側面が強調されているように思われる。しかし、より安定した時期にはその同じメンタリティがどのような形で現れてくるのか、ということはまた別の問題であり、時期的な差に留意した幅をもった理解が必要であろう。

第二に、「社会態制」を論ずるに当たっての「中国」という単位について、考えてみたい。本書では「中国」という範囲を自明のように採用しているが、その「中国」とは何か、という問題である。本書で「中国」の比較対象となっているのは主に西洋（西欧）であり、また日本についても若干言及されている。著者によれば、

個別的な中国経済の態制と心意とは、よく言えば親和的で、悪く言うと盲従的な日本の社会態制および社会心情とは、ほとんど対蹠的なコントラストを示している。しかし同時に明確な個別的「不可分者」の意識と、その基底の上で社会形成への強い意欲とを示す西欧的なそれに比べると、中国のそれも日本のそれとともに、社会形成志向の欠如という共通の東洋的特色を示している。（二五四頁）

という。しかし、西欧や日本と違う点があるということは分かるとしても、それを以て「中国的」と言えるか否かはよくわからない。「家計的な経済心情」といったものは、チャヤノフのいう小農経済に共通のものであるし、「官吏の私人的性格」も、ミュルダール（Gunner Myrdar）の「軟性国家（soft state）」を想起させ、中国のみの特質

ではないだろうと思わせる。「私的保証」や「個別主義」「貨殖主義」も、経済秩序の不安定なところで利益を求めようと思えば、自然な傾向としてそうなってゆくのではないだろうか。また一方、中国の内部でもスキナー（G. W. Skinner）のいう「大区域（macro-region）」[三四]による違いとか、或いは「上海モデル」・「関中モデル」など、地域別にいろいろなタイプがあり得るのかもしれない。

　このように現在では、かつてのように「中国」を自明の単位として論ずることは、難しくなっている。村松が「中国」を単位として論じることができたのは、むしろ、アジア諸地域や中国内部の相違についての情報が少なかった当時であったからこそだと言えるかもしれない。ただ村松のいう「態制」が、「国民性」をアプリオリな前提とするような固い類型論ではなく、人々の主体的行動が集まって「態制」を作り上げ、またその「態制」が人々の行動を規制する、といった一種の自己組織的な運動性を持つものとしてとらえられていることにも注目しておきたい。固い普遍性論（ホモ・エコノミクスを前提とするような）でも固い類型論（不変の国民性を前提とするような）でもない、開かれた考察の可能性がここにあるように思われる。

　幸い今日では、対極的な性格付けへと導きやすい「中国対西欧（あるいは日本）」といった比較の軸のみならず、ヨーロッパや日本以外の地域を含んだより多方向的な比較が可能となっている。[三五]こうした多方向的な比較を通じて、前提となっている考察の単位を絶えず問い直してゆくような比較の仕方が可能なのではないかと考えられる。

おわりに

本稿では、六〇年以上前の著書を紹介するという懐古談式の話になってしまい、明清経済をめぐる様々な新しい方法論を扱うことができなかったことを、「論壇」の参加者におわびしなければならない。ただ、なぜこのような問題を扱ったかというと、近年のグローバルヒストリー系の比較史では、明清経済がヨーロッパとの比較でかなり持ち上げられながら、明清経済のとらえ方が表層的で、深部に入って行っていないのではないかというフラストレーションを感じていたからである。深部というのは、細かい実証が足りないということではなくて、むしろ、経済の動きを「理解」する基本的枠組みの問題である。遠く離れた地域の経済を比較するには、（村松の喩を借りれば）試合のスコアと勝敗をもとに「先進的」「後進的」といった位置づけをするよりはまず、試合のルール（経済主体の行動様式）について明らかにする――というよりむしろ、自分が暗黙のうちに持っている前提を明示する――ことが必要ではないだろうか。

　村松祐次の「社会態制」論は、全体として見ると「西洋に比べて中国は停滞的だ」という結論になるので、近年の反ヨーロッパ中心主義の潮流からすると、おそらく否定の対象となるだろう。しかし、伝統中国の人々の経済的行動様式について、その「主観的＝主体的」な根底まで遡って最も包括的・明示的かつ内在的に論じようとした試みの一つであることは疑いないと思われる。このような試みは、中国経済史に限らず、他の地域の経済史研究にとっても、参考価値のあるものではないだろうか。

《注》

（一）よく知られているように、経済economyの語源はギリシア語の「家oikosの管理nomos」であるが、西欧の国民国家成立期にeconomyという語は、個々の主体の行動の結果として生まれる一国全体の富の動向をマクロ的に捉える言葉として使われるようになった（political economy）。漢語圏においてeconomyの訳語として用いられる「経済」は、「経世済民（世を正しくし民を救う）」の略語であり、当初「計学」といった訳語と競合していたが、最終的に「経済」が定着した。「経済」という語は、政策論的指向を強く持っていた初期のpolitical economy論にはかなりよく適合するが、しかしそもそも「経世済民」という語の指す範囲は、財の生産や分配といった問題をはるかに超えて「世の中を良くする」こと全般に関わっていることに留意すべきである。換言すれば、東アジアの伝統的な語彙のなかには、統治一般と区別して財の生産や分配に関わる問題を指す適当な言葉がなかったので、「経済」という語を無理に当てざるを得なかったともいえる。

（二）原洋之介「村落構造の経済理論」（『アジア研究』二一巻四号、一九七四年）。

（三）原『クリフォード・ギアツの経済学——アジア研究と経済理論の間で』（リブロポート、一九八五年、改訂版『エリア・エコノミックス——アジア経済のトポロジー』NTT出版、一九九九年）など。

（四）Thomas G. Rawski and Lilian Li, eds., *Chinese History in Economic Perspective*, University of California Press, 1992.

（五）最近の例として、石井知章『K・A・ウィットフォーゲルの東洋的社会論』（社会評論社、二〇〇八年）を挙げておく。

（六）たとえば、一般読者の間にも大きな反響を巻き起こした與那覇潤『中国化する日本』（文藝春秋、二〇一一年）など。上記①と対照的に、ここでは中国の帝政国家が極限的に「小さな政府」であったことが強調される。たとえば與那覇氏曰く「キャッチフレーズ的に言うなら、……政府が小さすぎて『夜警もしない国家』というところですね」（池田信夫・與那覇潤『「日本史」の終わり』PHP、二〇一二年、一五五頁）。

（七）欧米では、「先進的であった中国がなぜ遅れてしまったのか」というこの問いは、近代以前の中国の科学の達成を高く評価するシリーズ『中国の科学と文明』の編者、ジョセフ・ニーダム（Joseph Needham）の名を取って「ニーダム・パズル」と言われる。

（八）宋代から清代中期まで（一〇世紀～一九世紀前半）の時期が中世（封建制）か近世かという点をめぐっての有名な論争については、多くの文章が書かれているが、論点整理としては、宮澤知之「宋代農村社会史研究の展開」（谷川道雄編著『戦後日本の中国史論争』河合文化教育研究所、一九九三年）などがある。

（九）このような点は、拙稿「明清期の社会組織と社会変容」社会経済史学会編『社会経済史学会創立六〇周年記念　社会経済史学の課題と展望』（有斐閣、一九九二年）で指摘した。

（一〇）「勤勉革命（industrious revolution）」論を中国に適用しようとする試みは、おそらくこの潮流のなかでとらえることができよう。例えば杉原薫「東アジアにおける勤勉革命径路の成立」（『大阪大学経済学』五四巻二号、二〇〇四年）参照。

（一一）Paul A. Cohen, *Discovering History in China: American Historical Writing on the Recent Chinese Past*, Columbia University Press, 1984. 日本語訳は『知の帝国主義』（佐藤慎一訳、平凡社、一九八八年）、中国語訳は『在中国発現歴史』（林同奇訳、二〇〇二年）。

（一二）たとえば、William T. Rowe の漢口に関する二部作 *Hankow*, 1984, 1989 をその代表例として挙げることができよう。

（一三）Kenneth Pomeranz, *The Great Divergence: China, Europe, and the Making of the Modern World Economy*, Princeton University Press, 2000. 近年の「グローバルヒストリー」の代表的著作と目されている同書は、一八世紀までの中国江南地域の経済状況は同時期のイングランドに勝るとも劣らないものであったとして、その後の「大分岐」の原因を、生態環境上の壁を乗り越える上でのイングランドの偶然的な優位——鉱物資源や海外領土——に求めている。

（一四）村松祐次『中国経済の社会態制』（東洋経済新報社、一九四九年、復刊一九

七五年）。以下の紹介は、私の旧稿『一橋大学の中国社会研究』（ニーズ対応型地域研究推進事業「アジアのなかの中東：経済と法を中心に」プロジェクト事務局、二〇一一年）と一部重なることをお断りしておきたい。

（一五）村松の著書『中国経済の社会態制』の復刊版に収録された Ramon Myers の追悼文では、「〔本書は〕日本でも外国でも、近代中国研究に対し実質的に影響力を持たなかったように見える」と述べている。同書二七五頁。

（一六）たとえば、加藤弘之・久保亨『叢書・中国的問題群5 進化する中国の資本主義』（岩波書店、二〇〇九年）第1章、など。なお、村松の『中国経済の社会態制』を紹介した専論として、奥村哲「村松祐次『中国経済の社会態制』をめぐって」（同『中国の資本主義と社会主義 近現代史像の再構成』桜井書店、二〇〇四年、所収）があり、その積極面と同時に批判すべき点にも周到な言及を行っている（後述）。

（一七）米濱泰英『一橋人からの陣中消息 如水会員の日中戦争』（オーラル・ヒストリー企画、二〇一五年）、二七一～二七五頁によれば、村松は一九三八年初めに出征、中国東北ソ連国境近くの虎林で陸軍主計少尉（のち中尉）として勤務、四〇年八月に召集解除となっているようである。

（一八）中国経済の「個性」についてのこのような関心は、当時の日本の学界で必ずしも孤立したものではなかった。京都帝国大学農学部教授であった柏祐賢は、一九四七～四八年に出版された『経済秩序個性論』（人文書林）において、中国経済の個性的秩序について詳しく論じている。

（一九）古田和子は村松の方法について「今日でいえばまさしく比較制度分析の手法」であった、と述べている。古田「中国における市場・仲介・情報」（三浦徹他編『比較史のアジア 所有・契約・市場・公正』東京大学出版会、二〇〇四年、二〇七頁）。

（二〇）興味深い方法であるが、この両者がはっきりと区別し得るものなのかどうかについては、検討の余地があろう。この点については、後述したい。

（二一）丸川知雄『チャイニーズ・ドリーム――大衆資本主義が世界を変える』（ちくま新書、二〇一三年）が、現在の中国の「大衆資本主義」のこうした側面を、ヴィヴィッドに――そして村松よりもはるかに肯定的に――描いている。

（二二）ノース（竹下公視訳）『制度・制度変化・経済成果』（原著一九九〇年、晃洋書房、一九九四年）。村松がこうした「競技」の比喩をどこから発想したのかという問題は興味深いが、本書を読む限りでは典拠となるような文献は挙げられておらず、村松の独創ではないかと思われる。

（二三）ここでいう「安定」とは、「安定なき停滞」の「安定」ではなく、態制全体の変わりにくさという意味での「安定」を指す。

（二四）寺田浩明は、清代中国における慣習は「慣習法」なのか、という問題を論ずるなかで、以下のように述べている。「清代民事法秩序には、そもそもこうした（日常的に存在する行動の規則性を日常の現実政治から制度的に分離し、操作可能なルールの形に整備していく――引用者）『規範の対自化』の施設設備が官民双方において基本的には欠けていた。成程、民事関係をめぐる一般的な行動のパターン（慣行）はある。しかしそれは、官においても民においても、（慣習法書の編纂、裁判での援用と判例法の形成といった形で）十分に対自化され、操作化されることなく社会の中を終止浮動している」（「清代土地法秩序における『慣行』の構造」『東洋史研究』四八巻二号、一九八九年、一五二頁）。こうした見解は、村松の「経済を外部から規制する秩序の不在」という論点と呼応するものではないだろうか。しかしさらに原理的な観点からヴィトゲンシュタイン流にいえば、「中国」の範囲を超えて、そもそも「ルール」というものは究極的には人々の実践的行為に還元されると述べることも可能であろう。

（二五）注一六参照。

（二六）久保「世界史における民国時代」（野澤豊編『日本の中華民国史研究』汲古書院、一九九五年）。なお、村松がどの程度ウェーバーの影響を受けていたのかということは、難しい問題である。奥村も指摘するように、「西欧を理念型とし、それとは別の類型として中国を捉えている」という点では「M・ウェーバーの影響が色濃い」と言えるかもしれないが、同時期の柏祐賢の『経済秩序個性論』がウェーバーの方法論に明示的に依拠しているのと比べると、『中国経済の社会態制』には、ウェーバーへの言及は全くない。『中国経済の社会態制』の出版直後、増淵龍夫が書評を書いているが（『一橋論叢』二二巻五号、一九四九年）、そこでは「借り物の方法などによって曇らされていない」著者の「透徹した眼光」を評価しつつも、著者の内面に観得された主観的形姿を客観的に概念化する方法が曖昧である、と述べ、比較のための共通の基準、より高次の問題視野が必要であるとして、ウェーバーの理念型論を例に挙げている。即ち増淵は、村松の議論にウェーバー的な方法論が欠けていることを不満としたのである。本書執筆時点で村松がウェーバーをどの程度読んでいたのかはよくわからないが、たとえ読んで方法的に関心は持ったとしても、具体的な中国社会論としては、家父長的氏族の強固さを強調するようなウェーバーの中国社会論が村松の目からみて素人の強引な議論に見えたであろうことは容易に想像できる。村松とウェーバーの関係については、のちに村松が、ウェーバーの影響を強く受けたバラーシュ『中国文明と官僚制』の翻訳を行っていることなども含めて、きちんと検討してみたいが、現在はその準備がない。ちなみに、本書のなかで比較的大きな議論に関わって引照される欧米の学者としては、ウィットフォーゲルやイギリス史家のR・H・トーネイ（Tawney, *Land and Labour in China*）などが挙げられる。ウィットフォーゲルに対しては批判的な言及が多いのに対し、トーネイに対しては（中国研究の専門家ではないにもかかわらず）おおむね肯定的な言及がなされているのは興味深い。

（二七）奥村『中国の現代史　戦争と社会主義』（青木書店、一九九九年）参照。

（二八）注一六参照。

（二九）さらに最新作の『中国経済学入門』（名古屋大学出版会、二〇一六年）では、「曖昧な制度」を引きつづきキーワードとしながら、題名の示す通り、「中国」の特質に根差し、かつ確固とした体系のある「経済学」を構築することの意義が提唱されている。

（三〇）それに対し、柏祐賢のいう「包」の倫理規律」（柏によれば「包」とは、不安定な自然・社会環境のなかで、第三者を間に入れて請け負わせることによって取引の不確実性を低減させる方式であるという）が「曖昧な制度」のミクロ的な側面を表すとされる。

（三一）前掲（注九）拙稿「明清期の社会組織と社会変容」、一六〇頁。

（三二）こうした見方は、東亜研究所と満鉄調査部が華北で行った中国農村調査における戒能通孝の見方と甚だ近い。このプロジェクトにおける村落関係の調査のもつ問題点（ないし問題提起力）については、旗田巍『中国村落と共同体理論』（岩波書店、一九七三年）参照。明清時代についていえば、足立啓二『専制国家史論――中国史から世界史へ』（柏書房、一九九八年）が村松のこうした議論をさらに尖鋭化して論じているように見える。

（三三）英語圏の学界で清朝に対する再評価が行われ始めたとき、最初に取り上げられたテーマの一つが、この常平倉の問題であった。Pierre-Étienne Will & R. Bin Wong, *Nourish the People: The State Civilian Granary System in China, 1650-1850*, Center for Chinese Studies, The University of Michigan, 1991.

（三四）経済地理学者スキナーは、河川を中心とする交通運輸システムという見地から中国を八ないし九の大地域に分け、それぞれの歴史のリズムは異なるとする。

（三五）たとえば、前掲（注一九）三浦徹他編『比較史のアジア　所有・契約・市場・公正』は、一九九九年～二〇〇一年の三年間続けられた研究会「比較史の可能性」の成果であるが、そこでは意識的に「中東・中国・東南アジア」の比較を軸に据えた。その意図の一つは、「西洋やヨーロッパを物差しにした二者択一から逃れ」ること、『文化相対主義』の名のもとに、地域や文化の設定を絶対化する」ような比較のしかたを克服すること、であり、「事象の比較を通じて共通の座標軸を発見」することが目指された。三浦徹「序　原理的比較の試み」（同書所収）、参照。

第二部会 五

宋代東宮の名目化現象について

陳 峰・范 帥
袴田 郁一(訳)

序

宋代の東宮に関する研究について、学会の近年の成果は主に東宮官の記録を網羅することに終始しており、東宮の名目化の問題についてはいまだ専門的な検討がなされておらず、皇位継承の制度を研究する際にまれに言及されるのみである。(一)しかし宋代東宮の名目化は、宋代史上に形成された特異な産物であるだけでなく、以後の時代にも重大な影響を与えた。詳細に考察するに足ると言えよう。

漢は、秦が太子を立てぬままに滅亡したことを教訓として、東宮の制度を建てた。太子の地位を強固するために、有徳の老臣に太子を補佐させるだけでなく、謀略を担う智嚢団をつけて大量の事務官僚とした。東宮制度は魏晋南北朝での発展を経て、唐代において頂点に達し、組織機構はすべて完成した。太子詹事が東宮の事務を統括し、左春坊・右春坊がその執行を貫徹させ、それぞれが三省になぞらえられるなど、あたかも一個の小朝廷のように独立して機能していた。(二)皇太子は往々にして比較的大きな権力を有し、場合によっては軍権を直接に握るまでに至り、東宮は国家の副次的な権力中枢となった。(三)宋の人はこれを、「大権の在る所にして、天下の争趨する所なり」と指摘する。(四)しかし過剰な太子権力は、しばしば権力闘争や宮廷の政変を引き起こし、皇帝権力を脅かすことすらあり、ついには骨肉相争う悲劇を生んだ。前漢の戻太子が起こした巫蠱の禍、隋の煬帝による父文帝と兄たる廃太子の弑殺、唐の太宗が父高祖に退位を迫った玄武門の変などのように、かかる惨劇は中国史上において珍しいことではなかった。これらを教訓として受け止めた背景のもと、宋の統治者は制度の再編を通じて東宮を名目化せしめ、それにより皇帝権力と太子権力の衝突を緩和したのである。

一、宋代における東宮設置の簡略化

(一) 随意の設置及び実体の名目化

宋代における東宮の設置について、ある研究者は、皇太子が冊立されたのちに東宮に居を遷して一連の東宮機構を立てるとする。(五)しかし一方では、北宋の東宮はおよそ別に宮殿を設けるのではなく、皇子が居住する王府を東宮とすると指摘する研究者もいる。(六)この両説は矛盾しているようであるが、実際はそれぞれ異なる条件下で東宮の状況を概括しているにすぎない。太宗期、皇太子の趙恒（のちの真宗）は開封尹としてその官署で政務を処理しつつ居住したことから、太宗は命じて開封府に射堂を建造させた。趙恒が即位したのち、権知開封府事は上奏して、「陛下の常に事を聴く所なり、臣 敢へて居らず。遂に之を空にすべし」としたため、[七]これにより開封尹の大庁は閉鎖された。[八]嘉祐四（一〇五九）年、仁宗によって修葺され潜龍宮が築かれた。

宋代は、皇帝に即位する以前の府邸に名を賜る慣例があり、慶寧宮、睿成宮、龍徳宮などがそれにあたる。[九]『文献通考』には、「真宗 東宮に在りて堂を建て射を習ひ、継照堂と名づく」とある。[一〇]加えて、多くの史料はこれに関係する内容を記述する際に、しばしば継照堂を東宮の一部と見なす。継照堂と東宮が密接に関係していることは明らかである。[一一]これより考えれば、太宗期における皇太子（真宗）の開封府尹時代の廨舎は、東宮と類似する性質を持ち、のちに仁宗から名を賜って潜龍宮とされたことは、即位前の皇太子の府邸は後に名を賜るという以後の事例と照らすに、太宗期では未だ特別に東宮を造営するという意図はないとしても、それでも相応する東宮官を置いていた。皇太子が開封府尹となったことで、開封府と東宮で事務が部分的に重複し、時の東宮の官僚は開封府に編入され、開封府を以て諸事務の実体機構とした。史料上での詳細な記録が限られるため、この時期の東宮の実体については明確な結論は出し得ないが、それでも東宮の実体が名目化に遇っていたことに疑いはなかろう。

先学が総括するように、「事に因りて設け、宜しきに随ひて定む」ことは宋代の東宮制度の基本的な特質であり、[一二]東宮の設置に関しても同様であった。これにより、時間的推移によって東宮の実体は一定程度の回復をしつつも、しかし唐初の東宮の実体とは比べるべくもない。一応の実体回復をした後の東宮設置は、以下のふたつの状況に分類することが出来る。第一に皇子がなお禁中に留まっている場合は、立太子された後に、その居住していた宮殿が東宮とされた。第二にすでに諸侯として外に出ている場合は、皇帝が禁中に宮殿を造営して皇太子に与えて居住させる。たとえば英宗が皇太子に立てられた際、時の仁宗は皇子位を建造し、彼を禁中に入れて居住させた。[一三]皇子位は東宮ではないが、実質的には東宮と性質を類似させる。神宗期では、昌王趙顥、嘉王趙頵はともに出閣の後もいまだ外第に出ておらず、「東宮之地」に居住していたため、彼らは東宮を「世為子舎」として、将来の太子が居住すべきところであり親王が長く留まる地ではないと述べ、出でて外第に住まうを求めた。しかし神宗は天倫を引き裂くとしてこれを退けた。これはふたつのことを示す。第一には、立太子前でも東宮はすでに独立した存在であって、北宋において「東宮を別個に造営するのではない」という指摘は誤りである。第二に、東宮に居住しあるいは学習することは、皇太子の特権ではなくなっており、立皇太子前においてはその他の皇子や、場合によっては宗室までがそこに居住し学ぶことができた。たとえば英宗期では、皇子の趙仲針、趙仲糾がいずれも東宮において学を受けている。[一四]

南宋の高宗の時代、のちの孝宗と信王は出閣する前、ただ資善堂で学んでいるが、これは皇太子が遅々として立てられてなかったことにより東宮もまた建造されていなかったことによる。孝宗が皇太子とされた時になってようやく東宮が建てられるも、しかし「其の地 甚だ隘たり」であった。[一五]そしてまもなく孝宗が即位したため東宮の造営も休止された。乾道元（一一六五）年、庄文太子が立てられた時、設置された東宮は非常に粗末であった。[一六]庄文太子は東宮に入ってすぐに早逝し、そのため知枢密院府をその外第とし、皇太子妃の銭氏および皇孫に与えて居住させた。光宗が太子であった時は、孝宗は朝廷の負担を軽くするため、空いていた宮殿を修復して東宮とした[一七]。寧宗と理宗はそれぞれ嘉王府と沂王府より即位し、東宮を建造するには間に合わず、そして度宗は、「青宮 禁中より始む、営建 大抵に以て定所を為さず」であった。南宋では東宮の位置は固定されず[一八]、また簡素で、ある時には空の宮殿を遷して東宮としており、孝宗の淳熙年間にようやく比較的全面的な修繕が行われたようであるが、しかし設置や修繕は比較的随意であった。

以上、宋代の東宮の設置はいずれも固定された制度はなく、旧例に則って「事に因りて設け、宜しきに随ひて定む」という原則を遵守した。これは宋代の制度の融通性を示すことはもとより、加えて宋代の東宮の名目化を反映するものなのである。

（二）機構の簡省化、官属の虚設

古代中国の東宮官僚の歴史より見ると、東宮が一個の小朝廷の如き官僚体系を備えることは、唐代に始まることではない。後漢より東宮の官僚体系はすでに朝廷の縮小版とも言える規模となっており、後漢以降の両晉南朝の東宮においてもやはり朝廷になぞらえて設置された[一九]。そして唐初に至り、その発展は頂点に達する。ただし玄宗期より東宮の属官は断続的に縮小されるようになり、かかる趨勢は[二〇]、宋代において東宮の官の多くが名目上の設置となるに及んで、全面的な名目化がなされるに至る。

組織機構上より見れば、宋代の東宮の主要な機構はきわめて簡素化されている。唐代では、詹事府が総務を司り、左春坊・右春坊がその下において六局を統括した[二一]。しかし宋代では詹事府は置かれず、ただ詹事・少詹事だけが置かれた。このうち詹事はほぼ名義上の官職であり、少詹事もまた叙任されるのみで実際の職務はなかった。左春坊・右春坊は依然として置かれ、左春坊印・右春坊印とともに、形式上は朝廷の中書・門下省になぞらえられたものの、やはりこれも実体はなかった。皇太子が立てられた時に、左右の春坊にはわずかに内侍官か武官の勾当が派遣されるも、平時にはほぼ省かれた[二二]。唐代の巨大な組織機構とは比べるべくもあるまい。

また唐代は東宮に崇文館が置かれており、いずれにおいても生徒二十人と定められ[二三]、貴族の学校としての性質を備えた。北宋は崇文館が典籍を管理するという旧来の制度は継承したものの、それが東宮に属することはなくなり、昭文館・史館・集賢院の三館を統轄するという独立機構として成立した。宋代の東宮は組織機構上においてもすでに名目化していたのである。

職官上より見れば、宋代の東宮官は多くが虚職であり、かつその地位も下降した。欽宗は東宮の官僚の職務を、「実は毫末も無く、是れ慕ひて虚名を為し、徒らに廩食を費やすこと顕らかなり」と見なしており[二四]、あるいは朱熹もまた「東宮を調護する者、何ぞ其れ疎略の甚しきや」と指摘している[二五]。唐代の東宮官が完備整然としていたことより比べると、宋代のそれは非常に疏略であった。名目煩雑な東宮官の中にあって、実務を伴う職は数えるほどしかなく、東宮講読官と左右春坊に配される諸勾当といった事務官を除けば、その他の東宮官は遷転のためか名誉的な官位であり、どれも職務はなかった[二六]。ゆえに朱熹は唐代の東宮の官属を「如一小朝廷」と、当代の官属を「極苟簡」としたのであった[二七]。

唐代の東宮の官属の完備された状況は、玄宗期以降次第に変化し、太子権力が肥大化するに従い皇帝権力との間のせめぎ合いは激化した。秩序立った統治のため、皇帝はその権力を抑圧するようになり、皇太子及び東宮の官員の地位は低下する。かくして宋代において全面的な名目化が果たされる先駆けとなったのである。

二、宋代における東宮の独立性の喪失

宋代の東宮の運行形式は基本的に唐代を踏襲していたが、しかし本質では唐初と大きな隔たりがある。唐代の東宮は独立して運行するに足り、とくに太子が監国となった時は、国家の体制は東宮の系統に編入され、詹事府・左右春坊によって国家の政務が司られ、東宮が発行する文書が各地に発布され、[二八]皇太子は東宮内において令を下し、[二九]東宮が政務を処理する権力の中心となった。宋代は、皇太子の職責は「視膳問安」とされ、[三〇]東宮の職責もまた全面的な名目化に遇い、東宮の機構をしてほぼ独立運行する能力を喪失せしめた。これにより、皇太子が尹京となる場合や決議に参与する場合でも、皇太子を核心的な権力の中心と為すことを避け、他の機構に附属させることで限定的な権限を発揮させることとなる。

五代期の制度の影響を受けたことにより、宋では通常、皇太子を名目上の京師府尹とすることで政治に携わる訓練の機会とさせ、合わせて府衙に一定程度、東宮の職能を分担させた。たとえば至道元（九九五）年、太宗は皇太子趙恒に開封府を兼任させ、開元の制を沿用して、東宮官は臣を称し、舞踏の礼を行わせなくした。皇太子が開封府を兼判したことにより、[三一]「其の上表する所の状は即ち皇太子位を署す」と言うように、上奏の場合は皇太子自らが文書を作成した。[三二]中書や枢密院に申状する時は、判官たちが署名するのみで、その他の決裁する案件及び処理する公事はみな承認された。[三三]このことからは、この時の皇太子が政務を処理する主な場所が東宮から兼任する開封府に遷っていたことが窺え、すなわち太宗期の太子が処理する政務の重点が開封府であって東宮でないことを示す。前述のように、この時の東宮の実体が存在したか否かは明確にし得ないが、それでも東宮がすでに独立運行していなかったことは間違いなかろう。開封府は京城の事務を総覧し、訴訟を裁き、賦税を徴収し、治安を維持することを職責としており、事務は煩瑣であったが、しかし国家の大計に参与することはない。皇太子が権力を有したとしても、皇帝権力を脅かすことはできなかったのである。

宣和七（一一二五）年、金軍が南下すると、徽宗は「避狄之計」を謀り、[三四]やむなく皇太子の趙桓（のちの欽宗）に委めて開封府牧とした。ほどなく徽宗は帝位を譲り、趙桓が即位する。実は趙桓はつとに政和五（一一一五）年に立太子されて東宮に入居しており、[三五]皇太子となってこの時ですでに十年が経過していた。注目すべきは、徽宗がなぜ欽宗を監国として東宮において政務を処理させず、あくまで開封府牧としたかであろう。筆者が考えるに、これは「祖宗之法」の遵守に関係すると同時に、東宮が自律性を欠乏し、太子が号令する力を欠いていたことも関係しよう。東宮は、設置が簡略化されたことで自律性を失い、平時でも他の機構に依存していた。戦時ではおそらく一層のこと権限の行使は困難となり、まして軍事・政事という国家の大事を裁決することなど不可能であったろう。太子監国に至っては、[三六]宋代においては制度として用いられたことはまったくなく、ただ真宗期に暫時的に出現したのみであった。皇太子の権威の低下及び東宮の名目化という宋代の状態下にあっては、太子監国に対する認知度もまた限られていた。王十朋が「撫軍監国に至りては、皆 已むを得ざるの事なり」とする通りであろう。[三七]李綱も、皇帝が郡国を行幸する際に太子を監国とすることは、国家の平時の典礼であって、逼迫した国家存亡の秋に

あってはかかる典礼では適切ではない、としている。[三八] 加えて五代時代の影響により、太子尹京の方が太子監国より慣例にも適っていた。とは言え危難の時において徹底抗戦を図る李綱の意識は、太子がたとい開封府牧として任用されたとして、それでもやはり天下に号令するには力不足であると見なしており、「巨盗の猖獗すること此の如く、宗社は守れず、中原は且に人種無し。自《も》し傳ふるに位號を以てし、天下豪傑を招徠せしめ、之と與に共に守るに非ずんば、何ぞ以て剋たん」としている。ある人が太子監国を建議した時は、李綱は唐の粛宗の故事からその不可能性を考える。粛宗当時、もし彼が皇帝に即位しなかったとしたら国家の再興を果たすには力及ばず、しかし即位すればそれは玄宗の意志に反し礼に違う、と李綱は見る。[三九] かかる視座によれば、太子は弱体して号令する力はなく、ただ大統を継承してはじめて天下の豪傑に号令することができるのであった。国家の艱難という非常事態にあって命を受けた太子であっても、それでもなおその権力が皇帝権力の統制下に置かれていたことが窺えよう。

乾道七（一一七一）年、宋の孝宗は皇太子の趙惇を臨安府尹とすると、もともとは臨安府をその治所とするつもりであったが、地理的な都合から東宮が治所とされた。[四〇] これにより裁判・公事はみな少尹によって処理され、太子は東宮において裁決を行った。およそ上奏文は太子の系統から発せられ、一方で中央の六部などに宛てる文書は寺監や本路監司などの平行機構の公文書で発せられ、いずれも少尹以下の官吏がそれを担当した。[四一] 乾道九（一一七三）年、趙惇が臨安府尹を免ぜられると、臨安府の知・通・籤判・推判官はいずれも元の通りとなった。[四二] 事実上、皇太子は臨安府の名目上の長官に過ぎなかったのであり、実質的な責任者は少尹であった。この時、東宮は太子の治所とされていたとはいえ、それでも実務を処理するのは臨安府であり、任に当たったのは臨安府の少尹以下の官吏であって東宮官ではなく、権限は基本的に民事に限られていた。

かかる太子尹京は、太宗期と孝宗期で運行方式にいささか相違があるとはいえ、本質の上ではともに東宮の名目化を象徴する。すなわち皇太子が尹京とされた時は、いずれも東宮の官属は用いられず、京府の官吏が公務を補佐したのである。やはり宋代の東宮が唐初の如き独立性を喪失し、その他の機構に依存する形で限定的な権限を発揮するに留まっていたことは明らかであろう。これにより太子権力は国家の統一的体系の内に組み込まれ、かつての如き小朝廷とも目された鼎盛の勢はまったく失われてしまったのである。

三、宋代における東宮の職能の衰退

（一）政治職能の減弱

太子の政治職能の弱化、とくに太子の監国としての権力が国家権力の中心的地位を喪失したことは、宋代の東宮の職能衰弱を明確に物語る。「監国」とは、君主が都を離れるか故あって親政することができない場合に、太子が国政を代理することを指す。唐代の太子監国は、東宮系統の官吏を中枢とし、太子は東宮に鎮座し、東宮官を通して政事を処理した。[四三] これに比べれば、宋代の太子監国は実権を有さず、ただ名義上で裁決に参与するのみであった。政治に与ることで太子に為政の経験を積ませようとするものであって、すなわち太子監国はあくまで国政の代行ではなく、太子の政務参画を目的とされた。

また唐代と異なる点は、宋代の太子は東宮にて参画するのではなく、資善堂ないし議事堂にて行われた。資善堂は太子が参画する場所として真宗期にとくに重要な意義があった。天禧四（一〇二〇）年、病床の真宗は詔を下し、国家の大事を除いた通常の事務を、太子の趙禎や宰臣・枢密使らの大臣に資善堂にて商議させた。しかし幼年により趙禎は名目上の監国であり、外廷の事は大臣の、内廷の事は皇后の輔弼を必要とした。[四四]真宗の病が依然癒えぬ天禧五（一〇二一）年、輔臣は皇帝が上朝する回数を減らし、朝議と資善堂での議事を二対一という割合にすることを求めた。[四五]資善堂での議事は中書や枢密院に比肩するまでになり、このことは宋代において太子の地位が突出した数少ない事例であった。

　南宋時代にも資善堂と類似した議事堂の例がある。淳熙十四（一一八七）年、孝宗が将来の譲位を考慮して、「皇太子をして参決せしむ」ことを図り、そこで資善堂の先例に倣うことを討論させ、右丞相の周必大は晋宣猷堂に倣って議事堂を設けるべきと建議した。[四六]孝宗はすなわち令を下し、太子をして庶務の裁決に参与させ、内東門司を以て議事堂とした。[四七]翌年、周必大は孝宗に対し、宰執に奏事を準備させたのち、議事を議事堂に送り、政事に関わることがあれば皇太子と宰執に上奏して旨を承けさせることを求めた。[四八]孝宗は自ら皇太子に諮問し、その評価を聴き、そうして政務の訓練を課したのである。[四九]このことは、皇帝と宰執が太子の政務処理を助けつつ、皇帝が最終的な裁決権を持っていたことを示すと言えよう。

　宋代に皇太子が弱化したことにより、東宮は権限を振う機会を失い、以上の如き太子が議決に参与する状況下にあってさえ、東宮は資善堂や議事堂などの他の機構に取って代わられ、太子尹京の際にも、京府の機構に依存せざるを得なかった。東宮の政治職能の減衰が推し量れよう。これらは、政務の訓練のためという平時の場合は勿論、国難に臨んで命を受けた時ですら、太子権力が皇帝権力の抑制下から出ることができなかったこと、職能の転移を通じて東宮の政治権力が削られ朝廷の監督下に置かれたことを物語るのである。

（二）軍事力の喪失

　ある宋の人は、「太子 宜しく兵を有るべからざるは、古の制なり」と述べているが、春秋楚には東宮の兵が置かれていた。[五〇]楚の成王が太子商臣を廃して王子職を立てようとしたとき、商臣はそれを知るや「宮衛を以て成王を囲」み、自ら立って王となった。[五一]漢代の皇太子は兵官はなく、ただ中盾だけが置かれ、主に警邏を担当した。[五二]南北朝時代、太子権力が拡大すると、軍事・政事に与ることができるようになり、場合によっては自己の武力を保有することもあった。[五三]北魏の皇太子拓跋晃などは「萬機を理むるを副へ、總統百揆を総統」し、[五四]南梁の皇太子蕭統もやはり政事を決裁したという。[五五]この時、太子の統兵権は拡大し、南梁では太子左率が果毅・統遠など七営を統率し、太子右率が崇栄・永吉など四営を統率した。[五六]唐代では皇太子の軍事力はさらに発展し、東宮は十率府を有するに至る。[五七]玄武門の変では、太子の李建成旗下の諸将が東宮の兵馬を率いて奮戦している。[五八]皇太子の軍事力が次第に拡大したことに伴い、太子権力もまた強大になる。それでも物极必反というように、強大な太子権は皇帝権力からの掣肘を免れられない。唐の中期以降、皇太子の権威は抑制され、軍権もまた剥奪されることとなる。

　宋代の君臣は唐末五代の動乱を教訓として、軍権を厳しく統制するとともに、これを治国の基本原則のひとつに定めた。[五九]皇太子はこれにより統兵権を持たず、東宮の軍事力は自然に喪失し、隋唐において一定数の軍兵を掌握した率府は、この時には東宮の儀仗兵を率いる役割へと転落した。[六〇]かつての東宮が兵権を有したことについて宋の人は基本的に否定的に見、李建成が李世民に対抗して勝手に勇士を募って東宮の衛士としたことのように、范祖禹が東宮に兵を集めることを認めたことを「天下の悪」と見なした。[六一]だ孝宗が太子を監国にしようとした時、陳亮は孝宗を励まし故地を回復するため、太子監国よりも皇太子を撫軍大将軍とすべきことを建議し、「兼ねて諸司を統べ、尽く諸将を護し、長史司馬を置きて以て其の労を専らにせん」と上疏した。[六二]しかしこれは宋代の君主集権体制に悖るために、当然政権の主流に容れられることはなかった。

以上をまとめれば、宋代の治国の規範はもとより、主流派の認識においても東宮は武力を掌握すべきでないと見なされていたのである。

結語

南宋の呂中は、「漢唐は内難多くして、外患無し。本朝は内患無きも、而も外憂有り」と言う。[六三]両漢以来、皇帝は太子の地位を強固にするため完備された東宮の組織を建て、あわせて親近の大臣を東宮官に任じて太子を補佐させた。これにより皇太子を以て核心とし、東宮を以て第二権力の中心とした。しかし太子権力は絶えず拡大したため、やがて皇帝権力との激しい衝突を生む。この種の矛盾と衝突が往々にして骨肉相食む悲劇を引き起こし、太子の地位を激しく上下させ、ある時には「権は朝野に傾」き、ある時には「朝に夕を保た」ざることとなった。これと比べると、宋代の太子が実権を失ったとはいえ却って地位を安定させ、皇位の継承が平穏にして秩序を保ったことは、まさしく宋代の制度再編と強く関係しよう。宋の歴史上において、東宮の設置は簡略化され、運行は独立性を失い、職能は削減され、全面的に名目化される結果となった。その原因を探究するに、中唐から五代以来の制度の影響、さらに歴史発展の趨勢と宋の治国理念の影響があろう。[六四]専制的な皇帝権力と中央集権の安定を遂げ、社会秩序の平穏を保証するため、宋の統治者は「事為之防、曲為之制」という政治原則を墨守した。中央と地方の重要な機構に対して一律に分権制衡の規則を実施し、東宮を実権なく名目化したことは、その具体的な現れである。これにより、太子権力は皇帝権力の規制下に置かれ、合わせて皇太子の教育に配慮がされたことで、双方の矛盾は緩和され、さらには統治の上での秩序が安定したのである。

≪注≫

(一) 近年の宋代の東宮に関わる研究としては、主に三つの方面がある。第一に、東宮制度の考察であり、龔延明「宋代的皇帝制度」(『河南大学学報(社会科学版)』一九九二年第一期)、東保成「宋代東宮制度考辨」(『安慶師範学院学報(社会科学版)』二〇一五年第四期)にまとめられる。第二に、宋代の皇位継承制度を論じる際に言及されるものであり、朱瑞熙・祝建平「宋代皇儲制度研究(下)」(『文史』二〇〇二年第一輯)、趙英華「宋代皇儲制度研究」(河北大学碩士学位論文、二〇〇〇年)がある。第三に、群体研究より切り込んで東宮官について言及しているものとして、孟憲玉「宋真宗潜邸旧臣研究」(河北大学碩士学位論文、二〇〇五年)、楊景森「北宋東宮官之研究」(淡江大学碩士学位論文、二〇〇九年)がある。ただしこれらは問題関心として異なり、本論の提起する問題には踏み込んでいない。

(二)『朱子語類』巻一百十二 論官。

(三) 謝元魯「隋唐太子親王与皇位継承制度」(『天府新論』一九九六年第二期)。

(四)『建炎以来朝野雑記』乙集巻二 己酉伝位録。
(五) 前掲『宋代的皇帝制度』、七一頁。
(六) 前掲『宋代皇儲制度研究 (下)』、一六三頁。
(七)『続資治通鑑長編』巻七十三 大中祥符三年正月己未の条。
(八)『嘉祐雑志』。
(九)『続資治通鑑長編』巻一百八十九 嘉祐四年五月戊午の条。『玉海』巻一百五十八 宮室。
(一〇)『文献通考』巻六十 東宮官総序。
(一一)『翰苑新書』前集巻二十九。『古今事文類聚』遺集巻四。
(一二) 前掲『宋代皇帝制度』、七一頁。
(一三)『続資治通鑑長編』巻一百九十七 嘉祐七年八月壬午・壬辰の条。
(一四)『続資治通鑑長編』巻一百九十八 嘉祐八年五月戊辰の条。
(一五)『建炎以来朝野雑記』乙集巻三 東宮楼観。
(一六)『咸淳臨安志』巻二 東宮。
(一七)『建炎以来朝野雑記』乙集巻三 東宮楼観。
(一八)『咸淳臨安志』巻二 東宮。
(一九) 劉雅君「試論両漢太子師傅制度」(『北方論叢』二〇一〇年第六期)。
(二〇) 任士英「唐玄宗時期東宮体制非実体化考述 —以東宮職員的設置変化為中心」(『中国史研究』二〇〇四年第三期)。
(二一)『通典』巻三十 東宮官叙。
(二二) 龔延明『宋代官制辞典』(中華書局、一九九七年)、二八頁。
(二三)『通典』巻五十三 大学。
(二四)『靖康要録箋注』巻一 大観五年二月戊午の条。
(二五)『晦庵先生朱公文集』巻十一 戊申封事。
(二六)『文献通考』巻六〇 東宮官総序。
(二七)『朱子語類』巻一百十二 論官。
(二八) 賈如銀「唐代東宮制度研究」(西北師範大学碩士学位論文、二〇〇四年)、一三頁。
(二九)『唐六典』巻二十六 太子右春坊。
(三〇)『唐鑑』巻三。
(三一)『続資治通鑑長編』巻三十八 至道元年八月丁酉の条。
(三二)『職官分紀』巻二十八 太子左春坊。
(三三)『続資治通鑑長編』巻三十八 至道元年八月丁酉の条。
(三四)『李綱全集』巻一百七十一 靖康伝信録上。
(三五)『宋史』巻二十三 欽宗紀。
(三六)『続資治通鑑長編』巻九十六 天禧四年十一月庚午の条。
(三七)『王十朋全集』文集巻四。
(三八)『李綱全集』巻四十一 召赴文字庫祇候引対札子。
(三九)『李綱全集』巻一百七十一 靖康伝信録上。
(四〇)『咸淳臨安志』巻四十八 秩官六。
(四一)『建炎以来朝野雑記』乙集巻十三 臨安少尹。
(四二)『文献通考』巻六十三 京尹。
(四三) 前掲『唐代東宮制度研究』、一一頁。
(四四)『続資治通鑑長編』巻九十六 天禧四年閏十二月乙亥の条。
(四五)『続資治通鑑長編』巻九十七 天禧五年十月壬子の条。
(四六)『続編両朝綱目備要』巻一 淳熙十四年十月の条。
(四七)『宋史』巻三十六 光宗紀。
(四八)『続編両朝綱目備要』巻一 淳熙十五年正月二日の条。
(四九)『文忠集』巻一百五十 過宮焼香皇太子参決等御筆。
(五〇)『歴代兵制』巻六。
(五一)『史記』巻四十 楚世家。
(五二)『歴代兵制』巻六。

(五三) 趙英華「唐前期東宮官研究」(北京師範大学博士学位論文、二〇〇八年)、一一九頁。
(五四)『魏書』巻四下 世祖紀下。
(五五)『梁書』巻八 昭明太子伝。
(五六)『隋書』巻二十六 百官志上。
(五七)『歴代兵制』巻六。
(五八)『旧唐書』巻六十八 尉遅敬徳伝。
(五九) 陳峰『宋代治国理念及其実践研究』(人民出版社、二〇一五年)、四六頁。
(六〇)『宋史』巻一百六十二 東宮官。
(六一)『唐鑑』巻二。
(六二)『宋史』巻四百三十六 陳亮伝。
(六三)『類編皇朝大事記講義』巻一 論国勢。
(六四) 前掲『宋代治国理念及其実践研究』、五七頁。

第二部会 六

二〇世紀前期における長城研究モデルの変遷と時代的思想

趙　現　海
三津間弘彦（訳）

中国、西洋の長城研究の歩みは、時を同じくし、出発点も基本的には一致していた。最初は、どちらも長城の歴史と地理の基本的な整理と考証がおこなわれた。しかし、中国、西洋の全体的な学術発展レベルの差が巨大なものとなり、二〇世紀三〇年代以降、中国、西洋の長城研究は、内容と方法論と、いずれにおいても異なる方向に向かうようになった。

「源を同くして途《みち》を殊《こと》（同源殊途）」にしながら分流した研究には、それぞれの立場で大きなちがいがあり、また、多くの見方の中でも、中国、西洋のどちらにも大きなちがいが存在した。だが、こうしたちがいは、学術交流の増加によって縮小の兆しが見えている。

本稿は、二〇世紀前半期の国際学術学会の長城研究を考察し、関連研究の背後にある研究観念・方法論の創造と変遷に注目し、さらにその世界史の変化の趨勢を関連的にとらえ、長城研究の背後に流れる政治、意識形態、学問体系の背景を論じるものである。

一、二〇世紀前後の西洋調査隊による長城の考察と長城イメージの表層化

二〇世紀前後、西欧の探検隊が我が国の西北方面に対する調査ブームを呼びおこした。一八九三〜一八九四年、フランスのデュトルイユ・ド・ラン（Jules-Léon Dutreuil de Rhins）探検隊の青海ルートにあった石造物は、烽火台である可能性がある。もし、この推測が成り立つならば、このデュトルイユ・ド・ラン探検隊が、最もはやく青海で長城を発見した外国調査隊ということになるかもし〔一〕れない〔二〕。遅くとも一八九九年、西欧の探検家はすでに長城を調査し、当時のフランス外交官ボナン（C・E・Bonin）が敦煌烽火台と壁の遺跡の実地調査を行っている。

一九〇七年、フランスシノロジストのシャバンヌは曾て陝西、山西、河北、東北等の地において実地調査をかさね、大量の長城の写真を撮影、一九一五年にパリで出版した『中国北部における考古学的調査（河北考古記）』（*Mission archéologique dans la Chine septentrionale*, Paris, 1909–1915）に収録した。スウェーデンの探検家であるスヴェン・ヘディンは、前世紀において最も名高い探検家であるが、しかしながら長城という有名な建築物に対しては情熱に乏しかった。粛州長城の墩台《とんだい》（報警台）にはいずれも名称が刻まれていることを記載しているが、ついに専門的に長城を調査することはなか〔三〕った〔四〕。

敦煌文書の発見によって名を知られるようになったイギリス探検家のスタインは、一九〇六年～一九〇八年に甘粛の長城、とくに敦煌の長城を調査した。帰国後、この実地調査について記録した『古代コータン―シナトルキスタンにおける考古学的探検の詳細報告―（沙埋契丹廃墟記）』(*Ancient Khota: detailed report of archaeological explorations in Chinese Turkestan*, Oxford, 1907) と正式な考古学的報告である『中央アジア踏査記―内奥アジアと中国西北部における三回の探検に関する状況報告―（西域考古記）』(*On Ancient Central-Asian Tracks:Brief Narrative of Three Expeditions in Innermost Asia and North-Western China*, vol.1, London, 1933) を発表した。[三] スタインは、敦煌領域における両漢の烽火台とその周辺の遺構や環境を重点的に調査し、前漢武帝が修築しつつ秦の始皇帝時の長城の遊牧民族に対する防御機能を改修したこと、漢の大規模な西域への進攻の手段であったこと、漢族、遊牧民族の境界の限界であったことを指摘した。長城の修築において、両漢王朝は十分に考慮しながら当該地域の地形を利用し、さらに先進的な修築技術を採用した。あらためて、両漢の長城修築を通じて政権が保障され、ローマ帝国が西進したフンによって滅亡させられていることから、両者を対比することで、長城が重要な戦略的価値を備えていたことを見出すことが出来る。烽火台およびその周辺の遺構の発掘を通じて、スタインは、大量の長城の兵員の軍事用備品、生活設備や用具を発見し、少量の中央アジア系文字が記された絹、紙、その他大量の漢文木簡を除き両漢時代における長城地区の長城防禦と生活のありかたを提示した。このほか、スタインは、さらに長城周辺で発見された大量の中国製絹、中央アジアの古い物品、周辺の宗教施設に遺された中央アジア的特徴から、両漢時代の中国と中央アジアの交流が頻繁且つ密接であったことを指摘した。[三]

一九一四年、スタインは、三度目の中央アジア行きで、敦煌の額済納河（弱水）流域の漢の長城を実地調査し、『極奥アジア～中央アジア、甘粛および東部イランにおける探検の詳細報告（亜洲腹地考古記）』(*Innermost Asia: Detailed report of explorations in central-Asia, Kan-su, and Eastern Iran*, Oxford, 1928) を著した。この際の調査では漢簡を収集し、さらにシャヴァンヌの弟子であるマスペロ (Henri Maspero) の検討によって、一九五三年に書名を『オーレル＝スタイン卿の第三次探険で得られた漢文文書（斯坦因第三次中亜考察所獲漢文文書）』(*Les documents chinois de la troisième expédition de Sir Aurel Stein en Asie Centrale:* London, 1953) として出版した。スタインによる長城史研究の最大の貢献は、長城のオリジナル文書を大量に発見し、漢晋の長城の基層にある防御体系の史料的空白を埋め、世界的領域において長城研究の展開を推進、刺激し、長城研究を二〇世紀シノロジー研究のホットスポットの一つに昇華させたことにあった。

早くから長城の全体的な実地調査をおこなった西洋学者は、イギリス王立地理学会会員でアメリカ人のウィリアム・エドガー・ギール (William Edgar Geil) である。ギールは、一九〇三年にはじめて中国に来訪すると、長城を含めた中国内地の全土各地で調査をおこない、一九〇九年に『中国の長城（中国長城）』(*The Great Wall of China*, New York, 1909) を出版、長城の起原、修築、目的、機能と意義について全面的な検討を最初におこない、青海の長城を発見した。長城の起源問題については、顧炎武から近代中国の学者にいたる視点と一致しており、長城の起源が井田制の放棄と車戦が騎兵に取って代わられたことにあると認識している。[四] ギールの著作の出版に比べて張相文がやや後れることを考慮すると、では、ギールは、どこで清代以来の長城の起源についての視点を知り、関心をいだいたのかということになる。ギールは、早くから長城が二つの文明の境界線上にあること、内外の民衆の出入を制限し、中国における中央集権的帝国の標識となったことを指摘している。[四] つまり、ギールは、体系的な長城調査の基礎のうえに、各種の長城の中国、西洋の著作の研究史、長城の起源、修築、目的、機能および意義について最初に全体的な検討をおこない、西洋の学者の長城に関する最初の専門書をあらわしたのである。ギールが提示した長城が文明を隔離したとする見方は、しばらく「長城界限論」と見なされ、二〇世紀以前の西洋世界における長城の一般的な観念となり、社会科学史の潮流の批評によって急速に受けいれられていった。重要なことは、ギールが現在よく見られる「長城は月の上から見ることが出来る地球上唯一の人口建築物」という「神話」の最も早い提唱者であり、これはおそらく中国の「嫦娥奔月」伝説を起源とするものである。ギールの後、一九一七年、イギリス外交官のタイクマン（Eric Teichman）も青海、甘粛、寧夏、大同の長城を通り、その実地調査記録である『領事館の中国西北旅行（領事館在中国西北的旅行）』（*Travels of a consular officer in North West China*, Cambridge, 1921）に記述をのこし、かつ青海の長城の修築が蒙古族やチベット族の侵入を防御することが目的であると指摘した。一九二〇年、アメリカ地質学者であるフレデリック・クラップ（Frederick Gardner Clapp）も長城の実地調査を基礎として、アメリカ『地理研究』（*Geographical Review*, Vol. 9, No. 4, 1920）に、「中国万里の長城をすすんで（中国万里長城面面観）」（*Along and across the Great Wall of China*）の一文を発表、長城の現状について詳述している。

二、民国期の長城イメージの表面化と中国内における長城史研究の本格的展開

（一）民国前期の長城イメージの段階的表面化と歴史地理、簡牘研究的視角の導入

清末民初、長城のイメージは、負のイメージが主流であり、孟姜女の長城を嘆く故事が多くのバリエーションを通じて民間に流布していた。[五] ただ、多くの西洋の調査隊が中国に来訪し、西北辺境と長城を調査するにしたがい、国内人もその触発を受けるようになった。しかし、西洋の長城観念と文化保護の影響を受けたことで、新旧両種の観念が衝突、民国前期の長城イメージに矛盾と混迷をもたらすこととなった。例えば魯迅が専門的に著した「長城」（『莽園』週刊一九二五年五月一五日第四期）は、長城を「これまでずっと多くの工人を労役によって死なせてきたに過ぎない。異民族はなぜ抵抗できたのか」と認識し、しかし、「現在も一種の遺跡にすぎず、ただ一時に消滅させることも出来ず、いまだにそれを保存する……この偉大にして呪詛すべき長城よ」と認識せざるをえなかった。だがこうした文化人と異なり、現実政治から整合的にとらえる必要性から、政治家にこれ以上ない洞察が出現することで、新時代の文化的象徴としての意義と政治的整合性ある意義が長城にもたらされる。

一九一八年、孫中山は、『孫文学説』の第四章「以七事為証」において、長城が中華文明を保存してきた史上最大の事業であると高く賞賛する。

「中国で最も有名な土木事業は、万里の長城である。……事業の大きさは、古にその匹敵するもの無く、世界でただ一つみられる景観である。……今にこれを見ると、もし長城の防御がなければ、中国は北狄に、宋明を待たずして楚漢戦争の時代には滅ぼされていたであろう。であるならば、中国民族である漢・唐が盛大に発展して南方の種族をどうにかするということもなかったにちがいない。我が民族の同化力が強固となった後、一時は蒙古に滅ぼされたとはいえ、蒙古も我々に同化されることとなった。再び満州に滅ぼされたが、満州もまた我々に同化された。こうした同化の力を養い保存してきたことをはじめ、北狄が天下を侵略できなかったことは、長城の功績が少なくない。」

重要なことは、長城が月から唯一見ることが出来るという「神話」がこの次期に西洋世界に一般的に流伝し、知識人層の助けを借りて中国にフィードバックされ、それによってはじめて理論の旅路が完成したということである。例えばかつて渡仏した国民党員の張継は、「兄弟がさらにフランスのとある書を読むと、かりにもし人が月面に到達できれば、地球上の建築物を俯瞰したとき、万里の長城のみがあるという。ここでもまた我らが民族の秦始皇帝の文化精神を見ることが出来る」と称している。[五] こうした時代背景のもと、長城イメージは徐々に表面化に転じ、学会も現代的意義における学術の標準を利用し、長城について研究を展開しはじめた。長城について現代意義的な研究を展開した中国歴史地理学研究の先駆は、張相文であった。彼は長城の論文「斉魯旅行記」を早くも一九一〇年の『東方雑誌』第七期に発表し、泰安（山東省泰安市）の斉の長城の修築年代について調査をおこない、『管子』（軽重丁）の「長城の陽は魯、長城の陽は斉なり（長城之陽魯、長城之陽斉也）」という説が精確ではなく、この箇所は後人による竄入とすべきであり、齊の長城が春秋期にはじめて修築されたかは証明できず、歴代の地方志が記載する戦国時代の斉の湣王《ママ》が楚の北侵を防ぐために修築したという説をとりあげるべきと指摘した。[六] 一九一四年、張相文は西北の賀羊山（寧夏回族自治区及び内蒙古自治区）におもむき、「長城考」（『地学雑誌』一九一四年第九期）を執筆、長城をすべて秦の始皇帝の長城であるとする中国国内人の誤解を正し、大部分が明の遺構であると指摘した。しばらく後に編纂した「中国地理沿革史」（『南園叢稿』巻一五）において、張相文は簡明に戦国、秦朝、明朝による長城修築の歴史を論述した。張相文の長城研究は一定程度の古代学者の遊学見聞の痕跡をのこすにすぎないが、現代歴史地理学の視角の出発点である。文献と地理を照合し、長城の修築過程、地理分布と建築様式を調査する学者の存在は、長城の歴史地理学的研究を創始する原点であった。張相文は当時流伝していた誤った観念に鍼《はり》を入れ、時代を分けて長城を研究することの重要性と必要性を指摘しており、中国現代学術の基準による意義のもとに長城史研究の創始者と見なすことは、言い過ぎではない。

張相文の後、梁啓超は、一九二一年に完成した『中国歴史研究法』において、史料学の角度から中国人が一般的にそれぞれ異なる時代に形成された長城を一括りにして秦の長城とする誤りを指摘した。指摘には、「秦の始皇帝以前には、燕の長城や趙の長城があった。秦の始皇帝以降、北魏の長城や北斉の長城、明の長城がある。これらは正史に見える。そのほか各時代において小規模な増築が多い。一つ一つその道理を検討してみると、秦代の城郭ラインを見れば、ほんの一部分を占めるばかりで、どうして全域を秦のものと伝えるができよう。ましてこれら細かい部分の是非として秦の遺構がどうかは、さらに問題である。この問題を解決しようとするならば、そのポイントは、秦代の築城がレンガを用いたのかあるいは版築を用いたのかにある。吾《わたし》はこのことについて確証を得られないが、然るに結論として版築を用いていたとするのが近いのではないかと思う。もしそうであるならば、現存の城、あるいは境域に一尺一寸も秦代の遺跡などなく、いまなお不明とするばかりである」とある。先に張相文がすでに明確に歴代の長城を区別すべきことを提言している。だが、梁啓超の論述は、更に体系化されており、かつ影響が大きく、後に中国の学者による時期区分がふまえられたうえで、具体的な長城研究の気風が勃興の始めである。梁啓超は、時代ごとの長城の違いと乖離の意識を強調し、一九八〇年代のアメリカの学者アーサー・ウォルドロン（Arthur Waldron）に大きな影響を及ぼしている[七]。

張相文にやや後れる別の長城史研究の創始者が王国維である。王国維は、長城の論著の発表こそ時期的にやや張相文に後れるものの、張の長城研究と歩みを同じくし、長城史研究の二つの方向を創始した。一つは簡牘を利用して西北の漢晋長城辺境の軍事組織と生活を研究する中国簡牘学研究の創始である。二つめは金の界壕の研究である。「金界壕考」（『燕京学報』第一期、一九二七年）は、はじめて金の界壕について検討した論文であり、金代の界壕の修築過程、地理分布を調査し、金代になってはじめて界壕が辺堡（堡塁）、界壕（塹壕）と称され、墻体（壁）ではなく、長城ではないことを指摘した。この見方は、長期にわたって権威として奉じられ、研究が一歩一歩深く進んで行くにしたがって、金朝の界壕外に同じような壁があることが明らかとなり、長城と見るべきであるとされた。ただ依然として一部の学者は界壕非長城（界壕は長城に非ざる）論を堅持していた。一九〇七年、イギリスの探検家スタイン（Marc Aurel Stein）が、新疆古城遺跡と甘粛の敦煌長城から大量の漢文およびその他の文字の漢晋木簡を回収した。一九一一年、羅振玉は、フランスのシノロジストであるシャバンヌ（Emmanuel-Edouard Chavannes）からこれらの木簡の釈文『スタインが東トルキスタンで発見した漢文文書（斯坦因在新疆沙漠中発現的漢文文書）』（Les documents chinois : découverts par Aurel Stein dans les sables du Turkestan oriental）を得て、王国維と検討解釈を一つ一つ進め、『流沙墜簡』を編纂し、一九一四年に東京出版から出版した。王国維は、序の中で『仏国記』、『晉書』、『沙州図経』などの史料に依拠し、漢代の河西四郡の設置と長城の修築を調査し、前漢の太初二（前一〇三）年以前、玉門関が今の敦煌以東にあり、敦煌の西北にはないという新説によってシャバンヌに共鳴した。『流沙墜簡』は図版と解釈を分けて二部とした。羅振玉と王国維は、ただ文字を解釈しただけでなく、さらに古代文献にも援用し、羅振玉は、敦煌の漢代長城兵士の生活、疾病、信仰について研究を行った。王国維は、敦煌の漢代長城ラインの向かう方向、障燧の分布、駐屯組織、西域史などについて考証をおこない、スタイン『セリンディア―中央アジアおよび中国西端部における探検の詳細報告（塞林提業―中亜和中国西域考古記）』（*Serindia: detailed report of explorations in Central Asia and westernmost China*, Oxford, 1921）に依拠しながら敦煌の障燧分布図を策定し、燧の編号とその漢代の名称によって、出土した木簡を並べて表を作成した。羅振玉・王国維の二人は、公文書関係と文書制度について、簡牘のつながりと連続性の解析により、優れた多くの業績をあげ、文献史料と考古発掘の実証との結合を実現した。王国維は、当時の「擬古」、「信古」という二種の偏狭な史料観念に鍼をいれ、「二重証拠法」を提言しており、この研究はその典型的例証であった。『流沙墜簡』は、中国簡牘学の最初の基礎を打ち立てた作品であり、これは中国の学者による簡牘材料を利用した長城研究の端緒となるものであった。フランスシノロジストのマスペロ（Henri Maspero）が、スタインの第三次中央アジア調査で持ち帰られた簡牘を考察した際、その学生の張風は、簡牘の写真とスタインの第二次調査の簡牘図版によって、さらに考察を加え、一九三一年に上海正有書局から『漢晉西陲木簡匯編初二編』を出版した。その中には、後に一部マスペロにはなかった簡牘が収録されており、独自の史料価値がそなわっている。一九二六年、スウェーデンの探検家であるスヴェン・ヘディン（Sven Hedin）等国外の学者と中国の学者は、共同で西北科学調査団を編成した。中国側の考古調査の責任者である北京大学の黄文弼は、早くも現代考古学の方法を利用しながら、内蒙古地区に遺された長城について、墻体（壁）、壕溝（堀）、墩台（見張り台）、兵営の包括的な測量、発掘をおこない、長城の修築様式、周辺遺跡と出土文物によりながら、長城のさまざまな時代の形成による区分を判別し、長城修築の材料の由来を指摘して、材料の特徴を具体的にしめした。これらは、彼の調査日記『黄文弼蒙新考察日記（一九二七―一九三〇）』（文物出版社、一九九〇年）に詳細に記されている。スウェーデンの考古調査の責任者はフォルケ・ベリイマン（Warlock Bergman）である。彼は内蒙古の居延地区の漢代烽燧遺跡で考古調査を行い、漢簡一万枚余りを発見し、これは「居延漢簡」と呼ばれる。調査の初歩的な報告はベリイマン『蒙古新疆考古紀行（蒙新考古紀行）』（*Travels and Archaeological Fieldwork in Mongolia and Sinkiang: a Diary of the Years 1927-1934*. In: Sven Hedin and Folke Bergman: *History of an Expedition in Asia1927-1935*. Part IV: 1933-1935, Stockholm, 1945）に見え、正式にはスウェーデン学者のボ・ソマストロム（Bo Sommarström）がベリイマンの記録に寄りながら整理して出版した『内蒙古額濟納河流域考古報告（内蒙古額濟納河流域攷古報告）』（*Archaeological researches in the Edsen-gol region, Inner Mongolia*. Statens Etnografisk Museum, Stockholm 1957. 2 Bde.）として報告されている。

国難に真っ向からさらされるなか、中国の学術学会における西北簡牘史料への関心は低下しなかった。一九四四―一九四五年、中国は再度、西北科学調査団を派遣し、その中国史考古調査隊は、甘粛領域で発掘をおこなった。参加者は向達、夏鼐、閻文儒の三名である。夏鼐、閻文儒は、敦煌の小方盤城を調査して後漢長城遺構から、漢簡四〇枚余りを発掘した。夏鼐は、これに考察を加え、写真と合わせて「新獲之敦煌漢簡」（『中央研究院歴史語言研究所集刊』第一九本、一九四八年）に発表した。閻文儒は『河西考古雑記』（一九五三年）を著述し、遺跡の考証と漢簡の出土状況を紹介した。陸続として出土する西北漢簡は、大きく漢代長城の研究を押し進め、多くの学者がこの一分野の史料整理と学術研究に参加し、大量の論著を発表、出版した。広範囲に及ぶ漢代長城の防衛と生活の他にも、漢代の玉門関、陽関、敦煌の長城などが重視され、漢代西北辺境防衛戦略体系の理解が重大な問題とされた。その中でも労幹の研究は、比較的体系的であった。一九四三年、労幹は、四川で『居延漢簡考釈』釈文三部を出版し、一九四五年にはさらに『居延漢簡考釈』考証三部を出版した。

（中華人民共和国の）建国後、我が国の学者は、甘粛、内蒙古、新疆など西北地区に対して多くの考古発掘をおこなった。長城周辺で陸続として発見された数量多寡さまざまな秦漢簡牘は、絶えず国内外学会の両漢長城の基層にある防御体系と社会生活の多面的な研究を押し進め、長城史研究の重要な内容を構成しつづけることとなる。

三、「孟姜女哭長城（「孟姜女　長城に哭す）」の故事の研究と民俗学における長城民間史料についての発掘

中国民俗学の創始者にして草分け的存在である顧頡剛は、現代的に意義づけられた「孟姜女哭長城」の故事の研究を創始し、早くも民俗学を長城史研究に取り込んでいる。顧頡剛は、一九二四年、一九二七年に相次いで「孟姜女故事的転変」、「孟姜女故事研究」の二論を作成し、それぞれ『歌謡周刊』第六九号、『現代評論二周年増刊』に発表した。幼い頃から民間故事を好んできた経緯から、顧頡剛は文献史料と民間伝説を結びつけることで、顧炎武や朱書が受けてきた文献史料不足による制限を突破し、「積み重ねて作られた中国古史（层累地造成的中国古史）」にもとづく「疑古」という構想によって孟姜女伝説の成り立ちと杞梁の妻の故事を結びつけ、二千年余りの変化の経緯を描き出した。この二篇の文章の中で、顧頡剛は、歴史学、地理学的側面に分けて孟姜女故事の流れを調査した。「孟姜女哭長城」の故事は、中国文化の中心の変遷にしたがい、故事の中心的区域も順に山東、関中、河南、長城、江浙とうつることを指摘した（八）。歴代の時勢と風俗もまた絶えずこの故事に新しい要素を加えていった。斉の善哭の習俗、両漢の天人感応説（天人相関説）、隋唐楽府の悲苦の曲から、さらに各地域の独特な民俗、伝説まで、どれも孟姜女の故事の絶えまない変化の中にその面影を見出すことができる。民衆の感情と想像はこの故事が絶えず拡張と発展から醸成力を得た。そして、故事そのものの解釈の融通性もがさらに内容面からみ合う経緯を発展に突き動かした。そのため、この故事は巨大な多様性を現出し、さらには民衆の感情が士大夫の礼教に戦勝をあげていたことを体現するものとなった。しかし、その一方で、あいかわらず一定の作用が引き起こされており、孟姜女の婚前、婚後の行為については、一部の版本のあいだに明らかな矛盾が存在する。最後に、顧頡剛は、孟姜女の故事と中国古代史の聖王の事績の比較を通じて、両者が同様に絶えざる後世の「積み重ねて作られた中国古史」を経て、神話と伝説に満たされていることを見出した。注意すべきは、顧頡剛が「孟姜女哭長城」の故事を研究し、さらに新史料の明確な意味を発掘したことにある。孟姜女の故事が二千年あまりにわたって流伝し、中国の中枢に知れ渡りながらも「惜しむべきは一部の学者が朝廷と国家の典章制度を重視して民間の伝説が絶えることを軽視し、多くの良質な史料を失ったことである」ことを指摘している。顧頡剛は、再度明確に民間史料を発掘する重要性と必要性を提示している。この意識によって、一九一〇年代に王国維は、新たに発見された簡牘材料の助けを借りて「二重証拠法」を提出したのである。一九三〇年代に陳寅恪が『敦煌劫余録序』において「一時代の学術は、必ず新しい史料と新しい問題とにある。この材料を用いて、問題を細かく求めれば、この時代の学術の新潮流となる」と提示していることからも、二〇世紀初期の新材料の獲得について古代史研究の新局面を開拓し、一代の学者たちが追いもとめる新しい気風を形成したことが見てとれる。中国人は新出土発見された簡牘、文献史料の時期に関心をもつが、顧頡剛は、さらに別の枝道を開拓し、民間伝説の中の「発見の積み重ね」、手近にある「新材料」においてさらに深い意義を用意したのである。顧頡剛の孟姜女故事研究の一九二〇年代における学術界への影響は巨大なもので、一部の学者には「小題大做（小さなテーマで大を作す）」との評価があるものの、多くの学者は、

その民俗学に注目することで、民俗史研究と伝統文化史研究の領域を広く結びつけていった。一時期、孟姜女故事研究は隆盛をきわめ、民俗学の形成に対する意義は重大であった。

建国後、政治的空気と学術的立場の巨大な転換にしたがい、孟姜女研究も多くの浮き沈みを経験した。建国当初、孟姜女は、労働人民による封建体制の統治者への反抗の代表として研究がおこなわれた。一九五八年、俗文学の専門家である路工編『孟姜女万里尋夫集』（中華書局）は、ただ全面的に孟姜女の故事を収集しただけではない。序文においては、階級闘争の視点から出発し、孟姜女の故事が杞梁の妻の故事を起源とするものではないことを指摘している。二者の身分は、印象としては差がきわめて大きい。二つを同じ階層とする見方を出現させたのは、封建体制の統治者や文人が故意に封建的礼法を孟姜女にまで附会したことによる。孟姜女の故事の変遷においても明らかに統治への反抗と礼法の遵守という二つの異なる発展系統を見出すことが出来る。「文革」中、孟姜女は一次は儒家が法家を攻める代表とされたが、批判を受けた。文革後に鍾敬文が編纂した「為孟姜女冤案平反—批駁「四人帮」追随者的謬論」（『民間文学』一九七九年七月号）は、文革後期にあって政治化した歴史学の潮流を糾弾する文章であるが、あわせて「杞梁妻哭長城」の故事の発展と、北斉が何度も民を長城修築に駆りだしていることとの関係を指摘している。日本学者の飯倉照平「孟姜女について—ある中国民話の変遷—」（『文学』二六－八、一九五八年）、「孟姜女民話の原型」（『東京都立大学人文学報』二五、一九六一年）は、孟姜女の故事が唐以前において最終的に形成され、仏教の影響下にある六朝志怪小説が孟姜女伝説に大きく影響したと認識している。一九六一年、ソ連の中国学者であるリフティン（Boris Riftin、Борис Львович Рифтин）の『長城の伝説と中国民間文学の表現様式の問題（長城的伝説與中國民間文學的體裁問題）』（モスクワ、東方文学出版社、一九六一年）（*Сказание о великой ст-ене и проблема жанра в китайском фольклоре*—Изд-во восточной литер-атуры, 1961）は、顧頡剛の孟姜女故事の起源を『左伝』にもとめる見方を否定し、顧頡剛がこの伝説と民間生活を関連づけたとしたうえで、孟姜女の故事の萌芽は秦漢の際にあり、隋唐期に形成され、明清、近代に大いに発展した民間の創作に至ったもので、杞梁の妻の伝説とは無関係であると指摘している。

四、辺境危機背景下の歴史地理、民俗学、考古学、建築学等の視角による長城史研究

民国後期、中日戦争（日中戦争）の全面的展開にしたがい、学術学会全体にわたり、中国辺境問題への関心に満ちあふれていた。こうした時代を背景として、長城は中原王朝の遊牧民族を防ぐ「内辺境」として、多くの学者の関心を引き寄せた。これらの学者は、往々にして歴史文献を利用した。特に彼らは、地理を記載する文献に偏重しながら、長城の沿革、分布、方向と作用について異なる次元の考察をおこなった。その学術背景、研究からおおよその主旨を見ると、ほぼ歴史地理学の系統に属していた。民国年間の長城史研究の最も盛んな三本柱の中でも、簡牘学、民俗学以外では、この歴史地理学こそが際立っていた。このほか、他の学問分野も長城を領域とする研究にたずさわっているが、数は多くはなかった。だが、建国以降になると多くの学問分野が長城史研究に参入して基礎を築き上げていった。『地学雑誌』（一九一五年第三期）に載る蘇辛の「明辺墻証古」の一文は、中国学者の明代の長城についてのかなり早い専門論文である。中国歴史地理学の創始者にして基礎を打ち立てた人物とすべきは、顧頡剛によ

る歴史地理の角度からの長城研究の展開であり、その「孟姜女哭長城」の故事の鮮やかさには及ばないものの、数量はむしろより多く、長城を歴史地理学的に研究する基礎を築き上げるものであった。王鈡麟と合作し、胡適が校訂した『現代初中教科書・本国史』（商務印書館、一九二三‐一九二四年）の中で、顧頡剛は、まず中国古代の長城の修築を整理しながら調査し、戦国諸国がいずれも長城を修築して防衛したことを指摘した。秦朝が統一すると、辺境の長城が旧跡を踏襲し、一つのラインを貫き、南北の境界が徐々に明らかとなり、民族は互いの憎しみを急速に激化させた。北方民族は地理的に中国に逼迫し、生存を求め、奮起して南下した。秦漢以後、しばしば南侵し、中国の歴史と互いに終始をともにしている。長城は、このことから必ずしも守られていたわけではなく、むしろ史上最も悲劇的な記念碑となっただけであった。顧頡剛は、早くから秦の長城について有意義な調査を行った学者で、一九三七―一九三八年、西北地区に形成されていた国防の前線を見ながら、調査に赴き、この基礎をふまえて、大量のノートを記し、戦国から秦朝の長城修築、分布、起点と終点、機能、史料などの問題について研究を行った。「秦長城」（『益世報・史学』一九三九年三月二一日第七期）は、秦の長城が臨洮を起点として、洮水と西に並行し、長城の外の防衛線となっていること、そのため長城が秦の第二の防禦線であり、国境ではないと指摘した。「河、洮間之明辺墻」（『益世報・史学』一九三九年三月二一日第七期、甘青史迹叢談）は、明代、アムド区のチベット民族を防御する辺墻（防壁）を調査し、当地が普遍的に閉ざされていたことを指摘し、長城を知るうえでこれを容易にした。一九三〇年代、日本が一歩一歩中国への侵略を強めていくにしたがい、中国軍民の抗戦の気運は日増しに高揚していき、長城は歴史的な侵略の防御の象徴とされ、マイナスイメージは、徐々に見落とされるか忘れ去られ、そのイメージは基本的に完全に一般的なものへと転換されていった。たとえば銭穆『国史大綱』は、「秦の始皇帝が中国を統一した後、内地の長城を破壊し、北辺の長城を築いたが、いずれも大一統を完成させるための新しい局面における努力とすべきで、中国の大一統の形成において、実に大きな功績である。秦の政治は時代の要請と趨勢にしたがっており、一種の進歩的な政治である」としている。つまり伝統的視点への極端な反論である。「義勇軍行進曲」の「我らの血肉で、我らの新たなる長城を築け」は、長城を修築する際の悲哀の情緒が長城の修築と保家衛国（家を保ち国を衛る）の犠牲精神に代替している。長城は、このように中国史の象徴から外敵防御の象徴へと転換したのである。こうした時代背景のもと、中国の学者による長城への研究は、日に日に増加し、専門的研究も徐々に展開されていった。

長城の専門的著作が生み出されただけではない。多くの専門論文も発表された。初めての長城史研究の専著は、王国良編『中国長城沿革考』（上海、商務印書館、一九三一年）である。この書は、まず戦国、秦漢、南北朝、隋、明の長城修築について全面的な研究を行った。長城の起原については、王国良は、まず顧炎武の視点に疑問を呈し、戦国の長城修築が多く畦道を開いたもので、戦車から騎兵への変化以前のことであり、長城が修築された背景として、戦国時代に併呑戦争がはじまり、各国が自らまもりを固めて長城を築いたのだとする。齊、楚の長城修築年代の判断において、王国良は、改変される前の文献に依拠し、主体的に判断する方法によって、長城の起源をマクロ的歴史背景の中に位置づけた。長城の機能について、王国良は、長城が世界最大の防衛機構であり、北方異民族の南侵を防御するために築かれたものとした。北方異民族は、「南下して辺境を侵略し、来襲するのに時期を選ばず、行くところを選ばず、追撃するも捕縛はできず、防衛駐屯は多額の費用がかかり、対処は極めて困難であった。歴代の北方異民族に対して、多くは保守主義的傾向を抱えていた」とするこの論述は、一般的な論を確認し、後世の長城修築の起源の論述に際しても、鮮やかで卓越した一論である。しかし、長城領域の判断において、王国良は当時流行した観念の影響を受け、漢の国境防衛線や明の辺墻は薄く粗末なもので、長城ではなく、長城の不足を補うにすぎないものと考えた。二番目の長城の著作は、寿鵬飛「歴代長城考」（寿鵬飛『得天廬存稿』二、一九四一年所収）である。全体の篇は比較的少ない約一万三千字あまり、巻末に歴代長城図一枚が附されている。この書は、歴代長城の修築年代、位置、沿革について検証を行った。とくに注意をはらうべきは最初に『詩経』にある朔方の城が長城修築のはじめであり、[九]金の界壕も長城であり、秦の長城は東の楽浪郡遂城県からはじまることを提示した。これらの観念は、いずれも後世の研究に少なくない影響を生み出した。こうした専著のほかには、民国年間に、より多くの長城史専門論文が発表され、比較的早い論文は徐琚清「北辺長城考」とすべきで、燕京大学歴史学会編『史学年報』一九二九年第一巻第一期に発表された。この時期の長城論文は、とくに民国期に最も著名な歴史地理の刊行物『禹貢』に発表が集中した。『禹貢』一九三六年第一期で、張鴻翔「長城関堡録」は張家口などの長城保存状況について論述をおこなった。李漱芳「明代辺墻沿革考略」（『禹貢』第五巻第一期、一九三六年）は、明代に修築した辺境防壁の修築の過程を調査し、明の辺墻は華夷を隔離するものであるが、敵を前にして土地を放棄し、結局守ることが出来ておらず、辺墻の効果は非常に小さかったと指摘した。潘承彬「明代之遼東辺墻」（『禹貢』第六期第三、四合期、一九三六年）は、辺墻の構造が地形によって異なり、劈山墻（山岳の地勢と人工的な造成を組み合わせた壁）、石墻（石垣）、山険墻（山岳など自然の地勢を壁として利用したもの）、土墻（土壁）、柞木墻（木柵）、木板墻（木壁）、磚墻（煉瓦壁）、石垜墻（石垣）等の八種類があることを指摘した。張維華は、顧頡剛等に師事した人で、一九三一年に禹貢学会に入り、一九三七年から相次いで『禹貢』に「斉長城」（第七巻第一、二、三合期、一九三七年）、「魏長城」（第七巻第六、七合期、一九三七年）、「趙長城」（第七巻第八、九合期、一九三七年）（この論の後にさらに「中山長城」の簡単な考証が附されている）の三篇の長城論文を発表し、さらにその他の刊行物でも三篇の長城論文「明遼東辺墻沿革考」（『史学年報』第二巻第一期、一九三四年）、「楚方城考」（『斉大季刊』第六期、一九三五年）、「漢辺塞考略」（『斉魯学報》第一期、一九四一年）を発表した。文献に対する詳細な整理と先行研究が行った細かい反証の基礎をふまえ、戦国斉、魏、趙、楚の長城と漢の辺境要塞修築期間、修築過程、起点終点の地点、分布の方向と防御機能について整理しながら全面的な調査をおこない、論証は精確で、結論は信用できる成果となった。後世の戦国の長城の研究は、基本的にはこの研究の基礎をふまえており、考古及びその他の手段を利用しながら、修正と補充が加えられたものである。長城の起原に関して、張維華は、顧炎武の視点を受けて、戦国の騎兵が車戦に代替され、戦争範囲が拡大し、春秋時代は河川による防御線、山に沿っての障壁設置では用をなさなくなり、長城を修築したとした。長城の範囲に関して、張維華は「漢辺塞考略」において戦国から秦までの辺境防衛の城塞を長城と呼ぶこと、漢代に築かれた匈奴への防ぎが、長城の名を冠しながらも、多くは「塞」や「障」と呼ばれていたこと、歴代築かれた辺防の城が、あるいは「長城」といわれ、「障塞」、「辺墻」と呼ばれ、清代の人は「柳辺」と称するが、それぞれ名称が異なりながらも、その意味は一つであると指摘した。これはさらに当時の長城が壁に限られるという一般的な見方に大きな衝撃をつくり出し、長城の内容を大いに拡大し、深く後世の長城の範囲についての定義に深く影響した。賀昌群「烽燧考」（中央大学『文史哲』季刊第二期、一九四〇年）は、簡牘史料を利用し、はじめに漢唐期の烽燧について区分を行い、その立地、形状、構造、配置、機能、官吏構成員について、それとその他の軍事建築の関係におよび、調査をおこなった。当時の長城の主要な遺跡として、明の長城はさらに多くの関心を引き寄せた。李旭は、「明末遼東的軍事」（『史地半月刊』第一巻第二期、一九三六年）で遼東に築かれた堡柵が少数の軍隊によって、多数の侵略にことごとく対処できたことを指摘した。明朝は、最終的に女真族に滅ぼされるが、これは軍隊そのものの問題によるものであり、長城と関わるものではなかった。李有力「歴代興筑長城之始末」（『長城季刊』第二巻第二期、一九三六年）は、全面的に戦国、秦朝、北斉、隋朝、明朝の長城修築の過程を論述し、さらに長城の機能について肯定的にとらえた。楊淑英「明代薊昌辺墻之建置」（『大公報史地周刊』、一九三六年七月三一日）、一廠「明代辺墻沿革考略」（『国民雑誌』一九四一年第一巻第九、一〇期）、孫祖縄「明代之寛奠六堡与遼東辺患」（国立東北大学東北史地経済研究室編『東北集刊』第三期、一九四二年）は、いずれも明代の辺境防壁の修築と機能について論述を行った。早くから清代の宣教師が制図した長城について研究をおこなったのは、中国地質学の立役者である翁文灝であった。彼は一九三〇年に編纂した「清初測絵地図考」（『地学雑誌』第三期）の文において、康熙四十七（一七〇八）年に始まる長城制図作業について初歩的な検討をおこない、次いでこの制図が白晋（Bouvet）、雷孝思（Rigis）、杜徳美（Tartoux）、費隠（Fridolli）の四人によって翌年に共同で完成されたことを指摘した。王庸は、若いころに南京高等師範専科学校国文史地部仕業を受け、柳治徴、竺可禎に就学し、当時の学生達の時事問題への熱中や古史地理研究に影響を大いに受け、「地学研究会」に入った。後に遊学のために北上すると、北平図書館輿地部主任を奉職し、所蔵の輿地図を遍く閲覧し、さらに国土喪失の危機を目の前にして、明朝の境域の沿革に重点的に関心を寄せた。「明代輿図匯考」（『国立北平図書館図書季刊』一九三六年第三巻第一、二期）が検討しているのは明代の全国的輿地図であり、「明代北方辺防図籍録」（『国風半月刊』一九三三年第二巻第九期）は、現存しているもの、あるいは題名がのこる明代北辺防衛の図籍の編纂されたものや沿革と版本の流伝を専門的に調査したもので、九辺境の図説、辺鎮の合志、各辺鎮の別志、各行政区の関、防衛の区分の記録、辺境にかかわる雑著などを分類した。もう一つ、中国古代の辺防図籍を研究した著作『中国辺防図籍録』も一九三九年には、鄭衍林によって編纂されたが、戦争により、一九五八年になってようやく商務印書館によって上海で出版されている。この書は比較的詳細に中国古代を著録し、とくにそれは明代辺防図籍の名録である。

専門論文の他に、一九三〇～一九四〇年代に多くの辺境に関する著述が生み出され、顧頡剛、史念海の『中国疆域沿革史』（商務印書館、一九三八年）、蒋君章の『中国辺疆史』（重慶文信書局、一九四四年）、華企雲『西北辺疆』のように、多く長城を専門的にあつかう篇や頁がもうけられ、長城の防御機能が顕彰された。『中国疆域沿革史』第九章「嬴秦統一後之疆域」の「長城」の一節は、明の長城について専門的に論述している。史念海は重版した前掲書（商務印書館、一九九九年）の前言の中で、「目録では特に「明代の長城と九辺」、「清代後期失地」等の章節をもうけ、さらに指摘するものがある」と指摘している。この書は明の辺墻について「秦の始皇帝が長城を築いて万世これを詬《は》じ、そのため長城と呼ぶことを忌避し、「辺墻」と呼ぶとする見方の影響は大きい。しかし、もう一つの重要な見方は、むしろ長時間の内に完全に忘れられたことにある。清の人は明の長城が遼東を貫通していた事実を隠していたため、明の長城図の作成時、その東端の終点を山海関に置いた。後人はそのため深刻な影響を受けたのである。この書はこうした説による反駁をおこなったが、しかしすぐにこの流伝は広まらなかった。一九八〇年代に遼寧の丹東虎山長城の発見に至り、学術学会はようやく正式にこの長期にわたる影響の誤認識を修正しはじめた。劉謙『明遼東鎮長城及防御考』（文物出版社、一九八九年）は、清朝が東北を禁区に区分し、柳条辺を設立、出入を制限し、山海関を関所として、明の長城が鴨緑江で止まるという事実を覆い隠した。清代の史籍は、こうして柳条辺を長城に替え、山海関を長城の東端の終点とし、後世、山海関が明の長城の東端として重視する誤解をつくりだしたのである。

歴史地理学の長城研究のほか、そのほかの学問分野も長城研究領域にかかわりはじめた。建築学者の梁思成、林徽因は早くから建築学の角度から、長城の展開を調査した。一九三四年三月三日『大公報』で発表した「中国建築史」の講義の中で、秦、漢、明の長城修築様式、使用資材を指摘して大きな変化を明らかにした。盛襄子「湖南苗瑶問題考述」（『新亜細亜』一九三五年第一〇巻第五期）は、民族を主体として長城問題を検討した論文で、早くから南方の長城に関心をよせた一論である。一九四一年、李文信は、早くから考古学的手法を利用し、建平県北部の黒水村土城と老哈《ラオハ》河両岸の「老辺」が燕、秦の長城であると確定した。一九四三年、彼は、さらに佟柱臣とともに早くから燕の長城についての調査を始め、その後に秦、漢が継承したとすることを事実として考古学的に実証した。一九四七年、李文信はさらに、はじめに金の界壕を調査し、あわせて編纂した「金臨璜路界壕辺堡址」（『遼海引年集』記印書館一九四七年排印本）の一文で、考古学の角度から、最初に金の長城の始点を研究し、はじめて金の長城の存在形態を提示した。佟柱臣『赤峰附近新発現之漢前土城址与古長城』（『沈陽博物館専刊―歴史与考古』第一輯、沈陽博物館一九四六年一〇月編、中国文化服務社東北区社一九四六年版）は、赤峰出土の漢の長城について詳細な考古分析をおこなった。要するに、民国期の国人は、西洋の長城観念と国内政治全体の影響を受け、長城のイメージがマイナス面から徐々に方向をプラス面に転じたことについて、当時の学者は新発見史料を利用して、歴史地理、簡牘学、民俗学の三種の視角から、長城について現代学術的規範と意義に基づく研究を行い、現代長城研究の新局面を創始したのである。一九三〇年以後、辺境危機の激化にしたがい、膨大な長城史を主題とする著作、論文が陸続として生み出され、長城史が歴史学研究の独立領域であることが示された。その他の学問分野のなかでも民俗学、建築学と考古学が陸続として長城史研究に参入していった。これらの成果は、なお少なかったものの、中国長城史研究の開始当初にくらべれば、さらなる多元化、多面的な段階を現出し、建国以降の長城史研究に良好な基礎を定立させるものであった。

五、アメリカ型の社会科学化と史学の潮流における長城研究

西洋は、古代ギリシア時代から中国に関心をよせていた。しかし中

国に対する体系的な研究が開始されたのは、一六世紀に宣教師が中国に東来し、距離をせばめて中国の歴史、文化を学習して以後のことである。学者の組織が徐々に巨大化するにしたがい、研究部門の漸次拡大により、西洋世界において中国史、文化を専門的に研究する学術領域＝「シノロジー（漢学）」(Sinology) が形成される。シノロジーが一六世紀末期に勃興すると、まず宣教師が主体となり、絶え間なく中国から大量の文献典籍を収集、翻訳し、乾嘉学派の考証学の伝統を参考にしつつ、版本、目録、校勘、音韻、訓詁、考証などの角度から中国古代文献について具体的、精緻な研究をおこなった。時間の推移にしたがい、まさしく勃興しつつある西洋文明において、遙か遠く神秘的な東洋文明は知的興奮に満ちあふれていた。一部の西洋学者は、宣教師の研究の基礎をふまえ、西洋の伝統的な考証史学（アカデミズム史学）を利用しながら、中国言語、文学、歴史、哲学、宗教などに対する広範な討論を展開した。一九世紀、本格的に現代的な意義にもとづくシノロジーが欧州全体において形成され始める。しかし、当時の社会発展程度と学術水準の影響を受け、二〇世紀以前の西洋シノロジーの基本は、中国文献研究と古典研究を主要な内容とし、シノロジストたちの多くは、博識を誇りながらも深い専門的考察に入ることには欠けていた。

　二〇世紀初頭、西洋探検家の中国における考古学的発見を利用しながら、とりわけそのスタインの敦煌文書の発見を契機として、西洋シノロジーのなかでも、特にフランスシノロジーが中国古代文字、地理、辺境、民族、宗教などの重要な問題において比較的深く検討を始めていた。とりわけその関心は、中国周辺地域及び中国と域外との関係史にむけられ、研究内容が大きく拡大しただけでなく、研究手法もすでに世界の潮流を引っ張るようになっていた。スタイン、シャバンヌ、マスペロ、ギールは、考古学上の発掘と実地調査上の発見を利用しながら、長城史にかかわるテーマ設定や深い検討をおこない、簡牘学の伝統を創始し、長城史研究の主要な筋道を世界的領域に導いた。

　二〇世紀以来、西洋世界の社会問題は日増しに際立つようになり、この問題の研究と解決を目的とする社会科学が急速に発展、二〇世紀中期にいわゆる「社会科学化」の国際学術の潮流が形成され、社会科学は、広い範囲で人文学の伝統的学問の研究に浸透しはじめた。フランスではアナール学派が形成され、イギリスでは新社会史学派が、アメリカでは社会科学史学派が、徐々に西洋の伝統的史学、とりわけランケ史学に取って代わっていった。この過程は、二次にわたる世界大戦の阻害を受けたが、最終的には第二次世界大戦において、とくに一九六〇年代以降、著しく発展しはじめ、西洋史学研究の主流となった。西洋の伝統的シノロジー研究もこの時代の潮流の衝撃を受け、研究方法においては、積極的な社会科学的方法が参考にされた。研究内容も呼応して発展して中国問題の個々の方面に展開していき、現実政治へのアイディアを提供、研究の重点は、徐々に現代中国研究に傾斜していき、伝統的シノロジー研究と大きな違いが出現するとともに、「中国学（China Studies）」と改称されるようになった。「中国学」研究において、アメリカの学者は、その強大な経済基盤と重厚な学術的実力によって、最も積極的な役割を演じていった。具体的に長城研究の領域において、西洋の長城史研究の社会科学化を推進したのは、アメリカ学者のオーウェン・ラティモア（Owen Lattimore）である。[一〇]

　アメリカのシノロジスト、蒙古学者のオーウェン・ラティモアは一九四三年に『中国の内陸辺境（中国的亜洲内陸辺疆）』(*Inner Asian Frontiers of China*, New York, 1940) を出版した。これは西洋が長城史研究を「社会科学化」した端緒であり、西洋における長城史研究の新たな局面の創始であった。ラティモアは、一九〇〇年にワシントンに生まれ、翌年父にしたがって来中した。一九二七年、彼は中央アジアを通過してイタリアに戻り、道中で見聞した物を『トルキスタンへの沙漠の道（荒漠路至土耳其斯坦）』(*The Desert Road to Turkestan*, London, 1928) として編纂した。一九二九年、ラティモアは、アメリカ社会科学理事会などの組織的援助を受け、中国に戻り、一九三六年まで中国北方の広大な地区を調査した。ラティモアは、二〇世紀前期のアメリカ歴史学研究における社会科学派の重要な人物である。彼が社会科学的方法を利用して東アジアを研究することを提唱したことから、とくに中国問題について、一九三三年、アメリカの太平洋問題調査会のメンバーとなり、三〇年代に定期刊行物である『パシフィック・アフェアーズ（太平洋事務）』(*Pacific Affairs*) の責任編集を担当した。この学会はアメリカ情報機関に所属する研究機関で、その主旨は、全く異なる学問分野の学者の力を通じて、太平洋における国家関係研究を増強することにあった。一九三四年、彼は社会科学の理論研究を利用し、中国辺境史研究の地位を立てた『中国のアジア内陸辺境（中国的亜洲内陸辺境）』(Inner Asian Frontiersof China) を出版した。この書がひとたび世に出ると、国際シノロジー全体の関心を集めるようになった。

第二次世界大戦の勃発後、ラティモアは、アメリカ政府の要請を受け、蒋介石の私的政治顧問に当てられた。だが、蒋介石との関係は良好ではなく、アメリカ政府が対蒋援助の停止を建議すると、ソ連との提携をおこなった。このため、戦後マッカーシズムの攻撃を受けることとなった。一九六二年、ラティモアは、イギリスのリーズ大学に中国学部（Chinese Studies）を創建した。一九七二年、アメリカに帰国し、蒙古協会会長に選ばれた。ラティモアは生涯多くの言語を用い、大量の中国辺境、長城に関する論著を著述し、西洋の中国辺境、長城研究のモデルであるとともに代表的人物でもあった。『中国のアジア内陸辺境』において、ラティモアは二〇世紀前期のアメリカ社会科学史学派の影響のもと、アメリカフロンティア学の創始者であるフレデリック・J・ターナー（Frederick. J. Turner、一八六一―一九三二）の「フロンティア学説（辺疆仮説）」(Frontier Thesis) 理論とイギリス地理学者のマッキンダー（Halford John Mackinder、一八六一―一九四七）の「ハートランド論（大陸腹地説）」(Heartland Theory) の理論を踏襲し[二]、時代変化を通じて、まずこのシステムを中国北方辺境研究に援用しながら、「長城辺境」、「辺境形態」（「遊牧人王朝」、「辺境王朝」）などの概念を提示し、長城辺境の起源、形成過程と機能を全面的に検討することで、長城研究の理論の骨格と解釈体系を構築していった。この「長城辺境理論」[六]は、西洋や国際長城史研究に深い影響をおよぼしていくこととなる。

「長城辺境」概念は、ターナーの「フロンティア学説」理論を直接参照した。一八九三年七月、ターナーは、シカゴアメリカ歴史協議会会議において読み上げた有名な『アメリカ史におけるフロンティアの意義』(The Significance of the Frontier in American History, 1893) で著名な「フロンティア学説」を提示し、アメリカ史は、西部移民史であり、アメリカの重要な思想、制度はすべて西部辺境開拓の中で徐々に形成されたとした。この基礎の上に彼は、さらに『アメリカ史上のフロンティア』(*The Frontier in American History*, New-York, 1920) などの重要な著作を編纂し、絶えず「フロンティア学説」を論証しながら、多くの学者の支持を獲得、時に隆盛を極める「フロンティア学派」を形成することとなった。

「フロンティア学説」の核心理念として、ターナーは、アメリカ史には、絶えまなく変化する深奥の辺境があるのみで、ヨーロッパのように成熟して固定した辺境は、ないとした。ラティモアは、まず「フロンティア学説」を中国長城辺境の研究に援用し、一七世紀以来の西洋学者からギールまでひたすら提唱されてきた「長城界限論」に鍼を入れ、「長城辺境理論」を提示した。長城辺境を研究するには、まず「辺境」(フロンティア、Frontier)と「辺界」(境界、ボウンドリー、Boundary)概念が異なることを指摘した。

長城修築の本意は、中国と蠻夷の間を区分して一つの境界を出現させることにある。だが、内外の出入を禁止することで、長城は漢族社会の発展の最大限度をも象徴した。しかし長城ラインの向かう方向は、絶えざる変化、中国の歴史過程の起伏、漢族の貿易に対する追求といったあらゆるものによって、固定した地理や政治的意味をもつ線の境界を深い立体的な境界に伸展させた。線の境界の制限と隔絶の意味は、徐々に中立へと緩和され、線条による物理的な境界それ自体が辺境地帯の人の群衆へと変化していった。そこで、もし二〇世紀以前の西洋の長城が「隔絶」と位置づけられるのであれば、ラティモアの研究が生み出されて以降は、さらに「過渡」に転換したと言える。

「長城辺境」地域の範囲の定義について、ラティモアの研究は、マッキンダーの「ハートランド」論を吸収した。二〇世紀初め、西洋の新興資本主義国家ドイツ、ロシアはイギリスの世界秩序を威嚇し、オックスフォード大学地理学院(The Oxford School of Geography)教授のマッキンダーは、一九〇四年にイギリス王立地理学会で地政学の陸標的論文の「歴史の地理的中軸」(*The Geographical Pivot of History*)において、世界を「中軸地帯(枢紐地区)」(Pivot Area)、内側の三日月地帯(Inner or marginal crescent)、外側の三日月地帯(Lands of outer or insular crescent)に区分した。ユーラシア大陸の中部は中軸地帯、内側の三日月地帯は中軸地帯を取り囲む環状地帯、その他の地帯は外側の三日月地帯とした。古代世界は、基本的に中軸地帯の遊牧民族が絶えず西進、南下して進軍し、新三日月地帯を占領する歴史である。ハートランド理論発表の後、地政学は国際政治秩序に対して巨大な影響を生み出し、ラティモアも深くこの理論の影響を受けた。これは、例えば『アジアの中軸—新疆および中国とロシアのアジア内陸辺境(亜洲的枢軸—新疆及中国和俄国的亜洲腹地辺疆)』(*Pivot of Asia:Sinkiang and the Inner Asian Frontiers of China and Russia*, Boston, 1950)のように彼の論著の名称からも見出すことが出来る。ラティモアは、これまでの長城研究が国家の境域によって区分標準化されてきた慣例を打ち破り、アジア大陸全体を視野におさめ、長城内外の広範な地帯をまとめて長城辺境と定義づけた。ラティモアが定義づける長城辺境は、中国本土(甘粛、寧夏、青海、陝西、山西、河北などの「内陸辺境」地帯)、蒙古、満州、新疆、チベットを包含し、西洋の地政学理論によって「内陸アジア(Inner-Asia)」と見なし、広大な地域を重視すべき部分として組み合わせ、さらにはシベリアの森林地帯、中央アジアの沙漠地帯とチベット高原にまで延伸させた。チベットでは、長城が修築されなかったが、しかし、チベット高原山脈の方向は長城と呼応しており、ラティモアの視野によって長城辺境に延伸された。

長城辺境の起源は、ラティモアが重点的に検討した問題である。国内外の学者が基本的な長城の主目的を蒙古高原からやって来る遊牧民族を防御するためとする一般的な見方とは異なり、ラティモアは、「フロンティア学説」のフロンティアが、内地に根源を形成して絶えず外に拡張したという見方の影響のもと、中国人が、内外に拡張する長城辺境をつくりあげたものとした。つまり長城辺境の形成は、漢族の発展に根源があり、蛮族の侵入によるものではないとした。原始社会時代において、中国は異なる族群間での社会差が小さかったが、そこから進化する方向、過程、速度のちがいによって種族が異なるようになり、族群分布を形成する地域が改めて調整され、最終的に長城辺境が形成された。漢族経済は、最初は周辺少数民族と経済形態がおおよそ同じで、ある種の農業を包括する混合経済であった。しかし、そこから灌漑技術によって核心的な特徴である本当の中国様式の農業がおこり、漢族の農業を保障し、畝《ムー》あたりの生産高の向上、富の増加、人口増加を促進した。社会はこれに応じて変化し、最終的に中国に新社会を形成させ、それによって少数民族との分化が始まった。新社会が徐々に四方に拡張するにしたがい、灌漑区域も徐々に拡大し、この族群に隷属するものが漢族となった。そして、混合経済を採用する旧社会において、この衝撃に対する二方向からの相反する分化が生じた。

一つは、新社会に溶け込み、新社会の少数民族を形成するものであった。「少数民族」の概念は、種族の角度から来るものではなく、この族群が改めて中国文化を奉じる時間が比較的後れただけであった。もう一つは、新社会に抵抗するというもので、もとの生活様式を堅持する古い漢族や落後した漢族が中国のさらなる圧迫を受けないように退き、旧式の混合経済地区を支え、草原の辺縁地帯にむかっていった。この族群が、漢族によって「戎狄」や「蛮族」と称され、非漢族とされた。

蛮族にしたがい、漢族も追いかけるように草原の辺縁地帯に入りこみ、草原周辺の一部の蛮族が変わらず構成していた農業地帯や遊牧地帯の間の草原辺縁地帯あるいは草原過渡社会に留まるようになった。漢族の族群に接近するにしたがい、自然と中国に傾斜し、農業に傾倒していき、密集した部落は、ある程度中国の農耕経済規範の影響を受けた。だが、中国との差が僅かとなっても、外部で草原の族群の接近をうければ、今度は、自然と中国から離れて草原に向かい、農業を離脱して遊牧に向かった。彼らの人口は、比較的分散しがちで、乾燥草原の粗放経済の規範の影響を受けたうえで、かといって乾燥草原経済の典型ともならなかった。つまるところ、この過渡社会は、長城辺境の最初の形態であり、後の長城建設に基礎を提供するものであった。

では、中国が長城を修築した原因は何か。この族群が分化、隔離される局面において、長城はどのような役割を演じたのか。ラティモアは、この問題への解答と、その長城辺境の起源の解釈とを一致させ、長城修築の起因は、中国内部の情勢発展によるものであり、草原の中国に対する圧迫によるものではないとした。戦国秦、趙、燕の長城の修築は、彼らが占拠した（草原の）南の漢族の土地を定義づけるものであり、草原の統制を目指すものではなかった。秦漢が長城を修築した時代においても、長城を修築する必要はなく、長城も唯一あるいは最善の草原の遊牧民族の侵入を阻止する方策でもなかった。長城が持続的に修築されたのは、漢族が遊牧民族が辺縁地帯に居住する漢族を率いて草原地区に引きこみ、それによって彼らが中国から分離して立ち去り、少数民族となることを防止するためであった。長城の修築も草原地帯の種族の集合を促進し、長城外において漢族に依存する小部落は存続できず、分散は統一に転換し、最後は頭曼単于—冒頓単于が草原帝国をまとめあげ、それによって農業、遊牧地帯の対立が形成された。もし二〇世紀前の西洋の長城史研究が長城の機能を「軍事防御」と定義づけるならば、ラティモア以後の長城研究は、長城の機能を「種族外拓（種族を外に拓く）」と定義づけられ、二つの解釈体系は、長城がただ外に向かうだけでなく内に向かう問題でもあり、明確に分岐される存在であった。なおかつ出発点も完全に異なっており、前者は単純に軍事的視点による注目であり、後者はさらに広大な族群の移動の角度にもとづく思考である。

長城は、真の境界線とすることができないことから、農業民族と遊牧民族を完全に隔絶することは出来ず、最終的に縦深がある長城辺境を成立させた。農業、遊牧社会が緊張関係にあった当時、長城辺境の漢人、部落は各自の社会に吸収され、辺縁地帯は縮小したが、消失はしなかった。農業、遊牧社会の関係が長期の安定期に当たると、この地域は拡大することができた。つまり、長城辺境社会は、永久的に農業、遊牧地帯からの数え切れない不特定の群衆を集め続けることとなった。しかし、農業と草原の中間ないしは辺縁地帯として、長城辺境が、一つの独立した存在として形成されることはなく、粗放農業か農牧混合経済を基礎とする社会に建設され、中国の農耕経済と草原の遊牧経済の間に立つものとなった。異なる時期、辺境に沿った異なる地点で、辺縁の部落に大きな影響が生じた。しかし、この辺縁の部落は、一部は草原の資源、一部は中国の資源にもとづく地方勢力間の政治にもとずき、非経済的で不安定な和睦社会となった。彼ら自身は、中国及び草原の独立した社会形態と異なるものではない。これは、長城辺境社会の独立性、安定性に欠けた一面であり、その弱点である。

しかし同時に辺境社会には、その歴史の発展を押し進める大きな側面があった。ラティモアは、この状況を概括して「辺境形態」とした。これはラティモアが創造したもう一つの核心的な概念であった。ターナーの「フロンティア学説」の中で、「フロンティア」理論と同等に重要な理論である「地域」理論で、ターナーは異なる地域間の衝突を強調し、この衝突がアメリカ史の発展の原動力となったとした。ターナーのこの理論の影響を受けて、ラティモアも長城辺境の農業、遊牧地帯の衝突が重要な役割を演じていることを強調した。長城辺境社会には不安定な一面があるものの、しかし、長城辺境の族群は、農民、部落、あるいは特殊な利益を求める商人、移民、野心的な職業的政客や軍人、さらにはその他の辺境外にチャンスを求める人々を包摂し、むしろ南北二つの巨大社会に備わる利益の選択の方向性のちがいにより、二大社会のどちらにも強い遠心力をもたらし、徐々に凝集して辺境における利益の連合体となっていった。

農業、遊牧地帯に戦争が発生する時期に当たると、二つの社会の間に立つ辺境の小勢力の首領たちは、勇敢に冒険し、権力に対して強い欲望をいだき、そこで農業、遊牧地帯に対するあらゆる面での優勢をたのみとして、それによって中国の内地と草原地帯を統一する境形態を成立させた。「辺境形態」は、さらに「辺境王朝」、「遊牧人王朝」と称され、ある王朝が辺境外や辺境上に成立した後に内地に進行し、その中国への統治を成立させる、もしくは中国の内側で成立した王朝が、然る後に外側に進行し、その辺境や辺境外への統治を成立させた。殷、周政権はいずれも辺縁に興り、辺境形態のさきがけであるが、真の辺境形態の形成は周朝の末年にようやく顕著になっていった。この種類の辺境征服者の実力の基礎は、辺境かやはり草原、あるいは中国であり、完全に辺境の深度と当時の混合人口の数量によって決められ、真の中国と真の草原の間の均衡状態を決定づけた。こうした起源によって出現した王朝の最終形態は、彼らが保持する辺境との連携の程度により、一部は辺境を離脱して草原か中国に進入し、もしくはこの二方面に進入した。いずれも若干の条件によって決定された。例えば唐朝は、中国の辺縁に勃興し、遊牧民族勢力を利用して政権を成立させているが、朝廷の中心を農業地帯に置いている。蒙古は、草原の辺縁に勃興すると、蒙古帝国を成立させた後、政治の中心地を草原地帯に置いた。無論その勢力が政権を成立させたことで、最終的に長城内外を統一する大帝国が成立する。この説にしたがうならば、長城の辺境形態が最終的に中国の融合、統一、拡張、進歩の主要な推進力となったことになる。長城地帯は、したがって二〇世紀以前に学者が主張してきた中国地理、歴史の「辺縁」から「中心」となっていった。これは内陸アジア地区の歴史発展を推進させた中心的地位を強調する視点で、「ハートランド」理論が強調するユーラシア大陸中部が世界史の中軸であるという視点と一致する。つまり、ラティモアは、まずアメリカ史のコンテクストにあるフロンティア理論を出発点として、イギリスの地政学理論を参考にしつつ、中国の長城辺境について全面的な分析を展開し、「長城辺境」、「長城形態」を取り囲む新しい核心的概念を通じて、早い段階で長城理論の構築と解釈体系によって「長城辺境理論」を構築したのである。

長城辺境理論は、地政学の角度から出発し、社会科学理論を利用しながら、まず全面的、系統的に長城と周辺地理、経済、政治、軍事、種族など多方面の関係を検討し、立体性、互換性がある長城の解釈体系を構築したことで西洋を、ひいては国際的な長城史研究固有の構造を完全に変化させた。これはアメリカ中国学研究を代表する成果であり、アメリカ社会科学史学派の研究による重要な成果である。そしてその提示と長城辺境、辺境形態などの核心的概念への指導も後世の中国長城研究、辺境研究に深い影響をあたえた。ラティモアは、このように華々しい業績を獲得したが、彼が長期にわたって中国で生活したことで、中国学者の民族や辺境に関する研究の最先端の成果を吸収、参照できたことは、彼の中国長城、とくに東北部の長城の詳細な調査に関係している。

この後、ラティモアは、さらに続々と多くの長城史研究の論著を発表し、一歩一歩彼の長城辺境理論を豊富にするとともに細密化し、それによって西洋において、とくにアメリカ長城史研究の領域で巨大な反響を引き起こした[七]。ラティモアを支持する見方として、フランスシノロジストのジャネット（Jacques Gernet）は、一九七二年に出版した『中国社会史（中国社会史）』（*Le Monde chinois*, Paris, 1972）で、長城が農民や牧畜が北方過渡地帯において複雑な関係からなる構成要素であると指摘した。しかし批判意見もあり、アメリカの著名な中国問題の専門家フェアバンク（John King Fairbank）は、一九四八年に出版した名著『アメリカと中国（美国与中国）』（*The United States and China*, Harvard University Press, 1948）で、ラティモアの「辺境形態」理論を肯定し、あわせて清朝が中国を統制できた原因について地道に分析をかさねつつも、同時に秦の始皇帝の修築目的を遊牧民族の侵入の抑制にある点を堅持した[一二]。

中国辺境問題を研究する上で、ラティモアと名声を等しくする学者カール・ウィットフォーゲル（Karl A. Wittfogel）は、中国の長城について具体的な研究こそ展開しなかったものの、彼は「征服王朝（征服王朝）」（Conquest Dynasty）および「東洋的専制主義（東方専制主義）」（Oriental despotism）理論を提示し[一三]、むしろ国際学術学会、とりわけ西洋学者の長城研究に深く影響をあたえた。ウィットフォーゲルは、冷戦期に西洋の「自由世界のための戦い」の急先鋒を演じ、『東洋的専制主義―全体権力の比較研究（東方専制主義―極権力量的比較研究）』（*Oriental Despotism: a Comparative Study of Total Power*, Yale University Press, 1957）を編纂し、自己の何年もの学術思考と当時の冷戦思想を結合し、彼の代表的視点を形成した。すなわち歴史上、東洋地域が水利社会（Hydraulic Society）に属し、大型の水利設備を建設する必要性が出現し、政権は労働力、生産資材、科学技術と管理体系を集中することで、さらに政治権力の集中をもたらし、それによって「東洋的専制主義」を形成したというものである。東洋的専制主義社会は、常にその他さらなる大型事業をたちあげ、加えて民衆の統制を強化し、その中で「中国の万里の長城の定期的再建、治水経済と政府の指揮による大規模な労働が始終効果があることを説明した」としている。しかし、この書は、大雑把に戦国、秦朝、隋朝について叙述し[八]、具体的、深く検討することはなかった。そのため、長城が東洋的専制主義による社会統制を強化するための道具として、幅広い知見と神がかり的な筆がふるわれている。だが、結局は中国古代の「惜民力（民力を惜しむ）」の主流政治思想や施政事実と全く符合しておらず、毛ほどの参考価値もないものである。ウィットフォーゲルは、東洋的専制主義理論を過度に強調するあまり、彼自身に長城に対する学術的判断能力を完全に失わせてしまった。そのため、西洋世界の長城が、中国の専制と停滞の象徴であるという一般的な見方を容易に受けいれてしまったのである。長城は、彼にとって東洋的専制主義を論証するための、思いのままに置いた駒にすぎなかったのである。

六、二〇世紀の日本における長城の記述と研究

東アジア世界、とくにその朝鮮、日本は、中国と一衣帯水であり前近代東アジア国際朝貢秩序のもと、すみやかに密接な関係が保たれた。朝鮮、日本の使節は、中国に往来したとき、常に道程で見聞したものを記述したが、その中でも長城は関心をあつめる対象の一つであった。つまり、長城のイメージは、早くから東アジア学者の記述と研究の一つだったのである。一六世紀に西洋宗教が全世界的に伝播する潮流の中、日本も同様の衝撃を受け、徐々にキリスト教を受けいれていった。一五八二年、日本から四名の年少貴族たちが使節団を組織し、日本キリスト教徒の代表として、先んじてヨーロッパに赴き後に日本に戻った。アモイ学院のデ・サンデ（Duarte de Sande）神父が『天正遣欧使節記（日本天正派遣羅馬教廷使節団行記）』（*The Mission of the Japanese Legates to the Roman Curiam*, 1590）を編纂し[一四]、一五九〇年にアモイで出版した。この書は、長城が不思議な道であり、人々を驚嘆させる城壁であること、中華民族が長城に頼りながら韃靼人による領土への侵入行為を鎮圧、撃退したと記載している。城壁は陝西、山西と北京の辺境に沿って、三百里の規模であった。長城修築時に山を利用し、敵を防御し、黄河を回避し、通道を保護した[九]。近代に入ると、日本は西洋列強の脅威に臨み、積極的に西洋文明を学習しはじめ、国力は徐々に強大化し、二〇世紀前後には中央アジア探検調査の潮流に参入するようになった。ロシアと中央アジアを争奪するようになると、一九〇六年、日本軍参謀本部に委任された少佐の日野強は、甘粛から新疆に入った。日野強は、この以前に中国西北の歴史地理についての認識がなかったにもかかわらず、かなり詳細に西北地理、経済、社会状況を記録し、『イリ紀行』を編修した[一〇][一五]。この書は長城の道沿いに関心を寄せ、秦の長城が岷山から北に向かい、蘭州へのラインがすでに灰燼に帰し、わずかに遺跡が残っていることを指摘した。さらに各地の長城修築の様式のちがい、北京、蘭州長城の内外に現れた構造、直隷、山西の長城が南北に縦断し、これらが互いに連なっていたことを指摘した。歴史知識の限界により、日野強は、長城の東の起点が山海関であるという一般的な通説を受けながら、まったく疑念をもっていなかった。日野強にやや後れて、日本の若い僧侶である橘瑞超が一九〇八年に三次五年にわたる中央アジア調査行を完了させた。橘瑞超は、日本の仏教会の支持を受けた大谷探検隊の中でも最年少の隊員で

あった。この探検隊は、仏教の東漸史の足跡を調査する目的で、二〇世紀初めに中央アジアで調査を展開した。橘瑞兆はスヴェン・ヘディンやスタインの足跡を追い、『中亜探検』を著述した。(一一)この書は、玉門関遺跡の保存状況および周辺地理を簡略に記述したものであるが、長城についてはさほど関心を持たなかった。むろん、中華文化の枝葉的関連や密接な関係の認識を提示したが、むしろ民族興隆の背景のもと、中国を超越し、東アジア文明を主導する役割を演じるという考えのもとに、日本の学者が二〇世紀前期の中国史、文化について整理、深い検討をおこなったもので、いわゆる「満蒙回蔵鮮の学」を形成するものであった。(一二)

稲葉岩吉「秦長城東端及王険城考」(『史学雑誌』第二一篇第三号一九一〇年)は、杜佑『通典』に依拠し、秦の長城が西の黄海道遂安境を起点として、大同江に延伸し、清川江をまたぎ、西北に延伸、鴨緑江と大同江を取り巻き、東北地方に向かっているとした。顧頡剛は、この論文が杜佑の記載を十分に示し、従来の史料から距離を置いていることを指摘している。伊東忠太『支那建築史(中国建築史)』は、秦の始皇帝が燕や趙の長城を補修、連結して万里の長城を形成し、あわせて蒙恬に北方の長城を築いて匈奴を防がせ、この後、魏晋、隋朝、明朝が続けざまに補修し、秦の長城が築かれた箇所はすでにどこにあるのかわからなくなっていたことを指摘した。また、臨洮から遼東に至る長城が、直接連続しているのではなく、主要な道路と国境線上にあり、関門を設置し、門の左右に城壁が築かれた。修築資材と方法は異なり、あるいは石材、あるいは土、レンガ、その規模、材料、構造は一定ではないとしている。(一三)(一六)長城の「神話」についての傾向は世界的なものである。醍醐欽治は、長城の長さを六七〇〇キロ、人々に先人の偉業について感嘆を禁じ得させないと称し、長城が月から見ることできる唯一の建築物とした。(一四)松本隆晴「試論余子俊修築的万里長城」(『大同高等師範専科学校学報』一九九四年第一期)は、余子俊の辺境防壁修築の過程と機能を調査した。川越泰博『明代長城の群像』(汲古書院、二〇〇四年)は、明代の長城が多方面において内包する要素と作用を検討した。阪倉篤秀『長城の中国史』(講談社、二〇〇四年)は、中国前近代を検討し、とくにその明朝の長城修築過程について、戚継光による長城の改良と無人の側防塔の発明および戦術との関連を重視して論述を行った。長城の漢簡研究については、日本の長城研究の重要な内容である。

二〇世紀五〇年代における京都大学の森鹿三教授は、漢簡の研究に力をつくし、居延漢簡の研究班を立ち上げ、多くの人材を養成した。代表作は、同朋社が一九七五年に出版した『東洋学研究—居延漢簡篇』である。二人目の代表的人物は、関西大学教授の大庭脩である。代表作は一九九〇年に出版した『大英博物館蔵敦煌漢簡』(同朋舎出版)と、一九九五年に関西大学出版部から出版した『居延漢簡索引』である。赤井晴美『漢簡』(東京堂、一九七七年、全一一巻)は、日本の簡牘学研究を新しい段階に押し上げた。二〇世紀六〇年代以来、京都大学の永田英正教授は一九八九年に同朋舎から『居延漢簡の研究』を出版した。最近の長城に関する漢簡研究の論文は、冨谷至編『辺境出土木簡の研究』(同朋書店、二〇〇三年)がある。

結論

二〇世紀前後、中央アジア考古調査の潮流にともない、長城も西洋探検家の調査内容にふくまれるようになり、長城イメージの色彩は、探検家の描画を利用することで、より豊かに宣伝された。長城周辺ではオリジナル史料が陸続と発掘されるようになっていた。西洋世界は、日増しに興隆する自然科学や社会科学理論の方法を援用し、新しく発見されたオリジナル史料の基礎をふまえたうえで、新しい視角、新史料の発見により、長城史研究を未達の高度に押し進めた。西洋の長城研究は、ここから単純な歴史叙述を改め、地政学から出発して、長城とアジア大陸の地理、経済、軍事、政治などの多種の要素を結合させ、整然として豊富な長城研究のモデルを構築した。そうした中にあって代表的なものがラティモアが創始した長城辺境理論のモデルであった。この時期の中国学者は、乾嘉考証学の長城研究をうけ、張相文、王国維の歴史地理、簡牘史料による角度からの分類により、中国の現代意義的な長城史研究を創始した。無論、研究理念や使用できる史料により、この時期の中国学者は、すべて西洋に後塵を拝し、西洋学問の学術的特徴に傾倒していた。張相文が提唱する歴史地理学の伝統は、明らかに中国古代沿革地理の基礎において、西洋の現代歴史地理学を参考にしており、実地調査を強調しながら形成されるものであった。羅振玉、王国維による敦煌長城の漢晋簡牘の研究は、とくに王国維が掲げた「二重証拠法」により、イギリスやフランス学者の調査と解釈の成果を利用しながら、その史料と理論の啓発を受けて形成された。顧頡剛の孟姜女故事の研究は、自身の経歴の基礎をふまえ、西洋史学思想を吸収し、「積み重ねて作られた中国古史」思考の基礎の上に、西洋の民俗学の視角を参考にして形成された。梁啓超は、長城概念と歴史の弁駁についても、西洋の史源学（史料学）の影響を受けた。梁思成、林徽因の長城建築史研究は、更なる西洋学術の脈絡にもとづく中国での体現であった。一部の開明的な卓越した学者たちは、自覚的あるいは能動的に西洋長城研究の新しい潮流を参照、学習しはじめ、中国の伝統的学術の優れた面と結合させた。こうして民国初年の長城史研究は、内容の精確さを知らしめるようになり、さらには、理論の輝きをそなえるようになった。三〇―四〇年代、大量の学者が国難に真っ向からたちむかい、長城を中国による外敵防御の象徴とみなし、大規模に長城を研究するようになり、比較的大きな功績を獲得した。とくにその史学の考証においては、たんに西洋に対抗しただけでなく、むしろ西洋を超越していた。しかし、全体的な研究の群集について言えば、なお史料的には伝統文献の旧套に制限を受けており、方法論においても伝統文献を論拠とする旧套だけでなく、視野のうえでやはり長城そのものに限定され、西洋の長城研究とは比較的大きな距離が開いていた。つまり、二〇世紀前期の西洋世界の長城史研究が、シノロジーから徐々に中国学に転換していき、研究方法も徐々に社会科学化していたとき、中国学者の長城史研究は、依然として基本的に西洋のシノロジーと類似したものに限定され、研究方法から利用文献まで、すべて乾嘉の考証学の時代の特徴の継承を反映するものであった。中国と西洋の長城研究は、したがって「分流」の様を呈していたのである。東洋世界では日本の学者が、日本による中国領奪取という時代背景のもと、中国史上の民族と辺境の関係の検討に専心していた。西洋の学者によって「征服王朝」理論が発明された第二次大戦の前後、とくに戦前の日本の学術学会が非常に盛んであったが、その影響は大きく、日本の学術学会の長城研究の基本的観念と立場の設定を決定づけ、日本の学術学会が最も強調する「長城辺界論」という学術群体の成立を導くこととなるのである。

《注》

（一）楊鎌『法国杜特雷依探検隊遭際考実』、載馬大正等主編『西域考察与研究』西域探検考察大系、ウルムチ、新疆人民出版社、一九九四年、第五九一七九頁。

（二）スウェン・ヘディン著、江紅、李佩娟訳『絲綢之路』（新疆人民出版社、二〇一〇年）。

（三）しかし賀昌群は、スタインが中国語を解せず、「漢代と西域貿易、烽燧（烽火台）、屯兵制度について、書中において少なくない誤謬と臆測の箇所がある」と指摘している（賀昌群「斯坦因西域考査記」『大公報・図書副刊』一九三七年四月一日）。

（四）ウィリアム・エドガー・ギール、惲文捷訳『中国長城』山東画報出版社、二〇〇六年。

（五）一九三一年、胡適は張継による河北省党本部での発言を記し、「中国固有の精神は、舶来品を必要としない」と名付け、一九三三年三月三日の『北平晨報』に掲載した。

（六）オーウェン・ラティモア、唐暁峰訳『中国的亜洲内陸辺疆』（海外中国研究叢書、南京、江蘇人民出版社、二〇〇五年）。

（七）謝和耐著、黄建華、黄訊餘訳『中国社会史』（海外中国研究叢書、南京、江蘇人民出版社、二〇一〇年、第八九、一〇一頁）。

（八）カール・A・ウィットフォーゲル著、徐式谷・奚瑞森・鄒如山等訳、鄒如山校訂『東方専制主義―極権力量的比較研究』（中国社会科学出版社、一九八九年）。

（九）陳用儀訳『日本天正派遣羅馬教廷使節団行記』（厦門『文化雑誌』編『十六和十七世紀伊利比亜文学視野里的中国景観』大象出版社、二〇〇三年、第一五〇―一五一頁。

（一〇）日野強著、華立訳『伊犂紀行』（黒龍江出版社、二〇〇六年）。

（一一）本書が用いるのは柳洪亮訳『橘瑞超西行記』（新疆人民出版社、二〇一〇年）所収の『中亜探検』および、橘瑞超を研究する論文である。

（一二）葛兆光『宅茲中国―重建有関「中国」的歴史論述』（連経出版公司、二〇一一年、第二三一―二五三頁）。

（一三）伊東忠太著、陳清泉訳補『中国建筑史』（中国文化史叢書第二輯、上海書店、一九八四年）。

（一四）醍醐欽治著、麴凱等訳『絲綢之路我所走過的絲綢之路』（社会科学文献出版社、一九九七年）

《訳者注》

〈一〉デュトルイユ・ド・ラン探検隊の調査記録については、『一八九〇―一八九五年の高地アジアにおける科学調査～公教育省と美術省の指導による出版～』（*Mission Scientifique dans la Haute Asie 1890-1895:-Publié sous les Auspices du Ministère de l'Instruction Publique et des Beaux-Arts*、Paris、1897-98）を参照。

〈二〉邦訳には、西義之訳『シルクロード』（中央公論新社、二〇〇三年）がある。

〈三〉邦訳には、松田壽男訳（抄訳）『コータンの廃墟』（中公文庫、二〇〇二年）、山口静一・五代徹訳注『砂に埋もれたホータンの廃墟』（白水社、一九九九年）がある。

〈四〉顧炎武は、「長城春秋之世、田有封洫、故隨地可以設関。而殲陌之間一縦一横、亦非戎車之利也。觀国佐之對晉人則可知矣、至於戰国、井田始廢、而車變為騎、於是寇鈔易而防守難、不得已而有長城之築（『日知録』巻三十一 長城）」と指摘している。

〈五〉孟姜女の故事とそれぞれの逸話については、渡辺明次『孟姜女口承伝説集』（日本僑報社、二〇〇八年）を参照。

〈六〉ただし『史記』巻四十 楚世家の『史記正義』引「齊記」には、「齊宣王乗山嶺之上築長城、東至海、西至濟州千餘里、以備楚」とあり、斉の湣王ではなく、宣王が築いたとある。

〈七〉ウォルドロンの長城観については、*The Great Wall of China: from*–

History to Myth、Cambridge University Press、1989. などを参照。

〈八〉なお、孟姜女伝説とくに斉の長城の関係をめぐる議論については、渡辺明次『孟姜女口承伝説集』（日本僑報社、二〇〇八年）所収の諸論考を参照。

〈九〉『詩経』（小雅 鹿鳴之什 出車）に、「天子命我、城彼朔方」とある。

〈一〇〉ラティモアの政治的位置については、長尾龍一『オーウェン・ラティモア伝』（信山社出版、二〇〇〇年）などを参照。

〈一一〉ターナーの「フロンティア理論」については、岡田泰男「「フロンティア理論」一〇〇周年—ターナー学説の批判と評価—」（『三田学会雑誌』八七—三、一九九四年）」を参照。フロンティア理論とアメリカの西部進出については、岡田『フロンティアと開拓者—アメリカ西漸運動の研究』（東京大学出版会、一九九四年）などを参照。また、マッキンダーの地政学については、曽村保信訳（『マッキンダーの地政学—デモクラシーの理想と現実』（原書房、一九八五年）などを参照。また、現代におけるマッキンダー地政学の有効性については、中野剛志『富国と強兵—地政経済学序説』（東洋経済新報社、二〇一六年）などを参照。

〈一二〉邦訳には、市古宙三訳『アメリカと中国』（東京大学出版会、一九七二年）がある。

〈一三〉ウィットフォーゲルの東洋的専制については、湯浅赳男『新装普及版・オリエンタル・デスポティズム—専制官僚国家の生成と崩壊』（新評論、一九九五年）などを参照。

〈一四〉邦訳には、泉井久之助訳『デ・サンデ天正遣欧使節記』（雄松堂出版、二〇〇二年）がある。

〈一五〉日野強『伊犂紀行』（博文館、一九〇九年）。

〈一六〉伊東忠太『支那建築史』（雄山閣、一九三一年）。

第二部会　七

方法としての溝口雄三

小島　毅

はじめに

　溝口雄三（一九三二〜二〇一〇）は、その研究活動を通じて「近代」を考え続けた研究者だった。宋明理学研究が彼の主たる研究分野とみなされているが、これもまた「近代」に対する思索を深めるための学問的営為であった。所謂学閥・学統に批判的で、自分にとって魅力的な研究手法・学説なら、それが誰によるものであれ、積極的に受容・咀嚼することによって自身の研究の幅を広げ、水準を高めた。こうして、哲学・思想分野のみならず、中国史全般に渉る史観を提示するに至ったのである。

　たとえば東方学会からの依頼論文として書かれた「天理観の成立について」[一]では、宋代における新たな天人相関関係の構築、すなわち「天観の転換」を論じた思想史上の学術論文であり、漢唐訓詁学と宋明理学との質的相違を検証している。学説史的には「宋代近世説」を補強したものであるけれども、これだけの理解ではなお不十分である。溝口は時代区分そのものを意図してなどいなかった。宋代を「近世」の開始期としながらも、より大きな変革期として明末清初に注目するのが溝口の終始一貫した姿勢であり、そこから中国の「自生的近代」が始まるとみなしていた。ここには、中国の文化・文明が持つ世界史的な意味を提示して西洋中心主義を批判し、相対化する意匠が凝らされている。すなわち、ヨーロッパ史学が文芸復興・宗教改革・「地理上の発見」をもって近代の幕開けとみなす視点を局地的・限定的なものとし、その安易な普遍化——過去二〇〇年にわたって全世界的になされてきた営為——を戒め、それとは独立に一六〜一七世紀の中国において生じていた事態もまた「近代」であったとする。つまり、阿片戦争に象徴される「西洋の衝撃」[二]をもって近代が始まるとする史観を西洋中心主義として斥けるのである。

　本報告では、溝口の研究成果ではなく、その研究手法の紹介と批評を行い、「中国史学の方法論」という本論壇の全体テーマに一つの討議材料を提供したい。学統的立場からの「墨守」ではなく、自分自身が属している環境を相対化して観察する試みこそ、溝口の信条を継承することになると思うからである。[三]

日本と中国の差異

　村田雄二郎・伊東貴之との共著『中国という視座』[四]の中で、溝口は天幕の比喩を用いている。天幕の中で上を見上げている者は、その幕自体を天空だと思い込む。しかし、天幕の外に出てみれば、そこには真の天空が広がっていることが理解できる。理気論を対象とする見方において、枠組みの自明性を疑うことで初めてその思想史的意義が見えて来るという文脈での記述である。古代ギリシャのプラトン（Plato）による「洞窟の比喩」[五]を思わせる比喩である。この比喩によって、溝口は理気論が古来存在していたわけではなく歴史的な形成物であること、それが誕生した経緯にこそ理気論が持つ思想史的意義が存することをあらためて強調した。中国思想自体の枠組みの中で語るのではなく、思想を語るための視座として活用することを提起する。

所与の枠組みを自明視することが、日本の中国研究（特に哲学・文学関係）において顕著な傾向にあることを溝口は憂慮していた。彼の表現では「漢学的研究」がそれである。この場合の「漢学」は、中国語の語彙としてのこの語の意味とは異なり、日本語における文脈の使用法に基づいている。すなわち、「和」（＝日本）と対をなす概念としての「漢」の学術である。

この図式を理解するためには、島尾新の説明が有効であろう。島尾は日本美術史の研究者である。溝口はおそらく生前この説を知る機会は無かったし、たとえ知っていたとしてもこの島尾説を承けて漢学批判をしたわけではないことは確実である。だが、ここで島尾が述べていることこそ、溝口が指摘しようとしていた日本の中国研究が抱える問題の構造そのものであった。

> 江戸時代までの日本文化には、さまざまな分野で「和」（日本風）と「漢」（中国風）との対を見ることができる。文字の世界に仮名と漢字（真名）、文学における和歌と漢詩、絵画での大和絵と唐絵、茶の湯の道具の唐物と和物……というように。官職や地名にも両方あって、たとえば太政大臣の唐名（中国風の呼び名）は相国で、先ほど見たように鎌倉のことを禅僧たちは相陽と呼んだ。（中略）中国語をしゃべれる禅僧も少なくなり、「生の中国を知らない中国通」になってゆく。まさしく「和のなかの漢」になってしまうのだ。こうなると、もう「本場とそっくり」という「共有志向」は働きようがなく、本場とはずれをもつ「漢」も育ってくることになる。[六]

島尾の所説の全体構造は以下のようなものである。近代以前の東アジア（中国文化圏）において、漢（中国）と和（日本）は実際には別のものとして並存していた。[七]その和のなかには、和の要素と並んで漢の要素がある。島尾が説明している歴史的状況において、それは禅僧たちが担っていた。そして、和の文化を担う貴族たちと職掌分担をしている。ただ、その禅僧たちは漢（中国）の実相を日本国内で体現しているわけではない。彼らは「和のなかの漢」の演者であり、その意味では日本文化に他ならない。ただし、彼ら自身はそのことに無自覚であり、「生の中国を知らない中国通」でありながらも、日本国内では「中国通」として活躍したのである。

溝口の表現で「中国無き中国学」とは、まさしくこれに当たる。「中国無き中国学」で語られるのは、現実に存在してきた、もしくは今まさに存在している中国ではなく、過去に日本に伝来したことによって「和のなかの漢」となり、時間の経過とともに理念化されてきた中国にすぎないのである。そして、それは一般に「漢学」の語を以て日本社会に浸透していた。「漢学」という呼称の存在は、島尾が述べているように、五山文化やその後の江戸時代に醸成された和漢並立の構造があったためである。

「和のなかの漢」の構造は、溝口自身にも見られるという趣旨の分析もある。

溝口を回想しながら私が徂徠や宣長に言及するのは、溝口の原理《ファンダ》主義的《メンタリズム》ともいうべき中国思想理解は、近世日本にその先蹤があることをいいたいからである。儒家的言語・概念の中国的固有性を強調する溝口は、その反対側に日本的言語・概念の固有性を認めることになるのだ。（中略）恐らく彼はこの原理主義的な内在的理解の立場をもって、伝統的な漢学的理解に、そして近代の文献学的方法をもったシナ学的理解に対抗しようとしたのであろう。（中略）だが中国に徹底的に原理主義的に内在する理解は、日本から読むという他者的・外部的視点を失わせる。（中略）後年の溝口は中国人以上に中国的であった。[八]

子安は溝口が「中国的固有性を強調」したことによって、日本が古来日本として独自であったとする立場に論拠を与えてしまったことを批判する。中国への内在化が「日本から読むという他者的・外部的視点を失わせ」、「日本的自己同一性の代表的な記述者を同伴者とした中国的自己同一性の記述者になって」しまったと、子安は表現する。[九]溝口が「日本と中国とは異なる」ことを強調し、中国の歴史・文化・思想を中国固有の文脈から内在的に理解することの方法的重要性を主張したことで、結局は溝口が批判しようとした漢学と同じ陥穽にはまってしまったというわけである。

溝口が中国を日本とは異なる対象として捉えようとした作業は、そのことに無自覚であった旧来の漢学、すなわち「和のなかの漢」に対して、本当の漢を提示しようとする意図に根ざしていた。子安は、その作業が皮肉なことに日本を特殊日本的文脈で語る営為を正当化してしまうことを指摘する。それは一八世紀に本居宣長が、荻生徂徠の作業を承けて「漢」から「やまと」の自己同一性を弁別する」のと同じベクトルを持つからである。「やまと（和）」のアイデンティティは、それが「漢」とは本来的に異質であるという言説によって担保される。中国が日本とは異なる思想・社会を持つと溝口が強調すればするほど、両者を架橋・統合する理解は困難になり、溝口の本来の意図から離れていく。

だが、果たして、溝口が中国・日本間の「異と同の瀬踏み」を行った比較思想的研究は、日本と中国との異質さを際立たせるためだったのだろうか。

津田左右吉を承けて

この問題は溝口の津田左右吉評価と関わってくる。溝口は津田が中国と日本の異質性を強調した功績を評価していた。[一〇]津田のことを中国蔑視論者とするような浅薄な議論はさておき、現在でも津田が日本を歴史的に中国とは別物と措定したことに対して、評価が分かれている。[一一]溝口は両者の本質的相違を強調した津田の視座を積極的に再評価しようと試みていた。津田の所説それ自体ではなく、その手法・観点への評価である。

思えば、津田が日中両国文化の差異を強調したのは、「東洋文化」という語が流行していた一九三〇年代である。日本国内では、当時すでに植民地統治下に置いていた韓国や権益の拡大を進めていた中国との文化的共通性が主張されていた。そうして欧米文化（西洋文化）との対比図式を作り出し、大陸侵出の国策を正当化していたのだ。津田が日中両国の異質性を指摘するのは、この国策に警鐘を鳴らす性質のものだった。[一二]

一九四五年の敗戦後、津田は戦争中に疎開した岩手県平泉町にそのましばらく滞在している。この時書かれた『シナ思想と日本』への新たな「まへがき」[一三]には次のような一節が見える。

> ニホン人の一方面で曾て企てられたように、漫然、ニホン人とシナ人とを、またはニホンの文化とシナのそれとを、混同して考へ、それによつて東洋人とか東洋文化とかいふ称呼を作つてみたところで、それがシナ人に何の感じをも与へず、シナに対して何のはたらきをもしなかつたことは、現実の事態において明らかに証せられてゐるではないか。[一四]

津田が日中戦争期から主張してきたことは結果的に正しかった。不幸にしてそれが的中してしまったことを、津田はこのように回顧し、日本国民に向けてあらためて平和友好に浮かれることのないよう警告したのだろう。

溝口の場合も、一九七〇年代以降の安易な日中友好の雰囲気に対する警鐘の意味を持つことになる。二一世紀になってから日本に広がる嫌中意識は、中国への過剰な親近感の反作用であった。すなわち、親近感をもって接していた相手の行動様式が自分にとって理解不能であったことに気づいた時の戸惑いと幻滅に由来している。溝口の『方法としての中国』(一九八九年)と『中国の衝撃』(二〇〇四年、共に東京大学出版会)とを読み比べてみると、そこで描かれる中国像は色彩が異なる。[一五]前者が中国における近代の独自性と日中両者の相違を指摘することに意を注いでいるのに対して、後者は相違を前提として如何に関わっていくべきかを述べることに力点を置いているのだ。それは、後者が一般読者を想定した文章を多く収めることや溝口自身の研究の深化にもよろうけれども、背景として日本社会全体の対中意識の変質に対応するものでもあろう。歴史的過去の探究を常に「いま・ここ」の問題として進める溝口の基本姿勢でもあった。

一九三〇年代の津田の警鐘同様、溝口の上記二著も、不幸にして予言が的中する書物となってしまう。『方法としての中国』の校了直後、いわゆる第二次天安門事件が発生する。それまで中国の民主化運動に楽観的な期待を寄せていた多くの日本人は衝撃を受け、彼我の国柄の相違を実感させられることになる。また、『中国の衝撃』が刊行された翌年、中国国内で大規模な反日運動が起き、少なからぬ日系の商店が破壊・略奪された。「六・四」を乗り越えて両国の経済関係が緊密になっていた中で、再度、日本人の多くが中国という他者に対する警戒感を抱く契機となる事件だった。[一六]

溝口は二〇一〇年七月に逝去しており、まだ今ほどには「嫌中」という語が蔓延する状況を目にすることはなかった。もし彼がまだ在世していたら、必ずやこの現状を憂慮し、社会に対して「歴史の目で見る」ことの必要性を発信しているだろう。「歴史を鑑とする」とは、単に過去に生じた不幸な事件を二度と繰り返さないため、「殷鑑不遠」のためにのみ使われるべきではなく、「いま・ここ」にある問題を「歴史の目で見る」ことによって捉え直すため、「彰往考来」のためでもある。それは私たちに溝口から手渡された責務なのかもしれない。

溝口の思想史研究は、過去の事象や思念を再現する作業それ自体を目的とはしていなかった。その「方法」は、所説の当否とは別に、積極的に継承されるべきものであろうと、筆者は考えている。

《注》

(一)『東方学』八六輯、一九九三年。

(二)このように溝口の歴史認識は中国史の自発的展開を重んじる点で、同じく明末清初に近代の開始を見ようとする次の二通りの見解とは異質である。一つは一六世紀における世界規模での交易開始を近代の始まりと見る立場。これはかつてこの時期の経済発展を中国の国内的要素で語っていた傾向を脱して世界史規模で捉えようとするものである。溝口の見方は明末清初の経済発展が生産関係を変化させたとする一国史観の展開型という面も持つ。もう一つはこうした交流がもたらした西洋の科学知識（西学）が中国の思想界に変質をもたらしたとするもの。溝口はこうした外来要素を評価することには消極的であり、それが後述するような本質主義者との批判を招くことにもつながっていた。溝口は自身もあえて一国史観に立つことによって、彼の目には誤ったものと映じた他者の一国史観を批判しつづけたのである。

(三)座談会「先学を語る――溝口雄三先生――」（『東方学』一三〇輯、二〇一五年）でも、こうした溝口の研究への取り組み方を語り合った。出席者は、戸川芳郎・岸本美緒・葭森健介・渡邉義浩の諸氏と小島である。

(四)平凡社、一九九五年。

(五)プラトン『国家（Politeia）』の第七巻に見える記述で、普通の人々が見ている事物は洞窟に映る影絵に過ぎず、それらの真の姿（イデア Idea）は洞窟の外の光源であるという内容。

(六)島尾新編『東アジアのなかの五山文化』、東アジア海域に漕ぎだす4、東京大学出版会、二〇一四年、四二～四四頁。

(七)もちろん、他に韓という構成要素もあるわけだが、島尾の図式には姿を見せない。それは「唐《から》物」に韓国産品も含むように、日本語の「から」は唐も韓も意味するからである。

(八)子安宣邦「二つとない交友であった――溝口回想」、『東方学』一三〇輯、二〇一五年、一六九～一七〇頁。

(九)同右。子安が批判的に言及する「日本的自己同一性の代表的な記述者」とは相良亨であり、溝口との共同作業は岩波書店の『文学』誌上に「異と同の瀬踏み」と題して連載された（一九八七～一九八八年）。

(一〇)この点について、「いまなぜ儒教か」と題された『現代思想』四二巻四号（二〇一四年）の特集で、本間次彦が「もう一つの近代と溝口中国学の改革開放」で論じている。それに対する批判としては、渡邉義浩に「中国の津田左右吉評価と日中の異別化」（『津田左右吉とアジアの人文学』二号、二〇一六年）がある。

(一一)津田左右吉のこの持論は、『支那思想と日本』（岩波新書、初版一九三八年）などに見える。津田はそのなかで、日本と中国やインドが文化的に一つの世界だったとする見方を否定している。津田評価についての最近の研究として、大井健輔『津田左右吉、大日本帝国との対決――天皇の軍服を脱がせた男』（勉誠出版、二〇一五年）がある。著者は津田の「日本そのもののあり方への懐疑」を扱う意図を語っている（http://bensei.jp/?main_page=wordpress&p=7231）。

(一二)こうした津田の主張は大陸侵出政策を支持する言論人からの攻撃を受けた。その最も激烈なものが、蓑田胸喜が主宰する『原理日本』誌上における、津田の日本神話・古代史研究への批判である。津田は記紀神話の虚構性を学術的に暴いたわけで、それが蓑田の如き国粋主義者の感情を害したことは理解しやすい。しかし、津田はこれらの研究を通じて中国と異なる日本の独自性を主張してもいたのであり、蓑田の如く難解な漢語を多用して日本の優越性を説く論者のほうこそ、日本古来の思想文化に反していた。

(一三)国名表記が旧版の「支那」から「シナ」に改められたほか、署名も「一九四七年一二月　りくちゆう　ひらいづみ　において／つだ　さうきち」と、かな表記になっている。それは本書でもともと主張されていた、漢字に頼って日本語を表記するという「憫むべき状態」との訣別を実践するものであった。なお、敗戦後、「支那」から「中国」への呼称変更が広くなされたけれども、津田は頑として聞き入れなかった。

(一四)一九四八年版の『シナ思想と日本』（岩波新書）のiv～v頁。架蔵のものは一九七一年印行。

（二五）前述した「自生的近代」のことであり、時期によって所説に多少の変貌を見せながらも、溝口はその画期を明末清初に置き続けた。ただ、近代の指標として溝口が挙げる内容は、結局は西洋近代で尊重された自由と平等に帰することができ、ここには溝口の価値観が反映されていると筆者は考えている。拙稿「もう一つの明儒学案——福建朱子学展開の物語」（『中国哲学研究』五号、一九九三年）を参照していただければ幸いである。なお、この号は溝口の東京大学退官記念特集で、溝口自身の「中国思想史における近代・前近代・近世」も収められている。

（二六）二〇〇五年の反日運動の引き金になったのは小泉純一郎総理の靖国神社参拝だと言われており、その意味ではもちろん日本側にもそうさせた原因は存する。溝口は『現代思想』三三巻六号（二〇〇五年六月号）の特集「〈反日〉と向きあう」に、鵜飼哲・丸川哲史・白永端・孫歌・陳光興ら諸氏と並んで、「反日デモ——どういう歴史の目で見るか」という文章を寄稿している。

第二部会 八

高敏先生史学思想浅析

高　凱
成田優子（訳）

父高敏先生（一九二六年旧暦七月—二〇一四年西暦一月）は湖南省桃江出身で、字は秉庸、かつて使用した名前は高正芳、筆名は高湘、中国共産党員で、一九八〇年以後の姓名は翹楚斎である。彼の学生時代は二〇年で、その内小学校は六年、中学は七年、大学は四年と研究生として三年過ごした。実際の時間で見ると、一九三四年に小学校に入学し、一九四〇年に中学に入学し、一九四九年に学力試験を受けて湖南大学に入学し、一九五二年の全国的な院系の調整後は武漢大学に入り歴史学を学び、一九五八年研究生を卒業し河南省に至り、鄭州師範学院と鄭州大学でもっぱら働いた。鄭州大学中国古代史研究室主任、鄭州大学歴史系副主任（委員長）、鄭州大学歴史研究所所長、鄭州大学学術委員会委員、中国史学会理事、中国秦漢史学会会長、中国魏晋南北朝史学会常務理事、中国唐史学会理事、中国農戦史学会理事、中国経済史学会理事、河南省史学会会長、鄭州市社科連副主席、河南省対外文化交流協会理事、河南省古典整理出版規則計画小委員会副組長、河南省研究系列答申委員会委員、『史学月刊』編集委員を歴任し、山東大学、武漢大学、湖南師大の教授職を兼任し、河南省人事庁国務院特殊手当人員答申委員会委員、中華書局〈点校本二十四史及び『清史稿』修訂工程工作委員会〉等の申定委員の職務に従事した。〈河南省研究生教育優秀導師〉、〈全国教育系統模範〉、〈国家有突出貢献専家〉、〈国務院手当享受者〉、〈河南省管優秀専家〉等の栄誉称号を得た。事績は『世界五〇〇名人録』、『中国科技名人録』、『湖南名人録』等の十数冊の人名事典に収録されている。

父高敏先生は一九四九年の中華人民共和国建国後に養成された歴史学家で、彼の先生は我が国で著名な史学の大先生唐長孺先生である。唐先生は秦漢史、魏晋南北朝史、隋唐史及び書籍学、経済史、兵制史、農民戦争史、古典籍の整理等のフィールドで多くの研究があり、自己の学術思想と学術の特徴を形成した。六〇年来、父は前後して『中国通史・秦漢史』『魏晋南北朝経済史』『秦漢魏晋南北朝史論考』『魏晋南北朝兵制研究』『南北史考索』『雲夢秦漢初探』『簡牘研究入門』『長沙走馬楼簡牘研究』等の個人著書十三部、主編、共著の学術著作七部、点校古籍二部を出版し、『歴史研究』『中国史研究』『文史』等の雑誌で二〇〇余篇の論文を発表した。彼の著作は自分の背の高さと同じくらいの量で、国内外から評価され、国家級社会科学優秀成果奨励を繰り返し得て、多大な学術の影響を生じた。父高敏先生の学術の功績を理解することを通じて、私は彼の史学の方法と史学思想におよそいくつかの領域があると考える。

第一に、資料の運用、考証と研究にあたって伝世文献と出土文献を包括的に扱うことを非常に重視している。

周知の事実だが、史料とはすべての史学の研究の基礎で、かつ史料に対する正確かつ否定的な考証は史学研究を進展させる必要な手段である。このため、どのようにしてできるだけ正確な資料にあたるかに史学研究の根本がある。史料それ自体を把握してから、努めて広く書物を見て、史料を厳粛に見分け、ふるい分けを行い、考証することがとりわけ重要である。中国歴史上の伝世文献にはいくつかの欠陥がある。たとえ最近出土した墓誌、碑刻や簡牘等の文献であっても、不明瞭だったり、欠けていたり、あるいは偽造などの問題が存在する。だから史料を見分け、ふるいにかけて考証することは十分に必要である。同時に、父は相関的な研究の過程で資料を運用するにあたって、不正確な方法を採用することを防止しなければならないとした。彼はこれを八つの避けるべき点としてまとめた。一つめに避けることは史料に直接当たらないことである。二つめに避けることは一つだけの資料を論拠とすることである。三つめに避けることは主観的に証拠にあたることである。四つめに避けることは蓋然的な論証法に偏ることである。五つめに避けることは引用した史料と得た結論が不一致であること、六つめに避けることは〈以前証後〉あるいは〈以後証前〉の論証法である。七つめに避けることは史料を反証しないことと八つめに避けることは論点から出発し史料を選択することである。史料の引用問題に関して、父はいくつかの注意すべき原則をまとめた。第一に材料の選択に注意しなければならない。第二に史料の中のキーワードの選択に注意しなければならない。第三に最も古い史料から引用しなければならない。同時に、『資治通鑑』のような歴史書を使用する際は、その記載している歴史の出来事が先行の古典籍の中に記載されているか、二つあるいはいくつかの史料を用いて、前時代の史料を頼りにして引用する必要がある。二つ以上の史書の中に同じ歴史の記事の記載があるとき、一般的には古い時代の史書を使用する。また他人の著作あるいは論文から二つ以上の史料を引用するとき、必ず作者の時代、地位、経済力と主張について気を留めなければならない。軽々しく信じてはならない。第四に私人の著述した史料から引用するとき、必ず作者の時代、地位、経済力と主張について気を留めなければならない。軽々しく信じてはならない。第五に、個人の求めに応じて史料の原意を歪曲することは最も悪いことである。最後に、総体的に史料を把握し引用するからには、まさに波しぶきを見て潮を把握するかのように、ほんのつま先から史料の主題を思い込むのは最もよくないことである。父は史料学の方面でも多大な努力を行い、包括的な『南北史考索』『二十五史説略』『「河南志」点校』『「授堂金石跋」校点』と簡牘を研究対象とした『簡牘研究入門』等の一連の著作を相次いで出版した。

第二に、典章制度、土地制度、軍事制度及び統治思想の変化の規律的な検討を重視している。

父高敏先生の史学研究は秦漢魏晋南北朝及び隋唐期の典章制度、土地制度、軍事制度と統治思想に対して高い関心を払っており、出版した『魏晋南北朝経済史』『秦漢魏晋南北朝土地制度研究』『魏晋南北朝社会経済史探討』『秦漢魏晋南北朝史論考』『魏晋南北朝兵制研究』『秦漢史論集』『雲夢秦簡初探（増訂本）』『魏晋南北朝史発微』『長沙走馬楼簡牘研究』等の一連の専門史研究の著作は、これらの時代の社会経済史、政治史、人口史、兵制、上策制、賜爵制、法律史と農民戦争史などの分野の著である。

父が研究生であった期間、唐長孺先生から魏晋南北朝と隋唐史を学び、卒業論文では唐代の土地制度史を研究した。その後、隋唐史並びに魏晋南北朝の陳寅恪の研究と唐長孺の求めを受け、特に秦漢史に専ら心血を注いだ。中国古代中央集権制度の発端は秦漢、魏晋南北朝隋唐時期の多くの典章制度にあるとし、そのため父の主要な研究成果は秦漢史、魏晋南北朝史と隋唐史の領域に集中している。

中華人民共和国建国後、農民戦争史は父の第一の研究領域で、研究が深まるにつれて、彼は社会経済の発展の研究を始めた。経済史の研究をするにつれて、史料、特に地下出土文献の重要性をますます感じるようになった。一九七五年湖北省雲夢県で秦簡が出土した二年後、彼の『雲夢秦簡初探』は世に出た。その後ますます多くの秦漢魏晋南北朝の簡牘が出土し、父の研究は更に多くの史料に後押しされただけでなく、例えば秦漢魏晋南北朝時期の政治史、経済史、人口史、兵制、上策制、賜爵制、法律史と社会生活史等のテーマにおいて、新資料の出現によってますます彼の相関的な問題研究に刺激を与えた。そして、ついに父の一生の論著、〈二重証拠法〉が貫徹した。彼は単に伝統的な史料の精確な考証をするだけでなく、簡牘、碑刻などの出土文献の材料を用いて秦漢魏晋南北朝史を研究することを得意とし、ここから当代の多くの歴史学者が歩む史学研究の道筋が始まったのである。

第三に、唯物主義的思想を強調し現実社会的思想を史学に持ち込んだことである。

もしも史料を史学研究の基礎と説くならば、マルクス主義的な歴史唯物理論は疑いなく父のような史学を研究する学者の指針となるだろう。ご存知のように、歴史唯物主義理論は、古代の人類には歴史が存在しないとするが、ただし、客観的な人類史の発展の過程に規律性が発現され、認識され上昇するとされる理論である。それは人類の認識に対して自己創造的な歴史の指導の作用があるとする。理論は問題を研究する出発点ではないが、ただしすでに正確な理論は発見され、新しい指針を探索しなければならない。高敏先生は、史学研究の要として歴史唯物主義理論の指針を堅持するが、決してマルクスと同じでは満足しない。エンゲルスとレーニンなどはすでに科学的結論を出しているが、エンゲルスやレーニンなどの作家の具体的な問題が導く具体的結論の成果に対して是非の標準を示すことはできない。これをもって我々の研究を代替し、歴史唯物主義な原理を照らす必要はないとし、歴史を取捨選択する人もいる。単純に歴史唯物主義理論の原理に則り、注釈を作る人もいる。これらのやり方はみなマルクス主義に背くものである。我々が堅持する理論と指導は、ただマルクス主義の基本的立場と観点と方法にすぎず、決してマルクスやエンゲルスの具体的、個別的結論ではない。我々は必ず事実に基づいて真理を追究する原則に従わねばならない。歴史の事実を基礎とし、事実から出発し、マルクス主義的理論の豊かさと発展によって、人類の歴史の発展の規律性を探索し提示する。しかし、もしも豊かさと発展の歴史をもって唯物主義の立派な口実とするならば、歴史唯物主義の根本原理の禁制品を売って放棄していることとなる。ある人は現代自然科学研究を吸収し、その領域であるいくつかの方法をもって口実とし、それらと歴史唯物主義を対立させるが、歴史唯物主義の基本原理を否定することはこれらみな錯誤である。同時に、父の考えでは、現実に立脚し、学んで実際に役立て、歴史唯物主義理論と歴史の規律的な研究を利用し、現実を明らかにし、未来を予見することが歴史研究の重要な任務の一つである。父は六〇年代にはすでに古代の水稲生産問題と歴史上の河南省交界地区の改良したアルカリ地の水稲の栽培関係などの問題を研究していた。具体的な史学研究から学びを実際に役立てる彼の目的が実現した。

第四に、経済学を運用し、考古学と歴史学その中でも史料学、目録学、考証学、年代学等の多くの学門の知識を交差させ史学研究を発展させることを提唱した。

ご存じのとおり、史学は伝統的で、長い歴史があり活力に満ちた学問である。科学研究と新しい考えは必ず一緒だが、史学研究も例外ではなく、研究過程において発展と刷新がある。これによって歴史学の発展を推し進める。父高敏先生は、一般的な弁証法的唯物論、歴史唯物主義的論とその方法を獲得することを除外した。歴史研究者は政治経済学、修辞学、史料学、目録学、考据学、年代学等多くの学科の学問理論と史学の研究を進めるにあたって有益となる研究方法を獲得する必要がある。史学研究は特殊な困難性と複雑性がある学科である。どのように史学研究を刷新するかという問題について、父は以下のいくつかの状況が備わっていなければならないとした。その一に、理論上で古人あるいは現代人がすでに概括するところから抜き出すことである。その二に、史料を用いる上で、古人あるいは現代人がいまだかつて使用していない史料を用いることは有為である。その三に、課題あるいはフィールドを研究する上で、古人あるいは現代人が研究していない部分を研究することである。その四に、もしも古人がすでに研究した問題を研究するならば、必ず深く、広い記述と見解などで古人を越えなければならない。その五に、現実的な方面で応用をするにあたって、科学的見解を提出する。あるいは政治上でいくつかの現実的な意義を提出する。その六に、史料を理解するにあたって、古人あるいは現代人とは異なった見方をする。その七に、古人がいまだかつてうち出していない問題に対して意義を提出する。第八に、古人がすでにうち出した問題からさらに多くの方面について論じる。いかにして刷新に至るか。父は、その一に、一時代の歴史を論じるにあたって、先に該当する時代の現存する史料を了解し、新しく発見あるいは出土した史料があれば、これらを自身の研究の展開に据えた。その二に、該当する時代の古人及び現代人あるいは問題研究の成果を掌握した。彼らがすでに打ち出したいくつかの問題の中で、解決の程度はどうであれ、まだ解決されていない問題や問題解決が確実ではなかったり充分ではなかったりする問題について掌握した。その三に、該当する時代の歴史あるいはまだ研究の余地がある問題について、マルクス主義の下指導した。その四に、現在の需要と今後の発展を根拠として、私たちが研究を進めることの需要がいくつかの問題にあるとした。その五に、新しく出土した史料を根拠とし、いくつかの新しい問題と解決に役立つ古くからの問題を提示した。その六に、規律性のあるマクロ的概括を持って非常に多くの研究を総合する。真正の科学の新機軸を出すことは新奇をてらって名声を得るためでは決してない。父高敏先生の『云夢秦簡初探』『雲夢秦簡初探（増訂本）』『秦漢史探討』『魏晋南北朝史発微』『長沙走馬楼簡牘研究』等の多くの研究は、マクロ的研究とミクロ研究の緊密な結合であり、考古学、考据学、年代学、政治経済学等の学科の内容を融合し発展させたものである。

第五に、学者の品格の養成を重視し、確固として学問の商品化を反対した。

父高敏先生は一生かけて粉骨砕身し、学者として、学術に新機軸を出し、盗作に反対した。目前の利益を急速に求める今日の中国学術界において、盗作をしたことを恥であると顧みられない人もいる。父の学生の中にもこのような人はいる。父の態度は教育を批判し、姑息な不正を決して許さない毅然としたものであるから、師と教え子の反目ももののともしない。たとえば、父が一九八二年から一九八三年にかけて書いた〈秦漢簡牘紹与研究〉の原稿とその当時日本の学者である大庭脩先生の〈木簡〉と林剣鳴先生の〈簡牘概述〉の原稿はいずれも未だ世間に発表されていなかった。父は「一九八三年第一のこの原稿は私の秦漢史研究生の劉漢東、鄭有国、李林森及び選課研究生の魏林と李威らに教授して進めたもので、私があらかじめ見積もっていたよりよい効果があったようである」と述べた。これ以後、父は毎回研究生にこの方法で教授し、一九八七年に招聘された徐州師範学院歴史系と河北師範学院歴史系でもやはり集中教授を進めた。当時出版費用を集めるのが困難なこともあって、一九八九年一〇月になって広西人民出版社が費用を免除して正式に出版されるに至った。この当時父の研究生である鄭有国はなんと先を争うように一九八九年九月に『中国簡牘学結論』を出版した。この出来事の後、父は一度も電話することもなく、話すこともなかった。なおかつ、新世紀以後、鄭有国は厦門大学の鄭学濠の博士課程の学生として学んだ。鄭先生は父へ質問の手紙を送った。父は、鄭有国は聡明で学を好み、才能もあったと返答した。鄭有国もこのために償うことを願っていた。数年後、父と私はこの出来事に話したが、鄭州大学で学期の間、相関的な批評教育を行ったことを一度も悔いてはいないとのことであった。二回忌で人生の上昇期にある自分の学生を前にして、もし教師が彼の盗作を話したら、この人は以後も汚名を被ることになると考えた。是非も功罪もおのずから後の人が評価するものである。また、父の弟子である袁祖亮は文革の前から父のもとで学び、一九七八年に父の第一の研究生となった。袁祖亮は副教授、教授、博士学位を鄭州大学歴史研究所副所長、所長、博士課程の学生から鄭州大学歴史研究所副所長、所長に至るまで、父に一貫して学び、絶えることなく補助と支援を受けていた。しかしながら、一九九九年一二月袁祖亮が編纂した国家社会基金項目『中国古代辺強民族人口研究』の中できわめて劣悪な盗作行為が行われた。二〇〇〇年に父は河南省大副主任である袁祖亮が名を汚したことを知り、きわめて激怒し、しばらく罵った。このような師と教え子の反目により、袁祖亮は二〇〇〇年から二〇一四年に父が亡くなった今に至るまで、電話をかけもしない。二度と恩師のご機嫌うかがいにも来なかった。

　このように、父は一生かけて骨折って努力し、学術事業の手本として献身し、また学術の刷新に努め、断固として盗作を拒んだ。これはすべて私の一生の学問の手本である。

総合討論

総合討論

司会　牧角　悦子
王　啓　發

牧角悦子（司会）

第八回中国古代史論壇は「中国史学の方法論」という大きなテーマを掲げました。最初に池田先生から、「中国史学の方法論」について歴史学・文学・思想の立場から、それぞれ報告者の方々が具体的な例を示しながら、方法論を提示していただきたい、という発言がありました。また、今回の論壇では、日本から七名、中国から十名、韓国から一名、それぞれ具体的にお話しいただきました。

これから、報告者を代表して四名の先生に総括をして頂きたいと思います。では、まず日本側の代表として藤田先生お願い致します。

藤田勝久（愛媛大学名誉教授）

藤田です。いま、牧角先生が総括をとの事だったのですが、ここで話をしてください、と聞いたのは昨日なので、どうまとめていいか分からないです（笑）。考えながらになるところもあるかと思いますが、池田先生の主旨に則って感想を述べさせていただきます。

今回、「中国史学の方法論」とのことですが、かつて日本では、マルクス主義に基づいた研究が多くありました。中国でも、いま唯物史観の再検討を含めた方法論の模索がされています。そのような研究状況について、池田先生は、大きく二つに分けられました。一つは理論的な枠組みを参照したもの。もう一つは、新資料や資料の見直しにより、実証的な研究をするものです。

それを踏まえた上で、昨日の全体会・第一部会の報告を取り上げたいと思います。理論と実証に分けてみると、実際にどのようであったでしょうか。今回全体会で三人・第一部会で十人が報告されました。それらの報告は、理論が十名、実証が三名というように分けられると思います。ただ、理論と言っても、たとえば、王震中先生の報告は、理論的な内容ではありましたが、「王」という字をめぐって、甲骨文や金文を用いて論証をされていました。そのため、理論的な研究と言っても、新しい資料を取り入れた方面についても詳しくお話しいただきました。

そして、実証的な面では、私・金先生・仙石先生があげられると思います。金先生は、考古学的な視座から、『史記』と『繫年』との比較をされました。わたしは文献としての『史記』に対して出土資料をどう考えるかについて報告いたしました。仙石先生は、小説を族譜といった現実の資料を用いて検討することで、当時の社会背景の中で捉今日は、一つは、理論面で言うと、岸本先生・小島先生・高凱先生の報告が挙げられると思います。たとえば、岸本先生は村松祐二、小島先生は溝口雄三・津田左右吉、高凱先生は父君の高敏先生を取り上げ、先人達のそれぞれの研究方法をお話しいただきました。

実証面では、郝先生、陳先生、趙先生が挙げられます。これらの報告は、対象とする分野が、思想・歴史・文学にまたがっております。池田先生の主旨説明によると、今回の論壇は、日本と中国で行われてきた歴史学の方法論を再検討するが、それを総括をすることを目指す。つまり総括はせず、ただそれを試みて、次の討論につなげようとするものだ、と。なるほど、初めからそのようなものであったのだと改めて感じました（笑）。これも主旨説明に書いてありますが、同じ中国史学の方法論というタイトルを耳にしても、日本と中国ではイメージが必ずしも同様ではなく、本当は共通の問題を前提とするべきでしたが、今後具体的な論文などを参照していけば、細かいことも議論できるようになっていくでしょう。表面的なコメントで申し訳ありませんが、以上で総括を終えさせていただきます。

牧角悦子（司会）

藤田先生ありがとうございました。続いて中国側から王震中先生、お願いいたします。

王震中（中国社会科学院研究院歴史研究所副所長）

ただいまご紹介に預かりました王震中です。わたしも、本会の報告は、大きく二つに分けられると思います。一つは、直接的な方法論を語るものです。もう一つは、学術史の角度から研究をしているものです。とくに日中の有名な学者を取り上げて、研究をされている方が多かったように思いました。

方法論を語られた報告としては、たとえば、李紅岩先生があげられる方法を模索されました。具体的な対象としては、『金瓶梅』や『三國志演義』を取り上げ、読み解かれました。これらの報告が、実証の一つの形であったと思います。

理論方面では、王啓發先生・吉澤先生・徐国利先生・西山先生・牧角先生が挙げられると思います。これらの先生方は、新しい研究方法を模索する一つのやり方として、具体的に人物を取り上げ、伝統的な学問を手がかりにして、見直していこうとされました。王啓発先生は侯外廬、吉澤先生は白鳥庫吉、徐先生は胡適・傅斯年、西山先生は王国維と白鳥庫吉・林泰輔を取り上げ、牧角先生は魯迅と聞一多という二人から文学史という方法論を見ていくものでした。人物を探りながら、近現代を議論していく特徴の一つとしては議論の中身が伝説時代などの先秦の時代であり、すなわち、近現代ではないということが重要になります。近現代史の中で、もう一度先秦史をどう捉えるか、という問題がその中に含まれています。

その他の理論研究では、薛先生、渡邉先生の報告があります。薛先生は、中国文化史をどのように捉えていくのかという問題について、外国から文学の思想を取り入れるという方法をとり、それにより中国独自の文化史を考えていくという研究でした。渡邉先生は、ブルデューの理論を援用して、文化資本という概念が貴族制の時代にどのように適応するのか、という問題を検証される報告で、渡邉先生の研究は、とくに理論だけではなく、他のものと比較しながら、試行錯誤された研究だと思います。

また、汪学群先生・李紅岩先生は、それぞれの立場から、哲学と史学を結びつける方法の必要性や、マルクス主義に基づく唯物史観をみて、その結論として、「社会の性質から出発する」が重要である、という研究でした。ここまでが、昨日の報告内容の概括です。

ます。様々な研究方法をあげ、紹介をしていただきました。その他の学術史方面や、日中の有名な研究者を含めて紹介したのは、小島先生が溝口雄三、吉澤先生が白鳥庫吉、徐先生は傅斯年、西山先生は疑古・釋古などでありまして、それぞれ効果的な議論であったと思います。それから、他の先生で方法論を語られたのは、趙先生で、主としてパラダイムの問題をお話しいただきました。高先生は、父の高敏先生について語っていただきました。また、金先生や藤田先生は出土文献の問題を使って研究されました。最後に、清華大学の戦国簡、上博楚簡のような出土文献を使って歴史研究をするのは、伝世文献とは様々な点で異なるというエディションが存在するため、有効であり、かつそういった研究や新たな出土文献はこれからどんどん増えていくことでしょう。

そして、渡邉先生・陳先生、そしてわたしは新しい理論の角度を使って、新しい理解がどのようにできるのか、ということを述べた研究であると思います。最後に、本会は大成功であった、と言ってよいと思います。とても内容が豊富であったと思います。これから出るであろう論文集は、三十年後、四十年後に後人が見たとき、我々の研究の脈絡をつかむための一助となるであろうこと、確信しています。以上で終わります。ありがとうございました。

牧角悦子（司会）

王先生、ありがとうございました。ここまで、藤田先生と王震中先生から個別具体的に、かつ総体的なコメントをいただきました。ここまで日本における方法論、中国における方法論がそれぞれ存在する、ということを日中の先生にお話しいただきました。それでは、別の角度からということで、韓国から来ていただいている金秉駿先生にコメントをいただきたいと思います。よろしくお願いいたします。

金秉駿（ソウル大学教授）

先に藤田先生・王先生がご自身の立場から本会を概括されました。わたしも、総括ということで、一言述べさせていただきたいと思います。言うまでもなく、本会でも大いに議論された方法論は非常に重要な問題で、たとえ資料が大量に存在したとしても、方法論がなければ研究などできません。そして、その方法論の正しさは、データがいくら集まっても、説得力をもつものではないのです。

次に、今までの先達の研究を取り上げた報告について述べさせていただきます。先達の研究として、たとえば津田左右吉や侯外廬の問題について何人かの先生が語られました。とくに重要なのは、これらの先達の研究をどう回顧し、それを踏まえてどのように新しい理論を生み出すか、ということだとわたしは本会を通じて感じました。

ただ、残念なのは、日本にすばらしい研究者がおり、中国も同様であるのにも拘わらず、韓国の研究者が紹介されなかったことです。二、三年後日中韓の交流ができれば、ぜひ紹介させていただきたいと思います。ありがとうございました。

牧角悦子（司会）

日中韓の先生方からコメントいただきました。ありがとうございます。最後ということで、岸本先生に総総括をしていただきたいと思います。

岸本美緒（お茶の水女子大学教授）

総総括とのことなんですが（笑）、もう総括は他の先生がされているので、わたしは感想を述べさせていただきたいと思います。

今回の古代史論壇は、方法論がテーマであり、これはとても意義のあることだと思います。だいたい、国際会議と言いますと、それぞれがそれぞれの結果を持ち寄って議論しがちです、それも大事なのですが、なぜ外国の学者がこれを選んで、どのように研究したのかということはなかなか結果だけではわかりません。わたしは、外国の研究者が何故この問題を選んだのかということを互いに議論することにより、それで始めて理解が深まると思ってきました。なので、今回のテーマというのは、とても良かったと思います。ただ、わたしが様々な先生のお話をうかがって気づいた事ですが、日本の学者が方法論というと、様々なことが入っていて、その一つには漠然とした問題意識――これは日本特有なものだとおもいますが――もあれば、理論もあれば、実証的な研究方法もあり、様々なものが一緒に入っているので、その点は、区別して考える必要があるように思います。

もう一つお話ししたいのは、最近はあまり流行らないのかもしれませんが、「科学的」という問題です。池田先生がテーマを選んだ問題関心の中に、マルクス主義以後という問題があると思います。それは、ある意味ではマルクス主義的な理論が影響力を失ったあと、どのような方法論を使うのかという問題だと思います。マルクス主義というのは、非常に「科学的」である、ということを標榜していました。それに対しては批判もあり、たとえばポパーという学者がいます。かれはマルクス主義は「科学的」ではないと批判しました。西山先生の報告にも「反証可能性」という言葉がでてきました。これもポパーの言葉です。そして、方法論の中で、具体的に実証を行うという時には、反証可能性のような科学的な方法は割合わかりやすいと思います。しかし、大きな議論や問題意識になると、誰もが納得する、客観的な科学性というのをどう担保するかというのが、とても大きな問題になってくるのです。そしてそれが、国際的に様々な立場の人が討論するときの、重要課題であると思います。

最近日本では、ポストモダンの観点から、科学的とか客観的とかは時代遅れで、歴史学者が客観的事実とかいうのは少し変なのではないか、と批判されていますが、中国史の先生方、そしてわたしたちもだと思いますが、実事求是といっているのはそんな楽観的な話ではなく、やはり歴史的な過程の中で、歴史学というものに苦しんできた、その結果として客観性というものを論じてきました。わたしたちは、客観性、科学性というものを論じているので、客観性や科学性などを如何に担保するのか、ということをこれからも考えて行くべきだと思います。

牧角悦子（司会）

岸本先生、ありがとうございました。以上をもちまして、本日の第二部会を終了いたします。そして、これを持ちまして、第八回日中古代史論壇を終了致したいと思います。二日間に渡り、ご参加いただきありがとうございました。

あとがき

渡邉　義浩

本書は、東方学会と中国社会科学院歴史研究所の交流協定に基づき開催された第八回日中学者中国古代史論壇の成果の一部である。

第八回日中学者中国古代史論壇は、二〇一七年五月二〇日、第六十一回国際東方学者会議に併設して、続く五月二一日には、早稲田大学大隈タワー地階多目的講義室に場所を移して、二日間にわたり「中国史学の方法論」というテーマに基づき、中国、そして韓国からの参加者を得て、十九名の報告が行われた。早稲田大学を会場としたのは、早稲田大学総合人文科学研究センター角田柳作記念国際日本学研究所との共催を認められたためである。

今回のテーマの主旨は、第六回論壇の「中国史の時代区分論」を承けて、中国史学の研究方法を再検討し、新たな方向性を打ち出すことに置かれた。その成果は、収録された個々の論文、および総合討論を参照されたい。総合討論は、通訳に時間が掛かったこともあり、十分に尽くしたとは、言い難いが、紙面に収録したものからも、その一端を窺うことはできよう。第九回論壇は、河南大学で行われる。

論壇の終了後、報告者より提出された原稿のうち、中国語の論文は、主として若手研究者に翻訳を依頼した。報告者、ならびに翻訳者の氏名・所属を掲げておく。

全体会
一、池田知久（東方学会会長）
二、王震中（中国社会科学院）
三、王震中（中国社会科学院）、小祝大輝（早稲田大学大学院）
四、藤田勝久（愛媛大学名誉教授）
五、金秉駿（ソウル大学）、植田喜兵成智（学習院大学）

第一部会
一、王啓發（中国社会科学院）、和久希（日本学術振興会特別研究員）
二、吉澤誠一郎（東京大学）
三、徐国利（上海交通大学）、黒﨑恵輔（早稲田大学大学院）
四、西山尚志（山東大学）
五、李振弘（河南大学）
六、李紅岩（歴史研究編集部）、長谷川隆一（早稲田大学大学院）
七、牧角悦子（二松学舎大学）
八、仙石知子（早稲田大学非常勤講師）
九、薛瑞澤（河南科技大学）、西念咲和希（城西大学付属城西高等学校）
十、渡邉義浩（早稲田大学）
十一、汪学群（中国社会科学院）、初海正明（早稲田大学大学院）

第二部会
一、李成市（早稲田大学）
二、朱昌栄（中国社会科学院）
三、郝春文（南京師範大学）・王曉燕（首都師範大学）・武紹衛（首都師範大学）、関俊史（早稲田大学大学院）
四、岸本美緒（お茶の水女子大学）
五、陳峰（西北大学）・范帥（西北大学）、袴田郁一（早稲田大学大学院）
六、趙現海（中国社会科学院）、三津間弘彦（大東文化大学非常勤講師）
七、小島毅（東京大学）
八、高凱（鄭州大学）、成田優子（早稲田大学大学院）

The Methodology of Studying Chinese History

Watanabe Yoshihiro

Since August 2009, the Tōhō Gakkai has been holding an annual Forum of Japanese and Chinese Scholars on Ancient Chinese History on the basis of an agreement with the Institute of History, Chinese Academy of Social Sciences. The 8th Forum was held over two days on the subject of "The Methodology of Studying Chinese History," the first time it had been held for two days in Japan, with papers being presented by nineteen scholars, including one rom Korea, and much lively discussion took place.

The first day of the forum was held in conjunction with the 61st International Conference of Eastern Studies, and the plenary session in the morning was chaired by Watanabe Yoshihiro 渡邉義浩 and Zhu Changrong 朱昌栄, with three papers being presented. These were preceded by opening addresses by Ikeda Tomohisa 池田知久 and Wang Zhenzhong 王震中. In his address, Ikeda explained that the theme of this forum followed on from that of the 6th Forum, which had dealt with "The Present State of the Periodization of Chinese History," and that the aim was to reexamine research methods in the study of Chinese history and explore some new directions.

Wang Zhenzhong ("The Birth of Chinese Kingship") argued that kingship in Xia 夏, Shang 商, and Zhou 周 not only "unified" the "pluralism" inherent in the structure of a federal state but also required a high level of agreement among the many countries of feudal lords. For this reason, the structure of these two came to constitute the political order of dynastic government in the Chinese system of rites. Further, in Wang's understanding, the reigns of Yao 尭, Shun 舜, and Yu 禹 corresponded to the time of a federation of ethnic states in which countries that had already formed states were organized into "world states." Fujita Katsuhisa 藤田勝久 ("The *Shiji* and Methods for Dealing with Unearthed Materials"), summarizing his own research, explained how research on the *Shiji* 史記 and unearthed materials has advanced through the use of methods that can be divided into three stages: early research employing bibliographical methods, the stage in which techniques used in the compilation of the *Shiji* were elucidated by means of unearthed works, and research that sublated these two methods while taking into account differences in the textual lineages of documents. Kim Byung-joon 金秉駿 ("The Narrative Structure of the 'Xiongnu Liezhuan' in the *Shiji*"), responding to criticism of the "Xiongnu liezhuan" 匈奴列伝 in the *Shiji* based on specific archaeological findings, pointed out that the account of the "proto-Xiongnu" accorded with many archaeological findings on the Mongolian Plateau and confirmed the accuracy of the content of the

account of the "proto-Xiongnu" in the *Shiji*.

In the afternoon, Section I was chaired by Fujita Katsuhisa and Wang Zhenzhong, and ten papers were presented. Wang Qifa 王啓発 ("From Social History to Intellectual History") clarified the perspective and characteristics of Hou Wailu's 侯外廬 research on intellectual history. According to Wang, Hou Wailu's two books on the study of history—*Zhongguo gudai shehui shilun* 中国古代社会史論 and *Zhongguo gudai sixiang xueshuo shi* 中国古代思想学説史—were premised on the study of social history, on top of which he also attached importance to the ideas of philosophy and logic and to social thought, and Hou argued for the need to study the historical characteristics of all social consciousness and the laws underpinning changes therein and established a method of research that moved from social history to intellectual history. Yoshizawa Seiichirō 吉澤誠一郎 ("Shiratori Kurakichi's Research on East Asian History"), dealing with Shiratori Kurakichi 白鳥庫吉, who established the starting point of the study of East Asian history in Japan, identified him as an establishment scholar who served the government, but he pointed out that Shiratori's research on Manchuria and Korea had no direct connections with national interests. Yoshizawa also pointed out that while, unlike his pupil Tsuda Sōkichi 津田左右吉, who was subjected to oppression, Shiratori maintained a degree of circumspection, one can discern in his research a keen tension with an ultranationalist view of history. Xu Guoli 徐国利 ("Song Learning and Qing Learning as Seen from Modern and Contemporary Scientific Views and the Revelation of Their Methodology"), dealt with the relationship between Song scholarship and Qing scholarship and began with an emphasis on Hu Shi 胡適, who criticized Liang Qichao 梁啓超 for having regarded Qing scholarship as a reaction to Song scholarship. Hu Shi pointed to the abundance and limitations of the scientific spirit in Qing scholarship and was opposed to its utilitarianism, and by contrasting him with Fu Sinian 傅斯年, who from a position that equated the study of history with the study of historical sources held Qing scholarship in the highest regard among all of China's successive schools of scholarship, Xu delineated the characteristics of the scholarship of Hu Shi and Fu Sinian in the modern age. Nishiyama Hisashi 西山尚志 ("Doubting Antiquity and Interpreting Antiquity") criticized the fact that the concept of "interpreting antiquity," proposed by Feng Youlan 馮友蘭 by sublating the conflict between "believing antiquity" and "doubting antiquity," has won many supporters on account of the fact that it was discovered by Li Xueqin 李学勤 in Wang Guowei's 王国維 method of "double proof." Drawing on the fact that this schema of criticizing the methods and stance of excessive source criticism by means of newly

discovered sources can also be seen in the debate between Shiratori Kurakichi and Hayashi Taisuke 林泰輔 about Yao, Shun, and Yu, Nishiyama analyzed the debate between Gu Jiegang 顧頡剛 and Wang Guowei.

Li Hongyan 李紅岩 ("Starting Out from Social Qualities") sought the core method employed by Chinese Marxist historians in "starting out from the qualities of society," and he also pointed out that prior to the spread of historical materialism this kind of thinking could be seen in new historians before the 1911 Revolution. Makizumi Etsuko 牧角悦子 ("Literary History as a Methodology") took up the approach to the classics taken by the two writers Lu Xun 魯迅 and Wen Yiduo 聞一多 and argued that the method of "literary history," which strongly reflected highly political educational elements, made literature a subject of modern scholarship as a result of the achievements of Lu Xun and Wen Yiduo. Sengoku Tomoko 仙石知子 ("A Perspective on the Study of Early Modern Chinese Fiction") proposed an elucidation of the literary character of fiction by first clarifying the ideas that were socially acceptable at the time when the fiction was written. More specifically, she presented the results of an analysis of the *Sanguozhi yanyi* 三国志演義 that made use of the social conditions and socially accepted ideas in early modern China to be seen in clan genealogies as well as not only Confucian scriptures but also ledgers of merit and demerit (*gongguoge* 功過格) and morality books (*shanshu* 善書).

Xue Ruize 薛瑞澤 ("An Outline of the Study of China's Cultural History during the Republican Period") argued that, by borrowing modern scientific theories from overseas during the Republican period, the compilation of China's cultural history diversified and, moving away from cultural histories centered on political history, there began to be written cultural histories of China that followed changes and developments in individual topics and also took into account the periodization of history. Watanabe Yoshihiro ("China's Aristocracy and the Scope of Cultural Capital Theory") argued that Bourdieu's theory of cultural capital lay behind his own theory concerning China's aristocracy and in scope it was able to explain the reproduction of "classical China." Wang Xuequn 汪学群 ("Reflections on Methods of Writing about China's Intellectual History since the 1980s") presented an analysis showing that among researchers of the history of Chinese thought there were some who had a background in philosophy and others who had a background in history, and because of differences in the structure of their knowledge there have evolved two different methods of delineating the history of Chinese thought. He further argued that the history of Chinese thought is a comprehensive discipline, and methods for delineating it need to combine philosophy with historiography.

On the second day, Section II was cohosted with the Ryusaku Tsunoda Center of Japanese Culture at Waseda University and held in the Ōkuma Memorial Tower at Waseda University. Opening addresses were given by Lee Sungsi 李成市, representing Waseda University, and Zhu Changrong, representing the Chinese participants. Makizumi Etsuko and Wang Qifa then chaired the presentation of six papers, and these were followed by a general discussion that continued for longer than at previous forums.

Hao Chunwen 郝春文 ("A Study of Characters with Similar Stroke Patterns in Dunhuang Manuscripts"), using manuscripts from Dunhuang 敦煌 as material and showing illustrations of many characters with similar stroke patterns, reported on methods for differentiating such characters. Kishimoto Mio 岸本美緒 ("How to Model the Economic Order of Traditional China") analyzed the book *Chūgoku keizai no shakai taisei* 中国経済の社会態制, published in 1949 by Muramatsu Yūji 村松祐次 (1911–74). Muramatsu showed that while China represented a world of quite thriving free competition that was poles apart from a so-called "feudal" economy, a public economic order to support this free competition was not adequately provided at either the state level or the level of local society in villages and so on, as a result of which people were compelled to seek short-term profits by relying on personal guarantees, and this hampered the concentration of capital based on a long-term view. Kishimoto pointed out that this delineation of the situation in China was today still able to provide leads for the study of China's economic history. Chen Feng 陳峰 ("An Inquiry into the Phenomenon of the Transformation of the Eastern Palace into a Nominal Entity during the Song") argued that during the Song, learning from the lessons of the Han and Tang periods, the Eastern Palace (*donggong* 東宮), which was the residence of the heir apparent and by extension referred to the heir apparent himself, was divested of any real power, as a result of which contradictions between the emperor's power and the heir's power were mitigated and order in governance was stabilized.

Zhao Xianhai 趙現海 ("Paradigm Changes in 20th-Century Research on the Great Wall and the *Zeitgeist*") took up Lattimore's theory equating the Great Wall with a frontier region as representative of Western research on the Great Wall and argued that its research methods and use of textual sources were nothing other than a continuation of the evidential scholarship of the Qianlong 乾隆 and Jiajing 嘉靖 eras. Further, having pointed out that the Japanese theory of dynasties of conquest had influenced basic notions and the establishment of standpoints in the study of the Great Wall in Japanese academic circles, Zhao argued that, following on from these methods of research, Chinese research on the Great Wall had established the discipline of "Great Wall

studies," which focused primarily on the Great Wall itself. Kojima Tsuyoshi 小島毅 ("Mizoguchi Yūzō as a Method") undertook a description and critique of the research methods of Mizoguchi Yūzō 溝口雄三 (1932–2010), who had been his own teacher, and pointed out that Mizoguchi's methods were designed to present the significance of China's culture and civilization in the context of world history and to criticize and relativize Euro-American centrism. Kojima then explained his own methodology, with Mizoguchi as its starting point, and argued that to carry on Mizoguchi's principles means to attempt to relativize and observe the environment in which one finds oneself rather than adhering to Mizoguchi's views from a position determined by academic traditions. Gao Kai 高凱 ("A Rudimentary Analysis of Professor Gao Min's Ideas about the Study of History") summarized the ideas of Gao Min 高敏 (1926–2014), his own father, about the study of history under five points: his use of unearthed texts, his examination of the institutional system and the underlying system of ideas, his use of knowledge from many disciplines, his leadership role in historical materialism and his emphasis on the contributions of historical research to actual society, and the importance he attached to the character formation of researchers and his opposition to the commodification of scholarship.

Next, a general discussion was held, taking into account the nineteen papers that had been presented during the two days of the forum. Fujita Katsuhisa presented a general overview, dividing the papers into three types, and then Wang Zhenzhong and Kim Byung-joon discussed research trends in China and Korea respectively, while Kishimoto Mio provided pointers for future methods of studying Chinese history. It was a most thought-provoking discussion, and after the closing ceremony participants viewed some valuable books that Waseda University Library had put on display especially for the forum participants. The following day participants went on an excursion.

As has been the case with past forums, it is planned to bring out the proceedings of this forum in the form of a collection of essays to be published by Kyūko Shoin 汲古書院, and I hope that large numbers of people will look through them. Next year, it is planned to hold the 9th Forum at Henan University in Kaifeng in late August. By continuing to create a precedent for the regular holding of forums in Japan and China, we hope to continue playing a part in international academic exchange between Japan and China.

第八回日中学者中国古代史論壇論文集
中国史学の方法論

二〇一七年五月三〇日

編　者　渡　邉　義　浩
発行者　三　井　久　人
印　刷　モリモト印刷株式会社

発　行　汲　古　書　院
〒102-0072 東京都千代田区飯田橋二―五―四
電　話　〇三（三二六五）九七六四
ＦＡＸ　〇三（三二二二）一八四五

ISBN978-4-7629-6594-4　C3022